权威·前沿·原创

皮书系列为
"十二五""十三五"国家重点图书出版规划项目

老龄蓝皮书
BLUE BOOK OF
AGING

中国城乡老年人生活状况
调查报告（2018）

SURVEY REPORT ON THE LIVING CONDITIONS OF
CHINA'S URBAN AND RURAL OLDER PERSONS (2018)

主　编／党俊武
副主编／魏彦彦　刘妮娜

社会科学文献出版社
SOCIAL SCIENCES ACADEMIC PRESS（CHINA）

图书在版编目（CIP）数据

中国城乡老年人生活状况调查报告. 2018 / 党俊武
主编. -- 北京：社会科学文献出版社，2018.4
（老龄蓝皮书）
ISBN 978 - 7 - 5201 - 2098 - 2

Ⅰ.①中… Ⅱ.①党… Ⅲ.①老年人 - 生活状况 - 研
究报告 - 中国 - 2018 Ⅳ.①D669.6

中国版本图书馆 CIP 数据核字（2017）第 320541 号

老龄蓝皮书
中国城乡老年人生活状况调查报告（2018）

主　　编 / 党俊武
副 主 编 / 魏彦彦　刘妮娜

出 版 人 / 谢寿光
项目统筹 / 邓泳红　桂　芳
责任编辑 / 桂　芳

出　　版 / 社会科学文献出版社·皮书出版分社（010）59367127
　　　　　　地址：北京市北三环中路甲 29 号院华龙大厦　邮编：100029
　　　　　　网址：www.ssap.com.cn
发　　行 / 市场营销中心（010）59367081　59367018
印　　装 / 三河市龙林印务有限公司

规　　格 / 开本：787mm × 1092mm　1/16
　　　　　　印张：27.5　字数：418 千字
版　　次 / 2018 年 4 月第 1 版　2018 年 4 月第 1 次印刷
书　　号 / ISBN 978 - 7 - 5201 - 2098 - 2
定　　价 / 158.00 元

皮书序列号 / PSN B - 2013 - 320 - 1/1

本书如有印装质量问题，请与读者服务中心（010 - 59367028）联系

编辑指导委员会

主要编撰者简介

党俊武 男，1964 年出生，陕西省澄城县人，南开大学经济学博士，现任中国老龄科学研究中心副主任。出版专著《老龄社会引论》《老龄社会的革命》，发表论文 50 余篇，曾参与"国家应对人口老龄化战略研究"项目及《中共中央、国务院关于加强老龄工作的决定》《中国老龄事业发展"十一五"规划》《中国老龄事业的发展》（白皮书）等重要文件的起草工作。曾获首届中国老年学学术成果奖。

刘妮娜 中国人民大学法学博士，华北电力大学工商管理博士后流动站博士后。主要研究领域：互助养老与老龄服务。在《人口研究》《人口与经济》《经济学家》等 CSSCI 期刊发表论文 10 篇，在核心期刊、会议上发表论文 20 余篇，出版著作 1 部（第二作者）。曾参与国家社科基金重大项目，教育部重点基地重大项目，发改委社会发展重大政策、形势研究课题，北京市哲学社会科学规划项目等多个课题项目，主持第 61 批博士后面上一等资助项目。

胡宏伟 武汉大学管理学博士，北京大学光华管理学院应用经济学博士后。中国人民大学公共管理学院副教授。主要研究领域：健康保障、老年问题。主持国家社科基金等课题 20 余项，先后出版著作 3 部（独立作者），在《中国人口科学》等杂志发表论文 70 余篇，获省部级、校级等奖励共 11 项。

陈泰昌 牛津大学社会学博士，曾任中国人民大学公共管理学院讲师、硕士生导师，现任中国老龄科学研究中心助理研究员，主要研究领域为老龄社会学、社会保障和定量研究方法。主持和参与多项重大课题，出版英文专著一部，在 *Chinese Sociological Review* 等国内外一流杂志上发表论文多篇。

杨晓奇　经济学博士，副研究员，主持和参与课题 20 多项，发表论文 20 余篇，参与编写《中国老龄事业发展报告（2013）》《中国老龄产业发展报告（2014）》《全面建成小康社会 积极应对人口老龄化》等多部著作。研究领域：老龄经济、老龄政策、老龄产业。

冀　云　中国人民大学老年学博士，廊坊师范学院心理健康教育研究所所长，副教授。主要研究领域：老龄健康、老龄社会学。近年来，主持老年人精神文化、老年人健康、老年人代际支持、老年产业等课题 10 余项，发表论文 20 余篇。

彭青云　中国人民大学老年学博士生。主要研究领域：老龄社会学，老年人力资源开发。曾参与"北京市外国人研究""北京市养老服务标准化体系建设"等 10 余项课题；发表《外来人口与城市发展——以北京为例》《城市老年人经济活动参与的家庭因素分析》等论文 10 余篇。

成红磊　中国人民大学研究生学历，现工作于民盟中央机关服务中心。主要研究领域：宜居环境、老年人社会参与等。曾在该领域发表数篇相关论文。

摘　要

习近平总书记在党的十九大报告中指出，中国特色社会主义进入新时代。十九大报告也为老龄事业和产业发展描绘了一幅宏伟蓝图，提出了新时代"积极应对人口老龄化，构建养老、孝老、敬老政策体系和社会环境，推进医养结合，加快老龄事业和产业发展"的要求。在党中央的关怀和指示之下，全国老龄工作委员会从 2000 年开始，开展中国城乡老年人生活状况调查工作。迄今，这项调查已经成功开展了四次。经过连续 15 年的努力，这项调查工作目前已经上升为一项重大国情调查，每五年开展一次。本蓝皮书以第四次中国城乡老年人生活状况调查数据为主要依托，分为十篇。其中，总报告对老年人生活状况进行了整体分析。专题报告分析了新时代老年人的基本情况和家庭关系、健康及医疗卫生状况、经济状况、就业状况、住房及宜居环境、社会参与状况、权益保障状况和精神文化生活状况等。本书为新时代在全球范围内贡献应对人口老龄化的中国理念、中国方案、中国道路提供研究基础和决策依据，同时也为广大读者了解新时代中国老年人的生活面貌提供最直观的数据。

关键词：新时代　城乡老年人　生活状况调查

目 录

Ⅰ 总报告

Ⅱ 专题报告

皮书数据库阅读**使用指南**

总 报 告

General Report

B.1

中国城乡老年人生活状况

党俊武*

摘 要： 目前，中国全体国民正在形成老龄社会的观念，对自身老年期的应对准备意识逐步提升，年轻人对昭示自身未来生活的当代老年人生活状况的关切日益增强，这是世界第一老年人口大国应对未来挑战的重要前提。2015 年，综合反映中国城乡老年人生活状况的幸福感指数为 60.8%，比 2000 年的48.8% 提升了 12.0 个百分点。这说明，当代老年人也就是1955 年以前出生并存活的老年人，他们是中国史上最幸福的老年人。这是党中央历来以人民为中心和高度重视解决人民老年期问题，特别是十八大以来党中央部署积极应对人口老龄化战略、全面加强老龄工作、大力发展老龄事业和老龄产

---

* 党俊武，中国老龄科学研究中心副主任，经济学博士，研究领域为老龄社会、老龄战略、老龄产业、老龄科学。

业取得的重大成果。这些成果的取得既是当代老年人的福祉，更是未来各代老年人幸福生活的预演；既是未来老龄事业和老龄产业健康持续发展的根基，也是未来全体中国人民实现幸福晚年生活的历史阶段性准备。调查还表明，当代老年人还面临收入差距加大、慢病突出、服务不足、欠缺宜居环境、精神生活单调等诸多问题，迫切需要按照党的十九大关于积极应对人口老龄化的战略部署，坚持党委领导、政府主导、社会参与、全民关怀的方针，坚持问题导向，统筹解决当前老年人面临的各种问题，同时，要实施关口前移战略，引导年轻人口充分做好全生命周期的养老准备，确保各代老年人能够享受有保障、有尊严、体面、幸福的美好晚年生活。

关键词：　老年人　生活状况　抽样　国情调查

一　第四次中国城乡老年人生活状况抽样调查工作基本情况

1999 年，中国迈入老龄社会。同年，党中央决定成立高规格的全国老龄工作委员会，主管全国老龄工作。从 2000 年开始，为了调查了解中国城乡老年人的生活状况，为党中央、国务院应对人口老龄化挑战提供科学依据，全国老龄工作委员会决定开展中国城乡老年人生活状况调查工作。迄今为止，这项调查已经成功开展四次。经过连续 15 年的努力，这项调查目前已经上升为一项重大国情调查，每五年开展一次，并成为新一届党中央应对人口老龄化顶层设计的一项基础性工作，也成为国家老龄统计调查制度的核心内容之一。

积极应对人口老龄化需要科学决策，而科学决策的首要前提是开展全面深入的调查研究。与其他国家不同，中国是在"未富先老""未备先老"的条件下进入老龄社会的。在全球化的背景下，中国的老龄问题与经济转轨、社会转型和文化转变交织，与工业化、城市化、信息化叠加，面临的挑战和风险的严峻性、复杂性和紧迫性是世界少有的。当前，贯彻落实中央关于积极应对人口老龄化的战略部署存在许多困难和问题，最突出的问题之一是家底不清，问题不明，特别是对一些带有普遍性、长远性的问题，我们在思想认识上还若明若暗，例如，老年人口的收入、健康、生活自理能力、精神文化生活状况，以及巨量老年人口给经济增长、财政负担、社会保障制度建设和社会治理等带来的压力，我们曾经就这些问题在前三次中国城乡老年人生活状况抽样调查中进行过研究。但经过五年的时间，这些问题已经发生许多新的变化，应对人口老龄化和老龄工作面临许多新情况、新问题。更为重要的是，新一届党中央做出了积极应对人口老龄化的战略部署，对老龄工作提出了新的更高的要求。这是开展第四次中国城乡老年人生活状况抽样调查（以下简称"第四次调查"）的基本背景。

按照全国老龄工作委员会的具体部署，第四次调查突出问题导向，在前三次调查工作的基础上，扩展调查范围、丰富调查内容，扩大调查样本规模，提升调查数据代表性，主要特点：一是在调查定位上从了解城乡老年人生活状况的研究型调查转变为应对人口老龄化的国情调查；二是在调查范围上从20个省（自治区、直辖市）扩展到全国31个省（自治区、直辖市），是首次开展的覆盖全国范围的调查研究；三是在调查内容上增加了许多新的调查项目。从调查设计上看，这次调查立意较高，内容全面，方法科学，具有很强的针对性。

从全球范围来看，第四次调查是目前世界上有关老年人口最大规模的调查。综合反映此次调查意图的问卷设计主要体现在"一个定位"、"九大板块"和"五个创新"上。"一个定位"，即此次调查是一次基本国情调查。也就是说，第四次调查不是一般意义上对老年人生活状况的简单了解，而是在顺应老龄社会的到来和主动适应人口老龄化新常态的时代背景下，把解决

世界上第一老年人口大国的相关问题作为落实中央积极应对人口老龄化战略部署的重要举措，通过科学设计问卷，来对中国老年人生活状况的基本情况进行一次系统全面的摸底，以便为各级政府应对人口老龄化的决策提供数据支撑和智力支持。

"九大板块"就是问卷的九个内容，包括老年人的基本状况、家庭状况、健康状况、照料护理状况、经济状况、宜居环境状况、社会参与状况、维权状况和精神文化生活状况，基本涵盖了中国老年人生活状况的主要方面。

"五个创新"是相对于前三次调查问卷而言的：第一个创新是设计目标的创新。应对人口老龄化、解决世界上规模最大的老年人群体的问题，关系"两个百年"宏伟目标，也就是全面小康社会和中华民族伟大复兴的中国梦宏伟目标的顺利实现。据此，在充分参考前三次调查问卷的基础上，第四次调查问卷是按照两个百年宏伟目标来设计老年人生活状况的主要领域、主要指标，以便摸清国情、找到差距，明确老龄工作、老龄事业和老龄产业的发展方向。

第二个创新是设计理念创新。前三次调查问卷设计的主概念是老年人，第四次调查问卷设计的主概念是老年期。通过将老年人转换为老年期，第四次调查向全社会传达的理念是：人人都会是老年人，人人都有老年期，除了那些不幸活不到老年期的少数人外。借此，希望第四次调查能够走出老人圈、走出老龄工作圈，成为全社会共同关注又攸关每一个人晚年生活幸福的真正的国情调查。

第三个创新是设计思路创新。第四次调查问卷设计充分考虑继承前三次调查问卷的成果，更重要的是以全面深化改革为指导，把重中之重放在创新上，主要是根据解决老年人面临的观念问题、体制问题、机制问题进行具体设问、具体指标设定。旨在解决当前老年人问题的同时，厘清制度性解决未来全体公民老年期问题的战略思路和战术路径。

第四个创新是设计内容创新。第四次调查问卷设计顺应老龄社会的到来和人口老龄化新常态的背景，落实新修订的《老年人权益保障法》的立法精神，凸显了老年人的消费潜力问题、老龄产业的发展方向问题、宜居环境的挑战问题、精神文化生活问题等。

第五个创新是设计重点创新。和前三次调查问卷不同，设计第四次调查问卷时时代背景发生了根本变化，这个变化主要体现在两个方面：一是应对人口老龄化、老龄工作和老龄事业已经上升为国家的一项长期战略任务；二是企业界包括实体经济领域和虚拟经济领域的诸多企业以及国外相关企业纷纷介入老龄产业。针对这两个转变带来的国内外广泛关注的重点、难点、热点问题，第四次调查问卷都有回应。例如，老龄服务的重点和优先领域、老龄金融的发展空间、家庭养老的承载能力、社会养老模式的创新方向等。

第四次调查时点为 2015 年 8 月 1 日 0 时。调查对象为居住在中华人民共和国内（港澳台地区除外）的 60 周岁及以上中国公民。调查采用"分层、多阶段 PPS、最后阶段等概率"抽样设计，所得样本是近似自加权的，样本具有全国代表性。调查采取入户访谈和问卷调查的方法收集数据。调查范围为全国 31 个省、自治区、直辖市（港澳台地区除外）和新疆生产建设兵团，样本涉及 466 个县（市、区），参与调查的工作人员将近 4 万人。调查设计样本规模为 22.368 万份，抽样比约为 1.0‰，调查实际回收样本22.270 万份，有效样本为 22.017 万份，样本有效率达到 98.8%。

二 第四次调查关于老年人这一核心概念的理论考量

（一）关于老年人概念的相关问题

从 2000 年第一次调查到第四次调查，老年人生活状况这一核心概念有具体变化。第一次调查称为"中国城乡老年人口状况一次性抽样调查（2000 年）"，虽然名称上强调老年人口，但实质是调查老年人生活状况的方方面面，反映出人口学对老龄科学研究的深刻印记，以及对实际调查工作的深刻影响。第二次调查称为"中国城乡老年人口状况追踪调查（2005年）"，人口学单学科的影响依然显著，而且增加了追踪的导向，旨在掌握

老年人群体内部生活状况的变迁规律。第三次调查（2010年）延续第二次调查的基本安排，部分内容有所调整。从实际调查结果来看，前三次调查的成绩值得充分肯定，为老龄工作和老龄事业提供了重要的决策依据，而且，在国内外老龄科学界、老龄产业界和老龄工作实践领域产生了广泛而深远的影响。但是，面对来势汹涌的老龄化浪潮，特别是不断变化的老年人物质和文化需求，尤其是从年轻社会向老龄社会、短寿时代向长寿时代的深刻转变，更为重要的是新一届党中央的更高要求，必须重新思考前三次调查的短板和问题，重点厘清老年人生活状况这一核心概念的内涵和外延，以便做好新一次真正意义上的全国性老年人生活状况国情调查工作。

我们不能苛求前人，只有站在前人的肩膀上才能走得更远；但是，客观世界不断变化也要求我们不断改变主观认识。因此，我们只能在看清前人的不足的基础上才能走得更远。从立项、问卷设计、调查实施和汇总成果来看，前三次调查的具体问题体现在：一是调查范围局限于20个省（区、市），没有覆盖全国，全国代表性欠缺。二是改老年人口状况调查为追踪调查，在科学研究上十分重要，但实际上难以在科学研究和国家要求的面上调查研究之间找到平衡，结果是老年人队列的追踪研究有了推进，但面上的调查研究工作难以提升。从调查工作来说，应当先有面上的全面调查，再进行或同时进行追踪性调查，两者相互配合，才能对老年人生活状况做历时和共时的全面深入研究。当然，当时这样做也是出于经费、人力等方面的原因。第四次调查虽然中断了前两次追踪调查，但随后通过每年一度的监测调查予以弥补。三是人口学单学科影响较深。老年人生活状况涉及人类生活的方方面面，是当今所有自然科学、社会科学和人文学科的共同作业点，需要多学科的科际整合性研究，单独一个人口学是难以承载的。当然，当时这样做主要是因为从事老年人生活状况问题研究者大多是人口学研究者，即便是老年学研究者，他们大多数也具有人口学的知识背景。因此，在老年人生活状况研究上突出人口学，这是可以理解的。不可否认的是，人口学家较早关注老龄问题，这是全球性现象。人口学家对于老龄科学这一学科群、对于老龄事业、老龄工作的作用不容否定。但是，面向未来，应对老龄社会，这不仅是一个人口问题，更是一个关系国家发展全局和每一个人切身利益的重大战略性问题。因此，第四次调查充分体现去人口学单学科视角、强调老龄科学学科群视野，焦点放在"老年人生活状况"这一综合性问题上。而在老年人生活状况上，前三次调查也存在概念上的不足。不仅前三次调查工作中存在不足，而且，我们全社会关于老年人这一概念也存在诸多认识上的偏误。

长期以来，关于老年人及其生活状况，我们的理念存在诸多问题。

第一，仅仅局限于60岁及以上的老年人来讨论问题。从前三次调查问卷设计、汇总成果以及有关老年人问题的文献来看，其中的老年人概念仅仅指60岁及以上老年人。在操作上，这一年龄界定是需要的，但也带来诸多问题。一是容易把老年人和非老年人割裂开来。最大的问题是造成非老年人不关注老年人，导致在老年人圈子研究老年人问题。从社会氛围的营造上看，这样做不利于全社会关注老年人问题。从理论上说，每一个人都会是老年人，除非英年早逝。因此，老年人实质上只是一个时间概念。那么，从全生命周期来看，老年人只是生命历程中的一个阶段。二是忽视老年期前期的生命事实。从生命历程看，老年期只是婴幼儿期、青少年期、中壮年期的延续，如果仅就老年期来研究问题，不仅会割断生命历程的必然链条，更重要的是不利于从根本上解决老年期的问题。如果在年轻阶段生活方式不健康，对老年期的知识、技能、资源特别是金融准备不足，到老年阶段产生诸多问题便是不可避免的，而且，解决起来十分困难。关键在于诸多生命生活事项如健康、金融准备还具有不可逆特征，一旦错过便难以弥补甚至不可弥补。三是不利于人们特别是年轻人关注自身老年期的问题。从源头上来说，人人充分认识到自己未来老年期生活的必然性，人人从小开始充分做好老年期的各种准备，这是解决所谓老年人问题的根本。如果仅仅从60岁开始才做适应和准备，实际上已经是亡羊补牢。因此，把老年人问题仅仅界定在60岁及以上这种做法虽然在操作上是可行的，但带来的诸多问题也是需要我们深入考量并予以解决的。

第二，把老年人群体当作问题群体来对待。翻看有关老年人问题的文献，迎面而来的观念就是：老年人是弱势群体、问题群体，我们的主要工作

就是弄清老年人面临哪些问题，然后提出政策建议，从而最终解决这些问题。这种看法由来已久。实际上，老年人和其他社会群体一样，既有他们面临的各种问题，也是社会可以利用的重要人力资源。

第三，把老年人问题等同于养老问题。进入 21 世纪以来，老龄问题日渐升温，老年人问题已经成为社会各界的共同焦点话题。但迄今为止，老龄问题被理解为老年人问题，而老年人问题被理解为养老问题，以至于人们把对老龄问题的关注集中在如何给老年人盖养老院、提供相关服务这一狭小的领域，从而掩盖了许多重大问题。

第四，没把老年人当作社会主体来对待。老年人首先是人，是社会的主体，既有自身的问题，更有重要的社会价值。同时，老年期是年轻时代的延伸，一个人如果从小没有树立终生自立自强的观念，到老了也只能由社会来供养。但实际上，事实表明，大多数老年人特别是低龄老年人不仅身心健康，而且在社会发展中发挥着重要的、不可替代的作用。问题在于，我们对待老年人的观念出了问题，以为他们都是需要别人照顾、伺候、服务的对象。这种观念需要彻底扭转。

（二）关于老年人概念偏误的反思

老年人这一核心概念存在诸多问题主要有以下原因。

第一，人类尚未建立关于老年人问题或人类老年期问题的完善理论。以往人类史基本上是年轻社会的历史，同时，也是短寿时代的历史。因此，老年人问题虽然与人类历史共长短，但自人类诞生以来，特别是有了学科史以来，由于老年人口数量有限，占总人口比重低，尤其是中西方传统文化都认为老年人问题属于私人领域的问题，难以进入公共领域，因而很难得到系统化的理论研究，建立针对老年人问题的独立学科体系更是不可能的事情。回顾历史，从轴心时代到 20 世纪，人类历史上的伟大思想家，无论是苏格拉底、柏拉图、亚里士多德、康德、黑格尔、韦伯，还是老子、孔子等，他们对老年人问题虽然也有论述，但没有也不可能建立系统的理论。思想家只能处理他们面临的问题，他们不可能超越时代进行理论创造。短寿时代终结后，长寿时代迎来曙光，随着人口老龄化的发生发展，可以预见老年人口规模日益庞大，相应问题逐渐进入主流社会视野。20 世纪初，以老年医学为旗帜的理论和实践探索催生老年学学科的建立，特别是以应对人口老龄化为主题的 1982 年第一届世界老龄大会以来，老年学才迎来大发展的历史性机遇。但是，由于历史十分短暂，知识积淀不足，老年学虽已初步建构起学科体系，但系统化的理论建构仍然乏善可陈，分析框架距离成熟学科还有很长的路要走，难以对日益严峻的老年人问题做出全面科学的解读，无法引领解决老年人问题的实践。

第二，西方老年学关于老年人问题的理论多元而缺乏一体化。回顾西方历史上有关老年人问题的文献，针对老年人的主流观念是负面的，鲜有积极正面的理念，原因主要是以往时代老年人身体健康状况普遍不好。老年医学特别是老年学诞生之后，从正面看待老年人的观念逐渐兴起，原因是长寿时代来临后精神矍铄的老年人越来越多，研究老年人问题的理论也层出不穷。从现有的文献来看，西方关于老年人问题的理论从社会科学角度看包括三个层次，即：①宏观理论，主要有结构主义理论（structuralism）、现代化理论（modernization）、政治经济学理论（political economy）、利益群体理论（interest group）、亚文化理论（subculture）和制度理论（institutional）等；②中间理论（linking），主要有活动理论（activity）、脱离理论（disengagement）、年龄分层理论（age stratification）、生命周期理论（life course）、现象学理论（phenomenology）、文化人类学理论（cultural anthropology）和符号互动理论（symbolic interactionism）；③微观理论，主要有角色理论（role）、发展理论（developmental）、理性选择理论（rational choice）、交换理论（exchange）和连续性理论（continuity）等；①从医学角度看主要有衰老机制理论、老年基础医学理论、老年预防医学理论、老年流行病学理论、老年社会医学理论、老年临床病学理论等。毋庸置疑，这些理论的提出，对于把握和解决老年人问题有其重要贡献和作用，但从研究范式、研究视角、研究内容和研究

① *Handbook of Aging and the Social Sciences*, fourth edition, R. H. Binstock and L. K. Geoge.

方法来说,都是对老年人问题的个别方面的把握,最突出的特点是多元化和碎片化。透过这些理论看老年人问题仍然是雾里看花,找不到把握和解决老年人问题的主脉络和主线索。这表明,西方的老年学理论刚刚起步,研究和分析的元理论框架还处在建构阶段。

第三,中国老年学关于老年人问题的理论研究严重滞后。回首中国历史上关于老年人问题的文献,儒家涉及较多,但主要限于子女和父母之间伦理层面的关系处理,道家主要谈论养生长寿之道术,中医主要从阴阳五行、经络等角度讨论老年期的疾病养生问题,探索人生之道的禅学(中式佛学)对老年人问题也有所涉及,这些中式理论虽有特色,但也同样存在系统化不足的问题,整体上仍然看不到把握老年人问题的主脉络和主线索。严格现代学理意义上的考量还是在新中国建立后老年医学引进之后,特别是 1982 年引入西方老年学之后。回顾 30 多年中国老年学研究,实证研究多于理论研究,老年医学研究强于老年学的社会科学相关分支学科研究。从整体看,在理论上主要是介绍和应用西方老年学理论,独创的具有中国特色的老年学理论特别是理论老年学十分薄弱。目前,单从社会科学各分支学科看,研究老年人问题的主流理论是多侧面理论,即认为老年人问题主要是人口、经济、健康医疗、社会、文化、心理等方面的问题,目前的研究主要限于从现象层次分析问题及其原因,并提出解决方案这种三段论的简陋理论分析路子,不仅造成研究很难深入,也深令决策者难以信服和采纳学界提出来的所谓"政策建议"。当下,迫切需要老龄科学(包括老年学)工作者高扬理论思维的旗帜,立足国情,放眼全球,结合老龄社会新时代的客观要求,弘扬中外优秀传统文化(中国如儒道释、传统中医等,外国如印度文化等),吸收世界相关先进科学成果,在现有研究基础上创新思路,建构新的老年学理论。这一点对于老龄科学的自然科学领域、社会科学领域、人文学科领域的拓展和纵深的理论研究都十分必要,更重要的是,可以为解决日益庞大的老年群体的各种问题提供一个全面科学的分析框架。

第四,老龄社会呼唤从理论上重新考量老年人问题。目前,人类正处在以人口老龄化为表征的年轻社会向老龄社会的全面深刻转型期,史上的老年人问题尚在延续，新的老年人问题也层出不穷；同时，史上老年人问题产生的人口背景和当前迥然相异。在漫长的年轻社会或者短寿时代，人生的追求和梦想之一就是长寿，更准确地说是活到老年期，但限于经济社会发展水平特别是医疗科技水平，人们的寿命短暂，能够活到老年期的概率小，老年人口数量十分有限，承载和处理老年人问题的成年人口非常丰裕，而且私人领域应对有余，老年人的诸多问题不成为公共领域的重大问题。进入老龄社会以后，不仅老年人口数量庞大，占比超过少儿人口，而且高龄化持续推进带来众多高龄老年人口，承载和处理老年人问题的成年人口也呈现递减趋势。现在的问题不是如何活到老年期，而是准备如何度过超过"就业准备期"的老年期。值得关注的是，当前和今后的老年人问题既是私人领域的问题，更是公共领域的重大问题，不仅影响每一个人和每一个家庭的生存发展，而且对经济、政治、文化和社会生活的方方面面影响全面、深刻而持久。同时，由于时代条件的差异，由于人作为主体的观念、知识结构、社会行为能力的巨大提升，特别是由于制度体系的重大变迁，当前和以往时代老年人问题的内容、形式和产生发展机制及其应对方式正在发生全面深刻的变化。一句话，老年人问题虽然亘古长存，但进入老龄社会以后，老年人问题已经成为划时代的新的人类重大课题，需要首先从理论上转变观念，创新思维，重新考量，并建构相应的理论和话语体系。

（三）建构人类老年期理论思路

建构人类老年期理论的关键是把握老龄社会新时代的历史要求。在短寿时代人们不可能建立系统的老年期理论，但也留下了许多理论材料和海量实践事例。这是我们建构新时代老年期理论的基础。不过，在使用这些材料和分析这些事实之前，首先需要从理论上做出一个基本判断：以往的理论和实践都是年轻社会旧理念、旧思维的产物，这就需要从老龄社会的新理念、新思维出发，摒弃以往理论材料，重新审视以往的实践，分析并研究不同于年轻社会的老龄社会条件下老年人问题的新特征，更要树立老龄社会的新理想、新目标，这样才能建构起符合时代要求的老年期理论。但是，需要引起

高度关注的是，老龄社会新现实已经摆在眼前，而年轻社会的旧理念、旧思维依然故我。从某种意义上说，目前关于老年人问题、老龄问题乃至老龄社会的问题仍有许多思想混乱和认识误区，其重要根源就是年轻社会和老龄社会两种思维方式相互交错、相互纠缠。我们的身体已经处在老龄社会，但我们的理念和思维却停留在年轻社会，"死人抓住了活人"（马克思语），年轻社会抓住老龄社会紧紧不放。这是我们建立人类老年期理论乃至老龄社会理论必须要警惕的现象。同时，需要强调的是，思考老年人问题或者思考人类老年期问题，实际上就是思考所有人都要面临的问题（除了那些不幸活不到老年期的人以外）。不过，鉴于老年人问题这一概念容易造成似乎仅仅讨论部分社会成员即老年群体的问题的认识偏差，进而形成年轻人漠视老年人问题的事实，更由于人类个体无非是异时而老、异时归尽的高级动物，虽然"老年人问题"和"人类老年期问题"这两个概念可以语义互换，但本文更多使用"人类老年期问题"这一概念，其理由和用意有二：一是生命历程是一个完整的过程，老年期是婴幼儿期、青少年期、成年期的历时性有机延续，不能割断。我们可以从理论上把从生命孕育到成年期当作老年期的准备期，而生命实践正是这样一个事实；二是呼唤全社会人人关注老年人问题、老龄问题乃至老龄社会的问题，通过把全体社会成员在意识上回归本位，变漠视为准备，凝聚一体，共同应对包括老年期问题在内的整个老龄社会的挑战。

应当承认，建构人类老年期问题理论的难点在于问题本身的复杂性。人类老年期问题是一个问题群，几乎涉及人类生活的方方面面，涉及自然科学、社会科学和人文学科。[①] 思考老年期问题实际上就是思考人类个体自身的生存和发展问题，也是思考人类整体的前途命运问题。既然是思考人类自身的问题，就不可能像人口学理论那样简单。因为这些问题涉及理智、情感、意志，涉及真、善、美，缺少一个都有可能偏离研究对象的真相。也正因为如此，我们认为，现有有关人类老年期的理论不仅碎片化，而且挂一漏

---

① 严格地讲，也涉及工程学，如人体工程学。在此文中暂不论述。

万，术的层面、形而下、实证的研究较多，缺少道的层面、形而上、规范的研究，导致人们难以找到主脉络和主线索，也难以有效地为把握和解决老年期问题提供指引。正所谓"有道无术，术尚可求；有术无道，止于术也"。

那么，面对如此复杂的问题群，究竟应当如何从理论上去把握？无疑，抓住研究对象的主脉络和主线索至为关键，否则，就有可能陷入大而无当的泥潭。实际上，人类历史发展到今天，我们的进步之一就是学科历史和学科成就。因此，顺着学科史，充分利用现有学科成果，建构人类老年期的新理论就能找到头绪。

从最大理论尺度来看，在研究人类自身问题上，回顾人类学科史，也就是从自然科学、社会科学和人文学科的历史演进来看，人文学科率先兴起，自然科学为后起之秀，而社会科学紧随其后。但发展到今天，整个现代学科现状令人担忧，也引起20世纪初以来中西方许多大家的高度关注，这就是随着工业革命以来自然科学如日中天，社会科学也不甘落后，但人文学科日趋衰落，甚至可以用"自然科学野蛮生长、社会科学亦步亦趋、人文学科日渐荒芜"来概括。实际上，贯穿其中的无非科学精神和人文精神两项，但科学精神压倒人文精神，这也是目前整个人类面临诸多问题的根源。未来的发展方向当然是人文精神引领科学精神的实践，而不是倒转过来。否则，科学这匹野马既可能推动人类文明进步，也可能把人类带入灾难深渊。那么，面对复杂的人类老年期问题群建构相应理论，就需要以人文学科为引领，始终坚守研究人类老年期问题的人文精神，推动与人类老年期问题相关的自然科学和社会科学的研究。唯此才能在繁茂芜杂的人类老年期问题群中找到拓展和纵深研究的主脉络和主线索。

需要明确的是，建构人类老年期理论要立足于引领人类老年期新生活。历史走到今天，在人类社会领域，我们已经达成新的共识，这就是：发展是硬道理，不过，比发展更硬的道理是规律，而最硬的道理却是发展的意义和价值。这说明，在面对人类自身问题上，开展研究需要坚持三个取向，这就是理想取向、理论取向和问题取向。理想取向即方向定位，人文精神为其核心，是解决问题的指引；理论取向即路径方法，科学精神为其核心，是解决

问题的依据；问题取向即任务识别，抉择谋断为其要旨，是厘定任务的关键。无疑，人类老年期问题十分庞杂，而且，每一个历史阶段所面临的问题是不同的，为此，首要的就是坚持问题取向，识别问题，厘定研究任务，不然就会大而无当，无从入手。其次，问题的发生必然有其规律，这就需要坚持理论取向，条分缕析，找到解决问题的路径方法。但是，如果缺乏理想取向的指引，即便任务明确，路径方法得当，也只能陷入头疼医头、脚痛医脚的泥潭。因此，最后，我们就需要以人文精神为指引，明确界定理想模型，在确保问题不再重复发生的同时，确保人类在老年期迈入新的理想生活的轨道。目前，国内外的老年人问题研究，最大的问题不是缺少科学方法，而是缺乏人文精神的引领，研究者埋头于解决问题，导致决策者犹如应急式救火那样解决问题，结果往往是这个问题暂时解决了，新的长期问题又产生了，关键是政策对象还不满意。因此，建构人类老年期理论，必须在明确问题和科学分析的同时，要立足于为人类老年期新生活树立引领，如此既能跳出仅仅解决问题的泥潭，又能为人们准备和度过老年期创造新生活，但至为重要的是，这样的理论立足点不仅会高于解决问题的简单思维，还能有效凝聚人心、促进达成共识，实现理论的解释功能、创造功能和召唤功能。简言之，只有科学依据而没有召唤功能的理论是苍白的，相反，只有以人文精神为引领、富含召唤功能的科学理论才是最具魅力的理论。因此，建构人类老年期理论，既要提供解决问题的路径方法，也要引领全体人类个体准备和度过美好的老年期新生活。

建构人类老年期理论不能就事论事，必须面向理想老龄社会之建构。老龄社会是不同于年轻社会的新的人类社会形态，而且，从可预见的未来说，目前还看不到老龄社会的尽头，"后老龄社会"仅仅是一个抽象概念。这说明，老龄社会是未来人类社会的常态。面对老龄社会，一系列问题层出不穷，未来还将深度演化，如何解决包括人类老年期问题在内的所有问题，如前所述，我们不能仅仅做埋头治病的大夫，致力于仅仅解决面临的问题，还要仰之弥高，设计老龄社会的新理想，引领老龄社会向理想方向迈进。因此，建构人类老年期理论，不能就事论事，而是要跳出人类老年期问题的狭小圈子，从建构理想老龄社会的高度创新观念、创新理论，在为全体人类个体准备和度过老年期新生活提供方向引领和科学方法的同时，助力理想老龄社会的建设。

（四）关于人类老年期理论的线索

第一，理想人生理论是建构人类老年期理论的前提。人是研究人类问题的出发点。老年人首先是人，老年期首先是人的老年期。因此，建构人类老年期理论首先要分析人和人性。从哲学意义上说，和动物不同，人之所以为人，主要在于人是身体层面、社会层面和精神层面的三位一体。其中，身体是人生存发展的基础，社会即人与人的关系是人生存发展的架构，而精神则是人生存发展的引领。人之所以区别于其他动物就在于人是靠精神引领运用自己的身体在社会架构下从自然界获取资源实现生存发展的，其中，精神引领是确保人性三层面三位一体化的关键，而动物则做不到。这里的"三位"是必然存在，但一体化是人之所以为人的主线。当然，在现实生活中，一些人缺乏精神引领，虽具人形，实为动物，这种动物性生存的人实质上已经不同程度地异化了。简言之，理想人生理论需要建基于身体、社会、精神三位一体理论，或者人性三重结构理论。在此基础上，理想人生理论可以从以下方面来把握：①从身体层面看，人的发展阶段呈现驼峰形，包括成长期、鼎盛期和衰退期，这是客观规律，不以人的意志为转移；②从社会关系层面看，人的人生发展阶段同样呈现驼峰形，包括建立期、复杂丰富期和衰退期，这同样是客观规律，不以人的意志为转移；③从精神层面看，人的人生全程呈现坡形上升曲线轨迹，即从出生到死亡前（除精神失能外），人的精神发展包括越来越成熟的漫长阶段和死亡前较为短暂的衰落期。从以上三个层面看，人生轨迹是由两个驼峰形曲线和一个坡形曲线构成的复杂图谱。其中，精神层面最具成长性，也体现出人类作为文化动物的根本特征。在此基础上，理想人生理论的线索可以概括为"1＋6"，1即人生充满意义和价值，6即生得优、活得长、过得好、病得少、老得慢、死得快。当然，古今中外关于理想人生有诸多大家的诸多理论建构，这里主要是着眼于建构人类老年

期理论而做出的理论假定，当然还需要实践的验证、修正、丰富和提升。

第二，理想老年期假定是建构人类老年期理论的关键。老年期是人生的延伸和收官阶段。既然对理想人生有一个理想模型的线索，在此基础上，我们可以提出理想老年期的概念。首先需要强调的是，"理想老年期"是一个非常重要的概念，以往所有老年人问题的文献存在诸多问题，最大问题是缺少一个理想型的界定和指归，有科学诉求但缺乏愿景，有理性剖析但缺乏人文关怀，导致在指导老年期生活时缺乏一个清晰的框架，往往顾此失彼。理想老年期假定包括"1＋2"。1即终生意义和价值的追求。2即：①从出生到进入老年期前的准备期，包括维持老年期身体生存发展的一切物质准备（如身体健康、退休收入、老龄金融、住房等）、维持和重建老年期社会层面关系的准备（社交圈、地缘/非地缘关系圈等）、保持和提升老年期精神生活的准备（如开拓多领域知识、兴趣、才能等）以及进入老年期的准备（如退休前教育、老年期生活模拟等）；②进入老年期后的实践期，包括从身体、社会和精神三个层面度过漫长老年期的知识、技能和资源使用以及面对临终和死亡等。总之，可以把整个人生看作两个阶段，前一阶段为终生准备计划实施阶段，后一阶段为老年期实践阶段。当然，无论是准备期还是实践期，都是非常复杂的，这里仅仅提出一个初步线索，目的是为建构人类老年期理论提供一种思路和研究安排，也是力图在繁茂芜杂的老年期生活中找到或逼近主脉络和主线索。顺此，有关人类老年期问题的自然科学研究、社会科学探究和人文学科考量不至于互为壁垒、各执一词。当然，这只是一个线索性的思考，尚需深入理论探索、实证修正和不断提升。

第三，老年期生活的核心是给生命以意义和价值。无论东西方文化对老年期实践阶段有什么美好的设计，但进入老年期，人们普遍的心理是"万事皆空"。基督教认为现实生活就是源于原罪，认为老年期是离开原罪进入天堂（或地狱）的更近阶段，可以说基督教对老年期生活是持否定态度的。佛教虽然有不同的说法，但对老年期乃至整个人生世俗生活都是持否定态度的。儒家文化中的老年期令人向往，但孝道文化的根基正在动摇，而且，孝道文化的重点在于人伦关系，在于如何对待老年人，其对老年人如何度过老年期也是少有建树。目前，全球老年人口越来越多，中国是世界之最，如何让这么一个越来越庞大的群体树立积极向上的精神、避免悲观厌世情绪蔓延是人类进入老龄社会的一个重大难题，也是迄今为止人类面临的少有的重大人文课题。因此，在科学理论的基础上，在理想老年期的指引下，核心是要为漫长老年期注入生命的意义和价值。基于此，不仅老年人，全体人类都要积极面对、共同探索。无疑，进入老龄社会是人类亘古以来长寿梦想的实现。如果说在短寿时代人们渴望的是如何才能长寿；那么，在老龄社会条件下，长寿的历史课题正在发生新的时代命题转换，这就是如何才能使长寿的生命富有意义、富有价值，这也是理想老龄社会的核心议题之一，同时，也富含人类的新憧憬和新愿景。否则，人类在从老龄社会的初级阶段向高级阶段迈进时就找不到前行的动力！

和自然科学相比较，社会科学和人文学科相对滞后。换言之，人类对自然界的研究深度和广度远远超过对自身及社会的研究。在老年期问题上，也存在类似的现象。在这种情况下，建构横跨并统摄自然科学、社会科学和人文学科的人类老年期理论就十分重要而紧迫。毋庸置疑，人类处在年轻社会的历史太长，而老龄社会的历史十分短暂，对于人类来说，它基本上还是一个陌生的社会，如何应对它这是一个新的历史性课题群、任务群。即使是在建构人类老年期理论这一问题上，我们也才刚刚起步，前面还有许多课题等待我们去研究，比如从整体上看是否存在人类老年期问题的一般理论？能否从整体上提出和论证人类生命的意义和价值？人类究竟应当活多长才算更有意义？如果说理想老年期假定能够成立，那么，和理想老年期假定关联的理想老龄社会又应当如何界定？这些问题都需要我们深入探究。

以上内容就是我们开展第四次中国城乡老年人生活状况抽样调查工作背后的理论考量。遗憾的是，出于经费、人力和组织体系的原因，第四次调查没有涉及年轻人口特别是 50～59 岁准老年人口的调查。不过，在问卷设计思想、数据分析等方面已经有了老年期新理念的考量。但是，今后的大规模

调查，如第五次调查以及以后的国情调查，都需要从样本选择、问卷设计上做出新的安排。

三 第四次中国城乡老年人生活状况抽样调查工作的重要意义

自 2014 年以来，第四次中国城乡老年人生活状况抽样调查历经筹备、实施、初步统计分析、发布等几个阶段，目前已经进入深度开发研究阶段。实践证明，全国老龄工作委员会决定在全国范围开展此项调查，意义重大，影响深远。

第一，第四次调查既是全国性的国情调查，也是面向全社会的国情教育。第四次调查是在全国老龄工作委员会领导下，经国家统计局批准，全国老龄办、民政部、财政部共同发文，在全国部署展开的。全国各级老龄工作部门、民政部门特别是基层社区共投入 4 万名干部参与项目筹备、入户调查和问卷回收工作。各省（区、市）、县（市、区）成立领导小组，召开督导员、调查员培训会议，各地充分利用互联网、电视、广播、宣传画、条幅、黑板报、慰问信等多种媒介在城乡社区广泛宣传第四次调查的重大意义、工作流程以及配合事项。同时，利用入户调查，向被调查老年人及其家属宣传我国人口老龄化形势和老龄事业取得的重大成就，直接宣传面超过 100 万人次，间接宣传面超过 5000 万人次。通过事前筹备宣传、事中直接宣传和间接宣传，向广大人民群众介绍我国人口老龄化的基本国情，传达党中央、国务院积极应对人口老龄化的战略部署，除问卷规定内容外，还收集汇总了老年人及其家属、老龄工作干部、民政干部对老龄事业的意见和建议。总体来看，第四次调查圆满完成调查任务，是一次成功的老龄国情调查，同时，也是一次老龄国情的系统教育，受到社会各方面的广泛好评和欢迎。许多老年人、家属特别是基层社区干部反映，党的老龄工作成绩是主要的，他们对我国应对人口老龄化挑战充满信心！

第二，第四次调查既提升了老龄调查统计工作水平，也为建立中国特色老龄统计发布制度奠定了重要基础。第四次调查在前三次调查基础上，对调查方案、调查方法、调查问卷以及调查工作流程做了较大的调整，弥补了以往的短板，与时俱进地增加了许多新内容。为确保调查顺利进行，全国和省级两个层面都开展了集中培训工作，被调查的县也都开展了此项工作。广大督导员、培训员接受了关于调查工作的系统学习。此外，本次调查还充分利用互联网建立工作平台，随时交流和解决调查工作中出现的问题，帮助广大老龄工作者提升调查工作素养、技能和水平。问卷回收工作之后，相关方面通过周密安排，集中人力，对调查结果进行初步分析论证，适时召开新闻发布会，面向全社会发布调查成果，社会反响良好。发布会当天，各类媒体广泛报道，形成全社会广泛关注老年人生活状况的新闻热潮。事实证明，通过深入的调查和广泛的报道，建立和完善老龄统计调查和发布制度十分重要，这应当是今后我国应对人口老龄化工作的一项重要制度安排。

第三，第四次调查既为各级政府落实中央应对人口老龄化战略部署提供了重要决策依据，也为产业界发展老龄产业提供了市场决策的重要支撑。第四次调查数据发布后，在社会上引起极大反响，直接为国家老龄事业"十三五"规划、老龄委员会各成员单位的专项规划以及相关老龄政策的制定提供了重要参考依据。许多地方老龄部门依据此次调查中的本地数据进行深度开发，为当地老龄事业"十三五"规划和地方老龄政策的创制提供了重要、科学的参考。同时，第四次调查也引起老龄产业界的高度关注，许多新闻媒体连续报道第四次调查数据的产业含义，如老龄产业的潜力、当前老年人的消费倾向以及未来走势等，这些成为老龄产业企业组织制定发展战略规划、精准定位战略经营方向的重要决策信息来源。许多企业家反映，第四次调查数据对于开发老龄产业意义重大，迫切希望能够看到进一步的纵深研究报告，也希望国家能够将这类调查作为制度安排固定下来，为企业界深入研究老龄产业建立资料库。

第四，第四次调查既推动了老龄工作，也宣传了老龄事业。第四次调查是全国老龄工作的一件大事，它的成功开展是全系统上下共同参与、共同努

力的结果。通过部署、培训、入户调查和问卷回收以及成果的初步分析整理、宣传，老龄工作干部的业务素养和水平，特别是对调查研究方法的掌握程度都有了较大的提高，老龄工作者的使命感和责任感也得到不断增强。许多多次参与调查的同志反映，第四次调查是前三次调查工作基础上的升级版，要求高、任务重，但收获也更多，希望能够认真总结，为开展第五次调查提早做好准备。同时，在调查工作开展的同时，按照要求，所有开展调查的基层社区围绕此次调查工作，开展老龄事业的全面宣传工作，旨在确保完成调查任务的同时，能够使更多的人了解党和国家以及地方政府的老龄政策，培育积极应对人口老龄化的社会共识，为下一步落实新一届党中央的全面老龄新政奠定更加扎实的群众基础。

第五，第四次调查既推动了老龄科学研究工作，也带动了老龄科学研究事业。作为全球第一老年人口大国开展的国情调查，第四次调查的样本量、代表性和影响力都是其他国家罕见的，引起了国内外老龄科学研究领域专家学者的广泛关注。在第四次调查数据发布后，全国老龄办又面向全社会发布了深度开发第四次调查数据的一系列重大课题，邀请北京大学、清华大学、中国人民大学、南开大学、中国社会科学院等顶级老龄科学研究专家参与研究。同时，许多大专院校和科研机构正在和第四次调查工作办公室建立联系，准备开展深入开发研究。第四次调查工作办公室正在紧锣密鼓组织编写数据资料，面向全社会公开全面的数据，为各个学科领域开展老龄科学研究提供数据支持。总之，依托第四次调查及其数据的开发应用，全国老龄科学界正在开展进一步的纵深研究。从关注度、参与人员规模特别是参与开发研究的学科范围来看，第四次调查在老龄科学研究领域的影响力超过了前三次，对于推动老龄科学研究从边缘走向主流的重大意义值得充分肯定。

四　中国老年人生活状况（2014／2015年）

第四次调查的时点为 2015 年 8 月 1 日 0 时，以下调查结果中的数据分三类情况：一是反映调查时点 2015 年 8 月 1 日老年人的实际生活状况；二是反映调查时点上一年度老年人的实际生活状况；三是其他具体情况。

（一）中国老年人的基本情况

基本情况是老年人生活状况的基础参数，这些基础参数的变动是整体反映老年人生活状况基本面，也是观察老年人生活质量和水平变化的重要因素。在第四次调查中，对老年人基本情况主要考察了年龄、性别、户籍、民族、文化程度、政治面貌等维度，这些维度是管窥老年人整体和个体深层次生活状况的重要窗口。

——低龄老年人口总量超过中高龄老年人口总和，老年人口内部年龄结构相对年轻。2015 年，在全国老年人口中，低龄（60~69 岁）老年人口占 56.1%，中龄（70~79 岁）老年人口占 30.0%，高龄（80 岁及以上）老年人口占 13.9%。与 2000 年相比，全国低龄老年人口占比虽然已经跌破 60% 大关，但下降幅度不大，15 年间仅下降 2.7 个百分点。这表明，当前中国老年人口仍以新中国成立前五年和后五年出生的低龄老年人口为主，老年人口内部年龄结构相对年轻，距离低龄老年人口跌破 50% 的警戒线还有一定的时间窗口，这凸显了老年人力资源政策的重要性，昭示着老龄社会新的巨大潜力亟待开发，也是国家和社会应对人口老龄化挑战的必胜信心所在。总体来看，未来一段时间中国仍处于积极应对人口老龄化的战略机会窗口期。

——老年人口女多于男，老年人口平均余寿女高男低。2015 年，在全国老年人口中，女性老年人口占老年总人口的 52.2%，男性老年人口占 47.8%，女性老年人口占比超过男性老年人口 4.4 个百分点，在 2000 年的基础上提高了 1.0 个百分点。和全国总人口男多女少的情况不同，老年人口内部呈现女多男少现象，这是人口发展的重要规律。一般来说，女性寿命长于男性，因此，老龄化程度越高，女性老年人口占比也越呈现走高的态势。可以预计，随着老龄政策的逐步完善，中国老年人口女性化水平还将进一步提升。这表明，在今后的老龄工作中，需要在落实老龄政策的各个环节中，切实贯彻男女平等基本国策，进一步向女性老年人口倾斜。同时，也要加大

对男性老年人的关爱力度，努力增加男性老年人口余寿，尽可能缩短高龄女性老年人口的寡居期。

——老年人口城市化率突破50%大关，但老年人口城市化水平依然较低。2015年，在全国老年人口中，城市老年人口占老年总人口的52.0%，农村老年人口占48.0%。2000年，城市老年人口占全国老年人口的34.2%，农村老年人口占65.8%。15年间，老年人口的城市化水平提高了17.8个百分点，已突破50%大关。这是新型城市化建设不断加快的结果，也是落实以人民为中心的发展思想、以人的城市化为核心的新型城市化建设理念的重要体现。此外，第四次调查结果表明，调查时点上一年度，老年人口城市化水平比总人口低2.8个百分点，说明老年人口城市化相对滞后。这预示着，今后城市化还要更加关注老年群体。同时，需要贯彻落实城乡一体化发展战略，确保城乡老年人公平共享经济社会发展成果。

——汉族老年人口占据主体，民族地区少数民族内部老龄化水平低于汉族。2015年，在全国老年人口中，汉族老年人口占比为93.8%，少数民族老年人口占比为6.2%。从民族地区来看，由于实行不同计划生育政策，汉族老龄化水平相对较高，而少数民族内部老龄化水平不高。

——老年人口文盲率显著下降，初高中教育水平老年人口增幅最大。2015年，在全国老年人口中，未上过学的占比为29.6%，文化程度为小学的占比为41.5%，初中和高中的占比为25.8%，大专及以上的占比为3.1%。与2000年相比，未上过学的老年人口占比下降了23.2个百分点；小学文化程度的老年人口占比上升了7.8个百分点；初中和高中文化程度的老年人口占比增长幅度最大，上升了14.3个百分点；大专及以上文化程度的老年人口占比上升了1.1个百分点。从年龄来看，低龄老年人口文盲率最低，接受过高中以上教育的占比超过10%。从性别来看，女性老年人口受教育水平低于男性，接受过高中以上教育的女性老年人口占6.7%，比男性老年人口低7.4个百分点；农村女性老年人口文盲率为54.6%，比城市男性老年人口文盲率高出45.2个百分点。从地区来看，北京市老年人口中接受过高中以上教育的比例超过40%，而文盲率超过50%的分别是甘肃省和西藏自治区。这说明，还需要进一步加大老年教育工作力度，并把老年教育的工作重心放在农村女性老年群体上。同时，要针对低龄老年人开展适宜的教育活动，为开发和提升低龄老年人力资源奠定基础。此外，需要在老年教育工作上实施地区差异化政策，从政策、投入等方面向受教育水平较低的地区倾斜。

——老年人口中中共党员占比超过10%，低龄老年人口中的中共党员比例最高。2015年，在全国老年人口中，中共党员占比为11.7%，超过18岁及以上劳动年龄人口（18~59岁）中的中共党员比例（8.6%）。分年龄看，老年人口中的中共党员占比低龄的为10.4%，中龄的为12.9%，高龄的为14.5%。老年党员既是中国革命、建设和改革开放的践行者和见证者，也是老年群体中的先锋队，发挥好他们的作用，是中国特色老龄事业的重要特征，也是应对人口老龄化走中国道路的重要政治保证。

（二）中国老年人的家庭状况

家庭是老年人生活的基本单位。家庭状况的变动是考察老年人整体和个体生活状况的基本要素。第四次调查对老年人家庭状况主要考察婚姻、子女数、子女流动、居住安排、代际互动、家庭事件、家庭地位等维度，这些是把握老年人整体和个体家庭生活状况的基本方面。

——七成以上老年人有配偶，健康状况越差的老年人有偶率越低。2015年，在全国老年人口中，有配偶的占71.6%，丧偶的占26.1%，离婚的占0.8%，从未结过婚的占1.5%。与2000年相比，有配偶老年人口比例上升了8.9个百分点，丧偶老年人口比例下降了9.5个百分点。从城乡来看，城市老年人的有偶率（73.4%）比农村老年人（70.7%）高出2.7个百分点。分性别来看，女性老年人丧偶率（35.5%）明显高于男性老年人（14.7%），高出了20.8个百分点。从年龄来看，60~64岁老年人有偶率高达87.0%，丧偶率仅为10.1%；但80~84岁老年人有偶率下降到43.9%，丧偶率达55%；85岁及以上老年人有偶率仅为26.5%，丧偶率达到72.6%。这说明，随着年龄增长，老年人的有偶率呈现下降趋势且降幅明显，丧偶率升高

且增幅明显。结合健康状况看，伴随老年人健康状况的变差，老年人有偶率也在不断降低。健康状况非常好的老年人中，有偶率高达82.6%，丧偶率仅为15.5%；而健康状况非常差的老年人中，有偶率为63.2%，丧偶率达34.1%。这些情况表明，在老年期的高龄阶段，婚姻状况与健康状况关系密切。这是今后老龄政策的一个重要着力点。

——城市老年人子女数少于农村，中高龄老年人子女数多于低龄老年人。2015年，全国老年人平均子女数为3.0人，与2000年相比，15年间，老年人平均子女数减少1.0人。分城乡看，老年人子女数城乡不均衡，城市已跌破3，为2.7人，农村为3.3人。分年龄组看，2015年，60~64岁低龄老年人平均子女数为2.3人，65~69岁中低龄老年人平均子女数为2.7人，70~74岁中龄老年人平均子女数为3.3人，75~79岁低高龄老年人平均子女数为3.7人，80~84岁中高龄老年人平均子女数为4.0人，85岁及以上高龄老年人平均子女数为4.1人。值得关注的是，全国有1.8%的老年人处于无子女的状态，农村的这一比例达到2.2%，比城市高出0.9个百分点。总体来看，当前中国中高龄老年人家庭人力资源还比较丰富，但长期来看，家庭养老基础日渐薄弱，家庭养老压力日益加大，外化为社会问题的客观态势不可避免。其中，1944~1955年出生的老年人是未来需要社会给予支持的第一梯队，而无子女老人的情况值得引起更大关注。

——超过半数老年人愿意与子女同住，农村老年人的同住意愿高于城市。2015年，在全国老年人口中，有56.4%的老年人愿意与子女同住，25.4%的老年人明确表示不愿意，18.3%的老年人认为看情况而定。从城乡来看，农村老年人愿意与子女同住的比例（58.5%）比城市（54.4%）高出4.1个百分点，女性老年人愿意与子女同住的比例（58.5%）比男性老年人（54.0%）高出4.5个百分点。这一意愿是今后完善相关政策的重要依据。

——农村老年人子女跨省流动率高于城市，与老人分居现象值得关注。2015年，全国老年人有子女在外省居住的比例达到15.7%，全部子女在外省居住的比例为2.9%。农村老年人子女跨省流动的比例要高于城市，有

17.0%的农村老年人有子女在外省居住，3.0%的农村老年人的子女全部在外省居住。数据表明，80岁以下老年人的子女外省居住比例为15.9%，80岁及以上老年人的子女外省居住的比例有所降低，85岁及以上老年人的子女外省居住的比例最低，为14.8%。数据还表明，随着年龄的增加，老年人全部子女都在外省居住的比例不断减少。80岁以下老年人全部子女在外省居住的比例为3.2%，80岁及以上老年人全部子女在外省居住的比例下降，85岁及以上老年人全部子女在外省居住的比例最低，为0.9%。与老人分居特别是与低龄健康老年父母分开居住，这是现代社会的普遍现象，也是现代社会个人独立性的显现。但是，80岁以上高龄老年人与所有子女异地异城异省异国分开居住，这是需要认真对待的问题。

——半数以上老年人独居或仅与配偶同住，低龄老年子女与高龄老年父母同住现象值得重视。2015年，在全国老年人口中，独居老人占比为13.1%，仅与配偶同住的老年人占比为38.2%，与子女同住的老年人占比为41.7%，与高龄父母同住的占比为1.7%。数据显示半数以上老年人独居或仅与配偶同住，与人共居老年人已不足一半，表明当前老年人家庭结构小型化趋势突出。数据显示，女性老年人独居（15%）和与子女同住（44.5%）的比例要高于男性老年人（分别为11.0%和38.7%），仅与配偶同住的比例（34.2%）要低于男性老年人（42.6%）。另外，与城市老年人相比，农村老年人独居和与其他人同住的比例更高。农村女性老年人独居的比例最高，达到15.4%，城市男性老年人独居的比例最低，为9.0%。城市女性老年人与子女同住的比例最高，达到45.4%，农村男性老年人与子女同住的比例最低，为37.6%。值得强调的是，老年人当前的居住安排状况基本上还是老年人家庭自主选择的结果，如何引导家庭居住方式适应老龄社会的要求，特别是要在相关政策上向与高龄老年父母同住的低龄老年子女倾斜，这是下一步健全家庭老龄政策的一项重要内容。

——老年人与子女代际互动频繁，但经济非常困难的老年人与子女代际互动较少。调查时点上一年度，有34.7%的老年人为子女提供经济支持，65%的老年人为子女提供生活帮助。年龄越大、健康状况越差的老年人给子

女提供支持的比例越低，但即使年龄在 85 岁及以上的老年人还是有接近 1/4 的给予困难子女经济支持，接近 1/3 的给予生活帮助，健康状况非常差的老年人中仍然有超过 1/5 的给予困难子女经济支持，超过四成的给予生活帮助。这说明中国传统的父母以子女为中心的文化仍然在延续。但是，子女对父母的关心较少，外省居住子女每年探望父母 4 次及以上的比例仅为 10.9%，有 23.9% 的外省居住子女每年探望父母少于 1 次。对于健康状况非常差的老年人，外省子女每年探望少于 1 次的比例接近三成，探望 4 次以上的不到 5%。值得关注的是，虽然经济非常宽裕的老年人给予困难子女经济帮助的比例和给予子女生活帮助的比例都不是最高，但是在子女探望方面，经济非常宽裕的老年人获得外省子女探望频率相对更高，外省子女每年探望 2 次以上的比例接近 55%。与此同时，36.3% 的非常困难的老年人每年获得外省子女探望的频率少于 1 次。这说明，老年人与子女之间的互动关系受制于多种因素特别是经济因素，加强代际沟通还需要多措并举，有针对性地开展工作。

——老年人面对的家庭经济事件较少，但经历亲人疾病和死亡事件相对较多。重大事件对于一个家庭影响很大，可能会导致家庭贫困、居住方式和生活方式转变等，也会对家庭成员的心理和性格造成巨大影响。从调查时点上一年度老年人家庭发生的重大事件来看，老年人面对的经济方面的重大事件相对较少，但所要面对的疾病和死亡事件明显较多。有 18.9% 的老年人在过去一年家庭中发生了重大事件，8.6% 的老年人经历了亲人大病，3.4% 的经历了亲人去世，3.3% 的老年人经历了子女失业，而其他老年人主要是自己生病。分城乡来看，农村老年人经历亲人大病的比例（9.8%）明显高于城市老年人（7.5%），城市老年人子女失业的比例（4.1%）明显高于农村老年人（2.3%）。这预示着今后解决老年人问题不能囿于老年人本身，还要从老年人的家庭、父母、子女等更多维度考量政策干预措施。

——老年人注重自主性和话语权，家庭地位受年龄增长影响较大。我国老年人的家庭地位比较稳固，独立性和话语权较高，2015 年，只有

16.7%的老年人家里的重大支出由子女说了算，权威型老年人所占比例最高，达到46%，协商型占37.3%。分城乡来看，城市男性老年人听从型比例最低，仅为8.7%；协商型比例最高，达到45.1%。农村男性老年人权威型比例最高，达到52.1%；农村女性老年人听从型比例最高，达到25.2%。这说明，目前老年人的家庭地位以权威型或协商型为主，听从型所占比例最小，不到两成。随着年龄的增加，健康状况变差，老年人听从型比例明显提高。但从变化幅度来看，老年人的家庭地位随年龄发生的改变要大于随健康状况发生的改变，其中协商型下降幅度更明显。60~64岁老年人听从型的比例仅为8.3%，权威型和协商型的比例分别达到47.7%和43.9%；但85岁老年人听从型的比例则提高到45.2%，权威型和协商型的比例下降为35.4%和19.5%。随着受教育水平和经济水平的提高，老年人听从型和权威型比例减少，协商型比例明显增加，大学专科及以上老年人协商型的比例达到了60.3%。与受教育水平相比，经济水平的影响幅度相对较小。

——传统孝道文化相对稳固，但高龄老年人对子女孝顺程度评价不高。从老年人对子女孝顺的评价来看，2015年，在全国老年人口中，有81.4%的老年人认为子女孝顺，17.8%的老年人认为一般，只有0.8%的老年人认为子女不孝顺。从城乡来看，城市老年人认为子女孝顺的比例（84.3%）比农村（78.2%）高出6.1个百分点，女性老年人认为子女孝顺的比例（81.9%）比男性老年人（80.9%）高出1.0个百分点。但是，调查数据也显示，随着年龄增长，老年人对子女孝顺程度的评价有走低的趋势。60~69岁老年人认为子女孝顺的比例为57.2%，而80岁以上老年人认为子女孝顺的比例下降为14.8%。这说明，巩固家庭孝道文化的重点在高龄老年人子女身上，这是今后家庭老龄政策的重点之一。

（三）中国老年人的健康医疗状况

健康是生命的前提。没有健康，就没有生命的高质量；健康也是生命的基础，没有健康，就没有生命大厦的稳固和持久。对于人的老年期而言，某一时点上的健康状况既是前老年期生命活动的综合反映，也是未来老年期生命活动的前提和基础。从整体来说，掌握某一时点全国老年人的健康状况，这是有针对性实施大健康战略的重要条件。第四次调查关于全国老年人的健康医疗状况，主要围绕健康行为（吸烟、喝酒、身体锻炼、保健品食用）、身体功能（视力、听力、牙齿、疼痛、睡眠）、医疗行为（身体检查、慢性疾病、两周患病率、就医服务、住院、药品消费）、医疗保障、健康保险以及健康自评等维度展开调查，借以全方位掌握全国老年人健康医疗方面的基本国情。

——接近八成的老年人不吸烟，八成以上老年人不喝酒。2015 年，在全国老年人口中，76.5% 的老年人不抽烟（从不抽烟的 66.9%，其余为已经戒烟的），18.53% 的老年人经常吸烟。85.8% 的老年人不喝酒或偶尔喝，仅有约 1.0% 的老年人有经常醉酒的习惯。

——接近一半老年人从不锻炼，经常吃保健品的老年人占比低但规模大。2015 年，在全国老年人口中，49.4% 的老年人从不锻炼，仅有 21.7% 的老年人保持每周六次及以上的锻炼频率。数据还显示，78.1% 的老年人从不吃保健品，只有 5.6% 的老年人经常吃保健品，这个比例不大，但按目前 2.3 亿老年人来推算，经常吃保健品的老年人有 1288 万名之众。

——老年人听力较好、视力较差，牙齿状况堪忧。2015 年，在全国老年人口中，39.43% 的老年人看得非常清楚（8.78%）或比较清楚（30.65%），25.68% 的老年人视力一般，而 34.89% 的老年人视力较差（看不太清楚的 32.42%，几乎或完全看不清的 2.47%）。这说明老年人的视力状况不容乐观。在听力方面，67.85% 的老年人能听清楚，23.76% 老年人在提高声音的情况下能听清楚，8.39% 的老年人很难听清楚。这说明，中国老年人的听力状况好于视力状况，对于老年人的生活质量来说，视觉能力的维持比听力更重要，这种状况需要引起高度关注。在高度消耗视觉能力的当代社会，当前老年人的视力状况是对当今年轻人口也就是未来老年人口视觉能力保持的重要警示。数据还显示，2015 年，在全国老年人口中，49.15% 的老年人目前的牙齿状况对吃饭有影响。分城乡来看，54.47% 的农村老年人牙齿状况影响吃饭，高于城市老年人 10.20 个百分点，说明城市老年人掌握更多爱护牙齿的知识，并且更有能力去诊治牙齿。

——近六成老年人常有疼痛感，两成以上老年人睡眠状况不佳。2015年，在全国老年人口中，56.53% 的老年人经常有疼痛感。其中，疼痛程度严重的占 28.62%。分城乡来看，61.27% 的农村老年人经常有疼痛感，高于城市老年人 9.08 个百分点。而农村老年人中疼痛感严重的占 31.61%，高于城市老年人 6.20 个百分点。调查数据显示，21.6% 的老年人睡眠质量不佳（18.1% 的老年人睡眠比较差，3.5% 的老年人睡眠非常差），34.4%的老年人睡眠质量一般，44% 的老年人睡眠质量较高（14.3% 的老年人睡眠非常好，29.7% 的老年人睡眠比较好）。

——半数以上老年人享受过免费体检，老年人慢性疾病状况形势严峻。2015 年，在全国老年人口中，55.3% 的城乡老年人享受过免费体检。同时，数据显示，31.16% 的 60 岁以上老年人患有一种以上慢性病，13.63% 的 60岁以上老年人患有三种以上慢性病，3.58% 的 60 岁以上老年人患有五种以上慢性病，4.91% 的 80 岁以上老人患有五种以上慢性病。分析数据可知，全国老年人罹患的前五位慢性病是骨关节病（43.67%）、高血压（36.87%）、心脑血管疾病（26.00%）、胃病（17.84%）和白内障/青光眼（16.00%），80 岁以上老年人罹患的前五位慢性病是骨关节病（45.06%）、高血压（40.88%）、心脑血管疾病（30.67%）、白内障/青光眼（26.93%）和胃病（14.46%）。这说明，慢性疾病是老年人健康的最大威胁，而未来健康政策的焦点正是慢性病的预防和控制。

——老年人两周患病率较高，患病后的应对情况比较复杂。在调查时点上，在全国老年人口中，两周患病率为 17.53%。患病后，78.81% 的老年人找医生看病，4.69% 的老年人未处置，还有 16.50% 的老年人自我治疗。其中，经济困难（46.72%）、自感病轻（38.89%）和行动不便（24.23%）是老年人患病后未处置的主要原因。数据显示，老年人的两周就诊率为78.81%。

——老年人就医愿意就近就便，就医面临较多具体问题。2015 年，在

全国老年人口中，27.47%的人就医选择卫生室/站，占比最高；其次是选择在县/市/区医院、乡镇/街道卫生院或私人诊所就医，均超过15.00%。选择地市级以上医院的比例为10.61%。数据显示，从全国来看，老年人在就医时遇到诸多问题。其中，收费太高（44.69%）、排队时间太长（32.48%）、手续烦琐（25.62%）是最常遇到的问题。

——老年人住院花费较多，住院花费自费比例较高。调查时点上一年度，在全国老年人口中，74.28%的老年人曾经住院。数据统计显示，城乡老年人平均住院花费3986.88元。其中，医疗自费比例约占1/2（1970.84元）；分城乡来看，城市老年人看病/住院总花费和自费购买药物花费（4820.39元）高于农村老年人（3073.46元），但自费比例和孩子或他人支付比例较低。数据表明，我国老年人的医疗花费相当一部分是由子女负担。从全国来看，调查时点上一年，老年人看病/住院自费部分一半以上的支出（1153.34元）是由孩子或他人承担的。数据还显示，调查时点上一年度，老年人在药店自费购买药物的平均支出为1055.59元。

——老年人医疗保障基本实现全覆盖，医药费报销不高。2015年，在全国老年人口中，城乡享有医疗保障的老年人比例分别达到98.9%和98.6%，分别较2006年上升了24.8个百分点和53.9个百分点。这是我国医疗保障制度建设取得的重大成就。大部分老年人享受了社会医疗保险，其中，享受新型农村合作医疗的老年人占比最高，为54.45%，其次为城市职工基本医疗保险，比例为20.55%。

——老年人健康自评总体水平提高，高龄老年人健康状况值得关注。2015年，在全国老年人口中，老年人健康状况整体改善。32.8%的城乡老年人自评健康状况"好"，比2000年提升了5.5个百分点。分城乡来看，27.7%的农村老年人自评健康状况"好"，比2000年提升了1.4个百分点；37.6%的城市老年人自评健康状况"好"，比2000年提升了7.0个百分点。数据也显示，老年人健康自评状况随年龄增长而走低，这是自然规律。其中，全国60~69岁健康状况好的比例为75.23%，70~79岁健康状况好的比例为55.61%，80岁以上健康状况好的比例为44.16%。

（四）中国老年人的照料护理服务状况

在生命不同阶段人的服务需求是不同的，婴幼儿的看护服务、老年期的长期照护服务是生命两端的两种不同服务。从全生命过程来看，人的服务需求也因主题的不同而有所差异。现在经常用的"养老服务"实际上等同于部分老年人，也就是失能老年人的照料护理服务，它的缺陷在于不能涵盖所有老年群体的特殊服务，更重要的是，"养老服务"潜在意蕴着"被动""等待他人帮助"等负面假定，而且，作为年轻社会或者短寿时代的一个老概念，它难以涵盖人口老龄化的背景，同时，也不能反映全生命周期视野里的生命真相。我们用老龄服务代替它，并用以指称老龄社会条件下人类个体生命衰老过程中衍生出来的服务需求，旨在走出老人圈，强调人的主体性、能动性和创造性，借以引领全社会重新审视人类个体衰老现象、重新理解和把握人的生命的前老年期与老年期的连续性，促进全体社会成员建立生命逆向思维，从老年期倒过来进行生命和生活安排，目的是从源头上降低长期照护服务的压力，尽可能长时间地保持有健康活力的老年期生活，整体上提升人类个体向老而生、向死而活的生命尊严。因此，"老龄服务"就成为一个外延广大的新概念，主要指人们在衰老过程中衍生出来的生理、功能、文化等方方面面需要以服务形态来满足的需求。其中，照料护理服务是老龄服务的重中之重。第四次调查针对老年人的照料护理服务的方方面面展开深入研究，旨在反映当前老年人照料护理服务面临的问题，同时，也希望从中看到前车之鉴，从而做好未来老年人照料护理服务。

——老年人照护服务需求持续上升。2015年，我国城乡老年人自报需要照护服务的比例为15.3%，比2010年的13.7%上升了1.6个百分点，比2000年的6.6%上升将近9个百分点。分城乡来看，城市老年人自报需要照护服务的比例从2000年的8.0%上升到2015年的14.2%，上升了6.2个百分点；农村老年人从2000年的6.2%上升到2015年的16.5%，上升了10.3个百分点，农村比城市上升更快。分年龄段来看，79岁及以下的老年人自报需要照护服务的比例从2000年的5.1%上升到2015年的11.2%，上升了

6.1个百分点；80岁及以上老年人自报需要照护服务的比例从2000年的21.5%上升到2015年的41.0%，上升了将近20个百分点，上升幅度是79岁及以下老年人的3倍多。可见，城乡老年人对照护服务的需求是非常迫切的，农村老年人更是如此。十八大以来，党中央、国务院把积极发展照护服务等老龄服务事业作为老龄工作的重中之重，不仅回应了广大老年人的现实关切，也为今后一个时期发展老龄服务事业明确了方向。

——社区老龄服务需求结构基本稳定。2015年，38.1%的老年人需要上门看病服务，12.1%的老年人需要上门做家务服务，11.3%的老年人需要康复护理服务，10.6%的老年人需要心理咨询/聊天解闷服务，10.3%的老年人需要健康教育服务，9.4%的老年人需要日间照料服务，8.5%的老年人需要助餐服务，4.5%的老年人需要助浴服务，3.7%的老年人需要老年辅具用品租赁服务。15年来，我国城乡老年人的社区服务需求结构变化不大，上门看病、康复护理等医疗健康类服务需求始终居于首位；其次是上门做家务等日常生活类服务；再次是心理咨询或聊天解闷服务。这说明，城乡老年人对社区提供的医疗健康服务、日常生活服务和心理咨询或聊天解闷服务的期望值很高，这无疑是今后发展居家养老服务的重要切入点。

——社区老龄服务供给丰富多元。2015年，社区提供生活类服务的情况如下：33.0%的社区有法律/维权服务，21.8%的社区有殡葬服务，15.6%的社区有托老服务，15.2%的社区有家政服务，5.9%的社区有老年餐桌服务，2.2%的社区有陪同购物服务，1.6%的社区有老年婚介服务。社区提供医疗康复类服务的情况如下：37.5%的社区有健康讲座服务，35.0%的社区有上门看病服务，15.5%的社区有心理咨询服务，12.3%的社区有康复服务，7.0%的社区有上门护理服务，5.6%的社区有陪同看病服务，4.5%的社区有家庭病床服务，3.9%的社区有康复辅具租赁/出售服务。这充分说明，近年来，党中央、国务院以及各部门和各地区围绕发展老龄服务事业和产业所采取的一系列举措初见成效，社区老龄服务多元化、多层次发展态势日益明显。

（五）中国老年人的经济状况

经济状况是老年人生活的基础，也是人在年轻时期为老年期生活所做的物质准备。第四次调查关于全国老年人的经济状况，主要围绕收入、支出、保障制度以及再就业等方面的情况开展调查数据分析，既可以掌握当前老年人的实际经济生活状况，也可以认识当代老年人在年轻时期做准备的短板，为当前年轻人口特别是 40~59 岁人口做好老年期经济准备提供思路和线索。

——城乡老年人收入平稳增长，但收入差距依然较大。调查时点上一年度，全国城市老年人平均收入 23930 元，是 2000 年的 3.24 倍，按可比价格计算，年均实际增长 5.86%。农村老年人平均收入 7621 元，是 2000 年的 4.62 倍，按可比价格计算，年均实际增长 9.06%。农村年均实际增长速度快于城市。数据显示，2000 年，全国城市老年人收入是农村老年人的 4.47 倍，2006 年这一数据下降到 4.02 倍，2010 年进一步下降到 3.36 倍，2014 年下降到 3.14 倍。14 年来，城乡老年人的收入差距一直缓慢缩小。而同期，全国城市居民可支配收入和农村居民人均纯收入相比，2000 年是 2.78 倍，2006 年是 3.22 倍，2010 年是 3.27 倍，2014 年是 2.92 倍，表明城乡老年人收入差距虽然在不断缩小，但始终大于同期我国城乡居民收入差距。

——城市老年人非保障性收入开始增多，农村老年人保障性收入占比不断上升。数据显示，城市老年人以保障性收入为主，其占比先升后降。调查时点上一年度，全国城市老年人收入中，保障性收入占 79.4%，经营性收入占 9.8%，转移性收入占 6.9%，资产性收入只占 3.8%，老年人收入以保障性收入为主。从保障性收入来看，2000 年，我国城市老年人保障性收入占总收入的 77.5%，2010 年这一比例高达 88.9%，2014 年开始下降，非保障性收入占比开始逐步上升。从农村来看，老年人收入来源多元化，保障性收入占比不断上升。调查时点上一年度，全国农村老年人收入中，经营性收入占 39%，保障性收入占 36%，两者总和达到 75%。转移性收入占 19%，占比最低的是资产性收入，为 6%。从保障性收入来看，2000 年，保障性收

入在总收入中的占比仅为 14.3%，此后，这一占比逐年上升，2014 年比 2000 年高出 22 个百分点，保障性收入已经成为农村老年人收入的重要来源。从经营性收入来看，2000～2014 年，占比变化不大，经营性收入依然是老年人收入最重要的来源。

——男性老年人收入普遍高于女性，教育程度与收入水平高度相关。调查时点上一年度，全国城市老年人男性平均收入为 29570 元，女性平均收入为 18980 元，女性收入相当于男性收入的 64%。从农村来看，男性老年人收入平均为 9666 元，女性平均为 5664 元，女性收入相当于男性收入的 59%。数据显示，调查时点上一年度，全国城市受过高等教育的老年人收入最高，为 63464 元，未上过学的老年人收入最低，为 11563 元。农村受过高等教育的老年人收入最高，为 33799 元，最低为未上过学的老年人，收入为 5558 元。

——城市高龄老年人收入最高，农村低龄老年人收入最高。调查时点上一年度，城市收入最高的为 80 岁及以上老年人，年收入平均为 25707 元，最低为 70～79 岁的老年人，年收入平均为 22699 元，相当于高龄老年人收入的 88%。从农村来看，收入最高的为 60～69 岁的低龄老年人，年收入平均为 9061 元，最低为 80 岁及以上的高龄老年人，年收入平均为 5354 元，是低龄老年人收入的 59%。

——城市老年人中，东部老年人收入最高，中部最低；农村老年人中，东部老年人收入最高，西部最低。调查时点上一年度，城市中，东部老年人年均收入最高，为 27235 元；中部地区老年人收入最低，年均收入为 18923 元，相当于东部地区老年人收入的 70%。从农村来看，东部地区老年人收入最高，年均收入为 9794 元；西部地区最低，年均收入为 6340 元，相当于东部地区老年人收入的 65%。

——老年人消费能力提升，城乡差距不断缩小。调查时点上一年度，全国城市老年人平均消费水平为 20186 元，是 2000 年的 2.81 倍。农村老年人平均消费水平为 8884 元，是 2000 年的 4.51 倍。数据显示，2000 年，全国城市老年人消费是农村老年人的 3.65 倍，2005 年为 3.73 倍，2010 年为

3.32 倍，2014 年为 2.27 倍，城乡老年人消费水平差距不断缩小。

——老年人消费支出结构城乡趋同，照护服务需求规模显著加大。调查时点上一年度，全国城市老年人消费结构中，居前三位的是食品烟酒、医疗保健和居住，占比分别为 42%、18% 和 15%；农村老年人消费结构中，居前三位的是食品烟酒、医疗保健和居住，占比分别为 39%、27% 和 16%。同时，数据显示，2015 年，全国城乡老年人自报需要照护服务的比例为 15.3%，比 2000 年的 6.6% 上升将近 9 个百分点。

——老年旅游消费受到青睐，网络消费成为新宠。调查显示，2015 年，全国 14.31% 的老年人有旅游消费，平均消费金额为 4928 元。分年龄段来看，低龄老年人是旅游的主体，占到了 68%；其次是 70~79 岁年龄段的老年人，占到 26%；高龄老年人旅游比例比较低，仅占到 6%。从未来一年出游的计划来看，全国 13.1% 的老人明确表示未来一年有出游计划，9.1% 的老年人表示有可能在未来一年外出旅游。数据还显示，2015 年，上网老年人网上购物的占到了 12.4%。

——老年人经济状况较好，"啃老"现象城市多于农村。2015 年，城乡老年人经济自评中，很宽裕占比为 1.3%，比较宽裕占比为 14.8%，基本够用占比为 58.5%，比较困难占比为 21.2%，非常困难占比为 4.1%。和 2010 年相比，老年人经济自评很宽裕比例提高了 0.2 个百分点，比较宽裕提高了 3.5 个百分点，基本够用提高了 1.8 个百分点，比较困难和非常困难的比重都有所下降。这五年来，老年人经济自评状况持续向好。2015 年，5.9% 的城乡老年人认为自己的子女或孙子女存在"啃老"行为，其中，城市这一比例为 7.7%，农村这一比例为 3.9%，城市高于农村。

（六）中国老年人的宜居环境状况

在年轻社会条件下，人们寿命短暂，老年期不长，对环境建设特别是硬件设施的要求不高。实际上，宜居特别是年龄友好型宜居理念的提出，也是老龄社会的一个重要指标。第四次调查对老年人宜居环境情况的考察，主要

是摸清当前老年人居住、出行等方面的实际情况。

——老年人居住面积普遍较大,大多数老年人拥有独立房间。调查显示,2015 年,全国老年人居住房屋面积平均达 111.8 平方米。其中,城市老年人住房面积平均为 110.9 平方米,农村老年人住房面积平均为 112.7 平方米,农村老年人住房平均面积略高于城市老年人。拥有独立房间是老年人居住舒适程度的重要体现。数据显示,2015 年我国老年人中,有 93.0% 的老年人有自己独立的房间。其中,城市老年人拥有独立房间的比例为 94.1%,农村老年人拥有独立房间的比例为 91.9%,城市略高于农村。

——老年人居住房屋大多为 1970 年后建造的,1990 年后建造的房屋占据六成。调查显示,2015 年,我国老年人现居住房屋建成时间以 20 世纪 70 年代以后为主。2.0% 的老年人所居住的房子是新中国成立前建造的,4.3% 的老年人所居住的房子是 20 世纪 50～60 年代建成的。30.0% 的老年人所居住的房子是 20 世纪 70～80 年代建成的(城市老年人所居住的房子是 70～80 年代建成的比例为 29.5%,农村为 30.6%)。30.1% 的是 20 世纪 90 年代建成的,城市老年人所居住的房子是 90 年代建成的比例为 31.7%,农村为 28.4%;33.6% 的是 2000 年以后建成的,其中城市的比例为 33.8%,农村为 33.4%。

——多数老年人拥有自有产权房,拥有自有产权房比例随年龄增加而降低。调查显示,2015 年,全国老年人中拥有产权属于自己或配偶的房屋占比为 65.9%,其中城市老年人中拥有产权属于自己或配偶的房子的比例为 71.3%,农村老年人中拥有产权属于自己或配偶的房子的比例为 60.1%,农村老年人拥有产权属于自己或配偶的房屋比例明显低于城市老年人。分性别而言,男性老年人拥有房屋产权的比例为 70.8%,女性老年人为 61.5%,女性老年人拥有房屋产权的比例明显低于男性老年人。分年龄来看,老年人拥有产权属于自己或配偶的房屋比例随着年龄的增大而降低。具体来看,60～64 岁的老年人拥有产权属于自己或配偶的房屋比例最高,为 77.1%,85 岁及以上的老年人拥有产权属于自己或配偶的房屋比例下降至仅有 40.0%,已不足一半。

——老年人住房基础设施城乡差异明显,城市明显好于农村。调查显示，2015 年，全国老年人住房中自来水设施覆盖率最高，为 72.8%，城市为 87.6%，农村为 56.6%，城乡差超三成。洗澡/淋浴设施覆盖率为 52.6%，城市为 70.9%，农村为 32.7%，城乡差更大，城市为农村的 2.17 倍。室内厕所覆盖率为 50.0%，城市为 70.7%，农村为 27.5%，城市比农村高出 1.57 倍。煤气/天然气/沼气覆盖率为 43.8%，城市为 61.5%，农村为 24.5%，城市比农村高出 1.51 倍。暖气/土暖气覆盖率为 21.6%，城市为 28.2%，农村为 14.5%，城市比农村高出近 1 倍。

——老年人房中电器配备多元，住房功能更加现代化。电器产品设施是反映老年人居住房屋功能现代化的重要指标。第四次调查主要考察老年人住房配备的固定电话、老人手机、智能手机、普通手机、电脑、电视机、洗衣机、空调、电冰箱、空气净化器、净水设备 11 项电器产品设施情况。调查结果显示，2015 年，全国老年人住房内拥有比例最高的电器为电视机，比例达到 88.9%，城市为 93.0%，农村为 84.4%，差距不大。其次为电冰箱，拥有比例为 65.7%，城市为 78.7%，农村为 51.5%，城乡差距较大。再次为洗衣机，拥有比例为 63.3%，城市为 77.5%，农村为 47.8%，城乡相差三成。通信设备中，全国老人手机拥有率最高，为 48.2%，城市和农村差距不大，拥有率分别为 48.5% 和 47.8%。其他住房电器产品设施的拥有比例并未超过半数，其中城乡老年人空气净化器和净水设备拥有比例均不高，且城乡差异明显。

——城市老年人的住房满意度高于农村，身体健康状况越好的老年人住房满意度越高。调查数据显示，2015 年，城市老年人对住房条件感到满意的比例高于农村老人，为 50.8%；感到不满意的比例则低于农村老人，为 11.9%。农村老人中对目前的住房条件感到满意和不满意的比例分别为 43.9% 和 15.8%。分年龄来看，各年龄组老人对目前的住房条件表示满意的比例均在 40% 以上。数据显示，身体健康状况非常好的老年人对住房条件感到满意的比例为 70.7%，比身体健康状况很差的老年人高 37.6 个百分点；且身体健康状况较好的老年人对住房条件感到不满意的比例不足 10%，身体健康状况较差或者非常差的老人表示不满意的比例均超过 20%。

——老年人社区邻里关系和谐，城市老年人社区设施满意度普遍高于农村。调查数据显示，2015年，全国老年人中，50.1%的人表示与邻里之间经常走动，31.1%的人和邻里在必要时能互相帮助。全国老年人对治安环境和交通状况感到满意的比例最高，分别为59.3%和58.4%。其次为街道/道路照明，为53.3%。对环境绿化和尊老氛围感到满意的比例为45.2%和45.3%。对健身活动场所感到满意的比例为30.5%。对生活设施感到满意的比例为29.4%。对公共卫生间感到满意的比例最低，为17.4%。分城乡来看，老年人对城市社区的设施满意度普遍高于农村社区。调查对象对城市社区的道路/街道照明、交通状况、治安环境、环境绿化、尊老氛围感到满意的比例较高，均在50%左右。对指示牌、生活设施、健身场所的满意度则均在40%左右。对公共卫生间的满意度最低，为23.6%。农村老年人对社区设施感到满意的比例最高的为交通状况和治安环境，分别为56.3%和56.8%，对街道/道路照明满意的比例为42.1%，对尊老氛围满意的比例为41.3%，对环境绿化满意的比例为37.4%。对指示牌、生活设施、健身场所、公共卫生间满意的比例均低于20%。对以上设施都不满意的比例为8.7%，高于城市社区的4.5%。

（七）中国老年人的社会参与状况

社会参与度的高低是衡量老年人社会融合度的重要指标。第四次调查把社会参与状况作为重要调查内容，旨在掌握当代老年人参与社会各方面的实际状况。

——老年人力资源储量丰富，老年人在业率呈下降趋势。综合相关数据分析可知，2015年，全国60岁以上老年在业人口9235.3万人，比2000年增加了5372.6万人，15年间增长了139%。相关数据分析也表明，2015年，全国60岁以上老年人口的在业率是26.8%，相比2000年下降了6.19个百分点，老年人口在业率总体上呈现逐年下降的趋势。

——近半老年人积极参加公益活动，部分老年人参与公益组织。调查数据显示，2015年，从全国来看，45.00%的老年人参加了公益活动。其中，参与率排名前三的公益活动分别为：帮助邻里（34.29%）、维护社区卫生环境（20.68%）、协助调解邻里纠纷（16.98%）。从调查数据可知，部分老年人还直接参与公益活动组织，但比例不高，不足 25%。在老年人参加的公益活动组织中，以文化娱乐组织为主（3.66%）。

——大部分老年人对老年协会组织的活动满意，五成以上的老年人希望开展困难老人活动和学习/娱乐活动。调查数据显示，2015 年，76.71% 的老年人对老年协会组织的活动感到非常满意和比较满意，仅有 1.56% 的老年人对老年协会组织的活动感到比较不满意和非常不满意。数据显示，51.78% 的老年人希望老年协会开展学习/娱乐活动，而 53.16% 的老年人希望开展困难老人帮扶活动。

——六成以上老年人参加了社区选举，农村老年人参加比例要高于城市。调查数据显示，2015 年，65.00% 的老年人参加了最近一次的社区选举；仅有不足 35.00% 的老年人未参加最近一次的社区选举。进一步分析数据可知，59.65% 的城市老年人参加了最近一次的社区选举，而 72.25% 的农村老年人参加了最近一次的社区选举，农村高于城市。

——老年人帮助困难老年人意愿较强，大多关心国家大事。调查显示，从全国来看，2015 年，73% 的老年人愿意帮助有困难的老年人。71.5% 的老年人较为关心国家大事，比例超过七成。分城乡来看，城市老年人中关心国家大事的比例为 75.1%，比农村老年人高 7.6 个百分点。接近 21.4% 的老年人向社区提出过建议。

（八）中国老年人的维权状况

老年人权益保障是老龄工作的重要内容。第四次调查考察老年人维权状况，旨在为今后老龄工作提供决策依据。

——老年人优待工作稳步推进，落实优待项目取得进展。调查显示，从全国来看，2015 年，全国有 33.5% 的老年人办理了老年优待卡，其中，北京市、浙江省、天津市、青海省、江苏省的老年人办理老年优待卡比例分别达到 79.5%、71.4%、69.9%、58.1%、50.3%，排名前五位。全国享受

过免费体检的老年人比例为56.9%。全国老年人享受过普通门诊挂号费减免的比例为9.1%。全国享受过公共交通票价减免、公园门票减免、旅游景点门票减免、公共文化场所门票减免的比例分别为20.8%、13.4%、10.1%、4.8%。

——子女虐待老年人现象较少，遭遇家人侵占财产或阻止再婚的比例不高。调查显示，2015年，全国有2.8%的老年人受到了子女虐待。其中，城市老年人受到了子女虐待的比例（2.0%）要比农村老年人（3.8%）低1.8个百分点。数据显示，全国有0.2%的老年人遭到家人侵占财产，0.1%的老年人被家人阻止再婚，所占比例很小。

——大多数老年人自评合法权益得到保障，维权方式相对比较单一。调查显示，2015年，全国有92.6%的老年人认为自己的合法权益得到了保障。但是，数据分析也显示，在遭受家庭虐待之后，全国有75.2%的老年人选择自己委屈/忍气吞声，24.8%的老年人选择求助于外界力量。老年人向外界寻求帮助的途径主要是找居委会（村委会）寻求帮助或找亲属/宗族调解，比例分别达到18.6%和13.8%。只有少部分老年人（1.6%）会通过打官司/找司法机关解决问题，这一比例城市（2.9%）要高于农村（0.8%）。

（九）中国老年人的精神文化生活状况

和重视物质生活的年轻人不同，老年人更加重视精神文化生活。第四次调查主要考察当代老年人精神文化生活的主要趋向，旨在引领老年人过上有品质的晚年生活。

——老年人休闲活动日益多样，内容更加丰富。调查显示，从全国来看，2015年，88.9%的老年人经常看电视或听广播，42.8%的老年人经常散步或慢跑等，20.9%的老年人经常读书或看报，20.7%的老年人经常种花养草或养宠物等，13.4%的老年人经常参加棋牌活动。与2000年相比，老年人种花养草或养宠物的比例上升了8.8个百分点，读书或看报的比例上升了4.5个百分点，看电视或听广播的比例上升了2.8个百分点，参加棋牌活动的比例下降了3.3个百分点。

——老年人知晓活动场所覆盖率有高有低，各类场所使用率各有千秋。调查显示，2015年，全国老年人明确知道"有活动场所"的各项覆盖率为：广场45.0%，公园27.3%，健身场所44.4%，老年活动中心42.4%，图书馆或文化站42.4%。数据显示，全国各类老年活动场所的使用比例由高到低依次为：广场61.5%，公园50.4%，健身场所49.2%，老年活动中心40.0%，图书馆/文化站26.4%。

——老年人使用互联网增速较快，参与的网上活动丰富多彩。调查显示，2015年，有5.0%的老年人经常上网，在城市老年人中这一比例为9.2%，农村老年人上网的比例为0.5%，女性老年人使用互联网的占3.6%，男性老年人占6.6%。其中，城市女性老年人占6.6%，城市男性老年人占12.2%；农村女性老年人占0.2%，农村男性老年人占0.8%。2000年，老年人学电脑的比例仅为0.3%。进一步分析表明，老年人上网参与的各种活动比例由高到低依次为看新闻84.8%，看影视剧35.2%，玩游戏27.1%，聊天20.8%，炒股票13.2%。对全国各省份老年人使用互联网的比例进行排序，前五位的省份依次为上海（26.3%）、北京（22.9%）、天津（18.4%）、福建（10.8%）、湖北（7.9%）。

——老年人积极加入老年大学学习的比例，城市高于农村。调查显示，2015年，全国老年人加入老年大学的比例为2.0%，城市老年人占2.9%，农村老年人占0.9%，城市老年人参加老年大学的比例高于农村老年人。按照各省份老年人参加老年大学的比例进行排序，排在前五位的省份依次为上海（6.2%）、福建（6.1%）、浙江（4.6%）、天津（3.9%）、北京（3.5%）。

——老年人主观幸福感提升较大，各地老年人主观幸福感有差异。调查显示，2015年，在全国老年人中，回答"非常幸福"的老年人占16.4%，回答"比较幸福"的老年人占44.5%，共计60.9%的老年人回答感到幸福。比2000年的48.8%提升了12.1个百分点。分城乡来看，城市老年人回答"感到幸福"的比例为68.1%，比2000年的66.2%提升了1.9个百分点；农村老年人回答"感到幸福"的比例为53.1%，比2000年的43.5%提升了9.6个百分点。数据分析表明，全国各地域感到幸福的老年人的比例由高到

低 排 列，前 五 位 的 省 份 是 西 藏（84.3%）、天 津（79.7%）、北 京（78.5%）、青 海（71.1%）、浙 江（70.7%）。

五　当前中国老年人的主要问题及其成因和未来挑战

老年人面临的问题是多种多样的，但归结起来，这些问题可以分为两类：一类仅仅显现为当前老年人面临的实际困难，另一类还隐含着当前的年轻人将来迈入老年期后也面对的问题。因此，分析当前老年人面临的各种问题，我们的目的既要立足当前，花大力气解决当前问题，更要立足长远，力争避免或减少未来老年人也面对当前老年人面临的各种困难。

第四次调查数据表明，整体上看，进入 21 世纪以来，特别是党的十八大以来，党中央、国务院高度重视老龄工作，把积极应对人口老龄化纳入国家战略，采取了一系列发展老龄事业的政策举措，地方各级党委政府积极作为，社会各界广泛支持，老龄工作和老龄事业取得重大成就，老年人的生活状况得到显著改善。这些成就值得充分肯定。但是，调查结果也显示，出于各方面的原因，中国当代老年人面临诸多问题，其中也显现了解决以后各代老年人可能面临问题的诸多线索。对此，我们必须高度重视，立足当前，放眼长远，统筹应对。

（一）人口老龄化水平持续提升，老年人口内部结构问题已显端倪

综合前四次调查，相关数据分析显示，2000～2015 年，中国人口老龄化形势日益严峻：一是人口老龄化水平持续提升，从 2000 年的 10.3% 持续提高到 2015 年的 16.1%，平均年增长率为 4%，是同期总人口自然增长率的 8 倍，老年人口净增长 9000 万人，老龄化进程值得关注。二是老年人口内部结构持续变化，2000 年，中国低龄、中龄、高龄老年人口在全体老年人口中所占比例分别是 58.7%、32.2%、9.2%；到 2015 年，低龄老年人口比重降低到 56.1%，中龄老年人口比重降低到 30.0%，高龄老年人口提高到 13.9%，低中龄老年人口不断下降，高龄老年人口增长加快，15 年间净

增长 1200 多万，带来的长期照护、医疗问题日益凸显。三是人口老龄化与人口城市化并行，年轻人口迁往大中城市，在延缓城市人口老龄化进程的同时，加快了农村人口老龄化进程，导致老年人口城市化滞后于总人口城市化进程，部分老年人难以共享经济社会发展成果，加深了农村地区老年人原有问题的复杂性，还带来一些诸如老人农业经济、照料护理乏人等新的问题。四是少数民族地区汉族内部人口老龄化速度较快值得认真对待。这些问题需要进一步完善相关政策体系，统筹做出应对。

（二）老年人家庭结构问题日益显现，家庭养老功能外化压力增大

第四次调查数据表明，中国老年人家庭面临诸多问题：一是老年人丧偶率较高，为 26.1%，晚年丧失配偶对生活质量的影响是全面而深刻的。二是老年人子女数量显著减少，从 2000 年的平均 4 个子女减少到 2015 年的平均 3 个子女，部分低龄老年人已经是独生子女一代的父母，无子女老人比例不高但体量不小，约为 396 万人。三是高龄老年人独居或仅与配偶居住的老年人占比为 59.4%。如果没有完善的老龄服务，他们的生活之困难不言而喻。四是老年人伴随年龄增长家庭地位下降，动员家庭资源能力减弱。五是高龄老年人对子女孝顺程度评价的降低印证：老年人面临问题的节点除疾病外，主要就是以高龄甚至失能为标志。这些情况表明，当前中国老年人家庭结构变动带来的养老功能日益弱化的问题，必然进一步从家庭事务问题外化为社会问题。这就需要重新审视相关家庭公共政策体系，并做新的安排。

（三）老年人健康问题日益严峻，全生命健康意识和行为淡漠

第四次调查数据表明，中国老年人健康问题十分突出：一是城乡老年人健康差距明显。2015 年城市老年人自评健康状况"好"的比例比农村高 9.9 个百分点，2000 年，城市老年人自评健康状况"好"的比例比农村高 4.3 个百分点，15 年间城乡老年人健康差距进一步扩大。约一半老年人从不锻炼，这种状况主要是年轻时延续过来的行为，表明老年人终身体育观念比较淡薄。二是老年人慢性病情况十分严峻，病后处置特别是就诊率不高。

2015 年，有八成（80.1%）老年人自报患有慢性病，女性老年人的这一比例（83.0%）高于男性老年人（76.8%），说明城乡老年人自报慢性病患病率较高。数据还显示，在患病后，老年人的就诊率为 78.8%，16.5% 的老年人自己处置。三是 1/3 的老年人视力较差，约一半老年人牙齿状况影响吃饭等状况表明，这些老年人在年轻时的视力和牙齿保护意识缺失，造成自己生活困难，这对未来老年人也就是当前年轻人爱眼爱牙行为具有良好的警示作用。四是老年人的商业健康保障意识淡薄。第四次调查显示，2015 年，在全国老年人口中，购买商业健康保险的比例仅为 3.8%，凸显出这一代老年人没有做好应对健康风险的充分准备，这也是对未来老年人也就是当前年轻人口特别是 40～59 岁人口健康准备的重要警示。

（四）刚性老龄服务需求强劲，服务费用来源和服务供给问题亟待解决

第四次调查数据表明，中国老年人的老龄服务问题日益突出：一是老龄服务需求越来越强劲。2015 年，全国老年人自报日常生活需要别人照料护理的比例为 15.3%。仅大小便失禁的比例就高达 8.1%。80 岁及以上老年人自报需要服务的比例为 41.0%。二是老龄服务的费用来源，也就是长期照护保障制度还是一片空白，仅有少数地方才有专门为老龄服务买单的服务津贴。三是老龄服务供给与需求不匹配。2015 年，全国愿意入住养老机构的老年人仅占 4.4%，大多数老年人更愿意居家养老，但近年来机构服务快速增长，而居家养老服务发展滞后，形成了面向大部分老年人服务需求的供给少、面向极少部分老年人服务需求的供给多的格局。四是城乡老龄服务发展不平衡。数据表明，农村老年人自报需要照护服务的比例上升了 10.3 个百分点，而城市只上升了 6.2 个百分点，说明农村老年人的老龄服务需求更大，农村老龄服务供给却滞后于城市。

（五）老年人储蓄水平不高，返贫风险随年龄加大

第四次调查数据表明，中国老年人的经济生活存在一些实际问题：一是

城乡老年人收入普遍低于城乡居民收入。2014 年，中国城市老年人收入只相当于同期城市居民人均可支配收入的 82.9%，仅相当于同期城市单位在岗职工平均工资的 41.7%。2014 年，农村老年人收入相当于同期农村居民人均可支配收入的 72.7%。二是老年人收入城乡差距过大。2014 年，中国城市老年人年人均收入水平是农村老年人的 3.14 倍，而同期我国城市居民人均可支配收入是农村居民人均可支配收入的 2.75 倍。三是老年人储蓄水平不高。2014 年，全国老年人中没有存养老钱的比例为 67.8%。在回答有存钱的老年人中，平均储蓄水平为 5.4 万元。这种状况是中国 "未富先老" 国情的集中体现，也是未来老年人口应当避免的。四是贫困老年人口数量依然较多。2015 年，有 3.0% 的城市老年人自评经济状况 "非常困难"，5.4% 的农村老年人自评 "非常困难"。按照 2015 年底城乡有 2.22 亿老年人口估算，全国至少有 921.7 万老年人经济状况非常困难。考虑到老年人经济收入随年龄增长降低的规律，特别是疾病、失能风险的加大，返贫风险难以避免，面向老年人的扶贫任务依然艰巨。五是 "啃老" 现象日渐突出。数据显示，老年人自报存在子女 "啃老" 现象的比例为 5.9%。

（六）老年居住环境建设严重滞后，后续问题更为严峻

第四次调查数据表明，解决中国老年人的居住环境问题已经刻不容缓：一是住房不适老的问题严重。58.7% 的城乡老年人认为住房存在不适老的问题，农村老年人的这一比例更是高达 63.2%。二是跌倒率较高。2015 年，我国有 16.1% 的老年人发生过跌倒，农村老年人的这一比例高达 18.9%。从具体跌倒地点来看，在道路上跌倒的情况最为常见，占 27.1%；其次是院子和卧室，占比分别为 21.0% 和 11.0%。三是老年人住房中自来水/煤气/天然气/沼气/暖气/土暖气/室内厕所/洗澡/淋浴设施覆盖率存在突出问题，全国以上设施都没有的比例为 16.1%，其中城市都没有的比例为 6.3%，而农村高达 26.7%。并且除自来水外，农村各项基础生活设施配备均未超过半数，与城市差距极大。四是老年人对住房条件满意度不高，评价满意的不到一半（47.4%），有 38.8% 的老年人评价一般，其余 13.8% 的认

为不满意。老年人的居住环境问题主要是硬件建设问题，这些问题不解决，相关问题会随着老年人数量快速增长而显现放大效应。

（七）老年人与子女代际互动存在，精神生活问题堪忧

集中反映老年人精神生活状况的重要指标就是老年孤独。数据显示，2015 年，全国有 6.4% 的老年人经常感到孤独，30.3% 的老年人有时感到孤独。城市老年人经常感到孤独的比例为 4.6%，有时感到孤独的比例为 25.4%；农村老年人经常感到孤独的比例为 8.2%，有时感到孤独的比例为 35.7%。无论是城市还是农村，排在前三位的服务需求项目中都有聊天解闷服务，2015 年需要心理咨询/聊天解闷服务的老年人比例达到 10.6%，其中城市 9.5%，农村 11.9%。老年人精神孤独问题与代际关系和社会参与有很大关系。调查显示，子女不孝顺的老年人经常或有时感到孤独的比例高达 70.3%，子女孝顺程度一般的老年人感到孤独的比例为 52.9%，子女孝顺的老年人感到孤独的比例只有 32.0%。换言之，子女越孝顺，老年人越不孤独。

综上所述，中国老年人当前面临的问题已经十分突出，需要我们透过现象，分析本质，抓住规律，谋求制度性解决。具体来看，中国老年人之所以面临以上诸多问题，原因是多方面的。

第一，客观上的原因是重要的。中国是发展中国家，不仅人口多、底子薄，关键是中国人口老龄化超前于现代化，"未富先老""未备先老"特征突出，加上经济深刻转轨、社会深刻转型、文化深刻转变，人口老龄化超前于现代化，导致我们面对海量老年人口的接踵而至，措手不及，这是当前各种老年人问题似乎层出不穷的一个根本原因。

第二，观念问题的影响也是深刻的。客观地说，人口老龄化是新现象，而老年人问题自有人类以来一直存在。为什么当前老年人问题如此突出甚至有些已经十分严峻，一个深刻的原因就是观念问题。虽然老年人问题自古以来一直存在，但在过去年轻社会的背景下，这些问题基本上都不成为问题。现在，人口老龄化已出现，它是年轻社会向老龄社会转变的一个核心标志。

它的出现，已经说明，我们已经告别年轻社会，迈入了我们还十分陌生的老龄社会。对老年人问题，我们需要用老龄社会的思维来重新审视。然而，我们虽然已经迈进老龄社会的门槛，我们的观念依然还在年轻社会。例如，老年人口增多，这是老龄社会的必然现象，如果用老年人口较少而青年人口较多的年轻社会的思维来看待问题，单单老年人的数量和规模，似乎就成为一个巨大的问题。实际上，我们今天面临的老年人问题，从观念上看，许多都是年轻社会的旧观念不适应老龄社会的新现实而造成的。

第三，缺乏顶层设计。人类社会发展历史就是问题历史，要应对这些问题，关键在于顶层设计。中国老年人数量巨大，这是造成许多问题的客观原因，但从主观上来说，我们缺乏一揽子的顶层设计，这个原因也是十分重要的。例如，如果我们只是头疼医头、脚痛医脚，就当前老年人的问题解决当前老年人的问题，看不到这些问题隐含的以后各代老年人可能也要面临的问题，进而缺少立足全体公民全生命周期养老准备的顶层设计，未来的老年人问题可能更加严峻。

第四，体制机制问题已成瓶颈。老年人问题是多方面的，涉及政府诸多部门。要解决这些问题，必须建立一整套行之有效的体制机制，确保老年人问题协同解决。近几年来，各有关部门出台许多利好老年人的政策，之所以难以落地，最大的原因就是条块分割、政出多门、分工有余、协同不足。其中，全国老龄工作委员会及其办公室的协调职能难以有效发挥，这是制约当前老年人问题解决的体制机制瓶颈。

第五，全民行动格局尚未形成是重要原因。老年人问题不仅是当前老年人的阶段性问题，还是全体公民老年期的长期问题，需要全社会转变观念，树立做好全生命养老准备的新理念，全体公民既要积极参与解决当前老年人问题，更要自觉为自己的老年期做好健康、知识、技能、金融等多方面的充分准备，避免重复当前老年人面临的一些困难和问题。但是，调查发现，当前老年人面临的诸多问题实际上也有很多是年轻时期没有做好准备从而使之延续到了老年期，这是值得全社会高度关注的重要问题。如果我们仅仅埋头解决当前老年人的问题，那么，随着人口老龄化特别是人口高龄化的高速推

进，未来的挑战不言而喻。对此，我们要转变观念，推动全民行动，在解决当前老年人问题的同时，为解决未来各代老年人面临的问题奠定物质、制度、政策等多方面的基础。

总体来看，中国老年人面临的问题主要是人民日益增长的美好生活需要与不平衡不充分发展之间矛盾的具体体现，需要我们立足国情，借鉴国际，按照十九大提出的中国特色社会主义基本方略予以统筹解决。

六 提升全体中国人老年期生活质量的建议

不容否认，综合经济社会发展水平和老年人口规模，特别是结合中国"未富先老""未备先老"等具体国情，分析研判第四次调查发现的所有数据，我们的总体结论是：中国老年人的问题是突出而严峻的，如果不能及时、科学、综合应对，未来的挑战风险更为深刻而长远。不过，我们也要看到，中国要解决这些问题虽然困难不少，但也拥有诸多优势。中国是社会主义国家，具有统一意志、集中力量、齐心协力应对重大问题的政治优势和经验，解决全体人民老年期问题具有其他国家无可匹敌的政治动员能力。中国经济总量已居全球第二位，基本形成了较为完备的国民经济产业体系，解决全体人民老年期问题的物质基础日渐雄厚。中国劳动力总量较大，低龄健康老年人人力资源丰富，解决全体公民老年期问题的人力资本支撑坚实。中国历史悠久，文化底蕴深厚，具有几千年的优良文化传统，解决全体人民老年期问题的思想观念和群众基础都比较牢固。总之，中国老年人对党的领导和社会主义制度具有深厚的感情，是革命、建设和改革开放事业的贡献者、支持者、坚定拥护者，他们是解决老年人问题的重要力量。中国未来的老年人是当代老年人的继承者，他们是解决当代和未来老年人问题的根本依靠。

"不谋全局者，不足谋一域；不谋万世者，不足谋一时"。面对世界上第一老年人口大国不可避免的诸多老年人问题，我们既需要立足当前，贯彻落实好党的十九大关于老龄工作的方针政策，努力解决当前老年人面临的诸多突出问题，同时，更要放眼长远，加强应对人口老龄化的顶层设计，坚持问题导向，树立全体公民充分做好全生命养老准备的新理念，建立健全制度安排，创新完善政策法律，理顺体制机制，使全民充满信心、共同行动，为提高每一个人老年期的生活质量和水平而积极作为。具体建议如下。

——树立新理念。一是要树立老龄社会新观念，引导人们积极看待老龄社会，摒弃年轻社会旧思维，转变观念，把握规律，主动适应老龄社会的客观要求，弘扬正能量，营造建设理想老龄社会的舆论氛围。二是要在非老年人中树立全生命周期理念，引导青壮年人倒过来安排人生，从健康、知识、技能、金融等多方面做好老年期准备，引导非老年人树立终身体育、终身健康理念及崇尚健康生活方式，最大限度降低未来老年期产生诸多问题的风险。引导非老年人正确认识人生老年期的价值和作用、积极看待和帮助老年人。三是在老年人中树立科学的老年观，引导老年人自立自主自强、正确对待衰老和疾病、提升健康知识和能力、提高对疾病和失能的预防技能。引导老年人积极向上，充分发挥作用，跟上时代发展的步伐，融入主流社会，体现个人价值，提高生命品质。

——搞好顶层设计。一是将积极应对人口老龄化上升为基本国策。二是加快研究制定应对人口老龄化中长期规划，针对人口老龄化发展不同阶段可能出现的重大问题进行全面评估，就应对的战略举措进行科学论证，确保分阶段、制度性解决老年人的问题。三是实施解决老年人问题的重大工程，包括开发老年人人力资源工程、老年教育工程、年龄友好型建设和改造工程、老龄服务人才建设工程、失能老年人帮扶工程、时间银行工程等。

——建立健全制度安排。一是以管理老年期收入风险为核心，改革和完善基本养老保障制度，加快发展企业年金、职业年金，着力发展商业养老保险，重点解决老年人基本保障水平的城乡、职业差异问题，确保老年人的基本养老保障国民待遇。二是以管理老年期疾病风险特别是慢性疾病为核心，通过商业保险等多种手段，引导全民加强非老年期健康管理，降低老年期慢病发病率，重点加快医疗保障制度改革，强化老年期健康管理，逐步对医疗卫生体制进行战略性调整改革，预防老年慢性病急性发作，加强老年慢性病干预控制。三是以管理老年期失能风险为核心，加快构建长期照护社会保

险、商业保险、服务津贴和慈善捐助四位一体的保障制度，重点针对当前失能老年人从服务费用和服务供给上改革创新，切实解决他们面临的实际困难和问题。四是进一步改革完善社会救助和社会福利制度，重点把贫困老年人问题纳入扶贫战略，预防老年人因病因失能致贫问题。

——创新完善政策法律。一是以老年人权益保障法为基础，制定并出台与老年人切身利益相关的专项法律法规，包括老年人监护法、老年人福利法以及老龄事业促进法等。二是完善生育政策的系列配套措施，如生育二孩的父母假期、住房、教育等政策，确保二孩政策落到实处，为改善家庭结构、巩固家庭养老奠定基础。三是建立0~3岁儿童看护扶持政策，把看护儿童作为社会服务纳入补贴范围，为老年人看护儿童提供适当补贴。四是依托老年大学教育体系，建立退前教育制度，对全体准老年人在退休前开展老年期教育。五是实施渐进式延迟退休年龄政策。探索弹性退休政策和鼓励延迟领取养老金时间的相关办法，研究不同地区、行业劳动者在退休时间、方式和领取养老金等方面的灵活政策。

——推进终身健康事业和产业。一是落实国家大健康战略，使全民树立终身健康意识，并将其贯穿于全民健康生活、健康服务、健康保障、健康环境、健康产业等各个领域、各个环节，重点提升全民全生命周期健康的新国民责任意识。二是实施预防为主的健康促进战略，将全民终身健康纳入"健康中国"建设战略，建立和完善老龄社会条件下以全生命周期为导向的健康教育与促进工作体系，逐步对现行相关健康公共政策和支持环境进行战略性调整，使之适应老龄社会的客观要求，重点提升全民健康生活安排和健康生活方式的自觉和能力。三是开展终身健康教育，创新终身健康教育工具，有效干预全民行为和生活方式，从源头上降低老年期的疾病、失能发生率。四是开展全民终身体育活动，分年龄实施体育指导，开展体质监测，创新全民终身体育激励机制，发展终身体育事业，健全全民终身体育体系。五是加快改革医疗卫生服务体系。合理配置公共卫生服务和医疗服务资源，建设覆盖城乡居民的基本公共卫生和医疗服务体系，实现人人享有基本健康保障的目标。着力加快发展老年病医院、老年病科和老年病床，完善老年健康支持体系，加快发展老年保健事业，提升老年人的生活质量。六是将老年人常见病、慢性病预防纳入国家基本公共卫生服务项目。加强老年人健康教育和健康管理，普遍建立老年人健康档案，对老年人实行定期免费体检。探索建立家庭医生制度，有效满足老年人上门看病服务需求。七是建立老年人基本药物制度，确保老年人享有价廉质优的常用药物。

——加快宜居环境建设。一是树立年龄友好型宜居环境建设理念，建设各年龄通用公共和民用基础设施，按照年龄友好型环境建设理念逐步改造不适宜的公共和民用基础设施。二是坚持以人为中心，将年龄友好型宜居环境建设纳入新型城市化发展战略。通过修订完善城乡规划建设法律法规、政策规范和工程建设标准，制定基础设施适老化改造规范，促进城乡规划建设适应老龄社会和各年龄人群的共同需要，重点针对老年人使用的基础设施进行适老化改造。二是制定完善和实施年龄友好型环境建设标准、生态标准和技术标准以及年龄友好型宜居城市、城乡社区评估标准，形成标准考评体系。三是建设年龄友好型宜居城乡社区环境。城乡社区环境要充分考虑老年人社会交往和日常生活需要。加强城乡社区生态环境建设，营造卫生清洁的住区环境。实施老旧楼房加装电梯工程。四是推进年龄友好型城市建设。科学编制年龄友好型城市建设规划，增强公共设施和服务设施的为老服务功能，提高城市老年人生活的安全性、便捷性和舒适性。五是将农村老年人宜居环境建设纳入社会主义新农村建设发展规划。因地制宜，重点针对老年人居室环境、社区日常活动空间、主要服务机构和公共活动场所进行适老化改造，在有条件的地方开展农村宜居环境建设示范项目。

——发展老龄产业。一是抓紧研究并制定老龄产业中长期发展规划，对未来分阶段发展老龄产业的目标任务、政策体系、战略举措作出顶层设计。二是着力研究老龄产业政策，分重点领域抓紧出台相关配套政策，构建老龄产业政策体系框架。三是重点发展老龄金融业，抓紧研究并制定开发老龄金融行业战略，出台有效措施，协同推动保险、信托、基金、证券等行业创新老龄金融产品，引导 40～59 岁年轻人口为老年期做好金融准备，做大老龄金融资本池。同时，紧盯实体经济特别是制造业经济，研究投资创新渠道和

业务体系，搞活老龄金融资本池，防止老龄金融快速发展背离实体经济。四是着力发展老龄用品业，研究制定老龄用品业行业发展战略，发挥各类企业各自作用，通过混合经济等模式，盘活资产，结合供给侧改革导向，通过国家直接投资、企业投资以及政府购买、税收优惠等有效举措，强化自主老龄用品供给能力。同时，国家加大投入，针对重点老龄用品领域的重点高端科学技术进行联合攻关，建设老龄用品科技园、服务信息和物流平台，打造一批品牌产品，扶持一批老龄用品企业。五是大力发展老龄服务业，研究并制定老龄服务行业发展战略，着力构建以家庭服务为基础、社区居家服务为主干、院舍服务为支撑、邻里互助和慈善帮助为补充的老龄服务体系，利用市场机制，引导老龄服务组织实施品牌战略，建设老龄服务网络，重点发展面向失能老年人群的长期照护服务。同时，正确界定政府与市场边界，深化公办养老机构和医疗卫生机构改革，坚持医养融合，明确职能定位，搞活运作形式，在重点保障兜底老年人基本服务需求的同时，强化服务社会老年人的能力。此外，要针对规模庞大的低龄健康老年人的服务需求，创新思路，探索途径，发展老龄服务经济。

——切实解决农村老年人问题。一是加大对农村老龄事业发展的政策倾斜和财政转移支付力度。加强农村养老服务设施和老年人活动设施建设。深化城乡协作，建立城市支援农村的老龄事业发展机制，形成城乡良性互动发展格局。二是推进城乡基本公共服务均等化。将农村居民养老问题纳入城乡统筹体系一并考虑，加快推进城乡低保统筹发展，完善农村低保标准动态调整机制，健全城乡统一的特困人员救助供养制度，逐步将农村低收入家庭老年人、因病致贫家庭老年重病患者等纳入重特大疾病医疗救助范围。三是做好低保与基本养老保险、扶贫开发等政策的有效衔接。加强制度整合与衔接，确保农村贫困老年人如期脱贫。深入开展农村危房改造工程，确保农村贫困无房户、危房户老年人的住房安全。四是创新服务形式。探索服务上门、定时集中服务等适合农村特点的服务模式。发挥基层群众自治功能，加快发展互助式养老服务。改造乡镇敬老院，加强人员配置，完善服务功能，将其发展为当地养老服务中心，发挥其服务辐射作用。鼓励大学生志愿者到农村开展"支老"社会实践项目。

——有效扩大老年人社会参与。一是进一步扩大老年人社会参与平台。从完善制度、健全服务、畅通渠道入手，为老年人的社会参与创造更好的条件，维护老年人社会参与权益，尊重老年人社会参与意愿，体现老年人人生价值，为老年人提供展示自我、参与社会的机会，使广大老年人过上有尊严、有意义的晚年生活。二是鼓励和支持老年人参与经济活动。引导老年人积极参与科技开发和应用、开展咨询服务、从事经营和生产等经济活动，实现提升老年人生活质量和促进经济社会发展的双赢。三是鼓励和支持老年人在社会公益事业中发挥积极作用。引导老年人广泛参与社会治安、环境保护、纠纷调解、关心教育下一代、邻里互助等志愿服务，使老年志愿者人数占老年人口比例逐步扩大。四是鼓励和支持老年人积极参加各类基层社会组织。引导老年人参加基层老年协会等各类基层社会组织，探索建立和推广多种形式的老年参政议政平台，鼓励老年人为经济社会发展建言献策。

——营造尊重老年期生命社会氛围。一是广泛开展老龄社会国情教育和生命全程教育，促进全民对自我和他人老年期生命价值的深刻认同。二是加快建设敬老养老助老传统文化体系，把弘扬孝亲敬老纳入社会主义核心价值观宣传教育范畴，建设具有民族特色、时代特征的孝亲敬老文化。三是实施全民共建新家庭计划。广泛开展家庭文化教育，培育国民的家庭伦理观念，倡导年龄平等，人人尊老爱幼，采取激励措施，开展表彰温馨家庭、"五好"家庭、孝星家庭等活动。四是发展老年教育，繁荣老年文化，加强老年体育健身工作，推动各级各类文化、体育、教育公共服务设施和资源向老年人免费、优惠开放，丰富老年人精神文化生活。五是加快基层老年协会建设步伐。重点解决场所和经费问题，充分发挥基层老年协会在组织活动、开展服务、丰富老年人精神文化生活等方面的积极作用。六是建立老年人精神关爱的经常性机制。探索建立定期上门巡访制度，重点为空巢、留守、高龄、失独、失能半失能、经济困难等老年人提供心理疏导、精神慰藉等服务。

——理顺和加强老龄工作体制机制。一是按照"党委领导、政府主导、

社会参与、全民行动相结合"的要求，将老龄工作定位为党的工作的重要组成部分。二是将各级老龄工作委员会及其办公室纳入各级党委直接管理的工作机构，强化各级老龄委统筹规划、综合决策、组织协调、监督管理的职能，确保"完善党委统一领导、政府依法行政、部门密切配合、群团组织积极参与、上下左右协同联动的老龄工作机制，形成老龄工作大格局"的要求能够落地生根。三是把顶层设计、中层传导和底层落实结合起来，完善各级老龄工作体制机制，明确各级责任，确保顶层设计落到实处。四是强化老龄工作基础保障，建设老龄工作人才队伍，确保老龄工作有人抓、老年人事情有人管、老年人困难有人帮。五是鼓励和引导社会力量广泛参与老龄事业发展。通过营造良好社会氛围、加强横向协调协作等途径，充分发挥社会力量参与老龄事业发展的积极性、主动性和创造性。

参考文献

邬沧萍主编《社会老年学》，中国人民大学出版社，1998。

党俊武：《老龄社会引论》，华龄出版社，2004。

〔英〕乔治·马格纳斯著《人口老龄化时代》，余方译，经济科学出版社，2012。

李志宏：《人口老龄化问题的本质和特征分析》，《老龄科学研究》2013年第2期。

曾毅：《中国老年健康影响因素跟踪调查（1998～2012）及相关政策研究综述》（上、下），《老龄科学研究》2013年第1期、第2期。

国家卫生和计划生育委员会：《中国家庭发展报告》，中国人口出版社，2014。

全国老龄工作委员会办公室：《国家应对人口老龄化战略研究总报告》，华龄出版社，2015。

党俊武：《老龄社会的革命》，人民出版社，2015。

黄开斌：《健康中国》，红旗出版社，2017。

R. L. Rubinstein, *Anthropology And Aging* 〔C〕. Netherlands, 1990.

OECD, Maintaining Prosperity in an Ageing Society, 1998.

United Nations, World Population Ageing 1950 – 2050〔R〕, New York, 2002.

专题报告

Specific Reports

B.2
中国城乡老年人的基本情况及家庭关系

刘妮娜*

摘　要：　新时代老年人的基本情况和家庭关系有一些属延续性问题，比如：女性、高龄、农村老年人依然是贫困多发群体，老年人依然在竭尽所能地为子女付出。但也有一些发生明显变化，比如：低龄老年人受教育程度提高，成为重要潜在人力资源和消费力量，也是积极老龄化社会的带动者、示范者和先锋力量；老年人的家庭规模进一步缩小、子女数量减少，家庭关系趋向代际平等和协商；父母与子女同住意愿仍然强烈，但与子女分开居住的比例日趋增加；等等。总体而言，目前中国家庭代际关系仍然以沙漏型为主，虽然亲子代看似角尖对角尖，但老年人像沙漏一样为子女家庭不断付出。子女家庭在

* 刘妮娜，博士，华北电力大学经济与管理学院，博士后，主要研究方向为互助养老、老龄服务。

追求独立、自由、发展和享受的同时，却容易忽略老年父母。因此，进入中国特色社会主义新时代，新型代际关系应从封闭的家庭范围走向开放的社会范围。于国家、于社会、于企业、于老年人家庭，都应致力于革新老年生活观，转变养老保障观，建立老龄市场观，重塑家庭治理观，增加互助共享观。

关键词：　城乡老年人　家庭关系　沙漏型　转型期

　　中国正在快速进入老龄社会和高龄社会。毋庸置疑，在人口、经济、社会环境都相应发生变革的老龄社会和高龄社会中，老年人将不再只是被保障和被赡养的那部分人，他们将主动或被动地成为生产消费活动的重要主体，与家庭和社会交往，积极创造价值，独立而自尊地生活。与此同时，家庭、政府和社会也会为老年人提供更加友好的环境和更加完善的保障。正如习近平总书记所言，老年是人的生命的重要阶段，是仍然可以有作为、有进步、有快乐的重要人生阶段。

　　家庭是构成人类社会的最小单位，家庭成员是社会成员的一分子，家庭关系是社会关系的基础。习近平总书记在会见第一届全国文明家庭代表时就指出："无论时代如何变化，无论经济社会如何发展，对一个社会来说，家庭的生活依托都不可替代，家庭的社会功能都不可替代，家庭的文明作用都不可替代。"尤其对老年人而言，家庭是老年人获取帮助和满足日常需要的主要场所，家庭关系是他们生活内容的重要组成部分。推广至全社会，老年人家庭的代际和睦将促进社会和谐、国家发展和民族进步。

　　因此，充分了解中国老年人的基本情况和家庭关系，分析中国老年人群体的差异、变化趋势是中国老龄社会研究和老龄政策制定的基础。本报告即运用中国城乡老年人口状况一次性抽样调查、第四次中国城乡老年人生活状况抽样调查数据和2016年《中国人口和就业统计年鉴》数据，对此进行详细分析。

一 中国城乡老年人的基本情况

（一）性别

如图 1 所示，在第四次中国城乡老年人生活状况抽样调查中，老年人的性别比是 47.8∶52.2，这与国家统计局进行的 2015 年全国 1% 的人口抽样调查得到的结果基本吻合（48.6∶51.4）。与全体人口相比，老年人口中的女性所占比例高于总人口中女性的比例（51.2∶48.8）。分城乡来看，城市老年人中的女性比例高于农村老年人。城市老年人中的女性比例为 53.3%，农村老年人中的女性比例为 51.1%，城市比农村高出 2.2 个百分点。

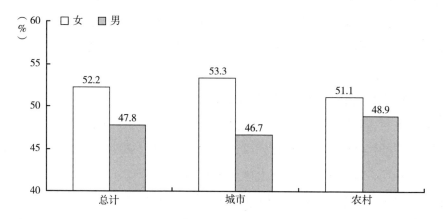

图 1 中国城乡老年人样本的性别结构

（二）年龄

如表 1 所示，在第四次中国城乡老年人生活状况抽样调查中，老年人样本的年龄构成如下：60~69 岁老年人所占比例为 56.5%，70~79 岁老年人所占比例为 29.7%，80 岁及以上老年人所占比例 13.7%。低龄老年人所占比例最高，超过了中高龄老年人的总和。农村老年人中的低龄老年人所占比

例（57.7%）比城市（55.4%）高出 2.3 个百分点。这与国家统计局进行的 2015 年全国 1% 的人口抽样调查得到的结果基本吻合。

表1　中国城乡老年人样本的性别和年龄

单位：%

类　别	60~64岁	65~69岁	70~74岁	75~79岁	80~84岁	85岁及以上
总　计	32.9	23.6	16.6	13.1	8.6	5.1
城　市	32.3	23.1	16.5	13.3	9.3	5.4
农　村	33.6	24.1	16.8	12.8	7.8	4.8

（三）受教育水平

受教育水平代表了个人的受教育状况，与个人从事的职业和获得的收入密切相关。从老年人角度而言，受教育水平影响着老年人的收入、观念、再就业方向、能力和意愿等，这对老年人的健康、保障和参与均具有重大意义。

1. 我国老年人口受教育程度大幅提升

2015 年，我国老年人口中未上过学的占 29.5%，文化程度为小学的占 41.5%，初中和高中文化程度占 26%，大专及以上文化程度占 3.1%。与 2000 年相比，未上过学的老年人口下降了 13 个百分点，小学文化程度的老年人口上升了 7.2 个百分点，初中和高中文化程度的老年人口上升了 7.6 个百分点，大专及以上文化程度的老年人口下降了 1.7 个百分点（如图 2 所示）。

从总人口与老年人口的比较来看，我国老年人的受教育水平相对更低。有接近 30% 的未上过学，有超过七成的老年人受教育水平是小学及以下，约有九成老年人的受教育水平是初中及以下，只有约 10% 的老年人接受过高中及以上教育。相比较而言，总人口中只接受过小学及以下教育的仅占 31.9%，接受过高中以上教育的比例达到 29.7%。

分城乡来看，城市老年人的整体受教育水平要高于农村老年人。城市老

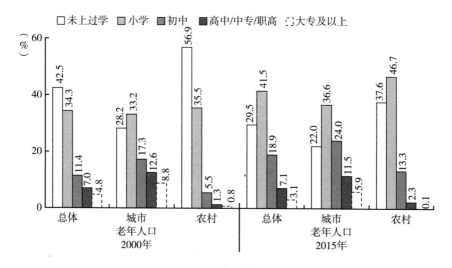

图 2 2000 年和 2015 年城乡老年人受教育水平的比较

年人未上过学的比例（22.0%）比农村（37.6%）低 15.6 个百分点，只接受过小学教育的比例（36.6%）比农村（46.7%）低 10.1 个百分点，接受过初中教育的比例（24.0%）比农村（13.3%）高出 10.7 个百分点，接受过高中及以上教育的比例（17.4%）比农村（2.4%）高出 15 个百分点。另外，总人口接受高中及以上教育的城乡差距（28.5 个百分点）要高于老年人，这也体现了高素质的年轻人口向城市集聚的现象。

2. 女性老年人整体受教育水平低于男性老年人

目前，我国女性老年人的整体受教育水平要低于男性老年人（如表 2 所示）。在女性老年人中，有 43.2% 的未上过学，37.3% 的上过小学，接受过初中及以上教育的比例不到 20%。而在男性老年人中，只有 14.5% 的没有上过学，46.0% 的上过小学，接受过初中及以上教育的比例接近 40%。

分城乡来看，城市男性老年人的受教育水平最高，没上过学的不足 10%，有接近 30% 的接受过初中教育，有接近 1/4 的接受过高中及以上教育。农村女性老年人的受教育水平最低，超过半数没上过学，接近 40% 的只上过小学，只有 5.9% 的接受过初中教育，0.7% 的接受过高中教育，没有人接受过大专及以上教育。

表 2 不同性别老年人受教育水平的比较

单位：%

受教育水平	总计		城市		农村	
	女	男	女	男	女	男
未上过学	43.2	14.5	33.1	9.4	54.6	19.8
小学	37.3	46.0	36.0	37.3	38.8	55.0
初中	12.8	25.5	18.9	29.7	5.9	21.1
高中/中专/职高	5.0	9.4	8.8	14.6	0.7	4.0
大学专科	1.1	3.0	2.1	5.8	0.0	0.2
本科及以上	0.6	1.7	1.1	3.3	0.0	0.0

3. 低龄老年人的文盲率下降到两成左右

我国城乡低龄段老年人的受教育水平高于高龄段老年人。如表 3 所示，75 岁以下老年人接受过小学教育的比例最高，75 岁及以上老年人中未上过学的比例最高。其中，85 岁及以上老年人中未上过学的比例达到 60%。与此同时，60～64 岁老年人中未上过学的比例仅有 21.0%，小学文化水平的比例为 41.9%，接受过初中教育的比例达到了 25.8%，高中及以上受教育水平的比例达到了 11.2%，均高于其他年龄段的老年人。

进一步对比城乡老年人的受教育水平差异，如表 4 所示，可以发现，同一年龄段的城市老年人受教育水平要高于农村老年人，各年龄段的城市老年人中的未上过学和上过小学的比例要低于农村老年人，而初中及以上受教育水平的比例均要高于农村老年人。约有半数的 60～64 岁的城市老年人接受过初中及以上的文化教育，18.0% 的 60～64 岁的城市老年人接受过高中及以上教育，有 42.9% 的 65～69 岁的城市老年人接受过初中及以上的文化教育，17.1% 的 65～69 岁的城市老年人接受过高中及以上的文化教育。与其他年龄段农村老年人相比，60～64 岁的农村老年人文化程度也有了明显的提升，有 23.8% 的获得过初中及以上教育，4.3% 的获得过高中及以上教育；65～69 岁的农村老年人获得过初中及以上教育和高中及以上教育的比例分别为 15.3% 和 1.7%；75 岁及以上的农村老年人接受过初中及以上教育的比例则不到 10%。

表3　不同年龄段老年人受教育水平的比较

单位：%

受教育水平	总计	60～64岁	65～69岁	70～74岁	75～79岁	80～84岁	85岁及以上
未上过学	29.5	21.0	21.8	28.2	40.4	50.6	60.0
小学	41.5	41.9	48.9	42.1	38.0	31.7	27.3
初中	18.9	25.8	19.9	18.8	11.2	8.5	6.6
高中/中专/职高	7.1	8.5	6.6	7.6	6.3	5.4	3.4
大学专科	2.0	2.1	2.1	1.9	2.1	2.1	1.3
本科及以上	1.1	0.6	0.8	1.3	1.9	1.7	1.3

表4　不同年龄段老年人受教育水平的城乡比较

单位：%

区域	城市						农村					
受教育水平	60～64岁	65～69岁	70～74岁	75～79岁	80～84岁	85岁及以上	60～64岁	65～69岁	70～74岁	75～79岁	80～84岁	85岁及以上
未上过学	14.7	15.0	19.5	30.9	40.2	50.7	27.7	28.9	37.5	51.2	64	71.4
小学	35.5	42.1	37.4	35.5	31.7	28.7	48.6	55.9	47.2	40.8	31.7	25.6
初中	31.9	25.9	23.7	15.3	12.5	10.1	19.5	13.6	13.5	6.7	3.4	2.4
高中/中专/职高	12.6	11.5	13.2	10.8	9.0	5.7	4.2	1.6	1.7	1.3	0.8	0.5
大学专科	4.1	4.0	3.7	3.9	3.6	2.3	0.1	0.1	0.1	0.1	0.1	0.1
本科及以上	1.3	1.6	2.6	3.6	3.0	2.4	0	0	0	0	0	0

图3的分年龄的文盲率体现了新中国成立以来的扫盲运动成果显著。作为50后的60～69岁的老年人的文盲率已经相对较低，且差别不大，60岁的老年人文盲率最低，仅为18.0%，63岁的老年人文盲率最高，为23.3%，相差5.3个百分点。70岁及以上的老年人中，随着年龄的增加，老年人的文盲率呈波浪式的上升趋势。70岁老年人的文盲率为25.3%，80岁老年人的文盲率就提高到46.9%，90岁老年人的这一比例进一步提高到60%以上。分城乡来看，70岁以下的老年人中，年龄越小，城乡之间文盲率的差别越小。城乡60岁老年人文盲率的差别仅为11.2个百分点。可喜的是，70岁以下的城市老年人的文盲率不足17%，60岁的城市老年人的文盲率仅为12.8%。

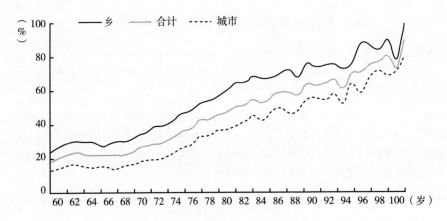

图3　城乡分年龄老年人的文盲率

4. 不同地区老年人的受教育程度存在较大差异

老年人,尤其是低龄老年人是新时代极为重要的潜在人力资源。可以说,哪里有/挖掘出更多低龄老年人,哪里就有了新的人口红利和新的经济增长点。从表5可以看出,不同省份的老年人文盲率和初中及以上学历比例存在很大的差异。北京市的老年人中有72.2%的都拥有初中及以上学历,文盲率只有7.5%;而西藏自治区的老年人中只有1.2%的接受过初中及以上教育,文盲率达到73.0%。另外,辽宁省、上海市、天津市、黑龙江省、吉林省的老年人文盲率都低于20%,上海市、天津市的老年人中都有超过半数接受过初中及以上教育,辽宁省和福建省的这一比例超过40%。山东省、云南省、宁夏回族自治区、安徽省、甘肃省的老年人文盲率均超过40%,甘肃省超过50%,达到57.2%,贵州省、甘肃省、云南省的老年人中接受过初中及以上教育的比例均不足20%。

（四）民族状况

1. 我国老年人口以汉族为主,少数民族老年人中壮族占比最高

2015年,我国老年人口的民族构成中汉族占93.8%,少数民族占6.2%,与2000年相比变化不大。如图4所示,在少数民族老年人口中,壮

表5　不同省份的老年人文盲率和初中及以上学历比例

单位：%

排名	省份	文盲率	初中及以上学历比例	排名	省份	文盲率	初中及以上教育比例
1	北京市	7.5	72.2	17	陕西省	29.9	39.4
2	辽宁省	11.7	46.4	18	湖北省	29.9	33.1
3	上海市	12.2	67.1	19	新疆维吾尔自治区	30.3	31.4
4	天津市	12.5	57.7	20	海南省	31.0	34.6
5	黑龙江省	15.6	38.8	21	浙江省	32.4	24.2
6	吉林省	16.0	38.9	22	青海省	32.8	31.7
7	山西省	20.2	32.8	23	江苏省	34.4	28.2
8	广西壮族自治区	22.4	23.3	24	河南省	36.2	25.6
9	湖南省	23.2	25.7	25	贵州省	38.8	19.6
10	福建省	23.4	40.7	26	山东省	40.3	22.4
11	广东省	23.6	27.4	27	云南省	42.5	13.5
12	河北省	23.8	27.7	28	宁夏回族自治区	46.5	22.1
13	内蒙古自治区	24.5	34.3	29	安徽省	46.9	22.5
14	江西省	26.2	25.8	30	甘肃省	57.2	15.9
15	重庆市	27.1	22.9	31	西藏自治区	73.0	1.2
16	四川省	28.3	22.9				

族老年人所占比例最高，超过 1/5，达到 21.3%。回族、满族和土家族的老年人比例也均达到或超过 1/10，分别占少数民族老年人口的 10.0%、10.8% 和 10.2%。另外，维吾尔族老年人所占比例为 8.6%，苗族老年人所占比例为 8.2%，藏族老年人所占比例为 7.1%，彝族老年人所占比例为 3.9%，蒙古族老年人所占比例为 3.3%。其他少数民族老年人所占比例为 16.6%。

2. 接近3/2的少数民族老年人居住在农村

如图 5 所示，与汉族老年人相比，少数民族老年人居住在农村的比例更高。汉族老年人居住在城市的比例要高于农村，二者分别为 53.1% 和 46.9%。少数民族老年人居住在城市的比例则远少于农村，二者的比例分别为 37.1% 和 62.9%。

3. 汉族与少数民族老年人的性别结构差异不大

汉族老年人中，女性所占比例为 52.2%，男性所占比例为 47.8%；少

老龄蓝皮书

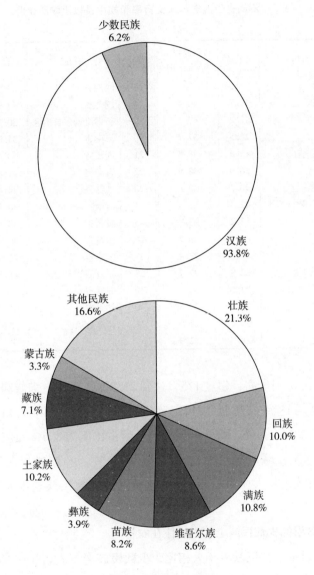

图4 少数民族老年人的民族构成

数民族老年人中,女性所占比例为52.6%,男性所占比例为47.4%(如图6所示)。汉族和少数民族老年人的性别结构差别不大,均是男性老年人的比例略低于女性。

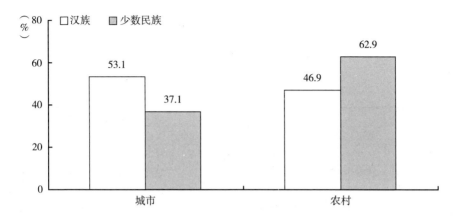

图5　我国汉族与少数民族老年人的城乡分布

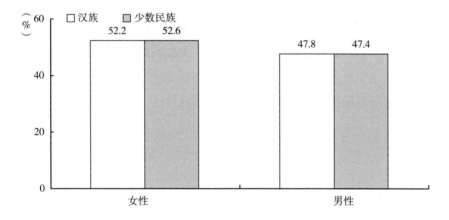

图6　汉族与少数民族老年人的性别结构

4. 与少数民族老年人相比，汉族老年人中60～64岁段的比例更高

如表6所示，汉族老年人与少数民族老年人的年龄分布差别不大，60～64岁段的汉族老年人所占比例稍高于少数民族老年人。在汉族老年人中，60～64岁老年人所占比例为33.0%，而在少数民族老年人中，60～64岁老年人所占比例为31.2%。65～79岁老年人在汉族老年人中所占比例要低于少数民族老年人，但80岁以上的老年人在汉族老年人中所占比例又要高于

少数民族老年人。另外，与城市相比，汉族与少数民族老年人的年龄分布差别在农村表现得更明显。

表 6 城乡汉族和少数民族老年人的年龄结构

单位：%

年　龄	合计			城市			农村		
	总计	少数民族	汉族	总计	少数民族	汉族	总计	少数民族	汉族
60~64 岁	32.9	31.2	33.0	32.3	31.8	32.3	33.6	31.0	33.9
65~69 岁	23.6	24.8	23.6	23.2	23.3	23.1	24.1	25.7	24.0
70~74 岁	16.7	17.8	16.6	16.5	17.7	16.5	16.8	17.8	16.7
75~79 岁	13.1	13.3	13.1	13.3	13.7	13.3	12.8	13.1	12.8
80~84 岁	8.6	8.2	8.6	9.3	8.6	9.3	7.8	7.9	7.8
85 岁及以上	5.2	4.7	5.2	5.4	4.9	5.4	4.9	4.6	4.9

5. 藏、新、桂、黔、滇五省的老年人中少数民族占比排名前五位

如图 7 所示，我国各省份的老年人中，少数民族所占比例差别较大。西藏自治区的老年人中少数民族所占比例最高，达到 100%。其他地区老年人中少数民族所占比例较高的包括新疆维吾尔自治区、广西壮族自治区、贵州

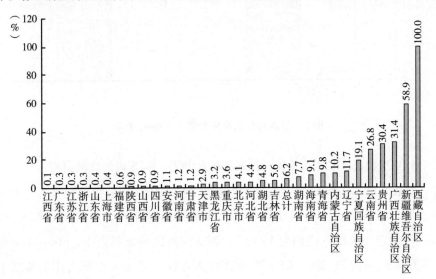

图 7 不同地区老年人中的少数民族所占比例

省和云南省，老年人中少数民族所占比例均超过 20%，分别为 58.9%、
31.4%、30.4%、26.8%。江西省、广东省、江苏省、浙江省、山东省、上
海市、福建省、陕西省、山西省、四川省 10 个省份的老年人中少数民族所
占比例则均不足 1%。

（五）婚姻状况

研究显示，家庭成员的支持对老年人生活质量的提高是最重要的，配偶
和子女是老年人最重要的日常生活照料者。伴随现代化和城市化进程，中国
老年人对基于孝道伦理的子女照料要求降低，对基于爱情语义的配偶照料依
赖性不断增强。同时，老年期社会交往范围逐渐缩小，配偶往往成为陪伴、
鼓励、慰藉、照料老年人的最重要力量。

1. 我国老年人口丧偶率显著下降

2015 年，在我国老年人中，有 71.6% 的老年人有配偶，26.1% 的丧偶，
0.8% 的离婚，还有 1.5% 的从未结婚（如图 8 所示）。从城乡比较来看，城
市老年人有配偶的比例（73.4%）要比农村老年人（70.7%）高出 2.7 个
百分点，城市老年人离婚的比例（1.2%）也要高于农村老年人（0.5%）。

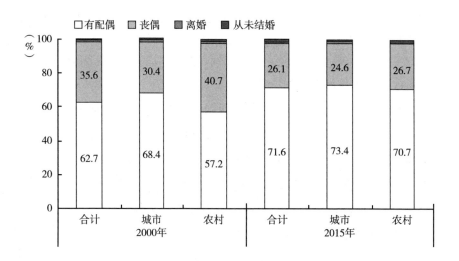

图 8　2000 年和 2015 年城市老年人的婚姻状况比较

与 2000 年相比，2015 年我国老年人的丧偶率明显下降，减少了 9.5 个百分点；有偶率明显提高，增加了 8.9 个百分点。其中，农村老年人的婚姻状况变化更加显著。与 2000 年相比，2015 年我国农村老年人的丧偶率减少了 8.9 个百分点，有偶率增加了 8 个百分点。

2. 女性老年人丧偶比例高于男性

如表 7 所示，男性老年人有配偶的比例（81.3%）要明显高于女性老年人（63.7%），高出了 17.6 个百分点。女性老年人丧偶的比例（35.5%）要明显高于男性老年人（14.7%），高出了 20.8 个百分点。另外，男性老年人离婚的比例（1.1%）比女性老年人（0.6%）高出 0.5 个百分点，男性老年人从未结婚的比例（2.9%）比女性老年人（0.2%）高出 2.7 个百分点。

表 7　城乡分性别老年人的婚姻状况

单位：%

婚姻状况	合计			城市			农村		
	总计	女	男	总计	女	男	总计	女	男
有 配 偶	72.1	63.7	81.3	73.4	63.7	84.5	70.7	63.7	78.0
丧　偶	25.6	35.5	14.7	24.6	35.1	12.6	26.7	36.0	16.9
离　婚	0.8	0.6	1.1	1.2	1.0	1.3	0.5	0.2	0.8
从未结婚	1.5	0.2	2.9	0.9	0.2	1.6	2.2	0.1	4.3

分城乡来看，城市男性老年人有配偶的比例最高，达到 84.5%，城市和农村女性老年人有配偶的比例相同，且均为最低，仅有 63.7%。农村女性老年人丧偶的比例最高，达到 36.0%，城市男性老年人丧偶的比例最低，仅为 12.6%。城市男性老年人离婚的比例最高，达到 1.3%，农村女性老年人离婚的比例最低，仅为 0.2%。农村男性老年人从未结婚的比例最高，达到 4.3%，农村女性老年人从未结婚的比例最低，仅为 0.1%。

3. 伴随年龄的增长，老年人中有配偶的比例明显下降

对于老年人而言，配偶是重要的感情寄托和照料力量。但是伴随年龄的增长，老年人中有配偶的比例不断下降且降幅明显增大，丧偶比例不断升高且增幅明显增大（如表 8 所示）。60～64 岁老年人中有配偶的比例达到

87.0%，丧偶比例仅为10.1%，然而，80~84岁老年人中有配偶的比例下降到43.9%，丧偶比例达到55.0%，85岁及以上老年人中有配偶的比例仅为26.5%，丧偶比例达到72.6%。

表8　不同年龄老年人的婚姻状况

单位：%

婚姻状况	总计	60~64岁	65~69岁	70~74岁	75~79岁	80~84岁	85岁及以上
有配偶	72.1	87.0	80.5	70.6	58.0	43.9	26.5
丧　偶	25.6	10.1	16.9	27.1	40.4	55.0	72.6
离　婚	0.8	1.3	0.9	0.6	0.3	0.4	0.2
从未结婚	1.5	1.6	1.7	1.7	1.3	0.7	0.8

从城乡差异来看，如表9所示，城市各年龄段老年人有配偶的比例要高于农村，丧偶和从未结婚的比例明显低于农村，离婚的比例要高于农村。其中，60~64岁的城市老年人有配偶的比例达到87.7%，而85岁及以上的农村老年人有配偶的比例仅为22.5%。

表9　城乡分年龄老年人的婚姻状况

单位：%

婚姻状况	城市						农村					
	60~64岁	65~69岁	70~74岁	75~79岁	80~84岁	85岁及以上	60~64岁	65~69岁	70~74岁	75~79岁	80~84岁	85岁及以上
有配偶	87.7	81.8	72.7	60.7	48.0	29.7	86.2	79.1	68.3	54.9	38.7	22.5
丧　偶	9.4	15.9	25.6	38.1	51.1	69.4	10.8	17.8	28.8	42.9	60.0	76.5
离　婚	2.0	1.3	0.8	0.4	0.4	0.2	0.7	0.5	0.4	0.3	0.3	0.1
从未结婚	0.9	1.0	1.0	0.8	0.4	0.6	2.3	2.5	2.5	1.9	1.1	0.9

4. 受教育水平越高的老年人中有配偶的比例越高

伴随受教育水平的提升，老年人中有配偶的比例呈上升趋势（如表10所示）。未上过学的老年人有配偶的比例明显低于其他老年人，仅为55.8%，这可能与未上过学的老年人中的高龄老人占比高有关。受过初中及以上教育的老年人有配偶的比例都超过80%。从城乡差别来看，城市老年

人有配偶和离婚的比例都要高于相同文化程度的农村老年人,丧偶和从未结婚的比例要低于相同文化程度的农村老年人。

表10　分文化程度老年人口的婚姻状况的比较

单位:%

婚姻状况	总计	未上过学	小学	初中	高中/中专/职高	大学专科	本科及以上
有 配 偶	72.1	55.8	74.9	83.9	84.8	87.8	86.8
丧 偶	25.6	41.5	22.8	14.1	13.2	10.3	11.5
离 婚	0.8	0.4	0.8	1.4	1.6	1.7	1.3
从未结婚	1.5	2.3	1.5	0.7	0.5	0.3	0.4

5. 健康状况越差的老年人中有配偶的比例越低

伴随老年人健康状况的变差,老年人中有配偶的比例也在不断降低(如表11所示)。健康状况非常好的老年人中,有配偶的比例达到82.6%,丧偶的比例仅为15.5%,而健康状况非常差的老年人中,有配偶的比例为63.2%,丧偶的比例达到34.1%。当然,这一差别没有随年龄变化表现得那么突出。此外,不同健康水平老年人的婚姻状况没有表现出明显的城乡差异。

表11　不同健康水平老年人口的婚姻状况的比较

单位:%

婚姻状况	总计	非常好	比较好	一般	比较差	非常差
有 配 偶	72.1	82.6	77.1	71.5	65.4	63.2
丧 偶	25.6	15.5	20.7	26.1	32.2	34.1
离 婚	0.8	1.0	0.9	0.8	0.7	0.8
从未结婚	1.5	0.9	1.2	1.6	1.7	1.9

6. 各地老年人的有偶率基本在65%~78%

如图9所示,上海市、天津市、北京市、浙江省的老年人有偶率排在前四位,均超过75%,其中,上海市老年人的有偶率最高,达到77.5%。西藏自治区、青海省、新疆维吾尔自治区、广西壮族自治区、湖南省老年人的有偶率排在后五位，其中，西藏自治区的最低，仅为47.3%。总体来看，除西藏之外，其他省份老年人的有偶率基本在65%～78%。

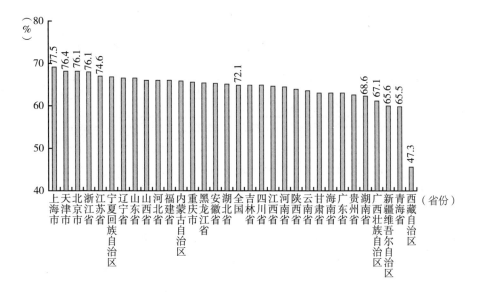

图9 不同地区老年人的有偶率

（六）政治面貌

老年党员是中国共产党党员的重要组成部分，也是老年人中有政治身份的一类重要群体。一方面，老年党员对党的事业无比忠诚、奉献一生，高龄、困难党员的养老保障是党的组织建设的重要内容；另一方面，老年党员，尤其是离退休老干部有着丰富的经验智慧和人生阅历，有着相对更高的受教育水平和社会地位，党员这一政治身份决定了他们要肩负起示范、带动、释放正能量等光荣使命。

1. 我国有11.7%的老年人是中共党员

在我国老年人口中，有88.1%的老年人政治面貌为群众，11.7%的为中国共产党党员，0.2%的为民主党派和无党派人士（如表12所示）。2000年，我国老年人口中的党员比例为20.4%，与之相比，2015年我国

老年人口中的党员比例减少了8.7个百分点。但是，2015年的老年人口中的党员比例仍要高于2015年18岁及以上劳动年龄人口中的党员比例（8.6%）。

表12　城乡分性别老年人的政治面貌

单位：%

政治面貌	总计			城市			农村		
	合计	女	男	合计	女	男	合计	女	男
群众	88.1	95.2	80.4	83	92.2	72.5	93.6	98.6	88.5
中共党员	11.7	4.7	19.4	16.7	7.6	27.0	6.3	1.4	11.4
民主党派	0.1	0.1	0.1	0.2	0.1	0.2	0	0	0
无党派人士	0.1	0.1	0.2	0.2	0.1	0.2	0.1	0	0.1

对比城乡来看，城市老年人中有16.7%的为中共党员，比农村老年人（6.3%）高出10.4个百分点。对比性别来看，男性老年人中有19.4%的为中国共产党党员，比女性老年人（4.7%）高出14.7个百分点。具体而言，城市男性老年人中的中国共产党党员所占比例最高，达到27.0%；农村女性老年人中的中国共产党党员所占比例最低，仅为1.4%。

2. 低龄段老年人中的党员比例低于高龄段老年人

如表13所示，各年龄段的老年人中党员所占比例呈现先增加后减少的趋势。85岁以下的老年人中，伴随年龄的增加，党员所占比例不断提高，85岁及以上老年人中的党员比例下降。具体而言，60~64岁的老年人中的党员比例最低，为9.6%；80~84岁老年人中的党员比例最高，达到15.7%。值得注意的是，80岁及以上的老年党员基本是新中国成立之前参加革命的老党员，他们是中国新民主主义革命、新民主主义和社会主义建设初探、中国改革开放和中国特色社会主义市场经济体制创造的一系列高增长和减贫奇迹的参与者和见证者，这些老年人中有的仍然贫困，有的失能/半失能，有的身体健康想要同祖国一道发出中国声音，这些都是需要得到党和国家关注和关心的。

表13 不同年龄段老年人政治面貌的比较

单位：%

政治面貌	总计	60~64 岁	65~69 岁	70~74 岁	75~79 岁	80~84 岁	85 岁及以上
群众	88.1	90.2	88.3	87.5	86.1	84.0	87.2
中共党员	11.7	9.6	11.6	12.3	13.6	15.7	12.6
民主党派	0.1	0.0	0.1	0.1	0.2	0.2	0.1
无党派人士	0.1	0.1	0.1	0.1	0.1	0.2	0.1

分城乡来看，城市老年党员比例的变化趋势与总体一致，农村各年龄段老年人的党员比例差别不大（如表14所示）。在城市老年人中，60~64岁老年人中的党员比例最低，为13.5%；80~84岁老年人中的党员比例最高，达到22.1%。农村不同年龄段的老年党员比例在［5.6%，7.3%］区间内，变化幅度小。另外，同一年龄段的城市老年人中的党员比例同样明显高于农村老年人。

表14 城乡不同年龄段老年人政治面貌的比较

单位：%

政治面貌	城市						农村					
	60~64 岁	65~69 岁	70~74 岁	75~79 岁	80~84 岁	85 岁及以上	60~64 岁	65~69 岁	70~74 岁	75~79 岁	80~84 岁	85 岁及以上
群众	86.3	83.3	81.7	80.1	77.4	82.4	94.4	93.4	93.7	93.0	92.6	93.1
中共党员	13.5	16.4	18.0	19.5	22.1	17.2	5.6	6.5	6.3	6.9	7.3	6.9
民主党派	0.1	0.1	0.2	0.3	0.3	0.2	0	0	0	0	0	0
无党派人士	0.2	0.2	0.2	0.2	0.2	0.1	0.1	0.1	0.1	0.1	0.1	0

3. 大学专科及以上老年人中的中共党员比例超过60%

不同文化程度老年人的政治面貌差异很大。文化程度越高，中共党员的比例越高（如表15所示）。大学专科及以上文化程度的老年人中，中共党员的比例超过了60%，而未上过学和小学文化的老年人中，中共党员的比例仅为2.4%和7.4%。

表15 不同文化程度老年人政治面貌的比较

单位：%

政治面貌	总计	未上过学	小学	初中	高中/中专/职高	大学专科	本科及以上
群众	88.1	97.5	92.5	81.6	63.8	34.7	34.0
中共党员	11.7	2.4	7.4	18.2	35.5	63.5	62.1
民主党派	0.1	0.0	0.0	0.0	0.3	1.3	2.9
无党派人士	0.1	0.0	0.1	0.2	0.4	0.6	1.0

4. 不同地区老年人中的中共党员比例存在不小差异

老年党员是老年人中的先锋力量，老年党员所占比例在一定程度上反映了一地区老年人的精神面貌和活力。总体来看，大部分省份的老年党员在老年人中所占比例差别不大。如图10所示，老年人口中的党员比例最高的是北京市，达到34.2%，最低的是广西壮族自治区，仅有6.9%。北京市和天津市的老年人口中的党员比例超过20%，上海市、陕西省、青海省等23个省份的老年人中党员比例在10%～20%，其中，有14个省份的老年人中党员比例在10%～12%。另外，河北省、海南省、云南省、河南省、甘肃省、广西壮族自治区6个省份的老年人中党员比例低于10%。

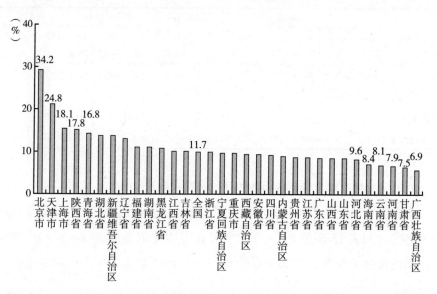

图10 不同地区老年人口中的党员比例

二 中国城乡老年人的家庭状况

家庭是社会的基本单位。在我国,家庭对于老年人的意义非常重大,家庭成员在老年人的收入、生活照料、精神慰藉以及社会参与等方面发挥着不可或缺的作用。受经济发展、人口流迁以及计划生育政策等的影响,新时代老年人的家庭状况也发生了相应变化。

(一)子女数量和流动

1. 我国每位老年人平均有3.0个子女

从20世纪70年代开始,我国开始控制一对夫妇生育子女数量不超过2个,后来又提倡一对夫妇只生育一个子女。以往数据显示,1970~1981年的12年间,我国人口出生率从33.43‰降低到20.91‰,12年中下降了37.5%,平均每年递减4.2%。到2015年,我国60岁及以上老年人是1955年之前出生的人口,1970~1980年恰是60~70岁(1945~1955年出生人口)妇女的育龄期。换言之,计划生育对老年人子女数量的影响已经显现。

从表16的数据来看,目前我国每位老年人平均有3.0个子女,比2000年减少了1个,儿子与女儿数量相当。农村老年人的子女数量要高于城市。农村老年人平均有3.5个子女,比2000年减少了0.9个,城市老年人平均有3.0个子女,比2000年减少了0.6个。另外,我国有1.8%的老年人处于无子女的状态,农村的这一比例达到2.2%,比城市高出0.9个百分点。

表16 2015年城乡老年人的子女数量及流动情况

单位:人,%

区域	儿子数量	女儿数量	子女数量	有子女在外省居住的比例	全部子女在外省居住的比例	无子女的比例
全国	1.5	1.5	3.0	15.7	2.9	1.8
城市	1.5	1.5	3.0	14.6	2.7	1.3
农村	1.8	1.7	3.5	17.0	3.0	2.2

2. 接近1/6的老年人有子女在外省居住

20世纪80年代以来，我国人口流动管制政策逐步放开，人口流动速度明显加快，1982年我国流动人口规模只有657万人，而到2016年，我国流动人口规模已经达到2.45亿人，在总人口中所占比例达到18%，其中跨省流动人口所占比例超过40%。从老年人的角度来看，2015年，老年人有子女在外省居住的比例也达到15.7%，全部子女在外省居住的比例为2.9%。农村老年人子女跨省流动的比例要高于城市，有17.0%的农村老年人有子女在外省居住，3.0%的老年人的子女全部在外省居住。

3. 伴随年龄的增加，老年人的子女数量不断增加

我国从20世纪50年代中期就提倡"节制生育""有计划地生育子女"的口号，到70年代前半期，提出"晚、稀、少"，每对夫妇生育子女数量不超过2个。1980年9月，党中央发表《关于控制我国人口增长问题致全体共产党员、共青团员的公开信》，提倡一对夫妇只生育一个孩子。1982年党的十八大把计划生育定为基本国策，同年12月将其写入宪法。

从图11中的数据也可以看出，伴随年龄的增加，老年人的子女数量一直呈上升趋势。85岁及以上老年人的平均子女数量最高，为4.1个，80~84岁老年人平均有4.0个子女，75~79岁老年人平均有3.7个子女，70~74岁老年人平均有3.3个子女，65~69岁老年人平均有2.7个子女，60~64岁老年人的平均子女数量最低，为2.3个。从儿子和女儿数量来看，70岁及以上老年人的儿子数量稍多于女儿，60~69岁老年人的儿子和女儿数量相当。在相同死亡风险环境下，子女数量的减少，意味着个体进入老年，无子女的比例将会提高。与此同时，年龄越大的老年人，子女的年龄也越大，子女面临的死亡风险更高。本文的数据结果也显示，60~69岁老年人无子女的比例最高，达到1.9%；其次是85岁及以上老年人，无子女的比例为1.5%；80~84岁老年人的无子女比例最低，为1.0%。

4. 伴随年龄的增加，老年人的全部子女在外省居住的比例降低

从子女流动的角度来看，70~74岁老年人有子女在外省居住的比例最

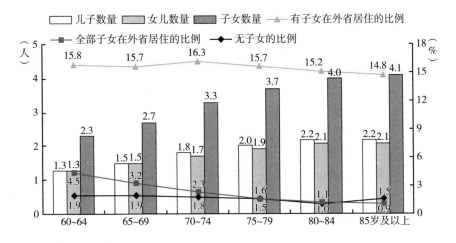

图 11 不同年龄段老年人的子女数量及流动情况

高，达到 16.3%，其他 80 岁以下老年人的子女外省居住比例都在 15.7% ~ 15.8%，80 岁及以上老年人有子女外省居住的比例有所降低，85 岁及以上老年人有子女外省居住的比例最低，为 14.8%。

伴随年龄的增加，老年人全部子女都在外省居住的比例不断降低。60 ~ 64 岁的老年人全部子女在外省居住的比例最高，达到 4.5%，85 岁及以上老年人全部子女在外省居住的比例最低，为 0.9%。这可能与低龄老年人的子女处于青壮年，到外省务工的比例高，且与低龄老年人的子女数量少有关。

5. 健康状况越差的老年人子女数量越多，但无子女比例也越高

如表 17 所示，健康状况越差的老年人子女数量越多，全部子女在外省居住的比例越低，但有子女在外省居住和无子女的比例增加。健康状况非常好的老年人平均子女数量最少，为 2.6 个；全部子女在外省居住的比例最高，为 3.5%；无子女的比例为 1.3%。子女数量少和无子女比例低可能与健康状况非常好的老年人以低龄为主有关。健康状况非常差的老年人平均子女数量最多，为 3.6 个；全部子女在外省居住的比例相对较低，为 2.4%；但无子女的比例最高，达到 2.3%。

表 17　不同健康状况老年人的子女数量及流动情况

单位：人，%

子女数量及流动情况	非常好	比较好	一般	比较差	非常差
儿子数量	1.3	1.4	1.5	1.7	1.8
女儿数量	1.3	1.4	1.5	1.7	1.8
子女数量	2.6	2.8	3.0	3.4	3.6
有子女在外省居住的比例	15.0	15.0	15.6	17.0	17.4
全部子女在外省居住的比例	3.5	3.0	2.9	2.6	2.4
无子女的比例	1.3	1.6	1.8	2.0	2.3

6. 老年人受教育程度越高，子女数量越少，子女在外省居住的比例越高

如表 18 所示，老年人受教育程度越高，子女数量越少，有子女在外省居住和全部子女在外省居住的比例都更高。未上过学的老年人平均子女数量最多，达到 3.7 个，但无子女的比例也是最高，达到 2.4%。与此同时，未上过学的老年人有子女在外省居住的比例和全部子女在外省居住的比例都是最低，为 15.0% 和 2.2%。

表 18　不同受教育程度老年人的子女数量及流动情况

单位：人，%

子女数量及流动情况	受教育程度				
	未上过学	小学	初中	高中/中专/职高	大学专科及以上
儿子数量	1.9	1.6	1.4	1.3	1.1
女儿数量	1.8	1.6	1.4	1.3	1.1
子女数量	3.7	3.2	2.8	2.5	2.2
有子女在外省居住的比例	15.0	15.6	15.4	17.3	23.1
全部子女在外省居住的比例	2.2	2.7	3.3	3.9	7.9
无子女的比例	2.4	1.7	1.1	0.9	1.3

接受过大学专科及以上教育的老年人的子女数量则最少，平均为 2.2 个。接受过大学专科及以上教育的老年人有子女在外省居住的比例和全部子女在外省居住的比例则为最高，分别达到 23.1% 和 7.9%，这一比例比受过高中教育的老年人分别高出 5.8 个百分点和 4.0 个百分点。

7. 经济非常宽裕的老年人子女在外省居住的比例最高

如表 19 所示，从子女数量来看，经济宽裕的老年人的子女数量要少于经济水平为基本够用和比较困难的老年人。从子女流动情况来看，经济非常宽裕的老年人的子女在外省居住比例和全部子女在外省居住比例都是最高的，分别达到 19.1% 和 4.4%。但同样值得注意的是，经济非常困难的老年人无子女的比例达到了 6.6%。

表 19　不同经济水平老年人的子女数量及流动情况

单位：人，%

子女数量及流动情况	经济水平				
	非常宽裕	比较宽裕	基本够用	比较困难	非常困难
儿子数量	1.4	1.5	1.6	1.8	1.7
女儿数量	1.4	1.5	1.6	1.7	1.7
子女数量	2.7	2.9	3.2	3.5	3.3
有子女在外省居住的比例	19.1	16.6	15.2	16.3	16.6
全部子女在外省居住的比例	4.4	3.4	2.7	2.7	3.3
无子女的比例	0.7	0.7	1.3	2.7	6.6

（二）居住安排

居住安排是影响老年人照料的重要因素。与子女同住的老年人可以享受到更多日常活动的照料，而分开居住在一定程度上会导致子女对父母日常健康照料的削弱。但伴随工业化和城市化进程，以及人口流迁、家庭规模缩小和人们居住意愿的转变，老年人的居住安排也发生了很大变化。

1. 我国有超过半数老年人独居或仅与配偶同住

与 2000 年相比，我国老年人的家庭结构趋于小型化，老年人独居、仅与配偶同住、与其他人同住的比例提高，与子女同住的比例降低，城乡均是如此（如图 12 所示）。具体而言，2015 年，有超过半数老年人独居或者仅与配偶同住，其中，有 13.1% 的独自居住，有 38.2% 的仅与配偶同住。与 2000 年相比，老年人独居的比例增加了 6.0 个百分点，仅与配偶同住的比

例增加了10.2个百分点。与子女同住虽然仍然占比最高,达到41.7%,但这一比例已然不足半数,比2000年减少了19.2个百分点。另外,还有7.0%的老年人与除子女以外的其他人同住,例如与孙子女同住、与配偶和孙子女同住、与父母同住、与兄弟姐妹同住、与保姆同住等,这一比例与2000年相比也有所增加。

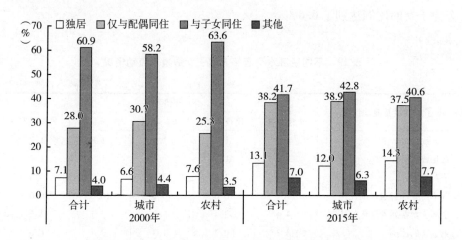

图12 2000年和2015年的城乡老年人居住安排的变化

另外,与城市老年人相比,2000～2015年,农村老年人的居住安排变化更大,独居、与配偶同住、与其他人同住的比例明显提高,而与子女同住的比例大幅下降。农村老年人独居、仅与配偶同住、与其他人同住的比例分别增加6.7个百分点、12.2个百分点和4.2个百分点,而与子女同住的比例减少了23.0个百分点。而城市老年人独居、仅与配偶同住、与其他人同住的比例分别增加5.4个百分点、8.2个百分点和1.9个百分点,与子女同住的比例减少了15.4个百分点。因此,到2015年,农村老年人与子女同住的比例反而低于城市老年人。

2. 女性老年人独居比例高于男性

如表20所示,女性老年人独居的比例为15.0%,与子女同住的比例为44.5%,二者均要高于男性老年人(男性老年人独居和与子女同住的比例分别为11.0%和38.7%)。男性老年人仅与配偶同住的比例为42.6%,与其他人同住的比例为7.7%，二者均要高于女性老年人（女性老年人仅与配偶同住和与其他人同住的比例分别为34.2%和6.4%）。

表20　城乡分性别老年人的居住方式

单位：%

居住方式	总计			城市			农村		
	合计	女	男	合计	女	男	合计	女	男
独居	13.1	15.0	11.0	12.0	14.6	9.0	14.3	15.4	13.1
仅与配偶同住	38.2	34.2	42.6	38.9	34.2	44.2	37.5	34.2	40.9
与子女同住	41.7	44.5	38.7	42.8	45.4	39.8	40.6	43.4	37.6
其他	7.0	6.4	7.7	6.3	5.8	7.0	7.7	7.0	8.4

分城乡来看，农村女性老年人独居的比例最高，达到15.4%，城市男性老年人独居的比例最低，为9.0%。城市男性老年人仅与配偶同住的比例最高，达到44.2%，城市和农村女性老年人仅与配偶同住的比例最低，均为34.2%。城市女性老年人与子女同住的比例最高，达到45.4%，农村男性老年人与子女同住的比例最低，为37.6%。农村男性老年人与其他人同住的比例最高，达到8.4%，城市女性老年人与其他人同住的比例最低，仅为5.8%。

3. 从未结婚的老年人独居比例最高

如表21所示，有配偶老年人独居比例最低，仅为1.7%，从未结婚的老年人独居比例最高，达到74.1%（从未结婚的老年人以"三无"或"五保"老人为主）。有配偶老年人与配偶同住的比例最高，达到52.9%。丧偶老年人与子女同住的比例最高，为54.4%。从未结婚的老年人与其他人同住的比例最高，达到22.8%。

分城乡来看，城乡不同婚姻状况老年人的居住方式分布差别不大。较为明显的差别表现为：农村从未结婚老年人独居比例比城市高出4.4个百分点，达到75.5%；城市丧偶老年人与子女同住的比例比农村高出了2.5个百分点，城市从未结婚的老年人与其他人同住的比例要高于农村老年人4.7个百分点。

表 21　城乡不同婚姻状况老年人的居住方式

单位：%

婚姻状况		独居	与配偶同住	与子女同住	其他
总计	有配偶	1.7	52.9	38.1	7.4
	丧偶	40.3	0.3	54.4	5.0
	离婚	56.7	0.3	34.2	8.8
	从未结婚	74.1	0.1	3.0	22.8
城市	有配偶	1.6	52.9	39.0	6.5
	丧偶	38.8	0.3	55.7	5.2
	离婚	55.4	0.3	35.2	9.1
	从未结婚	71.1	0.0	2.9	26.1
农村	有配偶	1.8	52.9	37.0	8.4
	丧偶	41.8	0.2	53.2	4.8
	离婚	60.1	0.2	31.6	8.1
	从未结婚	75.5	0.2	3.0	21.4

4. 高龄、健康状况差的老年人独居和与子女同住的比例更高

个体年龄与健康状况密切相关。伴随年龄的增长，即使没有疾病发生，老年人身体机能也会衰退，导致健康状况下降甚至死亡。由表 22 可以看出，伴随年龄的增加、健康状况的变差，老年人仅与配偶同住的比例迅速下降。85 岁及以上老年人中仅有 15.2% 的仅与配偶同住，健康状况非常差的老年人中有 34.5% 的仅与配偶同住。这一是可能与配偶离世有关，二是可能与配偶无法独自照顾高龄和健康状况差的老年人，进而与子女或他人共同居住有关。

表 22　不同年龄和健康状况老年人的居住方式

单位：%

居住方式	年龄						健康状况				
	60~64岁	65~69岁	70~74岁	75~79岁	80~84岁	85+	非常好	比较好	一般	比较差	非常差
独居	7.2	10.3	15.2	19.7	23.2	23.4	9.2	11.3	13.6	15.6	13.3
仅与配偶同住	40.2	43.0	41.8	36.0	27.5	15.2	42.9	40.7	37.8	35.2	34.5
与子女同住	44.0	39.1	36.9	39.4	44.6	56.4	41.7	41.2	41.8	41.6	44.4
其他	8.7	7.7	6.2	5.0	4.7	5.0	6.2	6.8	6.9	7.6	7.7

然而，亟待我们关注的还有：伴随年龄的增加、健康状况的变差，独居老年人比例也在增加，有大约23%的80岁及以上老年人和接近15%的健康状况差的老年人都在独自居住。与其他年龄段的老年人相比，只有85岁及以上老年人中与子女同住的比例有了明显的增加，70~74岁的老年人与子女同住的比例最低，为36.9%。分健康状况来看，只有健康状况非常差的老年人与子女同住的比例明显提高，健康状况好、一般、比较差的老年人与子女同住的比例基本相当。

5. 未上过学和经济非常困难的老年人独居比例最高

从表23来看，伴随文化程度的提高，老年人往往不倾向于与子女同住，但独居的比例也呈下降趋势，与子女以外的其他人同住的比例增加。未上过学的老年人独居和与子女同住的比例均是最高，分别达到19.1%和44.4%。初中及以上受教育水平的老年人中，仅与配偶同住超过了与子女同住的比例。而大学专科及以上的老年人中，有超过半数（53.7%）的老年人仅与配偶同住，30.5%的老年人与子女同住，独居的比例仅为7.1%，与其他人同住的比例达到8.8%。

表23　不同受教育水平和经济水平老年人的居住方式

单位：%

居住方式	受教育水平					经济水平				
	未上过学	小学	初中	高中/中专/职高	大学专科及以上	非常宽裕	比较宽裕	基本够用	比较困难	非常困难
独居	19.1	12.1	8.7	7.9	7.1	8.2	7.4	12.2	18.1	22.1
仅与配偶同住	29.9	38.5	45.0	46.4	53.7	48.9	44.3	38.6	33.5	31.6
与子女同住	44.4	42.4	39.3	38	30.5	36.6	42.2	42.5	40.5	37.7
其他	6.6	7.0	7.0	7.7	8.8	6.3	6.2	6.8	7.9	8.7

而伴随经济水平的提高，老年人独居和与其他人同住的比例下降，仅与配偶同住的比例提高。经济非常宽裕老年人独居的比例仅为8.2%，而经济非常困难老年人独居的比例达到22.1%。另外，经济非常宽裕和非常困难

的老年人与子女同住的比例都较低，但这两类群体不与子女同住的原因可能相差很大：非常宽裕的老年人在居住方式上可选择性强，他们往往出于自己意愿而主动不与子女同住；但非常困难的老年人由于经济上没有话语权，选择居住方式往往是被动和无奈的。

（三）家庭事件

重大事件对于一个家庭影响很大，可能会导致家庭贫困、居住方式和生活方式转变等，也会对家庭成员的心理和性格造成巨大影响。从2015年以来老年人家庭发生的重大事件来看，老年人面对的经济方面的重大事件相对较少，但所要面对的疾病和死亡事件明显较多。如图13所示，有近1/5的老年人在2015年家庭发生了重大事件，8.6%的老年人经历了亲人大病，3.4%的经历了亲人去世，而选择其他的1.5%的老年人主要经历了自己生病。

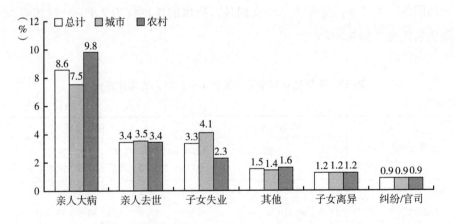

图13　城乡老年人家庭2015年以来发生的重大事件

分城乡来看，城市老年人家庭2015年以来发生重大事件的比例（18.6%）稍低于农村老年人（19.2%）。具体而言，农村老年人经历亲人大病的比例（9.8%）高于城市老年人（7.5%），城市老年人子女失业的比例（4.1%）高于农村老年人（2.3%）。

三　中国城乡老年人的家庭关系

长期以来，建立在农耕文化及其道德约束的基础上，儒家强调"百善孝为先""罪莫大于不孝"，尊老爱幼是中国家国文化的重要基因。老年人往往是一家之长，"一言堂"，掌握着经济大权和绝对的权威，在技能和经验上占有优势。然而，伴随现代思想技术的发展以及社会生产方式转变、家庭小型化等，老年人的家庭地位、与子女之间的关系也发生了相应变化。

（一）代际互动

1. 在代际互动中，老年父母的付出要高于子女

如表24所示，我国老年人与子女之间的互动较为频繁。从父母为子女提供支持的角度来看，大多数父母会为子女提供力所能及的帮助。我国有30.7%的老年人有经济困难的子女，其中，34.7%的老年人会为这些困难子女提供经济支持。另外有65.0%的老年人会为子女提供生活帮助，包括帮忙照看家、做家务、照顾孙子女、做农活等。从子女探望父母的角度来看，除去与老年人共同居住或在本省居住的子女外，外省居住子女每年探望父母2次以上的比例为37.0%，每年少于1次的比例为23.9%。从这一数据也可以看出，外省子女对老年人生活方面的帮助可能不大。

表24　城乡分性别老年人的代际互动差异

单位：%

代际互动	总计			城市			农村		
	合计	女	男	合计	女	男	合计	女	男
父母提供支持									
子女有经济困难	30.7	32.0	29.3	26.6	28.0	24.9	35.3	36.8	33.8
给子女经济支持	34.7	32.0	38.1	44.5	41.0	49.2	26.6	24.2	29.4
提供生活帮助	65.0	65.1	64.9	60.0	60.5	59.5	70.5	70.5	70.5

代际互动	总计			城市			农村		
	合计	女	男	合计	女	男	合计	女	男
外省子女探望父母频率									
每年少于 1 次	23.9	23.5	24.4	21.3	20.4	22.2	26.3	26.4	26.2
每年 1 次	39.1	38.6	39.6	38.0	38.5	37.5	40.0	38.7	41.3
每年 2~3 次	26.1	26.7	25.6	26.8	26.7	26.9	25.5	26.6	24.5
每年 4 次以上	10.9	11.3	10.4	13.9	14.4	13.3	8.2	8.3	8.1

分城乡来看，城市老年人为子女提供经济支持的比例（44.5%）比农村（26.6%）高出 17.9 个百分点，但提供生活帮助的比例（60.0%）比农村（70.5%）要低 10.5 个百分点。另外，外省子女探望城市父母的频率要高于农村，尤其体现在每年探望 4 次以上的比例方面，城市为 13.9%，农村为 8.2%。

分性别来看，以往不少研究显示，女性老年人与子女的感情更加密切，她们也更愿意承认自己对外界帮助的需求。同时，女性与亲属朋友的实质性交换更频繁，比如提供/接受交通搭载、经济援助、帮忙购物、打扫房间、生病时的照料以及共享家庭用品、帮忙跑腿等，而男性老年人与他人间的交往一般是探讨解决问题的办法和互相拜访。但本文的研究结果显示，男性老年人为子女提供经济支持的比例要高于女性，而在为子女提供生活帮助和外省子女探望频率方面并没有表现出明显的性别差异。

2. 年龄越大、健康状况越差的老年人与子女互动越少

年龄越大、健康状况越差的老年人给子女提供支持的比例越低，然而，即使年龄在 85 岁以上、健康状况非常差的老年人还是给予子女力所能及的帮助（如表 25 所示）。60~64 岁老年人给困难子女提供经济支持的比例达到 41.6%，给子女提供生活帮助的比例达到 77.1%；健康状况非常好的老年人给困难子女提供经济支持的比例达到 48.6%，给子女提供生活帮助的比例达到 69.5%。与此同时，在 85 岁及以上老年人中，仍有24.2% 的为困难子女提供经济支持，32.4% 的提供生活帮助。在健康状况非常差的老年人中，仍有 20.6% 的为困难子女提供经济支持，41.0% 的提供生活帮助。

表 25　分年龄和健康的老年人的代际互动差异

单位：%

代际互动	年龄						健康状况				
	60~64岁	65~69岁	70~74岁	75~79岁	80~84岁	85岁及以上	非常好	比较好	一般	比较差	非常差
父母提供支持											
子女有经济困难	26.6	31.5	34.7	34.1	32.7	29.3	18.6	19.7	31.1	44.7	53.1
给子女经济支持	41.6	37.1	34.5	27.5	25.8	24.2	48.6	44.7	36.0	28.4	20.6
父母提供生活帮助	77.1	72.3	63.7	52.5	41.8	32.4	69.5	68.4	67.0	60.2	41.0
外省子女探望父母频率											
每年少于1次	21.6	23.5	22.9	28.4	26.7	28.6	19.4	20.6	23.7	27.7	32.7
每年1次	39.5	42.0	41.3	35.3	34.8	32.3	36.3	38.9	38.7	41.5	38.6
每年2~3次	27.9	25.6	25.3	23.9	25.7	26.1	28.9	28.0	26.1	23.6	24.1
每年4次以上	11.0	8.9	10.5	12.4	12.8	13.0	15.5	12.5	11.5	7.2	4.6

与老年人尽其所能为子女提供帮助不同的是，随着年龄的增加，老年人外省子女探望频率没有明显升高，而健康状况差的老年人外省子女探望频率反而降低。尤其是健康状况非常差的老年人，外省子女每年探望少于 1 次的比例接近 1/3，外省子女每年探望频率超过 4 次的仅占 4.6%。

3. 受教育水平越高的老年人，代际互动越频繁、关系越紧密，家庭关系越和谐

从表 26 的分析结果来看，老年人的受教育水平是代际互动的重要影响因素。一方面，受教育水平越高的老年人子女经济困难的比例越低，有 35.5% 的未上过学的老年人的子女有经济困难，而大专及以上学历的老年人的子女有经济困难的比例仅为 13.7%。在子女有经济困难时，文化程度越高的老年人给子女提供经济支持的比例越高，大专及以上学历的老年人给困难子女提供经济支持的比例（77.3%）是未上过学老年人（23.4%）的 3 倍多。但相对而言，伴随文化程度的提高，老年人为子女提供生活帮助的

比例有所下降。上过小学的老年人为子女提供生活帮助的比例最高，达到
69.0%，而大专及以上学历的老年人为子女提供生活帮助的比例约为
50%。换言之，经济支持在一定程度上替代了部分高学历老年人对子女的
生活帮助。

表26　不同受教育水平老年人的代际互动差异

单位：%

代际互动	受教育水平				
	未上过学	小学	初中	高中/中专/职高	大学专科及以上
父母提供经济支持					
子女有经济困难	35.5	32.4	27.1	20.6	13.7
给子女经济支持	23.4	33.5	47.8	64.0	77.3
提供生活帮助	62.0	69.0	66.3	57.3	49.9
外省子女探望父母频率					
每年少于1次	26.0	25.3	20.1	20.7	18.7
每年1次	40.0	39.7	40.2	34.9	31.3
每年2~3次	24.8	25.3	27.2	30.6	30.2
每年4次以上	9.2	9.7	12.5	13.8	19.8

另一方面，受教育水平越高，老年人外省子女的探望频率越高。受过小
学及以下教育的老年人的外省子女每年探望2次及以上的比例（35%）比
大专及以上学历的老年人（50%）低15个百分点。

4. 经济非常困难的老年人与子女互动最少

老年人的经济状况与代际互动之间并非呈现完全的线性关系（如表27
所示）。经济比较宽裕的老年人在子女经济有困难的时候给予帮助的比例最
高（49.5%），其次是非常宽裕的老年人（45.5%）。在生活帮助方面，经
济非常宽裕的老年人为子女提供生活帮助的比例最低（52.0%），基本够用
的老年人为子女提供生活帮助的比例最高（66.4%），其次是经济比较困难
和比较宽裕的老年人。

虽然经济非常宽裕的老年人给予困难子女经济帮助的比例和给予子女生
活帮助的比例都不是最高，但是在子女探望方面，经济非常宽裕的老年人获

得外省子女探望频率是相对最高的，外省子女每年探望 2 次及以上的比例接近 55%。与此同时，经济比较宽裕的老年人获得外省子女探望的频率明显高于其他老年人。

值得注意的是，与其他老年人相比，经济非常困难的老年人与子女互动最少，与子女关系疏离。有 25.7% 的经济非常困难老年人为困难子女提供经济帮助，55.8% 的经济非常困难老年人为子女提供生活帮助，而 36.3% 的经济非常困难老年人每年获得外省子女探望的频率少于 1 次。

表 27　不同经济水平老年人的代际互动差异

单位：%

代际互动	经济水平				
	非常宽裕	比较宽裕	基本够用	比较困难	非常困难
父母提供经济支持					
子女有经济困难	7.0	11.3	24.6	53.1	72.0
给子女经济支持	45.5	49.5	40.7	27.7	25.7
提供生活帮助	52.0	63.3	66.4	65.3	55.8
外省子女探望父母频率					
每年少于 1 次	15.6	16.6	22.2	30.9	36.3
每年 1 次	29.7	35.0	40.5	39.9	36.8
每年 2~3 次	37.5	29.6	26.3	23.4	21.6
每年 4 次以上	17.2	18.8	11.0	5.8	5.3

（二）老年人的家庭地位

1. 我国老年人的协商型家庭关系明显增加

根据中国城乡老年人口状况一次性抽样调查问卷中的"老年人家中办大事花钱谁做主"，以及第四次中国城乡老年人生活状况抽样调查问卷中的"家里有重大支出谁说了算？"两项问题，本文将老年人的家庭地位划分为权威型（自己或配偶说了算）、协商型（共同协商）、听从型（子女说了算）三类。

从图 14 来看，我国老年人的家庭地位延续了传统模式，老年人的独

立性和话语权很高，只有16.7%的老年人家里的重大支出由子女说了算。权威型老年人所占比例最高，达到46.0%。协商型老年人的比例居中，为37.3%。但与2000年相比，权威型和听从型老年人的比例都出现了大幅下降，协商型老年人的比例明显提高。2000年权威型和听从型老年人的比例分别为66.7%和29.3%，而协商型老年人的比例仅为4.0%。到2015年，权威型老年人的比例减少了20.7个百分点，听从型老年人的比例减少了12.6个百分点，协商型老年人的比例则增加了33.3个百分点。

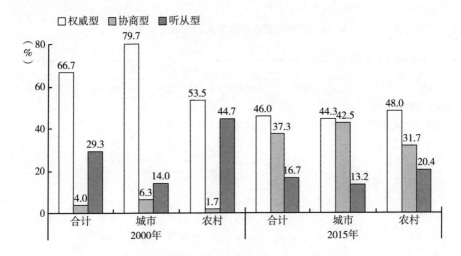

图14　2000年和2015年城乡老年人的家庭地位的变化

分城乡来看，2015年，农村老年人的听从型和权威型的比例分别是20.4%和48.0%，二者都要高于城市老年人（城市老年人的听从型和权威型的比例分别是13.2%和44.3%）。城市老年人的协商型占比（42.5%）则明显高于农村老年人（31.7%）。与2000年相比，城市发生的明显变化是权威型老年人的比例降低（减少了35.4个百分点），协商型老年人的比例提高（增加了36.2个百分点）；农村发生的明显变化是听从型老年人的比例降低（减少了24.3个百分点），协商型老年人的比例提高（增加了30.0个百分点）。

2. 女性老年人听从型比例更高

如表 28 所示，分性别来看，女性老年人听从型的比例达到 20.9%，要高于男性老年人（12.0%）。男性老年人权威型和协商型的比例分别达到 49.1% 和 39.0%，二者均高于女性老年人（女性老年人权威型和协商型的比例分别为 43.3% 和 35.8%）。

表 28　城乡分性别老年人的家庭地位类型

单位：%

类型	总计			城市			农村		
	合计	女	男	合计	女	男	合计	女	男
权威型	46.0	43.3	49.1	44.3	42.6	46.2	48.0	44.0	52.1
协商型	37.3	35.8	39.0	42.5	40.2	45.1	31.7	30.8	32.6
听从型	16.7	20.9	12.0	13.2	17.2	8.7	20.4	25.2	15.3

具体而言，城市男性老年人听从型比例最低，仅为 8.7%，权威型和协商型比例都很高，分别达到 46.2% 和 45.1%。农村男性老年人权威型比例最高，达到 52.1%。农村女性老年人听从型比例最高，达到 25.2%。

3. 伴随年龄的增加、健康状况的变差，老年人听从型比例明显提高

如表 29 所示，伴随年龄的增加，老年人在家庭中的权威地位不断下降，听从子女的比例不断提高，其中协商型下降幅度更明显。60~64 岁老年人听从型的比例仅为 8.3%，权威型和协商型的比例分别达到 47.7% 和 43.9%；85 岁及以上老年人听从型的比例则提高到 45.2%，权威型和协商型的比例下降为 35.4% 和 19.5%。

表 29　分年龄和健康状况的老年人的家庭地位类型

单位：%

类型	年龄						健康状况				
	60~64岁	65~69岁	70~74岁	75~79岁	80~84岁	85岁及以上	非常好	比较好	一般	比较差	非常差
权威型	47.7	47.3	46.9	45.0	42.3	35.4	49.5	46.2	45.5	46.3	44.1
协商型	43.9	40.2	36.1	31.2	26.6	19.5	41.5	41.0	38.5	31.3	26.7
听从型	8.3	12.5	17.0	23.8	31.2	45.2	9.0	12.8	16.0	22.5	29.2

伴随健康状况的下降，协商型老年人所占比例不断减少，听从型老年人所占比例不断增加。但相对而言，权威型老年人变化幅度较小，尤其是健康状况比较好、一般和比较差的老年人中的权威型比例几乎没有差别。健康状况非常好的老年人中，听从型的比例仅为9.0%，权威型比例达到49.5%，协商型比例为41.5%；健康状况非常差的老年人中，听从型的比例上升为29.2%，权威型比例则下降为44.1%，协商型比例下降为26.7%。

4. 伴随受教育水平和经济水平提高，老年人协商型比例明显增加

如表30所示，伴随受教育水平的提高，老年人中权威型和听从型比例都不断减少，协商型比例明显增加。未上过学的老年人协商型的比例为26.5%，权威型的比例为46.0%，听从型的比例为27.5%，而大学专科及以上老年人协商型的比例达到了60.3%，权威型的比例为37.3%，听从型的比例仅为2.5%。换言之，未来伴随老年人整体受教育水平的提升，老年人与子女之间相互尊重，没有绝对的权威，通过家庭协商解决问题的比例会不断增加。

表30 不同受教育水平和经济水平老年人的家庭地位类型

单位：%

类型	受教育水平					经济水平				
	未上过学	小学	初中	高中/中专/职高	大学专科及以上	非常宽裕	比较宽裕	基本够用	比较困难	非常困难
权威型	46.0	47.0	46.4	43.3	37.3	44.8	41.3	44.8	51.0	55.3
协商型	26.5	36.9	46.1	51.6	60.3	44.7	44.9	39.0	29.4	24.9
听从型	27.5	16.1	7.5	5.2	2.5	10.6	13.8	16.2	19.6	19.8

伴随经济水平的下降，协商型老年人所占比例同样不断减少，听从型和权威型老年人所占比例不断增加。但与受教育水平相比，变化幅度相对较小。经济非常宽裕的老年人中，协商型比例达到44.7%，听从型比例为10.6%，权威型比例为44.8%；而经济非常困难老年人中协商型的比例为24.9%，听从型比例达到19.8%，权威型比例达到55.3%。

（三）居住意愿和孝顺评价

1. 我国仍有超过半数老年人愿意与子女同住

从老年人与子女同住意愿来看，2015 年，有 56.4% 的老年人愿意与子女同住，25.4% 的老年人明确表示不愿意，18.3% 的老年人认为看情况而定（如图 15 所示）。与 2000 年相比，老年人愿意与子女同住的比例没有降低，反而增加了 2.0 个百分点，看情况而定的比例也增加了 4.0 个百分点，而不愿意与子女同住的比例则降低了 5.9 个百分点。

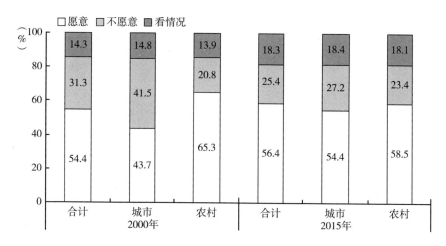

图 15　2000 年和 2015 年城乡老年人的居住意愿变化

虽然总体而言，2000～2015 年，老年人的居住意愿变化不大，但分城乡来看，还是出现了一些值得关注的变化。一方面，城市老年人愿意与子女同住的比例有了明显提高，从 2000 年的 43.7% 增加到 2015 年的 54.4%；明确表示不愿意与子女同住的比例则明显降低，从 2000 年的 41.5% 减少到 2015 年的 27.2%。另一方面，农村老年人愿意与子女同住的比例则明显降低，从 2000 年的 65.3% 减少到 2015 年的 58.5%，不愿意与子女同住和看情况的比例则均有所提高。出现了上述变化之后，到 2015 年，虽然城市老年人愿意与子女同住的比例还是低于农村老年人，但城乡之间的居住意愿差距明显缩小。

2. 认为子女孝顺的老年人比例明显提高

从老年人对子女孝顺的评价来看，有81.4%的老年人认为子女孝顺，17.8%的老年人认为一般，只有0.8%的老年人认为子女不孝顺。其中，城市老年人认为子女孝顺的比例（84.3%）比农村（78.2%）高出6.1个百分点，农村老年人认为子女不孝顺的比例（1.0%）比城市（0.6%）高出0.4个百分点。

从2000~2015年的变化来看，认为子女孝顺的老年人比例有了明显的提高。与2000年相比，2015年的老年人认为子女孝顺的比例增加了5.2个百分点，认为子女不孝顺的比例减少了0.8个百分点。其中，城市老年人认为子女孝顺的比例增加了5.3个百分点，认为子女不孝顺的比例减少了0.6个百分点；农村老年人认为子女孝顺的比例增加了4.9个百分点，认为子女不孝顺的比例减少了0.9个百分点。

3. 女性老年人愿意与子女同住和认为子女孝顺的比例更高

从老年人的居住意愿来看，女性老年人愿意与子女同住的比例更高，为58.5%，比男性老年人（54.0%）高出4.5个百分点（如表31所示）。从老年人对子女的孝顺评价来看，女性老年人认为子女孝顺的比例为81.9%，也稍高于男性老年人（80.9%）。

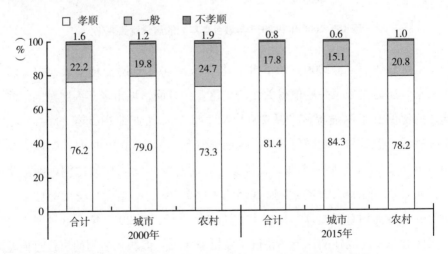

图16　2000年和2015年城乡老年人对子女孝顺评价的变化

表31　城乡分性别老年人的居住意愿和孝顺评价

单位：%

居住意愿和评价	总计			城市			农村		
	合计	女	男	合计	女	男	合计	女	男
与子女同住意愿									
愿意	56.4	58.5	54.0	54.4	56.5	51.9	58.5	60.7	56.2
不愿意	25.4	24.4	26.5	27.2	26.5	28.1	23.4	21.9	24.9
看情况	18.3	17.2	19.5	18.4	17.0	20.0	18.1	17.3	19.0
认为子女孝顺									
孝顺	81.4	81.9	80.9	84.3	85.2	83.2	78.2	78.1	78.4
一般	17.8	17.3	18.4	15.1	14.2	16.2	20.8	20.9	20.7
不孝顺	0.8	0.8	0.7	0.6	0.6	0.6	1.0	1.1	0.9

分城乡而言，农村女性老年人愿意与子女同住的比例最高，达到60.7%，城市男性老年人愿意与子女同住的比例最低，仅为51.9%。城市女性老年人认为子女孝顺的比例最高，达到85.2%，农村女性老年人认为子女孝顺的比例最低，为78.1%。

4. 60～64岁和80岁及以上老年人与子女同住的意愿相对更强

70～74岁老年人与子女同住的意愿最低，但也超过50%，85岁及以上老年人与子女同住意愿最强，达到67.4%。60～64岁和80岁及以上老年人与子女同住的意愿相对更强，但同住原因可能不同，60～64岁老年人愿意同住，往往为方便照顾子女，而80岁及以上老年人则更可能是为方便获得子女照顾。与此同时，在与2000年数据的比较中可以发现，2015年的60～64岁老年人愿意与子女同住的比例达到59.3%，明显高于2000年的同年龄段老年人（51.6%）。这或许可以从独生子女家庭的代际关系更加紧密角度来解释。

从健康状况方面来看，健康状况非常差的老年人与子女同住意愿最强，但与其他老年人并没有非常明显的差别，仍有40.0%的健康状况非常差的老年人不愿意与子女同住或要看情况。

5. 健康状况非常差的老年人认为子女孝顺比例最低

从老年人对子女孝顺的评价来看，不同年龄段的老年人之间没有明显差

别。60～64 岁老年人认为子女孝顺的比例最高，为 83.8%，75～79 岁老年人认为子女孝顺的比例最低，为 78.2%，二者相差 5.6 个百分点。不同健康状况老年人对子女孝顺的评价则表现出明显的差别。健康状况越差的老年人认为子女孝顺的比例越低。健康状况非常好的老年人认为子女孝顺的比例达到 91.3%，而健康状况非常差的老年人认为子女孝顺的比例仅为 73.0%，二者相差 18.3 个百分点。

表 32　不同年龄老年人的居住意愿和孝顺评价

单位：%

主观认识	年龄					
	60～64 岁	65～69 岁	70～74 岁	75～79 岁	80～84 岁	85 岁及以上
与子女居住意愿						
愿意	59.3	53.5	51.2	53.5	59.4	67.4
不愿意	21.8	25.9	29.6	29.5	26.5	21.0
看情况	18.9	20.6	19.2	17.0	14.1	11.5
认为子女孝顺						
孝顺	83.8	80.9	79.8	78.2	80.8	83.0
一般	15.7	18.5	19.2	20.9	18.0	16.1
不孝顺	0.6	0.6	1.0	0.9	1.1	1.0

表 33　不同健康状况老年人的居住意愿和孝顺评价

单位：%

主观认识	健康状况				
	非常好	比较好	一般	比较差	非常差
与子女居住意愿					
愿意	58.6	57.2	54.9	56.3	60
不愿意	25.9	24.9	25.4	26.2	25.1
看情况	15.5	18.0	19.7	17.5	14.9
认为子女孝顺					
孝顺	91.3	88.1	80.0	73.3	73.0
一般	8.3	11.4	19.5	25.2	25.1
不孝顺	0.5	0.5	0.6	1.5	1.9

6. 文化程度高、经济水平高的老年人与子女同住意愿低，认为子女孝顺的比例高

如表 34 所示，首先，受教育程度越高的老年人与子女同住的意愿越低，认为子女孝顺的比例越高。未上过学的老年人愿意与子女同住的比例达到 60.9%，而大学专科及以上老年人愿意与子女同住的比例仅为 42.9%，比未上过学的老年人低了 18.0 个百分点。未上过学的老年人认为子女孝顺的比例为 77.3%，而大学专科及以上老年人认为子女孝顺的比例达到 92.2%，比未上过学的老年人高出 14.9 个百分点。

表 34 不同受教育程度和经济水平老年人的居住意愿和孝顺评价

单位：%

主观认识	受教育水平					经济水平				
	未上过学	小学	初中	高中/中专/职高	大学专科及以上	非常宽裕	比较宽裕	基本够用	比较困难	非常困难
与子女居住意愿										
愿意	60.9	57.7	52.4	47.9	42.9	50.7	57.7	56.0	56.8	57.3
不愿意	24.7	23.8	26.9	29.6	32.8	32.0	26.1	24.9	25.6	26.0
看情况	14.3	18.5	20.7	22.5	24.3	17.4	16.1	19.1	17.6	16.7
认为子女孝顺										
孝顺	77.3	80.1	85.6	88.3	92.2	95.5	91.7	84.0	70.6	62.4
一般	21.4	19.1	14.0	11.6	7.7	3.8	8.0	15.6	27.7	34.4
不孝顺	1.3	0.8	0.4	0.1	0.1	0.7	0.3	0.4	1.7	3.2

其次，经济非常宽裕的老年人与子女同住意愿明显低于其他老年人，但认为子女孝顺比例最高。经济非常宽裕的老年人愿意与子女同住的比例为 50.7%，认为子女孝顺的比例达到 95.5%；而经济非常困难的老年人虽然愿意与子女同住的比例达到 57.3%，但认为子女孝顺的比例只有 62.4%。

四 结论与建议

（一）研究结论

本报告展现了目前中国老年人的基本情况、家庭状况和家庭关系。新时

代老年人的基本情况和家庭关系有一些仍在延续，比如女性、高龄、农村老年人依然是贫困多发群体，比如老年人依然在竭尽所能地为子女付出，等等。但也有一些发生了显著变化，比如低龄老年人的受教育程度提高，比如老年人的家庭规模进一步缩小、子女数量减少、老年人的居住方式更加独立、子女赡养意识和行为不足，等等。可以预见，这些变化在更多"新老年人"进入老年期的老龄社会和高龄社会中将表现得更加明显。总结来看，本文主要可以得到以下几个方面的信息和结论。

1. 老年党员、低龄老年人是亟待重视、挖掘的重要潜在老年人力资源和消费力量，也是积极老龄化社会的带动者、示范者和先锋力量

一方面，我国老年人口中有11.7%的老年党员。2016年中国共产党党内统计公报公布的数据显示，2016年61岁及以上老年党员在全体党员中所占比例达到27.0%。第四次中国城乡老年人生活状况抽样调查数据则显示，受教育水平越高的老年人中，中共党员所占比例越高，在大学专科及以上文化程度的老年人中，中共党员的比例超过了60%。因此，老年党员，尤其是受教育程度高、社会地位高的离退休老干部，既是老年人的重要子群体，也是中共党员的重要组成部分。他们的政治身份决定了其在老龄社会中必须承担示范、带动、释放正能量等光荣使命和党员义务。2016年2月，中共中央办公厅、国务院办公厅印发的《关于进一步加强和改进离退休干部工作的意见》，也明确提出要"牢牢把握为党和人民的事业增添正能量的价值取向，以充分体现离退休干部特点和优势、更好地服务党和国家工作大局为方向，积极稳妥推进离退休干部工作转型发展，激励广大离退休干部为全面建成小康社会，实现'两个一百年'奋斗目标和中华民族伟大复兴的中国梦贡献智慧和力量。"

另一方面，低文盲率、高受教育水平的60～70岁的低龄老年人口数量超过了中高龄老年人口的总和。第四次中国城乡老年人生活状况抽样调查数据显示，我国60～69岁的低龄老年人所占比例超过半数，同时，低龄段老年人的受教育水平高于高龄段老年人。60～70岁老年人的文盲率已经下降到21.0%。约有半数的60～64岁城市老年人接受过初中及以上的文化教育，

43%的65~69岁城市老年人接受过初中及以上的文化教育，农村的这一比例也分别达到23.8%和15.3%。换言之，与以往的老年人群体不同，这批"新老年人"（即将进入老年的准老年人和低龄老年人）在与受教育水平相关的一系列指标上都有了新特点：比如受教育程度更高、经济能力更强、思想更开放、接受新事物的能力更强等。也正因此，政府、社会、家庭相应地要用新眼光去看待这些"新老年人"，创新实践和方法去对待这些"新老年人"。

2. 女性、高龄、农村仍然是弱势群体的主要标签，也是文化程度低、健康状况差、丧偶、独居、经济状况差、代际关系疏离、家庭地位低的易发群体

从受教育水平来看，农村老年人文盲率达到37.6%，只接受过小学及以下教育的比例达到84.3%。同时，农村仅有6.6%的女性老年人接受过初中及以上教育。85岁及以上老年人的文盲率达到60%。从婚姻状况来看，女性老年人丧偶的比例比男性老年人高出了20.8个百分点，农村女性老年人丧偶的比例最高，达到36.0%。未上过学的老年人有配偶的比例仅为55.8%，健康状况非常差的老年人有配偶的比例仅为63.2%，85岁及以上老年人中有配偶的比例仅为26.5%，85岁以上的农村老年人有配偶的比例仅为22.5%。从居住安排来看，农村女性老年人独居的比例最高，达到15.4%，有23.0%的80岁及以上老年人和接近15%的健康状况差的老年人都在独自居住。未上过学的老年人的独居比例达到19.1%。从家庭地位来看，农村女性老年人听从型的比例超过1/4，同时，伴随年龄的增加、健康状况的变差，老年人听从型的比例均明显提高，85岁及以上老年人听从型的比例达到45.2%。

这些因素交织互动，使女性、高龄、农村老年人更容易面临经济贫困、照料贫困、精神贫困、权利贫困等多重贫困，亟待政府、社会和家庭共同给予保障和支持。

3. 高受教育水平、经济状况非常宽裕的老年人（尤其是高学历老年人）的共同特点是：子女数量少、有子女在外省居住和全部子女在外省居住的比例高、亲子关系虽然更为融洽但老年人在居住和生活上的独立性要求更高

从子女数量和子女流动来看，学历越高、经济状况越好的老年人子女数量越少，子女外省居住比例越高。大学专科及以上学历的老年人的子女数量

为2.2个，有子女在外省居住的比例和全部子女在外省居住的比例分别达到23.1%和7.9%。经济非常宽裕的老年人的子女数量为2.9个，在外省居住和全部子女在外省居住的比例达到19.1%和4.4%。从居住安排来看，受教育水平越高和经济状况越好的老年人仅与配偶同住比例越高。大学专科及以上的老年人中有超过半数（53.7%）的老年人仅与配偶同住，经济非常宽裕老年人中仅与配偶同住的比例也达到48.9%。从代际关系来看，受教育程度越高、经济状况越好的老年人为困难子女提供经济支持的比例越高，但是为子女提供生活帮助的比例相对较低。与此同时，受教育水平越高和经济状况越宽裕的老年人的外省子女探望频率越高。从家庭地位来看，伴随受教育水平和经济水平的提高，老年人听从型和权威型比例减少，协商型比例明显增加，受过大学专科及以上教育的老年人协商型的比例达到了60.3%。

在2022年以后的急速人口老龄化阶段，将有更多的高受教育水平、经济非常宽裕的群体进入老年。虽然他们在老年人口中占比相对较低，却是未来高端老龄产业的重点服务群体，需要大力挖掘其潜能，让他们成为新型老龄消费的参与者、引领者、示范者。

4. 老年人的家庭规模缩小，家庭关系趋向代际平等和协商，家庭资源存在向下传导的不平衡

伴随现代化、工业化、城市化以及计划生育政策的影响等，老年人的家庭规模缩小，家庭结构趋于小型化。2015年，我国每位老年人平均有3.0个子女，接近1/6的老年人有子女在外省居住，60~64岁老年人的平均子女数量低至2.5个，有15.8%的老年人有子女在外省居住。有超过半数老年人独居或者仅与配偶同住。伴随这一趋势，老年人的家庭地位也在向协商型转变，听从型所占比例最小。

从代际互动来看，父母与子女同住意愿仍然强烈，并且尽最大可能为子女提供帮助，但与子女分开居住的比例日趋增加，子女赡养意识不足。虽然父母，尤其独生子女家庭的低龄老年人愿意与子女亲近，依然在力所能及地为子女提供帮助，子女对父母的关心和回应却相对较少。超过半数老年人愿意与子女同住，但实际与子女同住的为41.7%。超过1/3的老年人为子女提供经济支持，接近 2/3 的老年人为子女提供生活帮助，即便年龄在 85 岁以上、健康状况非常差的老年人，仍然分别有大约 1/4 和 1/5 的老年人为困难子女提供经济支持，1/3 和 2/5 的老年人为子女提供生活帮助。但仅有 1/10 的外省居住子女每年探望父母 4 次及以上，有接近 1/4 的外省居住子女每年探望父母少于 1 次。

（二）对策建议

基于前述分析，本报告认为目前中国的家庭关系仍然以如图 17 左边的亲子代沙漏型为主，基于爱情语义的婚姻关系逐渐增强，但亲代对子代的付出依然在家庭关系中占据重要位置。这就导致，一方面，亲子代之间角尖对角尖，容易关系紧张，发生冲突。亲子代之间过去一直处于社会资源（包括家庭资源在内）竞争中，双方处于长期均衡的赡养和被赡养的关系中，老年父母退出职场、社会活动减少，将注意力、希望寄托于子代家庭，子女面对亲代、职场、幼代等多重压力，往往会希望"逃离"亲代控制，或与亲代关系紧张，发生冲突。

另一方面，虽然看似角尖对角尖，但实际上老年父母依然像沙漏一样为子女家庭付出到灯枯油尽之时。在退出职场、社会活动减少之后，社会关系回缩到家庭，老年人对子代的爱让他们把余力用在辅助子代成功、减少子代的后顾之忧上。比如为困难子女提供经济支持，为子女提供生活帮助等。而不平衡的是：子女家庭却往往在追求独立自由、个人发展和享受的同时，忽略老年父母。

因此，进入中国特色社会主义新时代，面对新的经济、社会、人口和家庭环境，新型代际关系应从封闭的家庭范围走向开放的社会范围，从尖尖相对的沙漏型（竞争对抗）向面面相接的三角支撑型（协作融合）转变（如图 17 所示）。老年人（亲代）与子女家庭（子代）协作融合，在政府、市场、社会部门的共同支持下，积极幸福体面地生产、生活，实现自我，圆满自己的人生意义，为国家和社会贡献力量。基于此，国家、社会、企业、老年人家庭，都应致力于转变"五大观念"：革新老年生活观，转变养老保障观，建立老龄市场观，重塑家庭治理观，增加互助共享观。

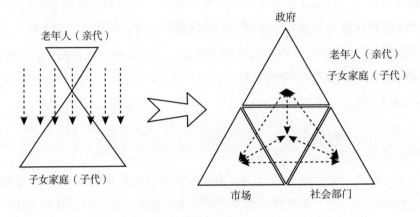

图 17　中国的家庭代际关系转变

观念内涵与行动建议如下。

1. 革新老年生活观：进入老年不是衡量个体脱离工作、社会的意义标尺

革新老年生活观，首先要革新社会对老年人和老年期的认识：进入老年不是衡量个体脱离工作、社会，回归家庭的意义标尺，老年人有一大段老年期应该依然是参与工作、社会的生命活跃期和延续期，老年人在整个老年期内都应该独立、自主、有尊严地生活。

其次，政府、企业、社会和家庭都应在各自领域和职责范围内，为推动形成新的老年生活观做出积极努力。

从政府角度而言，一是通过法制保障和制度保障，让老年人的工作和参与法制化、制度化。包括制定、出台、完善弹性延长退休年龄的方案、老年人劳动保障条例、老年人志愿服务条例等。二是通过政策引导、督促企业和各类社会组织，大胆创新，雇用/发动中低龄、健康老年人参与到工作和社会活动中。尤其基层党组织应该发挥重要组织作用，组织老年党员做好老年人社会参与的先锋模范。三是通过引导理论学术研究，对老年劳动力的经济社会参与、就业/参与环境、人口流动等特点进行全国性、区域性分析，以为国家以及各地区的政策制定提供理论指导、数据支撑和具体建议。四是通过政府主导，发挥舆论影响力，大力宣传新型老年生活观，鼓励老年人在家庭工作之余，丰富精神文化生活，学习、旅游、娱乐等。通过中央、省市一级的主要电视媒体宣传中国老龄社会的快速到来、老年人生产生活的新变化以及国外经验与国内典范，让老年人自立、自尊、自信、自强的理念深入人心。

从相关企业和社会组织角度而言，一是尽快转变观念，看到老年人的工作、参与价值。企业和社会组织应明确自身的老年人力资源的直接管理者、组织者、使用者责任。将中低龄、健康老年人作为重要人力资源，而非养老负担，将合理利用老年人力资源加入相关企业、社会组织的战略规划和人力资源管理中。二是创造老年友好型工作/参与场域。促进产业转型升级，发展大容量就业行业，改善劳动力市场环境，增加老年人就业/活动中介平台，提高老年劳动力的福祉，优化工作/参与环境等，创造适合老年人身心特点的工作/参与场域。三是形成经验，广泛推广。企业/社会组织应大胆创新，通过试验、创新找到适合各类老年人的工作/参与内容、工作/参与方法、工作/参与环境、工作/参与机制，总结经验，与政府及其他联盟型、枢纽型社会组织一起协作推广。

从家庭和老年人个体角度而言，一是子女应该停止对老年父母的经济和劳动剥削，照顾好自己和子女是年轻人的责任，而不是老年父母的义务。在长期互惠不再那么可靠的现代社会，老年父母作为经济个体和劳动力资源，有权利向子女要求给付当期的劳动报酬。二是老年人应树立个体意识、自立意识，一方面，认识到只有保证自养、贡献、活跃，才能维持自立和自尊，才能保持身心健康，才能实现生命价值。不要再完全回归和依附于子女，不能对子女一味付出，要继续享受属于自己的美丽人生。另一方面，认识到新时期自己的经济和社会价值，在退休之后积极在劳动力市场和社会中找寻符合自己意愿、与自己能力相匹配的位置。在参与工作或服务社会的同时，增强疾病预防意识，解放娱乐消费观念，保持健康的体魄和健全的心理，延长健康余寿。

2. 转变养老保障观：保障是动态的、全生命周期的、寓于个体参与之中的个人责任

转变养老保障观，就是要转变养老保障的责任主体是家庭和政府的静态

二维逻辑，建立以个人为责任主体的寓于参与之中的养老保障观，引导人们在整个生命周期都关注自己的晚年保障，并致力于长期准备。新的养老保障观应该是动态、参与、全生命周期的养老保障观。换言之，整个生命周期都要尽可能参与自我保障，并进一步为残障期（依赖期）做准备。

中国是"未富先老"的国家，高福利的社会保障制度不适合中国也不可行。政府只能提供政策支持和兜底的保障，兜底保障针对的是面临经济贫困、服务贫困的农村、高龄、女性、丧偶、失能等弱势群体，尤其是经济、服务双重贫困的老年人。

因此，应该通过政府宣传支持、市场推广运作、个人参与准备，建立完善企业（单位）职业年金计划、补充商业保险计划，建立针对个人积蓄的终身养老理财计划。针对个人年轻时消费理性不足的情况，社会主义国家政府可以强制人们在年轻时进行养老储蓄、理财和投资，鼓励有条件的老年父母拿出一部分积蓄帮助年轻子女进行储蓄投资，探索以此代替老年父母对子女的短期金援的方法。

3. 建立老龄市场观：老龄需求应交给由政府引导下的市场和社会来满足

建立老龄市场观就是建立老龄问题交给由政府引导下的市场和社会来满足的观念。以往人们多认为老年人需要"养"，故衍生而来"养老"以及"老年生活就是养老，养老就是靠家庭或靠政府"的传统观念。然而，在新的历史时期和社会人口条件下，要有将老年期一分为二的认识：老年期一是身体健康时的活跃/连续期，二是身体不健康或者生活不能自理后的依赖期。一方面，根据前文对新的老年生活观的论述，活跃/连续期的老年生活丰富多彩，包括工作、学习、医疗保健、志愿服务、金融保险、休闲娱乐等，这里包含的超过了以往"养老"的经济供养、生活照料和精神慰藉范畴。另一方面，进入身体不健康/生活不能自理的依赖期的老年生活以照料护理为主，这又是以往"养老"范畴的缩小版。据此，再使用"养老"来简单概括老年期的全部活动，已经不够准确。故这里使用了"老龄"这一概念。老龄市场也不再仅是发展养老服务和建设养老机构，而是针对老年群体的全产业的市场和公共领域的服务、产品、平台体系。

这些靠家庭和政府无法满足和保障的多样化活动、需求，就应该主要交由政府引导下的市场和社会来解决。其中，政府的作用是提供司法引领、制度保障、兜底保护和舆论宣传，如制定长期照护保险制度、购买老年活动服务制度、社区养老服务中心/养老机构建设和运营补贴办法等，进而联动财政投入，形成老年市场舆论导向，帮助合格的服务主体进入社区，走到老年人身边，并通过媒体宣传深入影响老年人的消费观念，增强老年人对老年服务产品的信任感。

老龄产业市场则不要盲目投入，而要有准备、有目的地针对某些老年人群体、某些老年人项目进行投入和运营。根据本文对老年人基本情况的分析，老年群体可以大体划分为需要救济的弱势群体、亟待充分挖掘潜力的高端消费群体、值得期待的中低端生产和消费力量，其中占绝大多数的恰是中低端生产和消费力量。如何充分挖掘这部分老年人的生产和消费能力，为其提供相应的服务、支持、产品等，是未来老龄市场的重点和难点。

4. 重塑家庭治理观，建立亲子代平等、融合、协商、合作的新型家庭关系

重塑家庭治理观，就是要在政府保障、市场开放、社会部门调节之下，建立老年人（亲代）与子女家庭（子代）平等、融合、协商、合作，共同建设幸福家庭的新型家庭关系。

从国家角度而言，"孝悌为仁之本"，要治理好国家，必先治理好家庭。现代生活以家庭为核心，家庭是国家社会的细胞，家庭关系影响社会关系，家庭分工影响社会分工，家庭氛围影响社会风气。因此，一方面，政府要从制度上保证新型家庭关系的塑造，包括探索举孝廉选拔人才干部的方式，制定子女探亲休假制度、亲子代同住家庭优待条例、家庭抚养照料积分办法等。另一方面，政府应加大宣传力度，扬正气，树新风，弘扬"父慈子孝"的儒家传统文化，促进子女孝敬父母、父母疼爱子女、共同奉献社会。

从家庭角度而言，亲子代之间应是畅通的互动关系，相互理解、包容和支持。在家庭生活中，对于老年人，既不必妄自菲薄（唯唯诺诺听从），也不要妄自尊大（自认权威）。一是理解包容、不过多干涉子女生活，与子女

感情亲密但生活独立，共同协商解决家庭事务。二是以积极健康的心态面对工作和生活，尽可能独立、有尊严地生活，尽最大努力为家庭和国家贡献力量，为子女树立榜样，为家庭增添正能量。三是仍然健康时应积极参与社会，伸张自己的权益，主张自己的生活，需要照料时应持开放乐观心态，与子女协商应对照料难题。

"树欲静而风不止，子欲养而亲不待"，对于年轻子女，一是子女应该感念父母的养育之恩，多体悟父母的真正需求，做到既"孝"也"顺"，常回家看看，给予父母更多的关心、尊重和爱护。二是在父母身体健康时，不要认为父母的帮助理所应当，对于父母的帮助应该心怀感恩并给予回报，同时多鼓励父母参与社会，与父母一同找寻适合父母的工作和活动。三是在父母需要照料时，不要计较一时的辛苦，应多感念父母的养育之恩，在无暇照顾时开放主动广泛地寻求政府、企业、社会的帮助。

5. 增加互助共享观：老年人从家庭互助走向社会互助，在互助共享中满足需求，实现自我

增加互助共享观，就是要老年人从家庭互助走向社会互助，在互助共享中实现自己的价值，满足自己的老龄服务需求。之所以倡导老年人之间的互助共享，主要有以下三个原因。

一是从老年人角度而言，老年人的家庭规模缩小，与子女相互独立、分开居住的比例日趋增加，子女赡养意识不足。老年人需要以社会场域、社会关系和社会活动，替代或补充老年人缩小的家庭场域、缺失的家庭慰藉、失衡的代际互动。

二是从市场角度而言，"共享"理念是中国共产党第十八届五中全会提出的五大发展理念之一，这一新理念也越来越多地影响着人们的生活。从宠物寄养共享、车位共享到专家共享、社区服务共享及导游共享，甚至移动互联强需求的 Wi-Fi 共享，越来越多的优秀的共享经济公司不断涌现，共享经济已经在社会服务行业占据重要位置。

三是从顶层设计角度而言，我国属于"未富先老"，制度安排、人力、财力都限制了老龄服务的发展，大多数老年人也没有足够的经济能力购买专业化的老龄服务。这种充分利用老年人力资源、成本节约、以互助共享为核心理念的互助型老龄服务将是中国社会养老服务发展的现实选择和主要形式，极有可能成为社会养老的中国模式。

据此，要增加互助共享观，推动互助型老龄服务的发展，在政府层面，一是应将互助型老龄服务上升到国家战略高度，出台相关制度文件，并由地方政府分区域制定可操作、规范化的实施细则、扶持政策，鼓励市场、社区/村庄和其他社会组织等服务组织/供给方创新实践，总结经验并进行推广。充分发挥舆论影响力，扩大互助共享价值理念的影响力和凝聚力，发动城乡老年人走出家庭，参与社会，自力养老。

在服务组织/供给方层面，一是主动地多方筹集和争取资金，组织开展互助型老龄服务。例如，争取政府购买社会养老服务项目，争取捐款、低息信贷、众筹项目等。二是将各方资金盘活并真正运用到服务补贴上，激活城乡居民和老人自助互助的动力和热情，建立富有奉献精神、年富力强的服务人员队伍。三是可以在互助服务中融入"互联网＋"的形式，开展多种类型的互助型老龄服务，包括老龄共享旅游、老龄共享社区/房屋、时间银行、辅具共享服务、互助照护服务等。

在家庭层面，推动老年人之间的互助共享，并不是政府或社会完全将家庭赡养责任承担过来，而是通过互助共享的形式，让老龄服务从家庭成员的单一行动转向整个社会的集体行动。在鼓励老年人走出家庭的同时，老年人的家庭成员也应该通过多种形式，积极参与和支持互助型老龄服务，以让互助共享的理念在全社会、全代际蔚然成风。

参考文献

Zimmer，J.，Kwong，J.（2003）. Family Size and Support of Older Adults in Urban and Rural China：Current Effects and Future Implications. *Demography*，40（1），23－44.

Kivett，V. R.（1985）. Aging in Rural Society：Non-kin Community Relations and Participation. Elderly in Rural Society：Every Fourth Elder.

Spitze, & Logan.（1992）. Helping as a Component of Parent-adult Child Relations. *Research on Aging*, 14（3）, 291 –312.

李建新：《老年人口生活质量与社会支持的关系研究》,《人口研究》2007 年第3 期。

姚远：《中国家庭养老研究》, 中国人口出版社, 2001。

鄢盛明、陈皆明、杨善华：《居住安排对子女赡养行为的影响》,《中国社会科学》2001 年第1 期。

B.3
中国城乡老年人健康及医疗
卫生状况分析

胡宏伟　袁水苹　郑翩翩*

摘　要： 目前我国老年人口寿命质量并不乐观。约三成老年人健康状况较好，其中，城市、男性、低龄、文化程度较高、有配偶、非独居的老年人健康状况相对更好。但老年人慢性病患病比例较高，近七成、约一半、约六成的老年人听力状况和牙齿状况不好、疼痛感较为严重。超过半数的老年人参加了体检且从不吸烟、喝酒和服用保健品，但是也有约半数的老年人从不锻炼、睡眠质量不高。老年人基本全部享受社会医疗保险，但购买商业健康保险的比例比较低。老年人更倾向于去基层医疗机构就医，但面临收费高、排队久等问题。基于以上分析，为提升老年人生命质量、促进健康、公平、可及，本报告提出应从促进个人健康管理、加强医疗合作治理和实现社会健康公平三个维度来构建促进健康公平的综合治理体系。

关键词： 健康状况　患病状况　健康管理　医疗合作治理　社会健康公平

中国人口老龄化呈现老年人口基数大、发展迅速、高龄化、失能化、未

---

* 胡宏伟，博士，中国人民大学公共管理学院，副教授，主要研究方向为健康保障、老年问题；袁水苹，西北大学公共管理学院，研究生；郑翩翩，北京大学人口所，研究生。

富先老、地区差异明显等特征，老龄化问题不容乐观。为应对白色浪潮带来的冲击，解决老年人口的健康与医疗卫生问题具有强烈的现实意义。首先，从老年群体角度来看，经济、社会的发展以及医疗水平的提高使得中国老年人口寿命长度得到延长，然而，现阶段老年人口中患有慢性病、失能的数量不在少数，中国老年人口的寿命质量并不乐观。对老年人口的健康与医疗卫生问题还需要进一步关注。其次，在法律层面，生命健康权是每位公民享有的根本的人身权利，老年人也享有"可获得范围内最高标准的健康"这一基本人权。因此，为保障老年人的健康权利，国家有责任也有义务采取措施并投入一定的公共资源来满足老年人群的健康与医疗卫生需求。此外，最重要的是，老年人口的健康状况对于我国经济社会的可持续发展具有多方面的影响。一方面，低健康水平和高疾病风险会对老年人的养老生活产生影响，可能给家庭和整个社会带来巨大的照料负担和医疗费用支出；但另一方面，若是老年人身体机能良好，则可继续成为正式或非正式的劳动资源，为家庭和社会发展做出贡献。

在此背景下，全面深入地了解中国城乡老年人当前的健康及医疗卫生状况具有重要意义。本报告将利用第四次中国城乡老年人生活状况抽样调查数据，介绍中国城乡老年人口健康与医疗卫生状况，主要包括中国城乡老年人的健康状况及变化、医疗保障状况和医疗保健行为。同时，在此基础上，本报告进一步按照性别、年龄段、文化程度、婚姻状态、健康状况、居住方式和地区对老年群体进行划分，比较分析不同老年群体的健康与医疗卫生情况，从而为政府部门制定相关政策，出台相应举措提供更准确、真实的依据和支撑。

一 中国城乡老年人的健康与就医行为状况

健康是人类永恒的追求，随着经济发展水平的提高，我国人均预期寿命不断延长。然而，与此同时，我国疾病谱也在发生改变，疾病负担逐渐由传染性疾病向慢性非传染性疾病转变。据统计，2013年，中国2.02亿老年人口中有超过100万人至少患有一种慢性非传染性疾病。很多人同时患有多种慢性病。随着人口老龄化程度的加深，与年龄密切相关的疾病，诸如缺血性心脏病、癌症、脑卒中、关节炎和老年痴呆症等慢性（非传染性）疾病所累及人口的绝对数量更是持续增加。除此之外，我国老年人的精神卫生问题、城乡老年人之间的健康水平差距显著等问题也日益突出。在此背景下，了解当前中国城乡老年人的健康状况迫在眉睫。

（一）城乡老年人就医行为状况

据世界卫生组织估计，中国近80%的老年人的死亡归因于饮食风险（营养过剩或营养不良）、高血压、吸烟、空腹血糖升高、空气污染（室内及室外）和缺乏锻炼。中国60岁以上老年人的死亡中，超过50%的可归因于饮食风险和高血压。而这些不良行为或环境都是引发慢性病等非传染性疾病的危险因素。为了提升老年人生命质量、实现健康老龄化，了解中国城乡老年人的医疗保健行为现状至关重要。

1.超过一半的老年人主要去基层医疗机构就医

老有所医是应对老龄化、保证老年人生命质量的一个关键部分。调查数据显示，老年人就医选择卫生室/站所占比例最高，达到27.47%，老年人选择在乡镇/街道卫生院或社区卫生服务中心就医的比例也较高，两者加起来超过了25.00%。此外，选择在县/市/区医院和地市级及以上医院就医的老年人也占据一定比例，分别为17.66%和10.61%。可见，老年人更加倾向于到基层医疗机构就医。老年人选择基层医疗机构就医的原因一方面可能是缺乏家人的陪伴，在附近的基层医疗机构就诊更为方便；另一方面可能是大型医院通常需要更多的等候时间，就医流程也较为复杂。

2.过去一年，老人医疗自费比例占总医疗费用的一半

医疗保健支出是老年人支出的重要组成部分，然而，由于老年人经济能力的限制及传统孝文化的影响，我国老年人的医疗花费相当一部分是由子女负担。调查数据显示，从全国来看，在调查时点上一年度，74.28%的老年人曾经住院，老年人看病/住院总共花费近4000元，其中，约二分之一是自

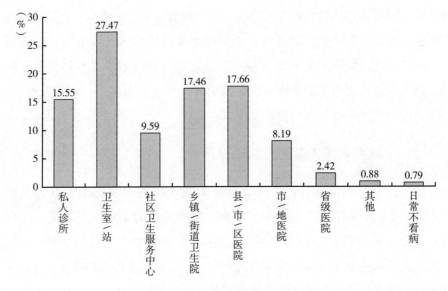

图1 主要就医医院情况

费（不能报销），孩子或他人替其支付超过一半。同时，老年人在药店自费购买药物也花费超过1000元。

进一步对比城乡老年人的就医花费情况，可以发现，城乡老年人在就医花费方面存在一定差异。具体而言，在调查时点上一年度，城市老年人看病/住院总花费比农村老年人高出约2000元，但自费比例和孩子或他人支付比例均低于农村老年人。产生此现象的原因可能一方面是城市医疗花费要高于农村，另一方面是城市老年人更注重医疗保健，经济状况要好于农村老年人，更有能力自己负担医疗花费。

表1 就医花费情况

单位：元

范围	2014年,您看病/住院总共花费了多少钱	其中,自费(不能报销)花了多少钱	自费的部分里,您的孩子或他人替您支付了多少钱	2014年,您在药店自费购买药物花了多少钱
全国	3986.88	1970.84	1153.34	1055.59
城市	4820.39	2157.89	1050.36	1223.40
农村	3073.46	1765.90	1266.47	872.61

3. 收费高、排队久和手续烦琐是城乡老年人在就医时最常遇到的问题

从全国来看，老年人在就医时遇到诸多困难，其中，收费太高（44.69%）、排队时间太长（32.48%）和手续烦琐（25.62%）是最常遇到的问题。分城乡来看，城乡老年人在就医问题方面存在一定差异。与农村老年人相比，城市老年人更易遇到排队时间长（38.18%）、手续烦琐（26.15%）和服务态度不好（7.04）等问题；而与城市老年人相比，农村老年人更易遇到无障碍设施不健全（13.68%）、不能及时住院（5.25%）和收费太高（44.74%）等问题。

表2　老年人就医遇到的问题

单位：%

遇到的问题	全国	城市	农村
排队时间太长	32.48	38.18	26.17
手续烦琐	25.62	26.15	25.04
无障碍设施不健全	10.34	7.33	13.68
不能及时住院	5.05	4.87	5.25
服务态度不好	6.87	7.04	6.69
收费太高	44.69	44.64	44.74
其他	2.17	2.35	1.98

（二）城乡老年人自评健康状况

1. 三成老年人健康状况较好，城市老年人健康状况好于农村老年人

表3显示，32.97%的老年人认为自身健康状况比较好或非常好，仅24.76%的老年人认为自身健康状况比较差或非常差。总体而言，老年人的自评健康状况较好。从城乡差别来看，城乡老年人在自评健康方面存在显著差异，城市老年人自评健康状况好于农村老年人。城市老年人认为自身健康非常好或比较好的占37.80%，比农村老年人高出10.12个百分点。

表3　老年人自评健康状况

单位：%

您觉得自己的健康状况如何	全国	城市	农村
非常好	6.58	8.00	5.00
比较好	26.39	29.80	22.68
一　般	42.27	42.62	41.88
比较差	19.79	15.93	23.98
非常差	4.97	3.76	6.29
$\chi^2 = 4200.000$　　P = 0.000			

2. 男性老年人自评健康状况好于女性老年人

从全国来看，男性和女性老年人在自评健康方面存在显著差异，男性自评健康状况显著好于女性自评健康状况。认为自身健康非常好和比较好的男性老年人占比为37.74%，比女性老年人高出9.12个百分点；认为自身健康非常差和比较差的男性老年人占比为21.11%，比女性老年人低6.98个百分点。

进一步分别对比城市内部和农村内部不同性别老年人的自评健康状况，可以发现，不同性别的城市老年人或农村老年人在自评健康方面均存在显著差异，无论是城市老年人还是农村老年人，男性老年人自评健康状况均好于女性老年人。具体而言，在城市内部，男性老年人认为自身健康非常好和比较好的占43.02%，比女性老年人高出10.04个百分点；在农村内部，男性老年人认为自身健康非常好和比较好的占32.88%，高于农村女性老年人9.26个百分点。

3. 年龄越小的老年人自评健康状况越好

年龄越小的老年人自评健康状况越好。约四成的60～64岁的老年人认为自身健康状况非常好或比较好，而85岁及以上老年人的这一比例仅为20.79%。认为自身健康状况非常差或比较差的85岁及以上老年人比例为38.71%，比其他年龄段老年人高出约4～20个百分点。

表4　城乡分性别老年人自评健康状况

单位：%

范围	性别	非常好	比较好	一般	比较差	非常差
全国	女	5.09	23.53	43.29	22.55	5.54
	男	8.22	29.52	41.15	16.76	4.35
	$\chi^2 = 2700.000$　　P = 0.000					
城市	女	6	26.98	44.32	18.33	4.13
	男	10	33.02	40.69	13.19	3.33
	$\chi^2 = 1400.000$　　P = 0.000					
农村	女	4	19.62	42.13	27.35	7.13
	男	7	25.88	41.62	20.47	5.42
	$\chi^2 = 1500.000$　　P = 0.000					

　　进一步对比城市内部和农村内部不同年龄段老年人的自评健康状况。比较结果显示，不同年龄段的城市老年人和农村老年人在自评健康方面存在显著差异。对于城市而言，老年人总体自评健康水平随年龄递增而递减，45.94%的60~64岁老年人认为自身健康非常好或比较好，高于85岁及以上老年人21.56个百分点；对于农村而言，35.46%的60~64岁老年人认为自身健康非常好或比较好，高于85岁及以上老年人19.04个百分点。

　　4. 文化程度较高的老年人自评健康更好

　　从全国来看，不同文化程度老年人在自评健康状况上存在显著差异。总体来说，随着文化程度的提高，老年人自评健康状况更好，其中，大学专科的老年人自评健康状况最为乐观。具体而言，对于认为自身健康状况比较差或非常差，未上过学老年人中的比例为34.25%，小学学历的老年人中为24.62%，初中或高中/中专/职高学历的老年人中比例不足20%，大学专科或本科及以上的老年人中比例不足10%。

　　进一步对比城市内部和农村内部不同文化程度老年人的自评健康状况。不同文化程度的城市老年人和农村老年人在自评健康方面存在显著差异，同

表5　城乡分年龄段老年人自评健康状况

单位：%

范围	年龄	非常好	比较好	一般	比较差	非常差
全国	60～64岁	9.71	31.10	40.96	15.00	3.22
	65～69岁	6.74	27.68	43.33	18.24	4.00
	70～74岁	5.23	24.42	43.65	21.40	5.31
	75～79岁	3.93	22.03	42.71	24.78	6.55
	80～84岁	3.24	20.13	42.02	26.52	8.08
	85岁及以上	2.56	18.23	40.50	28.40	10.31
	$\chi^2 = 7600.000$　　P=0.000					
城市	60～64岁	11.50	34.44	40.12	11.54	2.41
	65～69岁	8.21	31.07	43.31	14.55	2.86
	70～74岁	6.56	28.39	44.08	17.04	3.93
	75～79岁	4.81	25.98	44.23	19.93	5.05
	80～84岁	4.26	23.36	44.31	21.97	6.10
	85岁及以上	2.88	21.50	43.27	24.40	7.96
	$\chi^2 = 3900.00$　　P=0.000					
农村	60～64岁	7.84	27.62	41.85	18.61	4.08
	65～69岁	5.22	24.14	43.36	22.09	5.19
	70～74岁	3.80	20.16	43.19	26.06	6.79
	75～79岁	2.93	17.55	40.99	30.27	8.26
	80～84岁	1.93	15.96	39.05	32.41	10.65
	85岁及以上	2.16	14.26	37.13	33.27	13.17
	$\chi^2 = 4200.00$　　P=0.000					

样，文化程度越高的老年人自评健康状况越好。在城市内部，49.20%的大学专科老年人认为自身健康比较好，高于未上过学老年人20.97个百分点；在农村内部，62.50%的本科及以上老年人认为自身健康比较好，高于未上过学老年人43.80个百分点。

5. 有配偶、离婚的老年人自评健康更好

不同婚姻状况的老年人在自评健康状况上存在显著差异，有配偶、离婚

表6　城乡不同文化程度老年人的自评健康状况

单位：%

范围		非常好	比较好	一般	比较差	非常差
全国	未上过学	4.10	20.16	41.50	26.94	7.31
	小学	6.22	26.28	42.88	19.85	4.77
	初中	9.43	31.63	42.03	13.69	3.22
	高中/中专/职高	10.06	33.61	42.61	11.24	2.48
	大学专科	10.63	38.44	41.05	7.98	1.89
	本科及以上	8.83	39.05	42.16	8.25	1.70
	$\chi^2 = 8500.00$　　P = 0.000					
城市	未上过学	4.97	23.26	42.48	23.25	6.04
	小学	7.24	28.67	42.97	17.26	3.86
	初中	10.00	33.18	42.31	11.79	2.72
	高中/中专/职高	10.09	34.35	42.91	10.43	2.22
	大学专科	10.65	38.55	41.05	7.86	1.89
	本科及以上	8.86	38.98	42.18	8.28	1.71
	$\chi^2 = 3600.00$　　P = 0.000					
农村	未上过学	0.53	18.17	40.87	29.30	8.12
	小学	5.34	24.25	42.80	22.06	5.55
	初中	8.32	28.59	41.49	17.42	4.19
	高中/中专/职高	9.91	29.65	41.02	15.60	3.82
	大学专科	9.41	32.94	41.18	14.12	2.35
	本科及以上	0.00	62.50	37.50	0.00	0.00
	$\chi^2 = 2600.00$　　P = 0.000					

的老年人自评健康状况好于丧偶、从未结婚的老年人。有配偶、离婚的老年人自评健康状况为非常好或比较好的比例分别是35.83%、37.24%，而丧偶、从未结婚的老年人这一情况的比例为25.41%、26.16%，相差约10个百分点。

分城乡来看，不同婚姻状态的城市老年人和农村老年人在自评健康方面存在显著差异。在城市内部，对于有配偶、离婚的老年人而言，认

为自身健康非常好或比较好的比例分别为 40.53% 和 40.08%，高于丧偶、从未结婚的老年人约 10 个百分点；在农村内部，亦是如此，但占比间的差距有所减小。

表 7　城乡不同婚姻状态老年人的自评健康状况

单位：%

范围	婚姻状况	非常好	比较好	一般	比较差	非常差
全国	有　配　偶	7.57	28.26	41.87	17.94	4.35
	丧　　偶	4	21.41	43.05	24.94	6.6
	离　　婚	7.9	29.34	41.26	16.68	4.82
	从未结婚	4.18	21.98	44.77	22.72	6.35
	$\chi^2 = 3100.00$　　　　P = 0.000					
城市	有　配　偶	8.95	31.58	42.06	14.22	3.20
	丧　　偶	4.91	24.67	44.26	20.91	5.25
	离　　婚	8.96	31.12	40.97	14.40	4.55
	从未结婚	3.59	24.08	44.36	22.13	5.84
	$\chi^2 = 1700.00$　　　　P = 0.000					
农村	有　配　偶	6.01	24.50	41.66	22.18	5.65
	丧　　偶	3.07	18.12	41.83	29.01	7.97
	离　　婚	5.13	24.65	42.01	22.68	5.52
	从未结婚	4.44	21.07	44.94	22.98	6.57
	$\chi^2 = 1300.00$　　　　P = 0.000					

6. 单独居住的老年人自评健康较差

总的来说，不同居住方式的老年人在自评健康状况上存在显著差异，单独居住的老年人自评健康状况较差。单独居住的老年人自评健康状况为比较差的比例是 23.59%，而仅与配偶同住、与子女同住和其他居住方式的老年人在这一情况上的比例不足 20%。

进一步对比城市内部和农村内部不同居住方式老年人的自评健康状况。比较结果显示，不同居住方式的城市老年人和农村老年人在自评健康方面同样存在显著差异。在城市内部，仅与配偶同住的老年人认为自身健康非常好或比较好的比例最高，为 40.05%，高于单独居住老年人 8.20 个百分点；

在农村内部，仅与配偶同住的老年人认为自身健康非常好或比较好的比例较高，为30.39%，高于单独居住老年人6.90个百分点。

表8　城乡不同居住方式老年人的自评健康状况

单位：%

范围	居住方式	非常好	比较好	一般	比较差	非常差
全国	单独居住	4.62	22.86	43.87	23.59	5.06
	仅与配偶同住	7.39	28.12	41.8	18.2	4.49
	与子女同住	6.49	25.99	42.36	19.95	5.21
	其他	7.70	26.97	40.64	18.20	6.49
	$\chi^2 = 936.6210$　　　　$P = 0.000$					
城市	单独居住	5.69	26.16	44.44	19.66	4.05
	仅与配偶同住	8.68	31.37	42.33	14.36	3.26
	与子女同住	7.87	29.55	42.49	16.14	3.96
	其他	8.15	28.51	41.12	16.16	6.06
	$\chi^2 = 513.4713$　　　　$P = 0.000$					
农村	单独居住	3.64	19.85	43.36	27.18	5.97
	仅与配偶同住	5.93	24.46	41.20	22.53	5.88
	与子女同住	4.98	22.09	42.21	24.13	6.59
	其他	7.07	24.98	39.98	20.99	7.07
	$\chi^2 = 400.4985$　　　　$P = 0.000$					

7. 天津市、浙江省、北京市的老年人自评健康状况相对较好

不同地区的老年人自评健康状况存在显著差异。天津市老年人自评健康为非常好的比例最高，为14.88%，海南省最低，相差12.16个百分点；浙江省老年人自评健康为比较好的比例最高，为36.98%，海南省最低，相差28.40个百分点；海南省老年人自评健康为一般的比例最高，为48.88%，甘肃省最低，相差20.62个百分点；海南省老年人自评健康为比较差的比例最高，为30.82个百分点，北京市最低，相差19.90个百分点；甘肃省老年人自评健康为非常差的比例最高，为10.36个百分点，上海市和天津市最低，相差8.24个百分点。

表9　不同地区老年人的自评健康状况

单位：%

自评	安徽省	北京市	福建省	甘肃省	广东省	广西壮族自治区	贵州省	海南省
非常好	5.09	7.02	6.92	5.98	5.58	4.80	4.40	2.72
比较好	25.50	32.89	27.9	24.82	26.63	20.63	20.59	8.58
一　般	42.51	46.76	48.56	28.26	43.92	47.91	47.59	48.88
比较差	21.69	10.92	14.2	30.59	19.52	22.56	22.19	30.82
非常差	5.21	2.41	2.41	10.36	4.35	4.10	5.23	9.00
	河北省	河南省	黑龙江省	湖北省	湖南省	吉林省	江苏省	江西省
非常好	5.31	4.67	6.01	4.76	4.89	6.66	10.17	5.37
比较好	23.28	20.22	25.41	26.05	24.79	21.29	35.56	27.8
一　般	43.44	45.85	44.54	41.59	41.35	41.84	38.75	40.62
比较差	21.39	22.89	18.55	21.78	23.44	21.6	12.99	20.81
非常差	6.58	6.37	5.49	5.83	5.53	8.61	2.54	5.40
	辽宁省	内蒙古自治区	宁夏回族自治区	青海省	山东省	山西省	陕西省	上海市
非常好	7.38	5.86	5.64	5.14	10.64	5.89	4.97	7.22
比较好	28.01	22.12	25.57	30.61	30.37	29.53	28.27	31.16
一　般	42.49	39.82	42.69	44.65	39.79	37.76	42.85	48.00
比较差	17.04	23.59	20.35	16.56	15.03	20.66	18.82	11.50
非常差	5.09	8.61	5.74	3.04	4.17	6.16	5.09	2.12
	四川省	天津市	西藏自治区	新疆维吾尔自治区	云南省	浙江省	重庆市	
非常好	5.37	14.88	3.35	8.69	3.90	11.26	7.65	
比较好	22.82	35.65	30.16	27.50	16.28	36.98	24.53	
一　般	43.49	35.54	43.68	38.87	47.80	33.41	39.79	
比较差	22.71	11.81	19.03	21.24	26.60	16.11	22.42	
非常差	5.60	2.12	3.78	3.69	5.41	2.24	5.60	

$\chi^2 = 8100.000$　　　$Pr = 0.000$

（三）城乡老年人日常保健情况

1. 老年人的吸烟率较低，约占两成

从全国来看，近八成的老年人现已不吸烟，约两成老年人仍有吸烟习惯。分城乡来看，城乡老年人在吸烟方面存在显著差异。城市老年人从来不

吸烟的比例为 78.91% （从不吸烟的 68.44%，现已戒烟的 10.47%），高于农村 5.04 个百分点；城市老年人经常吸烟的比例为 16.11%，低于农村 5.05 个百分点。

表 10　老年人吸烟情况

单位：%

您吸烟吗	从来不吸烟	曾经吸烟,现在已经戒烟	经常吸烟	偶尔吸烟
全　国	66.09	10.41	18.53	4.97
城　市	68.44	10.47	16.11	4.98
农　村	63.53	10.34	21.16	4.97
$\chi^2 = 95.787$　　　　P = 0.000				

2. 超过八成的老年人没有喝酒习惯

总体而言，85.8% 的老年人不喝酒或偶尔喝，仅有约 1.0% 的老年人有经常醉酒的习惯。分城乡来看，城乡老年人在喝酒方面存在一定差异。城市老年人不喝酒或偶尔喝的比例为 87.3%，高于农村 3.1 个百分点。

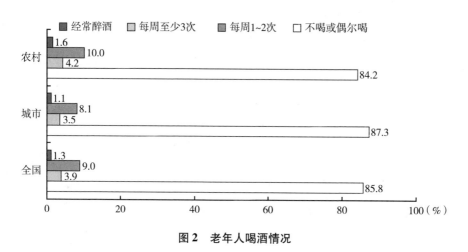

图 2　老年人喝酒情况

3. 超过四成的老年人有较高的睡眠质量

从全国来看，21.6% 的老年人睡眠质量不佳（18.1% 的老年人睡眠比较差，3.5% 的老年人睡眠非常差），34.4% 的老年人睡眠质量一般，44% 的老

年人睡眠质量较高（14.3%的老年人睡眠非常好，29.7%的老年人睡眠比较好）。

分城乡来看，相较于农村老年人，城市老年人睡眠质量更高。城市老年人睡眠质量非常好和比较好的比例为47.2%，高于农村6.8个百分点。

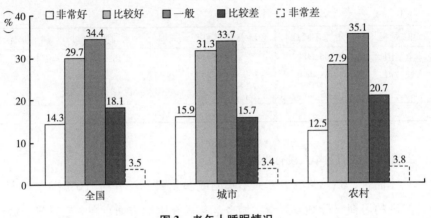

图3　老年人睡眠情况

4. 约一半的老年人从不锻炼

从全国来看，约一半的老年人从不锻炼，仅有21.7%的老年人保持每周六次及以上的锻炼频率。与农村老年人相比，城市老年人锻炼频率更高。具体来说，城市老年人从不锻炼的比例仅为35.3%，低于农村29.6个百分点。

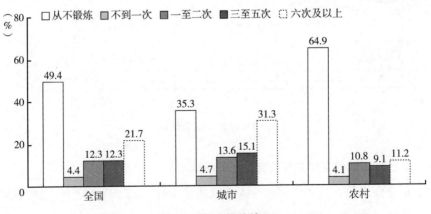

图4　老年人锻炼情况

5. 近八成的老年人从不吃保健品

在我国，有78.1%的老年人从来不吃保健品，仅有5.6%的老年人会吃保健品。分城乡来看，亦是如此。但是，城市老年人中吃保健品的比例要略高于农村老年人。

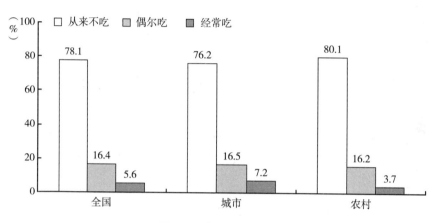

图5 老年保健品情况

6. 2014年，超过半数老年人参加了体检

2014年，我国有超过一半的老年人参加了体检。其中，城市老年人参加体检的比例要略高于农村老年人。城市老年人中参加体检的比例为56.6%，高于农村老年人2.7个百分点。

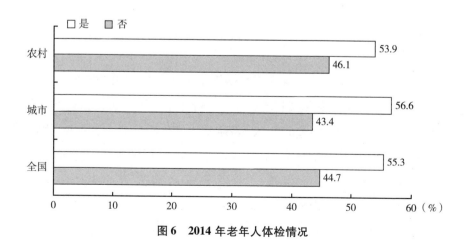

图6 2014年老年人体检情况

（四）城乡老年人患病状况

1. 近八成的老年人患有慢性病；随着年龄的增长，这一比例也在随之增加

随着身体机能的退化，老年人成为慢性病患病的重点人群。由图7可知，约占八成的60岁及以上老年人患有慢性病。其中，患有一种、三种、五种及以上慢性病的60岁以上老年人分别占31.16%、13.63%和3.58%。

80岁及以上老年人慢性病患病比例相对而言较高，其比例为85.28%。其中，患有一种、三种、五种及以上慢性病的80岁及以上老年人分别占29.64%、15.73%和4.91%。

可见，随着年龄的增长，老年人慢性病患病种类也在随之增加。

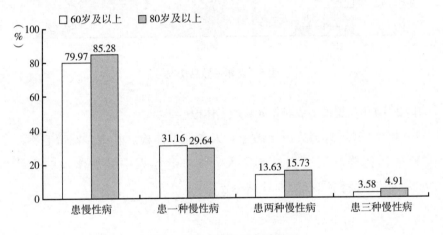

图7　老年人慢性病患病比例

2. 骨关节病、高血压、心脑血管疾病等慢性病在老年人中发生率较高

图8显示，在60岁及以上老年人这一群体中，慢性病患病率排名前五名的为：骨关节病（43.67%）、高血压（36.87%）、心脑血管疾病（26.00%）、胃病（17.84%）和白内障/青光眼（16.00%）。图9显示，对于80岁及以上老年人，慢性病发生率排名前五名的为：骨关节病（45.06%）、高血压（40.88%）、心脑血管疾病（30.67%）、白内障/青光眼（26.93%）和胃病（14.46%）。

可见，在老年群体中，骨关节病、高血压、心脑血管疾病等慢性病发生率较高，排名前三。随着年龄的增长，老年人患有以上几种慢性病的比例也在随之增加。政府及相关医疗机构应及时做好预防及应对工作，促进老年人的健康。

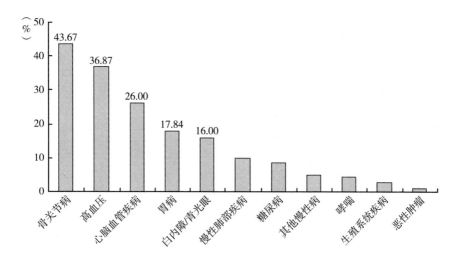

图8 60岁及以上老年人慢性病患病情况

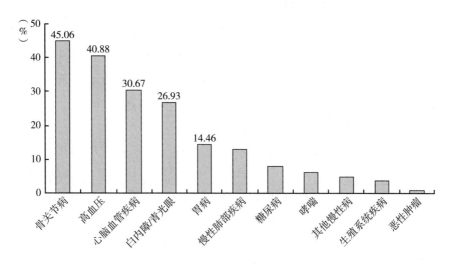

图9 80岁及以上老年人慢性病患病情况

3. 近四成老年人视力状况较好，城市老年人视力情况好于农村老年人

总体而言，2015 年，39.43% 的老年人看得非常清楚（8.78%）或比较清楚（30.65%），25.68% 的老年人视力状况一般，34.89% 的老年人视力状况较差（看得不太清楚 32.42%，几乎完全看不清 2.47%）。从城乡差别来看，城乡老年人在视力方面存在显著差异。城市老年人看得非常清楚和比较清楚的比例为 45.19%，高于农村老年人 12.01 个百分点。这说明我国城乡老年人的视力状况均不容乐观。

表 11　老年人视力情况

单位：%

您看得清楚吗	非常清楚	比较清楚	一般	不太清楚	几乎/完全看不清
全　国	8.78	30.65	25.68	32.42	2.47
城　市	10.81	34.38	25.36	27.51	1.94
农　村	6.58	26.60	26.03	37.75	3.04
$\chi^2 = 4300.000$　　P = 0.000					

4. 大部分老年人听力状况较好，城市老年人尤其如此

总的来说，67.85% 的老年人能够听清楚（包括戴助听器），23.76% 的老年人需要别人提高声音才能听清楚，仅有 8.39% 的老年人很难听清楚。分城乡来看，城市老年人听力状况好于农村老年人。其中，城市老年人能听清楚的比例为 72.12%，高于农村老年人 8.91 个百分点。

表 12　老年人听力情况

单位：%

您听得清楚吗	很难听清楚	需要别人提高声音	能听清楚
全　国	8.39	23.76	67.85
城　市	6.87	21.01	72.12
农　村	10.04	26.74	63.21
$\chi^2 = 2100.000$　　P = 0.000			

5. 近一半的老年人牙齿对吃饭有影响

脱落牙齿、牙疼等现象在老年人群当中相对较为常见。从全国来看，49.15%的老年人目前的牙齿状况对吃饭造成影响。与城市老年人相比，农村老年人牙齿状况较差。54.47%的农村老年人的牙齿会影响其吃饭，高于城市老年人10.20个百分点。产生此现象的主要原因可能是相较于农村老年人而言，城市老年人掌握更多爱护牙齿的知识，并且更有能力去诊治牙齿。

表 13　老年人牙齿状况

单位：%

您目前的牙齿状况对您吃饭有没有影响	没影响	有影响
总　体	50.85	49.15
城　市	55.73	44.27
农　村	45.53	54.47
$\chi^2 = 228.883$　　　P = 0.000		

6. 近六成老年人常有疼痛感，约三成较为严重；农村老年人体现得尤为突出

如表14和表15所示，总体而言，56.53%的老年人经常有疼痛感，其中，疼痛程度严重的占28.62%。分城乡来看，城乡老年人在疼痛感方面存在显著差异。61.27%的农村老年人经常有疼痛感，高于城市老年人9.08个百分点。而农村老年人中疼痛感严重的占31.61%，高于城市老年人6.20个百分点。

表 14　经常有疼痛感的人数分布状况

单位：%

您是否经常有疼痛感	没有	有
全　国	43.47	56.53
城　市	47.81	52.19
农　村	38.73	61.27
$\chi^2 = 178.571$　　　P = 0.000		

表 15　疼痛程度分布状况

单位：%

疼痛程度	不严重	一般	严重
全　国	21.91	49.47	28.62
城　市	22.95	51.63	25.41
农　村	20.94	47.45	31.61
$\chi^2 = 59.333$		P = 0.000	

7. 调查前两周，老年人中患病率为17.53%，就诊率为78.81%

由图10可知，在调查前两周，大约18%的老年人生过病，其中，接近八成的老年人去医疗机构接受了诊疗。相比于城市老年人，农村老年人在调查前两周内患病比例更高，其中选择去医疗机构就诊的比例也较城市老年人更高。这可能是因为城市老年人掌握的医疗保健知识相对较多，因此，其选择自我诊疗的比例相对而言更高。

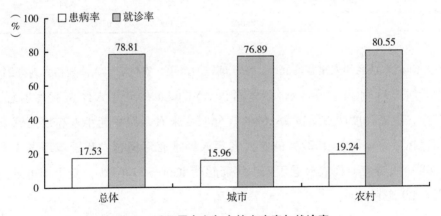

图10　近两周内老年人的患病率与就诊率

二　中国城乡老年人的医疗保障状况

（一）城乡老年人医疗保障政策梳理

我国医疗保障制度建立于20世纪50年代，经过几十年的发展，目前已经形成独具特色的以基本医疗保险（城市职工基本医疗保险、城乡居民基本医疗保险）、补充医疗保险和医疗救助为主的医疗保障制度体系。而值得注意的是，医疗保障制度的每一次改革与完善，都与政府制定的科学合理的政策息息相关。

1998 年，国务院发布了《关于建立城市职工基本医疗保险制度的规定》，自此我国城市职工基本医疗保障制度开始建立，随后不断进行完善。当前，对于退休老年人而言，如果退休前参加了城市职工基本医疗保险，只要其达到法定退休年龄时累计缴费年限达到国家规定的，退休后不再缴纳基本医疗保险费，按照国家规定享受基本医疗保险待遇；未达到国家规定年限的，可以缴费至国家规定年限。

2002 年，《中共中央、国务院关于进一步加强农村卫生工作的决定》明确指出，要"逐步建立以大病统筹为主的新型农村合作医疗制度"，随后我国新型农村合作医疗试点开始展开。2007 年，在《国务院关于开展城市居民基本医疗保险试点的指导意见》的指导下，城市居民基本医疗保险制度开始在城市试点，随后试点范围扩大，2010 年开始在全国范围内展开。2016 年 1 月 12 日，我国印发了《国务院关于整合城乡居民基本医疗保险制度的意见》，推进城市居民医保和新农合制度整合，逐步在全国范围内建立起统一的城乡居民医保制度。当前，对于未参加城市职工基本医疗保险的城乡老年人居民而言，需参加城乡居民基本医疗保险，按照国家规定每年缴纳一定比例的医疗保险费，享受相关医疗保险待遇。但是对于低收入家庭六十周岁以上的老年人而言，其所需缴纳的个人部分，由政府给予补贴。

2003 年，民政部、卫生部、财政部联合下发《关于实施农村医疗救助的意见》，揭开了医疗救助制度建设的序幕。2005 年 3 月，《关于建立城市医疗救助制度试点工作的意见》发布，计划用 2 点时间开展试点，随后建立起规范化的城市医疗救助制度。2015 年 4 月 30 日，《国务院办公厅转发民政部等部门关于进一步完善医疗救助制度全面开展重特大疾病医疗救助工作的意见》进一步指出，将城市医疗救助制度和农村医疗救助制度整合为城乡医疗救助制度，扩大政策覆盖地区，全面开展重特大疾病医疗救助工

作。享受低保和特困供养的老年人是我国医疗救助的重点对象。对重点救助对象参加城市居民基本医疗保险或新型农村合作医疗的个人缴费部分进行补贴，对特困供养人员给予全额资助，对最低生活保障家庭成员给予定额资助，保障其获得基本医疗保险服务。具体资助办法由县级以上地方人民政府根据本地经济社会发展水平和医疗救助资金筹集情况等因素研究制定。

除此之外，我国城乡老年人也可参加补充医疗保险，包括企业补充医疗保险和商业健康保险等。但是，大体而言，符合补充医疗保险参保条件的较少。对于参加了补充医疗保险的老年人而言，只要其满足事先约定的相关条件，即可享受相应的医疗保险待遇。

（二）城乡老年人医疗保障状况

1. 社会医疗保险几乎覆盖到所有老年人

总体而言，大部分老年人享受了社会医疗保险，比例高达99%。其中，享受新型农村合作医疗的老年人占比最高，为54.45%，其次为城镇职工基本医疗保险，比例为20.55%。

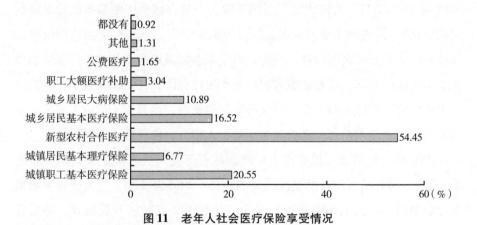

图11　老年人社会医疗保险享受情况

2. 老年人商业健康保险购买率较低，不足4%

商业健康保险作为一种补充医疗保险，是我国多层次医疗保障体系中的一个重要组成部分，然而，由于其相对高昂的保费和风险选择等现象的存在，老年人购买商业健康保险的比例较低。调查数据显示，从全国来看，我国老年人购买商业健康保险的比例仅为3.8%。分城乡来看，城市老年人购买商业保险的比例略微高于农村老年人。

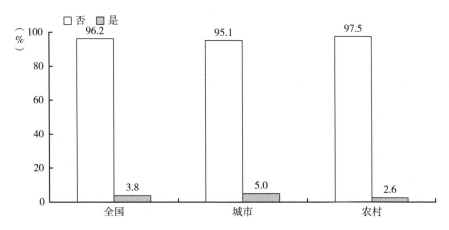

图12 老年人商业健康保险购买情况

三 研究结论与对策建议

（一）结论

中国城乡老年人健康与医疗卫生状况具体包括老年人健康与就医行为状况和医疗保障状况两个部分。

1. 中国城乡老年人健康与就医行为状况

中国城乡老年人健康与就医行为状况主要通过就医行为状况、自评健康状况、日常保健状况及患病情况四个维度呈现。

在就医行为方面：第一，老年人更加倾向于去基层医疗机构就医；第二，在调查时点上一年度，74.28%的老年人曾经住院，其中，老年人看病/住院花费约4000元，自费比例约占二分之一，子女或他人支付约占自费部分的二分之一，自费买药支出约是看病/住院花费的四分之一；第三，老年人在就医时遇到的问题较多，收费高、排队久、手续烦琐最为常见；第四，

与城市老年人相比，农村老年人更加倾向于去卫生室/站等基层医疗机构就医，就医时更常遇到无障碍设施不健全这一问题，看病/住院总花费和自费购买药物花费更低，但自费比例和孩子或他人支付比例更高。

在自评健康方面：第一，约三成的老年人自评健康状况较好；第二，无论分男女、年龄、文化程度、婚姻状况还是居住方式，城市老年人的自评健康状况都普遍好于农村老年人；第三，无论城乡，男性、低龄、文化程度较高、有配偶或离婚、非独居的老年人自评健康状况相对更好。

在日常保健方面：第一，仅两成左右的老年人吸烟、喝酒，农村老年人抽烟、喝酒的比例略高于城市老年人；第二，超过四成的老年人睡眠质量较高，仅两成的老年人服用保健品，约一半的老年人从不锻炼；第三，2014年，超过一半的老年人参加了体检；第四，在睡眠质量、锻炼频率、保健品牌服用比例和参加体检比例方面，城市老年人均高于农村老年人。

在患病情况方面：第一，老年人患慢性病比例较高，且患病比例随年龄增加而升高，高龄老年人患慢性病比例近九成，骨关节病、高血压和心脑血管疾病是慢性病中最为常见的病种；第二，近四成老年人视力状况较好；第三，近七成老年人听力状况较好；第四，约一半老年人牙齿状况较好；第五，近六成老年人常有疼痛感，其中，约三成较为严重；第六，在视力、听力、牙齿、疼痛感四个维度上，城市老年人的健康状况均好于农村老年人。

2.中国城乡老年人医疗保障状况

中国城乡老年人的医疗保障状况主要通过社会医疗保险的享受率和商业健康保险的购买率两个方面体现。根据调查结果，大部分的老年人都享受社会医疗保险，但老年人购买商业健康保险的比例较低，不到4%。

（二）建议

人类发展的终极目标是追寻幸福，而健康又是人类幸福生活乃至生命安全的重要前提，因此，如何促进健康一直是全球热议的话题。随着经济的发展，各个国家陆续进入人口老龄化社会，且老龄化进程发展迅速。而由于身体机能等方面的下降，老年群体的健康状况堪忧。因此，保障老年人的健康、提升晚年生活质量、使其获得幸福感成为题中应有之义。在此背景下，世界卫生组织于1990年提出了"健康老龄化"的概念。健康老龄化包含两个要义：（1）老年人群的健康长寿，即这一群体处于生理、心理和社会功能的健康状态；（2）社会经济发展不受过度人口老龄化的影响。

基于健康老龄化，重新审视老年人的健康与医疗问题，应将其置于健康权利与公平的理念架构中进行分析。健康是一种状态，一种结果。同时，健康也是开展一切经济活动的基础。早在1961年，舒尔茨就在《论人力资本投资》中阐述了人力资本的概念，其中第一个就是健康设施与服务。可见，健康是一项人力资本，它对于社会进步、经济发展至关重要。但是，本质而言，健康更是一项权利。我国法律就明确规定，健康权是公民所享有的一项基本人权，政府必须创造条件使人人能够尽可能健康。可见，在维护公民基本人权的同时，整个社会还应将健康公平作为矢志不渝追寻的目标。基于健康权利与公平的理念架构，需要从微观、中观、宏观三个维度来构建健康公平促进的综合治理体系。

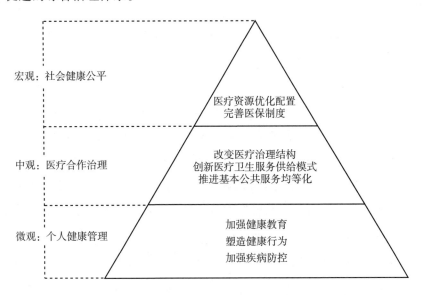

图13　健康权利与公平综合治理体系

1. 微观：个人健康管理

"健康管理"是20世纪50年代末最先在美国被提出的概念（Managed Care），它指的是一种对个人或人群的健康危险因素进行全面管理的过程。在健康管理的过程中，最为基本性的环节便是健康预防，这更多需要的是个人的自我健康管理。我国"十三五"规划就提出群众健康应从医疗转向预防为主，不断强化民众的自我健康管理意识。

健康预防是指通过健康教育和健康管理提升老年人对日常健康行为的重视，通过调理保健、疾病预防甚至是早期诊断和治疗，来提高生命质量、压缩疾病周期，从根源上控制健康问题。然而，部分老年人存在"讳疾忌医"等不正确的健康理念，国家公共卫生体制也仍处于重医疗、轻预防的局面，使得老年人健康预防事业并未得到明显发展，这对老年人健康水平的整体提高是不利的。要实现老年人的健康观念从疾病治疗到健康预防的转变，除了基本的宣传教育之外，更需要国家公共卫生政策的引导。

第一，加强健康教育，提高健康素养。通过媒体加强健康教育与宣传，发展健康文化，帮助老年人及其家庭了解健康知识、端正健康态度；推进老年人健康生活专项行动，强化对老年人及其家庭健康的指导与干预，例如健康口腔、健康睡眠行动等；宣传推广提升生活健康品质的产品，满足老年人健康保健的消费需求。

第二，塑造健康行为，增强身体素质。在饮食方面，要通过普及膳食营养知识、建设健康饮食文化来引导老年人养成健康饮食习惯，同时对低保、失能、"三无"老人等更为弱势的老年群体和经济落后地区的老年群体加强营养监测，及时进行营养干预。在烟酒方面，要通过教育、税收、法律等手段加大控制力度，降低老年人抽烟酗酒的比例。同时，通过开放活动场地、建设健身公共设施、开展各式各样健身活动等完善老年健身公共服务体系，引导老年人加强日常锻炼、提升身体素质。

第三，加强疾病防控，资源投入转向。在具体的疾病防控方面，需要国家公共卫生政策的干预与引导。一方面，基层卫生部门需进一步加强对慢性疾病、常见疾病的防控，建立健全疾病预防体系，加快健康管理与疾病防控的规范化与专业化建设。在这一过程中，省市大型医院也要参与到对下级医院的培训中，帮助提升基层卫生人员的素质与工作能力。另一方面，要通过资源的前置来引导行为的前置，即要将更多的医疗卫生资源投入公共卫生服务中，以基层预防为公共卫生行动的主方针，开展多项基本公共卫生服务项目，如科普巡讲、健康体检、健康档案等。

2. 中观：医疗合作治理

现代公共管理理论认为，任何单一治理机制都不可能包揽全部公共事务，也无法有效应对各种可能风险，构建多主体、多向度的合作互动关系是现代社会治理的必然要求。就医疗治理而言，更是如此。医疗合作治理不仅需要个人和医疗机构之间的相互配合，也需要各层级医疗机构之间的相互支撑，同时，更需要社会各部门和医疗机构之间的相互合作。

老年人是患病的高发人群，解决好老年人的就医问题，使其老有所医至关重要。然而，目前中国老年人普遍存在就医难、看病贵等问题，且城乡医疗卫生机构资源分布不均问题也较为突出。这需要政府部门在医疗诊治环节给予引导与支持，形成医疗合作治理格局。

首先，最关键的是改变医疗治理结构。全面建立成熟完善的分级诊疗制度，形成"基层首诊、双向转诊、上下联动、急慢分治"的合理就医秩序，最终形成"小病在基层、大病进医院、康复回基层"的就医格局。为此，应该主要做好以下两方面的工作：第一，加强基层医疗卫生机构建设。通过提高基层医疗卫生机构的服务质量与水平，引导优质医疗资源下沉到基层来促进老年人的大部分慢性病和常见病能得到有效诊治。与此同时，应加大基层医疗机构药品补贴力度，使得老年人能够有效、及时就诊。另外，还可以完善家庭医生签约制度，使得老年人能够方便、有效地在家里接受诊治。第二，各层级医疗机构应制定和公示本院疾病诊疗目录，建立双向转诊信息平台，预留一定比例的医疗资源供转诊病人使用，使得老年急病患者能够及时、有效向上转诊；病情稳定的慢性病患者、康复患者等及时向下转诊，从而确保病人得到恰当的治疗，能够更加合理地使用医疗资源。

其次，创新医疗卫生服务供给模式。各级医疗卫生机构应明确各自的目

标与定位，在一定区域范围内组建医疗联合体，形成"资源共享、优势互补、互惠共赢、联动发展"的合作机制。进一步解决老年人就医难、看病贵等问题，提升老年人对就医质量的满意度，促进社会稳定与国家发展。除此之外，各级医疗卫生服务提供机构需贯彻以维护患者大健康为中心的理念，避免过度医疗等情况的发生，实施精细管理，建立现代医院管理制度，更好地为老年患者提供优质服务，使其有获得感。

最后，推进医疗基本公共服务均等化，政策适度向基层医疗机构，尤其是向农村基层医疗机构倾斜。具体而言，主要体现为对基层医疗机构人、财、物三方面的支持。对于人才支持，可通过培训、招聘和招聘退休人员来实现；对于资金支持，可通过报销比例向基层医疗机构倾斜来实现；对于资源支持，可引导优质资源向下流动来实现。

3. 宏观：社会健康公平

公平是人类自古以来所追求的目标，中国古代就有"不患寡，而患不均"的文化。人类对公平的追求体现在各个方面，其中，健康公平也是其中之一。

所谓健康公平，就是要削减社会经济因素对健康的不合理影响。具体而言，它包括医疗筹资公平、医疗服务利用公平和健康结果公平三方面。目前，中国经济正在高速发展，医疗卫生事业也取得了较大的成就，但是，健康公平问题仍然较为突出。不同地区、城乡的人群之间在医疗资源的可及性、费用负担、健康水平方面存在一定的差距。而促进健康公平对于加快建设健康中国至关重要，为了促进健康公平，应该做好以下两方面的工作。

第一，促进医疗资源优化配置，着力强基层、补短板，促进健康公平可及。中国卫生与健康事业的最大短板，主要是在基层特别是农村和贫困地区，为此，需加大对基层卫生与健康事业的投入，推动重心下沉。通过培养全科医生、实施远程医疗、加强对口支援等提升基层防病治病能力。另外，可通过实施健康扶贫工程，将资源、技术和人才更多引向农村和贫困地区，加大支持力度。

第二，完善医疗保障制度。首先，应该完善全民医保制度，实现医保省级统筹，改革医保支付方式，解决大处方、乱开药等问题。其次，应该建立大病医疗救助制度。重点解决贫困地区和弱势人群的就医问题，使得这一人群能够接受相应的医疗诊治，切实解决因病致贫返贫的问题，逐步缩小城乡、地区和人群基本卫生健康服务差距，从而促进健康公平。

参考文献

世界卫生组织：《关于老龄化与健康的全球报告》，http：//apps. who. int/iris/bitstream/10665/186463/9/9789245565048_ chi. pdf？ ua = 1。

世界卫生组织：《中国老龄化与健康国家评估报告》，http：//apps. who. int/iris/bitstream/10665/194271/5/9789245509318 – chi. pdf？ ua = 1。

吴玉韶：《中国老龄事业发展报告（2013）》，社会科学文献出版社，2013。

邬沧萍、姜向群：《"健康老龄化"战略刍议》，《中国社会科学》1996 年第 5 期。

〔美〕西奥多·奥多舒尔茨：《论人力资本投资》，北京经济学院出版社，1990。

陈君石、黄建始：《健康管理师》，中国协和医科大学出版社，2007。

高玉贵：《经济新常态下推进社会治理精细化的动因与路径》，《商业经济研究》2016 年第 17 期。

B.4
中国城乡老年人失能状况
与照护需求分析

陈泰昌*

摘　要：　在少子化、家庭规模小型化背景下，失能老年人家庭亟待
社会提供有效的照护服务资源支持，否则，失能老年人的
照护问题将演变成为严峻的社会问题。第四次中国城乡老
年人生活状况抽样调查数据显示，虽然我国老年人的失能
率随时间推移呈下降趋势，2015年仍有4.2%的老年人生
活不能自理。同时，年龄、性别、婚姻状况、教育、生活
环境等因素共同影响老年人失能风险。失能老年人的照护
需求突出，但其经济状况较差。当前大部分的失能老年人
入住养老机构的意愿不强，其照护服务主要由家庭提供，
迫切需要社会照护服务资源的介入。对此，要科学分配卫
生资源，统筹布局照护服务；完善失能老年人的宜居环境
建设；构建养老、孝老、敬老政策体系和社会环境；建立
真正的"以居家为基础，社区为依托，机构为支撑"的失
能老年人长期照护体系；以及谨慎建立长期照护保险制度，
逐步分散老年人失能风险。

关键词：　老年人　失能　长期照护

---

* 陈泰昌，牛津大学社会学博士，中国老龄科学研究中心助理研究员，主要研究领域为老龄社
会学、社会保障和定量研究方法。

21 世纪以来，我国人口老龄化进程不断加快，随着高龄化趋势加强，失能老年人人口规模迅速增长。《中国老龄事业发展报告 2013》数据显示：2012 年，我国有 3600 万失能老年人；2013 年，失能老年人规模增加到 3750 万；预计到 2050 年，我国将有 1 亿的失能老年人。失能老年人特别是完全失能老年人，由于缺乏独立的日常生活自理能力，需要借助外部的照料护理服务来弥补自身失去的生理机能，这就意味大量的照料护理服务需求。然而，一方面，随着我国工业化、城市化的发展，人口结构老龄化以及家庭规模小型化趋势的确立，建立在多子女条件上的传统家庭养老模式难以为继。另一方面，我国养老产业发展相对滞后，失能老年人照料护理成本居高不下，造成失能老年人照护需求与社会照护服务资源供给不匹配的局面。不断增大的失能老年人规模和多元化照护需求，不但为家庭成员带来沉重负担，而且成为人口老龄化亟待解决的社会问题之一。

在此背景下，全面深入地了解中国城乡失能老年人的状况特别是照护需求具有重要意义。本报告将介绍中国城乡失能老年人的状况，主要包括中国失能老年人的城乡、区域、性别分布，以及其婚姻状况、居住方式、经济状况、身体健康和精神健康状况。同时，本报告使用"第四次中国城乡老年人生活状况抽样调查"数据，进一步分析上述个体变量和环境变量对老年人日常生活自理能力的影响以及分析失能老年人的照护现状。值得注意的是，本报告将重点分析完全失能老年人的情况，这将有别于以往针对半失能和完全失能老年人的研究。因此，除特别指出外，本报告中的失能老年人特指完全失能老年人。在此基础上，根据我国基本国情和传统文化价值观，因地制宜，提出科学合理的政策建议，为政府部门制定相关政策，出台相应举措提供更准确、真实的依据和支撑，帮助老年人更好地融入社会，过上更有尊严的老年生活，这也是构建"不分年龄、人人共享"社会的内在要求。

一　相关概念界定

（一）失能

民政部 2001 年《老年人社会福利机构基本规范》按照生活自理能力程度将老年人划分为自理老人、介助老人和介护老人。其中，自理老人为日常生活行为完全自理、不依赖他人护理的老年人；介助老人为日常生活能自理，但需要依赖拐杖、扶手、轮椅和升降等设施帮助的老年人；介护老人为日常生活行为需要依赖他人护理帮忙的老年人，从功能上看也就是失去了生活自理能力的失能老年人。

国际上通常把失能老人定义为因年迈虚弱、残疾、生病、智障等而需要外部的帮助才能完成如吃饭、穿衣、洗澡、上厕所、购物等日常活动的老年人，即失去独立日常生活自理能力而需要他人帮助的老人。学术界通常用日常生活活动能力（Activities of Daily Living，ADLs）或工具性日常生活活动能力（Instrumental Activities of Daily Living，IADLs）来测定老年人的独立生活自理能力。如果一个老年人没有能力执行其中一项 ADLs 或 IADLs，则其存在一项功能障碍（functional limitation）。如世界卫生组织的报告（Heikkiene 2003）里将失能老年人定义为：完成一项或几项 ADLs 时存在障碍，或者是完成一项或几项 IADLs 时存在障碍的老年人。如果一个老年人在完成一项或多项日常生活活动上存在障碍，则意味着对外部照料护理的依赖性比较大，需要密集的长期的日常生活照护。

本报告沿用中国老龄科学研究中心课题组（2011）"关于失能老人的判定标准"：选取吃饭、穿衣、上厕所、上下床、在室内走动和洗澡 6 项 ADLs 指标，每项以"做不了"、"有些困难"和"不费力"三个等级进行测评。只要有一项 ADL"做不了"即为完全失能老年人；没有任何一项 ADL"做不了"，有至少一项 ADL"有些困难"即为半失能老年人；没有任何一项 ADL"做不了"或"有些困难"即为完全自理老年人。本报告把半失能老年人和完全自理老年人统称为生活自理老年人，失能老年人特指完全失能老年人。对于失能老年人，有 1~2 项 ADLs "做不了" 为轻度失能；3~4 项 ADLs "做不了" 为中度失能；5 项及以上 ADLs "做不了" 为重度失能。值得注意的是，在第四次中国城乡老年人生活状况抽样调查的老年人样本中，有 6602 人所有 6 项 ADLs 皆为缺失值。本报告研究中删除 6 项 ADLs 皆为缺失值的 6602 个样本，剩下有效样本 215577 个。

（二）照护

本研究报告中的照护来源于 "长期照护" 这一词。长期照护（Long-Term Care）也常被译为长期照料、长期照顾、长期护理等，目前在国内学术界还没有统一的概念界定。国外学者对长期照护的界定重点放在照护服务对象和内容上，如美国国家卫生统计中心（NCHS）在其 2016 年的长期照护服务调查报告（Long-Term Care Providers and Services Users in the United States: Data from the National Study of Long-Term Care Providers, 2013–2014）中对长期照护进行了概括：为因慢性疾病、伤病、身体残疾、认知或精神残疾，或其他身体条件而导致自我照顾能力有限的老年人和其他成年人提供的包括健康管理、个人护理和支持服务在内的一系列服务；长期照护可以在家、社区进行，也可以在养老机构提供。虽然国内学术界对长期照护的界定因研究视角的不同有所差异，但普遍认为长期照护是为生活不能自理的老年人在一段较长的时间内持续提供的日常生活照料和专业医疗护理服务（如邬沧萍，2001）。本研究报告中的照护是指为生活不能自理的老年人提供的一系列长期性的服务，既包括专业护理，也包括由家庭、社区和机构提供的非专业性照料及服务，与我们以往所说的家庭照料有着本质的区别。

二 中国城乡失能老年人的总体状况

（一）失能老年人的基本情况

以往的研究由于采用不同的统计口径和概念界定，对中国老年人失能率

（失能老年人占总体老年人的比例）的测算结果不尽相同，但无不认为失能
老年人口规模庞大，政府和社会要充分重视并积极应对失能老年人的照护问
题。王德文（2004）的研究结果显示，1998 年我国只有 34.4% 的老年人可
以独立完成包括吃饭、穿衣、洗澡、上厕所、室内活动和控制大小便的 6 项
ADLs，即生活完全自理；到 2004 年，研究（杜鹏、武超 2006）发现我国
生活不能自理的老年人比例达到 8.9%；潘金洪等（2012）利用 2010 年第
六次全国人口普查数据，测算出我国老年人口的总失能率为 2.95%。

1. 总体情况

调查数据显示，2015 年我国城乡在家居住的老年人中有 4.2% 为失能
老年人，其中有 1.3% 为重度失能老年人，0.5% 为中度失能老人，2.3%
的为轻度失能老人（见图 1）。进一步分析我国失能老人的失能程度可以发
现：中度失能老人在失能老人中的占比最小，占 12.8%；其次是重度失能
老人，占 31%；轻度失能老年人在失能老人中的比例最高，占 56.2%
（见图 2）。

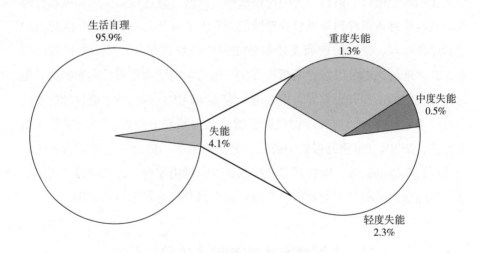

图 1　城乡老年人构成

2. 农村老年人失能率高于城市，农村女性老年人自理能力最弱

我国老年人的失能率在城乡之间有明显差别（见表 1），城市 4% 的老

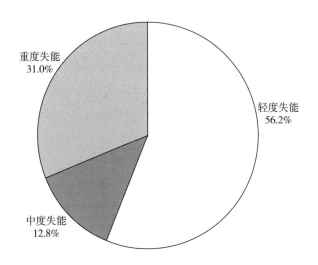

图2　城乡失能老年人构成

年人失能，能自理占96%；而农村失能老年人占4.3%。农村男性和女性老年人失能的比例都比城市高。可见，城市老年人口失能率比全国平均水平低。这与城市老年人拥有较好的医疗卫生保障、享有较高的物质生活条件以及较强的健身养生意识有关。

不管是在城市还是农村，男性老年人失能的比例都低于女性老年人。在全体老年人中，城市男性老年人是生活自理能力最强的群体，城市男性老年人生活能够自理的比例高达96.6%，这一群体中只有3.4%完全不能自理，对外部照护服务的依赖最少；而农村女性老年人则走向另一个极端，失能而需要其他人的照料帮助的比例达到5.1%。

表1　分城乡、性别老年人失能情况

单位：%

性别	城市	农村	全体
男	3.4	3.5	3.5
女	4.4	5.1	4.8
全体	4.0	4.3	

3.失能老年人中,不能洗澡、上厕所的老年人所占比例最高

结果显示,老年人各项日常生活活动失能率由高到低的排序是:洗澡、上厕所、室内走动、上下床、穿衣、吃饭(见表2)。能不费力自己洗澡的老年人比例最低,为90.3%。相对其他日常生活活动来说,洗澡对居家环境的要求比较高,如果能对居家环境做针对性的改进,就可以减少老年人洗澡方面的障碍。

表2 老年人各项 ADL 自理程度

单位:%

自理程度	吃饭	穿衣	上厕所	上下床	室内走动	洗澡
不费力	96.8	96	94.2	94.7	94.6	90.3
有些困难	2	2.5	3.9	3.6	3.6	5.9
做不了	1.2	1.6	1.9	1.7	1.8	3.9

4.老年人的失能率随时间推移呈下降趋势

通过分析中国老龄科学研究中心历年调查数据可以发现,失能老年人占老年人口的比重从2000年的6.7%下降到2006年的6.4%,2010年下降到6.3%,2015年大幅下降到4.2%(见表3)。其中,轻度失能老年人占总体老年人口的比重呈下降趋势,从2000年的5.8%下降到2015年的2.3%;相反,重度失能老年人占总体老年人口的比重呈上升趋势,从2000年的0.5%上升到2015年的1.3%。

表3 我国老年人口失能率变化趋势

单位:%

年份	2000	2006	2010	2015
合计	6.7	6.4	6.3	4.2
重度失能	0.5	0.7	0.8	1.3
中度失能	0.3	0.3	0.3	0.5
轻度失能	5.8	5.4	5.2	2.3

（二）失能老年人的特征分析

1. 失能老年人的婚姻状况以有配偶为主，丧偶其次

2015年调查显示，失能老年人的婚姻状况以有配偶为主（51.7%），丧偶其次（46.6%），其他婚姻状况如离婚以及从未结婚在失能老年人中所占的比例很低，这与我国老年人的整体婚姻状况分布相似。我国失能老年人与生活自理的老年人，他们之间的婚姻状况差别十分明显，突出表现在失能老年人丧偶的比例比生活自理的老年人的这一比例高21.9个百分点，同时有配偶的比例则比生活自理的老年人的这一比例低21.2个百分点。对老年人来说，配偶不仅是精神上的陪伴者，更是重要的生活照料提供者。虽然生活自理能力有缺损的老年人，特别是失能老年人，他们在生活照料方面的需求最为强烈，但是他们没有配偶照料的情形却比生活能自理的老人更为严重。

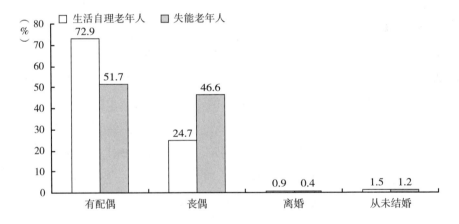

图3 不同生活自理能力老年人的婚姻状况

分城乡和失能程度来看（见表4），在农村失能老年人中，轻度失能老年人丧偶的比例最高，近一半（48.9%）的农村轻度失能老年人没有老伴，这样一来，照料老人的重担几乎全压在了子女以及其他家人的肩上。由于农村老年人养老保障水平较低，加上农村地区市场化服务资源欠缺，一旦子女

无法照料,农村失能老人的基本生活将陷入困境。在城市失能老年人中,同样是轻度失能老年人丧偶的比例最高。

表4 分城乡不同失能程度老年人的婚姻状况

单位:%

婚姻状况	城市失能老年人				农村失能老年人			
	合计	轻度失能	中度失能	重度失能	合计	轻度失能	中度失能	重度失能
有 配 偶	52.2	49.7	55.2	55.0	51.2	49.0	55.5	54.0
丧 偶	46.5	49.0	43.4	43.8	46.7	48.9	42.4	44.2
离 婚	0.6	0.6	0.4	0.6	0.3	0.3	0.2	0.3
从未结婚	0.7	0.6	1.1	0.6	1.8	1.8	2	1.5

2. 失能老年人与子女同住的情况较为普遍

2015年数据表明,与生活自理的老年人相比,失能老年人与子女一起居住的情况更为普遍。从图4可以看出,有55.2%的失能老年人与子女一起居住,而这一比例在生活自理的老年人中只占41.5%。失能老年人中独居(10.8%)或仅与配偶居住(28.2%)的情况则明显低于生活自理的老年人(分别占13.2%和38.2%)。这表明,失能老年人的生活照料要求高,因此在居住方式上更多地选择和子女同住,其次是和配偶住。子女和配偶是失能老年人最主要的照料提供者,而失能老年人的照料无疑是长期而繁重的,因此针对失能老年人的不同家庭情况,给予短期或长期的社会照料支援服务,对于积极维系家庭照料的作用、提高失能老年人的生活质量是很重要的。对那些处于独居状况的老年人来说,更是需要社会给予全方位的关注。

无论城乡,不同失能程度老年人的居住方式都以与子女同住为主,其次是与配偶居住(见表5)。在城市失能老年人中,与子女同住的比例最高的是中度失能老年人,其次是重度失能老年人;在农村失能老年人中,与子女同住比例最多的则是重度失能老年人。农村失能老年人独居的情况明显多于城市。这表明,由于大量农村青壮年外出打工,农村老年人一旦丧偶,其陷入无人照料境地的风险急剧增加,农村丧偶失能老年人的照护问题更加突出。

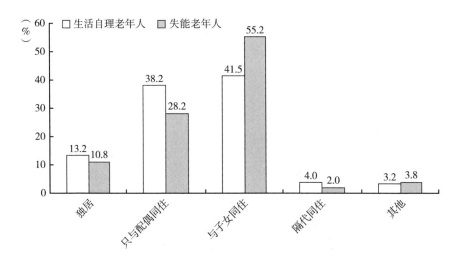

图4 不同生活自理能力老年人的居住方式

表5 分城乡不同失能程度老年人的居住方式

单位：%

居住方式	城市失能老年人				农村失能老年人			
	合计	轻度失能	中度失能	重度失能	合计	轻度失能	中度失能	重度失能
独居	9.9	12.2	6.5	7.4	11.7	14.0	7.2	9.0
只与配偶同住	27.4	27.7	29.4	26.3	28.9	27.6	32.3	30.2
与子女同住	55.6	54.6	57.5	56.4	54.8	53.8	55.3	56.4
隔代同住	1.8	1.9	1.6	1.8	2.2	2.3	1.9	2.1
其他	5.3	3.7	5.1	8.1	2.4	2.2	3.3	2.3

3. 失能老年人特别是农村重度失能老年人是老年人群体中经济状况最差的一个群体

图5显示，失能老年人自评经济困难（包括比较困难和非常困难）的比例合计达到50.6%，分别比生活自理的老年人中的这一比例高出13.5个百分点和12.8个百分点。相反，失能老年人自评经济宽裕（包括比较宽裕和非常宽裕）的比例合计只有7.2%，分别比生活自理的老年人中的这一比例低8.6个百分点和0.7个百分点。这提示我们，一方面要加强预防和康复

工作，尽量避免老年人生活自理能力的恶化，另一方面也应向失能老年人提供必要的现金和服务支持。

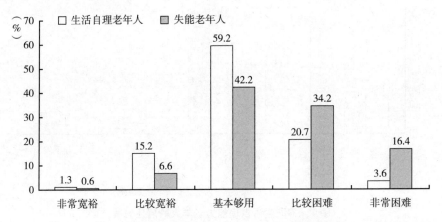

图5　不同生活自理能力老年人的自评经济状况

比较城乡不同失能程度的老年人的情况，可以发现农村失能老年人的自评经济状况比城市失能老年人的差：农村失能老年人自评经济困难（包括比较困难和非常困难）的比例合计达到58.5%，分别比城市失能老年人中的这一比例高出7.9个百分点和8个百分点（见表6）。不管是城市还是农村失能老年人，随着失能程度的加重，自评经济非常困难的比例加大，农村重度失能老年人中有超过1/4（27.3%）的人认为其经济状况非常困难，比其他失能老年人群体的这一比例都要高。因此，改善重度失能老年人，特别是农村重度失能老年人的经济状况，是一个很迫切的任务，尤其是要制定专项政策，帮助失能老年人及其家庭摆脱贫困。

4. 不论城乡，超过3/4的失能老人自我健康评价"差"

图6显示，失能老年人中，自我评价健康状况"比较差"和"非常差"的比例达到38.1%和42.6%，要比生活自理老年人的这一比例高19个和39.3个百分点；而自我评价健康状况"比较好"和"非常好"的比例只有3.6%和0.3%，要比生活自理老年人的这一比例分别低23.8个和6.5个百分点。同时，数据表明，我国城市失能老年人与农村失能老年人的自我评价健

表6 分城乡不同失能程度老年人的自评经济状况

单位：%

经济状况	城市失能老年人				农村失能老年人			
	合计	轻度失能	中度失能	重度失能	合计	轻度失能	中度失能	重度失能
非常宽裕	0.8	1.1	1.1	0.3	0.4	0.5	0.0	0.2
比较宽裕	7.7	9.0	7.4	5.6	5.5	6.1	5.1	4.5
基本够用	49.0	52.2	43.1	46.0	35.7	38.5	32.5	31.4
比较困难	30.2	28.0	35.5	31.7	38.1	37.8	42.7	36.6
非常困难	12.4	9.7	12.9	16.5	20.4	17.2	19.8	27.3

康状况差异不大：城市失能老年人认为自己健康状况差（包括非常差和比较差）的比例合计达到77.8%，仅比农村失能老年人中的这一比例低5.8个百分点（见图7）。自我评价健康状况这一主观指标反映了我国超过四分之三的失能老人健康状况不容乐观，也提醒政府和社会，要加强社会化的老年照料、老年看护与医疗服务的建设以满足失能老人的生活需求。

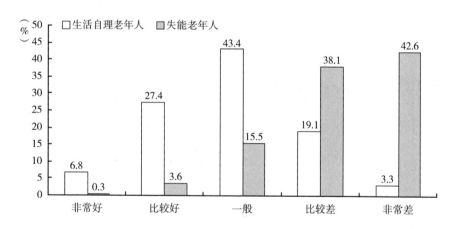

图6 不同生活自理能力老年人的自我评价健康状况

5. 近半数失能老年人患有三种及以上慢性病

慢性病是导致老年人生活自理能力缺损的一个重要原因。2015年数据显示，超过九成（97%）的失能老年人自报患有慢性病，失能老年人患有一种慢性病者占21.11%，患有两种慢性病者占29.7%，患有三种及以上慢

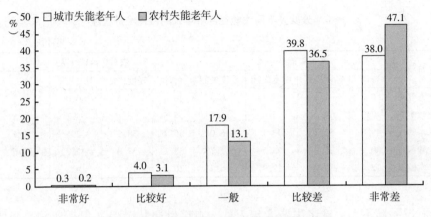

图7　分城乡失能老年人的自我评价健康状况

性病的比例（46.2%）远远高于生活自理的老年人（24.64%）（见图8）。分城乡看，农村失能老年人自报患有一种或者两种慢性病的比例均要稍高于城市，但自报患有三种及以上慢性病的比例要比城市失能老年人低6.1个百分点（见图9）。这是由于慢性病患病率这一指标往往受卫生服务的可及性以及老年人口所在地社会经济发展水平的影响。卫生服务可及性越低，医疗保障覆盖面越小，社会经济条件越差的人群，比如偏远农村老年人，他们的医疗卫生需求越不

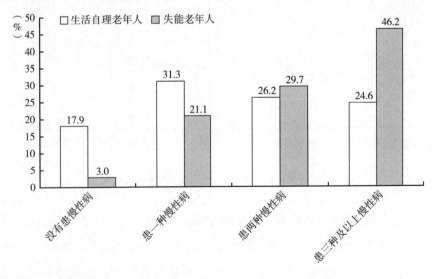

图8　不同生活自理能力老年人患慢性病的情况

能被及时发现和满足，表现出较低的患病率。失能老人因为部分生活能力的丧失，以及生理机能的退化，其健康状况逐步下降乃至恶化，因而其对护理服务需求也更为迫切，需要专业的护理服务和专业治疗来缓解其痛苦。

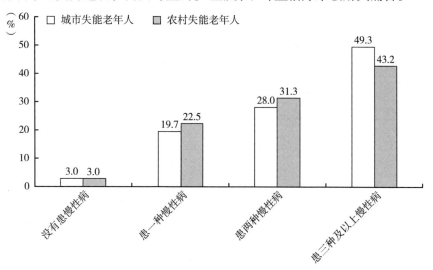

图9　分城乡不同失能程度老年人患慢性病的情况

6. 失能老年人尤其是农村失能老年人的心理健康状况不容忽视

孤独感在老年人当中是一个较为突出的问题，失能老年人的孤独感则更为严重。2015 年调查显示，近 1/5 的失能老年人经常感到孤独，是生活自理的老年人的这一比例（5.8%）的三倍多（见图 10）。此外，近四分之一的失能老年人认为老年人是"家庭的负担"，而生活自理的老年人的这一比例为 12.5%。失能老年人的幸福感要远低于生活能自理老年人。近五分之一的失能老年人觉得自己"比较不幸福"或"非常不幸福"，是生活自理老年人的这一比例（6%）的三倍多。

分城乡看，农村失能老年人的心理健康问题尤为突出。在农村，22.7%的失能老年人经常感到孤独，近 30% 的失能老年人认为老年人是家庭的负担，近四分之一（23.5%）的失能老年人觉得自己"比较不幸福"或"非常不幸福"，比城市失能老年人的这一比例分别高 7.4 个、9 个和 8.7 个百分点（见图 11）。

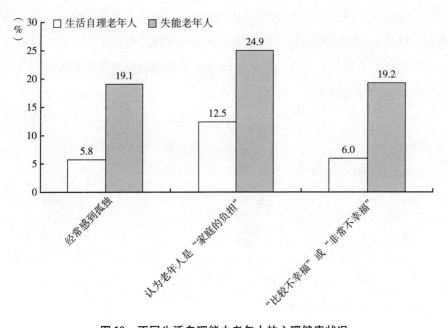

图10　不同生活自理能力老年人的心理健康状况

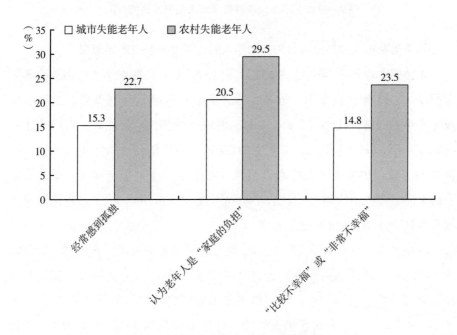

图11　分城乡失能老年人的心理健康状况

三 中国城乡老年人失能的影响因素

老年人日常生活自理能力影响因素是多层次、多维度的，主要包括两个层面：一是微观层面的个体变量，二是宏观层面的环境变量，共同影响着老年人日常活动能力。大量研究证明，除了年龄这一最大影响因素外，影响老年人生活自理能力的因素还包括性别、婚姻状况、教育、生活环境等。老年人的生活自理能力不仅是自身生理健康的体现，更与其所处地区的社会环境、经济水平和生态质量（含空气质量）都有较大联系，而这些更深层的社会经济地区差异会对老年人的养老观念产生一定影响。

（一）老年人的失能率随着年龄上升，高龄老年人成为失能的高发群体

由于不同年龄的老年人在生理健康、认知水平以及养老观念等方面存在差异，再加上老年人是一个年龄跨度很大的人口群体，这就产生了老年人生活自理能力的年龄差异。如图12所示，低龄老年人和高龄老年人的生活自理能力有显著差别，低龄老年人生活自理能力最强，而年龄越高的老年人生活自理能力越差：60岁老年人中失能的比例占1.1%，70岁老年人中失能的比例占2.7%，80岁老年人的失能率上升到8.8%，而在90岁人群中则有高达24.3%的老年人失能。数据分析发现70岁以后老年人失能率呈加速上升态势，90岁以上老年人的失能率则呈不稳定上升态势，有较大起伏，其原因可能是该年龄段老年人数较少，个体老年人的权重影响较大。上述数据表明，在我国养老的问题上高龄老年人的照护问题最为突出。

（二）女性老年人失能率高于男性，失能老年人中女性老年人占60.1%

2015年的数据显示，我国老年人失能率存在明显的性别差异：男性老

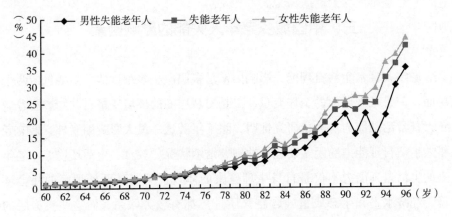

图12　分性别、年龄老年人的失能率

年人的失能率为3.5%，女性老年人的失能率为4.8%，女性老年人失能率
比男性老年人高（见表1）。分年龄和性别看，在各个年龄段中，女性老年
人的失能率均普遍高于男性老年人，且在70岁以前失能率的性别差异不大，
70岁以后，失能率的性别差异随年龄上升而逐渐拉大，并呈喇叭口状放大
（见图12）。同时，数据显示女性老年人占全部失能老年人的60.1%，女性
失能老年人的人口规模要大于男性失能老年人。我国女性的预期寿命比男性
长，高龄老年人中大多数是女性老年人，而女性老年人在各年龄段的生活自
理能力都比男性老年人差，这进一步突出了我国女性老年人不管是失能率还
是失能人口规模都要高于男性老年人的现象。结合上述失能老年人的年龄差
异，可以看出，面临失能带来的照护问题最为突出的是高龄女性老年人。与
男性老年人相比，高龄女性老年人的丧偶率较高，在缺乏独立生活自理能力
和配偶照顾的情况下，更容易陷入无人照料的境地，因此就会更多地依赖子
女和养老机构的照料。

（三）东部地区的老年人失能率最低，东北地区的老年人失能率
最高

如图13所示，我国老年人的生活自理能力存在明显的区域差异：东部

地区老年人失能的比重为 3.5% ；中部地区老年人失能的比重为 4% ；西部地区老年人失能的比重为 4.8% ；东北地区老年人失能的比重为 6.3% 。可见东部地区的老人中失能老人所占比重最小，而东北地区所占比重最高。这一结果在一定程度上反映出，老年人生活自理能力与其生活所在地的社会经济发展水平之间存在着一定的联系，说明经济发展水平较低地区的医疗资源匮乏，医疗保障可及性较低，患病或伤残老年人不能得到及时有效的治疗，失能率较高；而经济发展水平较高地区的医疗资源丰富，医疗保健工作到位，大大降低了老年人的失能率。杜鹏（2013）的研究也表明，与中西部老年人口相比，东部老年人不仅寿命较长，生活自理状况也相对更好，生存质量较高。这一方面反映了老年人在身体健康方面的绝对差异，另一方面也反映了外部环境对于老年人生活质量的影响。所以，统筹布局照护服务资源不仅要考虑到老年人健康状况的地区差异，更应该综合考虑到深层的社会经济发展水平的地区差异。

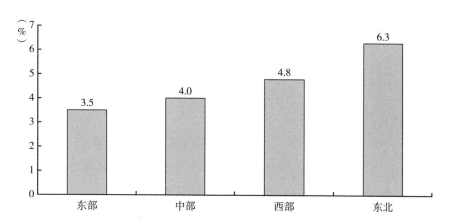

图 13　分地区老年人的失能率

（四）受教育水平越低，老年人失能的比例越高

2015 年调查显示，没上过学的老年人失能的比例最高（6.8%），是上过大学的老年人的这一比例（2.2%）的 3 倍多（见图 14）。这是因为，认

知状况是老年人生活自理能力的重要影响因素。良好的认知状况，特别是认知中的固化智力（包括通过后天学习获取的技能、语言文字能力以及判断力等），随着年龄增长而退化的速度较慢，有助于老年人做出基本的日常生活决策，使其患身体功能障碍的可能性明显降低。而老年人的认知状况和其受教育水平有直接紧密的关系，受教育水平越高，越能够在老年时期保持一个良好的认知状况。因此，同等条件下，受教育水平越高的老年人失能的概率越低。由于男性的平均受教育水平高于女性，他们在老年时期的认知状况更有优势，这也从一个角度解释了男性老年人的生活自理能力要比女性老年人高这一现象。

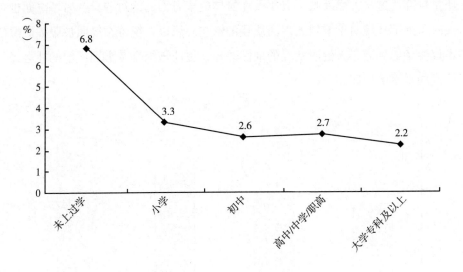

图14　分文化程度的老年人失能率

（五）丧偶对老年人的健康状况有着不利影响，这也反映在生活自理能力上

丧偶老年人失能的比例明显高于其他婚姻状况的老年人：丧偶老年人中有7.6%的失能，有配偶的老年人中有3%的失能，离异老年人中有2.2%的失能，从未结婚的老年人中有3.4%的失能（见图15）。婚姻状况对老年

人健康以及生活自理能力的影响主要体现在以下三个方面。首先，婚姻能够从生理和心理两个方面减少老年人的患病率：一方面，老年夫妻之间的日常生活交流能够使疾病和创伤得以及时发现和救治；另一方面，配偶之间的亲密关系和感情交流为老年夫妻双方提供持续的情感支持，而丧偶、离婚、有偶分居等不健全的婚姻状况容易给老人的心理造成负面影响，继而引发一些精神疾病。其次，良好的婚姻关系可以促进健康的生活方式。老年夫妻双方间通过相互关怀、监督和鼓励，可以养成更好的生活习惯，达到互相促进健康的效果。最后，消极的婚姻状况转变，比如从已婚同居向分居、离婚、丧偶等婚姻状况的转变对老年人的身体、心理和经济状况等都会产生恶劣的影响，从而不利于老年人的健康和生活自理能力。

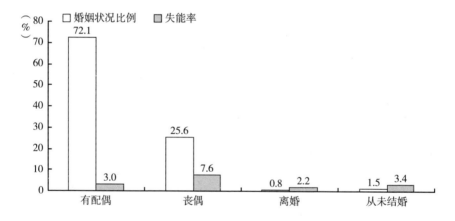

图15　分婚姻状况的老年人失能率

四　中国城乡失能老年人照护需求

　　失能老年人首先有照护的需求。由于本文中失能的定义涵盖六项指标，而有些指标与家庭的居住环境和居住设施有关系（比如有无室内厕所，或洗澡设备对于老年人的生活自理能力产生影响）。因此，失能是在特定的情况下被定义的，在社会学的观察视角下，同一个体失能情况的发生，会因为

居住环境以及居住条件的不同而发生变化。在老年人有照护需求的时候，逻辑上的第一个环节首先遇到的是一个可及性的问题，即有人能够帮助老年人解决当下在生活上的困难。而第二个环节是谁来提供照护，或是谁应当提供照护服务，是一个责任或伦理的问题。

（一）失能老年人的照护需求突出

2015 年，城乡在家居住失能老年人中有生活照料需求的占 92%，这一比例在生活自理老年人中只占 11.9%（见表 7）。城市失能老年人中，有生活照料需求的占 94.6%，其中 98% 获得了生活照料；农村失能老年人中，有生活照料需求的占 89.4%，而其中获得了生活照料服务的占 97.1%。生活照料需求一般是单向的，由需要照料的老年人提出。生活照料需求与失能之间高度相关，即失能的程度越高，照料需求越高。由于衡量失能六项指标存在次序上（或困难程度上）的差距，有部分失能老年人没有生活照料需求的现象也是正常的。城市有 5.4%，农村有 10.6% 的失能老人没有提出需要生活照料。

表7　分城乡老年人日常生活需要别人照料的比例

单位：%

类别	城市	农村	全体
生活自理老年人	10.8	13.1	11.9
失能老年人	94.6	89.4	92
全体	14.2	16.4	15.2

（二）在家居住失能老年人生活照料的主体由家庭构成，并表现出显著的城乡差异

总的来讲，在有人照料的失能老年人中，超过九成（91.9%）老年人的主要照料者是其配偶或子女，主要照料者是其他亲属的失能老年人占 2.7%，主要由医疗护理机构人员和养老机构人员照料护理的失能老年人分别只占 0.3% 和

1%（见表8）。由此可见，我国在家居住的失能老年人，不管是在农村还是在城市，其主要的照护服务支持皆来自传统的非正式支持网络——家庭。

表8　分城乡失能老年人照料提供主体构成

单位：%

照料主体	城乡	城市		农村	
		男	女	男	女
配偶	40.4	59.3	25.3	55.1	33.2
子女（其中）	51.5	30.3	62.8	38.4	63.3
儿子	28.4	16.9	30.2	26.8	35.6
儿媳	11.3	3.3	13.5	6.9	17.5
女儿	11.5	9.8	18.8	4.2	9.9
女婿	0.3	0.3	0.4	0.5	0.3
其他亲属	2.7	2.2	2.2	5.0	2.2
医疗护理机构人员	0.3	0.6	0.5	0.0	0.0
养老机构人员	1.0	1.3	1.6	0.7	0.2
家政服务人员	3.9	6.2	7.3	0.6	0.9
其他人	0.2	0.1	0.3	0.2	0.3

　　对比城乡失能老年人照护服务提供者的构成还是有很明显的差异。相对于城市失能老年人，农村失能老年人更依赖家庭提供生活照料服务：95%的农村失能老年人主要由其配偶或子女照料。不管是城市还是农村子女在承担照料失能老年人方面表现出比较恒定的角色特征，儿子一直扮演着关键的角色。作为另外一个重要的照护角色，女儿在失能老年人照料方面的参与情况则表现出显著的城乡差异：女儿对城市失能老年人照料的参与度（15.1%）是农村（7.7%）的近两倍。儿媳妇作为辅助，参与照料老年人的程度也表现出显著的城乡差异：农村儿媳妇（13.3%）的参与度要明显比城市儿媳妇（9.4%）的参与度高。在中国农村老年人传统养老保障的构成中，儿子的作用特殊而重要，他们不仅保障着父母老年以后的生活经济来源，还要照顾身体虚弱甚至生活不能自理的老年父母。从2015年的数据看，应当补充的是，农村儿媳妇在失能老年人的照料方面，承担了比城市失能老年人家庭更多的责任，发挥了很大的作用。因此，是否有儿子对于农村老年人特别是

159

农村失能老年人而言，关乎他们的照料责任承担问题，以及传统养老模式的延续问题。

不管是在城市还是在农村，男性失能老年人比女性失能老年人从配偶那里获得更多的生活照料；而女性失能老年人从子女方面获得的生活照料多于男性。这主要因为：一方面，女性的平均寿命要高于男性，并且夫妻双方中男性的平均年龄要高于女性，因此女性的丧偶率要高于男性，女性从配偶获得照料的可能性要比男性低；另一方面，受传统"男主外，女主内"思想的影响，女性在家庭分工的过程中更倾向于承担为家庭其他成员提供照顾服务的角色，而不是承担生产性的任务，作为这一个角色的延续，女性老年人顺理成章地承担了照料老伴儿的工作。

（三）绝大多数失能老年人希望在家里接受照护服务

由图16可见，近九成（89.9%）的失能老年人希望有需要的时候在家里接受照料护理服务，比生活自理老年人的这一比例高8.1个百分点。不管是生活自理老年人还是失能老年人，希望在养老机构接受照护服务的比例都在4.5%左右，希望在社区接受照护服务的比例则更低（分别是2.2%和0.8%）。

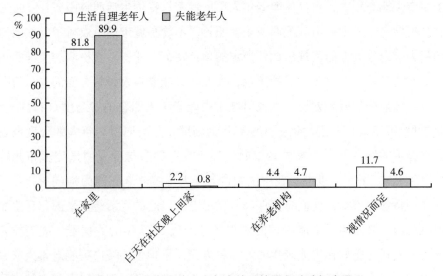

图16　不同自理能力老年人的照护服务地选择意愿

进一步分析分城乡不同失能程度老年人，可以发现农村失能老年人（92.1%）希望在家里接受照护服务的比例要略高于城市失能老年人（87.7%）。虽然失能老年人希望在养老机构接受照护服务的比例不高，城市失能老年人的这一比例约是农村失能老年人的这一比例的两倍。在城市失能老年人中，随着失能程度的加深，老年人希望在养老机构接受照护服务的比例不断提高，这也反映出失能老年人在生活无法自理的情况下，更愿意接受在机构养老。而在农村失能老年人中，随着失能程度的加深，老年人希望在养老机构接受照护服务的比例并没有提高。这说明，大部分的老年人特别是农村老年人依然不认同机构养老。

表9　分城乡不同失能程度老年人的照护服务地选择意愿

单位：%

选项	城市失能老年人				农村失能老年人			
	合计	轻度失能	中度失能	重度失能	合计	轻度失能	中度失能	重度失能
在家里	87.7	87.1	89.3	88.1	92.1	91.4	93.6	92.9
白天在社区晚上回家	0.6	0.9	0.7	0.1	0.9	1.2	0.4	0.7
在养老机构	6.0	5.1	6.2	7.4	3.4	3.6	3.0	3.3
视情况而定	5.6	6.9	3.7	4.4	3.5	3.9	3.0	3.1

五　研究结论及对策建议

为积极迎接 21 世纪人口老龄化所带来的机会和挑战，共同构建一个"不分年龄、人人共享"的社会，联合国于 2002 年 4 月在西班牙首都马德里召开了第二次世界老龄大会，审议通过了《政治宣言》和以"全世界所有人都能够有保障、有尊严地步入老年，并作为享有充分权利的公民参与其社会"（第 10 段）为总目标的《2002 年马德里老龄问题国际行动计划》。维持个体的基本生活、保障其有尊严地步入老年的关键是拥有良好的生活自理能力，这对于老年人口比重不断提高、老龄化程度逐渐加深的中国来说尤为重要。老年人尤其是失能老年人是各种疾病的高发群体，对医疗康复服务的

需求巨大，人口老龄化以及激增的失能老年人数更加大了医疗服务的总需求。失能老年人的问题不仅是老年人个人的问题，也是家庭和社会的问题。在少子化、家庭规模小型化背景下，大量独生子女家长已经或将要步入老年，老年人家庭亟待社会提供有效的照护服务资源支持，否则，失能老年人的照护问题将演变成严峻的社会问题。

本报告就现有城乡失能老年人的状况、特征以及影响因素进行了分析，尤其是对于城乡失能老年人的照护需求进行了分析和描述。对于存在的问题进行了剖析，特别是分析了城乡以及区域之间的差异情况，粗略地勾画出全国失能老年人的照护需求的轮廓。在这个基础上，本报告就城乡失能老年人未来应对方针和政策导向提出以下几点建议。

（一）科学分配卫生资源，统筹布局照护服务

本报告利用中国老龄科学研究中心的历年数据，发现自 2000 年以来，虽然轻度失能的老年人比例降低，但重度失能的老年人比例升高，这就意味着需要高水平高强度长期照护（如较长日平均照料时间、高质量护工、多重照料）的老年人呈现增长的趋势，同时也必然会加重家庭成员的照料负担。倡导健康老龄化，在尚可逆转阶段降低老年人患功能障碍的风险，不仅对个体提高生命质量有重要意义，对缓解高速老龄化给社会带来的照护压力同样至关重要。

本报告的分析结果表明，我国老年人失能率存在明显的城乡和区域差异：城市老年人失能的比例低于农村老年人，东部地区老年人失能的比例低于西部老年人。这在很大程度上是因为城市地区、东部地区医疗卫生资源更丰富、医疗保障覆盖范围更广，使得伤病老年人能够得到及时救治护理，有效降低其患功能障碍的风险。目前，我国卫生资源配置形成了重城市轻农村、重东部轻中西部的格局，尽管近些年情况有所改善，但地区间卫生资源差距仍难以消除，农村和中西部地区老年人的基本医疗卫生服务需要仍难以满足，老年人群的健康状况不容乐观。

首先是需要我们调整现有的卫生政策，改变以往大量的卫生资源集中在

少数的人群手中的格局，从总体上优化卫生领域的资源配置和加大人才培养投入，尤其是加大农村、中西部地区卫生资源的投入，扩大农村、中西部地区医疗保障的覆盖面和提升待遇水平，提高农村、中西部地区卫生资源的使用效率。同时实现从单纯的治病体制向全生命周期的卫生保健体制转变。失能老年人患有慢性病的比例极高（见图9），而慢性病病程长、治愈率低、医疗费用高，对个人、家庭和社会造成的压力都较大，做好发病前的预防尤为重要。应从壮年期开始推行健康保健计划，构建国民疾病预防体系，降低老年以后的疾病和失能发生率。开展老年人健康教育，促进健康老龄化理念和医疗保健知识宣传普及进社区、进家庭，增强老年人的自我保健意识和能力。

本报告发现，女性老年人失能的风险要高于男性老年人，高龄老年人失能的风险要高于低龄老年人。女性、高龄失能老年人由于其身体状况，对家庭和社会的照护需求更为特出，但其经济状况较差，对照护费用的承担能力更为有限。因此，要发挥政府的救助作用，完善落实老年人照护服务优待政策，为失能老年人，特别是农村、女性、高龄失能老年人，购买社会照护服务提供适度补贴，延长其健康余寿，使其过上更有尊严的生活。

（二）完善失能老年人的宜居环境建设

居住环境的改进能在很大程度上降低老年人的失能率，加强设施无障碍建设和改造，将老年人的生活环境布置得更适老可以相对提升老年人的生活自理能力。一方面，加强与老年人密切相关的公共设施的无障碍设计与改造，重点对楼梯、电梯、坡道、扶手等公共建筑节点进行改造。另一方面，促进老年人居家环境的适老化。失能老年人中，不能洗澡、上厕所的老年人所占比例最高（见表2）。老年人家庭的适老化建设和改造，对降低洗澡、上厕所的失能率的作用最为显著。今后应通过政策引导，加大相关居家适老设施的研发投入，开发更多成本更低、效率更高的居家适老设施，着重解决老年人在家中不能独立洗澡、上厕所的问题。同时，政府应对安装或改造相关适老设施的老年人家庭予以补助。老年人的生活自理能力的提高，将有助于节约照护成本。

（三）构建养老、孝老、敬老政策体系和社会环境

家庭是最直接面对失能老年人的责任主体，也是失能老年人的情感归宿。失能老年人从子女那里获得的不仅有经济支持，更有精神情感支持以及生活照料。事实上，本研究报告发现，绝大部分有照护需求的失能老年人有人照护。在有人照料护理的失能老年人中，超过九成失能老年人的主要照料护理者是其配偶或子女。家庭赡养老年人的核心功能应该得以保留和发展，这不仅是我国优良文化传统的体现，更是新时代新思想背景下营造和谐代际关系、发展中国特色养老体系的必然选择。

在我国传统文化的基础上，应该继续强化尊老、敬老的意识，大力弘扬养老助老的社会风尚，使子女更大限度地为老年父母尤其是失能老年父母，提供经济、情感支持以及生活方面的照料。对低收入家庭，政府可以采取补助的形式来缓解经济压力。比如可以参照新加坡，凡是与失能老年父母共同居住的家庭，可以享受购买房产的优惠，同时对部分税收进行减免。对于符合条件的家庭，获取照顾失能老人的知识和技能培训，以及照顾符合条件的失能老人的，政府也可以采取购买服务的形式将补贴交给提供照顾的子女。

（四）建立真正"以居家为基础，社区为依托，机构为支撑"的失能老年人长期照护体系

数据表明，我国绝大多数在家居住的失能老年人希望在家里接受照护服务。在传统的儒家孝道文化影响下，祖孙几代同堂、家庭是养老归宿的观念深入人心。子女送父母去养老院被视为不孝的行为，老年父母也会因为缺乏子女照顾而感到羞耻。因此，老年人更渴望来自子女的照顾，对机构养老的服务质量和定价认同度较低。综观国际，发达国家和地区的养老模式正呈现去机构化的趋势，并建立了以社区服务和居家养老为主的社会化养老服务体系，养老正在回归社区、回归家庭。这是因为：一方面，老年人的独立自主生活意识随着受教育水平的提高不断增长，其回归社区的意愿越发强烈；另一方面，新工艺、新材料、新技术的应用增加了失能老年人留在

家庭养老的机会，生活自理能力的提高减少了失能程度不高的老人对机构密集照护的依赖。

我国目前已经提出构建"以居家为基础，社区为依托，机构为支撑"的社会养老服务体系，但真正起基础作用和依托作用的居家养老和社区养老发展还相对滞后，无论是在服务人员培养、基础设施建设，还是在市场化运作方面，都明显不能与当前需求和未来发展相匹配。当前养老机构形成了规模大型化、位置郊区化、服务功能单一化和服务对象宽泛化的格局。近年来，日间照料中心等社区养老设施虽然在床位数量和覆盖范围上得到快速增长，但床位和设施使用率仍然有待提高。

建立完善中国失能老年人的照护模式，不能脱离本国所坚持的、最重要的传统文化价值观，即不能忽略家庭照料的重要性，因为失能老年人从家庭获取的不仅仅是生活照料，还有更深层次的不可替代的幸福感和获得感。失能老年人从机构照护回归社区内照护，可降低照护成本，通过与家人及邻居的紧密接触，也有助于加速其康复进度，保障其更多地参与社会生活活动。家庭和机构是照护服务的两个主要提供者，两者相辅相成、有机结合。强调家庭和社区的重要性，并不意味着忽略机构养老的作用。对中度、重度失能老年人来说，机构专业的康复护理服务仍然是无法替代的。强调家庭的重要性，不仅与我国传统儒家孝道文化相契合，也与发达国家提出的"在地老化"概念不谋而合。因此，一方面，要通过政策引导，鼓励更多的社会资金进入居家、社区养老领域，让失能失智老年人回归家庭和社区成为现实；另一方面，建立严格的准入标准和家计调查程序，将机构的专业康复护理资源优先分配给有需要的重度失能老年人，把大量没有入住养老机构意愿、不需要密集专业照护的失能老年人沉淀在家庭和社区。尽量做到"轻度失能要居家，中度失能进社区，重度失能进机构"。

（五）谨慎建立长期照护保险制度，逐步分散老年人失能风险

数据表明，失能老年人的照护需求非常特殊，但同时失能老年人特别是农村重度失能老年人是老年人中经济状况最差的一个群体。失能老年人照护

需求得不到满足的一个重要原因是长期照护费用的居高不下以及失能老年人群体的支付能力有限。蒋承、顾大男（2009）的研究显示，失能老年人的照护费用是同龄生活自理老年人的两倍以上。但现阶段，我国城乡居民医疗保险只支付住院产生的护理康复费用，不能用于长期照护费用的支付，这无疑使得经济状况本就不好的失能老人雪上加霜。因此，可以在立足本国国情的基础上，参考国外成熟的长期照护保险制度，逐步建立中国特色的由各级政府、用人单位、慈善捐赠、个人缴费多方筹资的失能老人长期照护保险制度，分散老年人失能后因无法支付高额康复护理费用而得不到照护服务的风险。

目前国际上有两类较为成熟的长期照护保险模式：以美国为代表的商业保险模式和以德国、日本为代表的社会保险模式。商业保险模式下，老年人自愿投保，由商业保险公司提供市场化长期照护商业保险，主要以现金支付为主，待遇水平由个人缴纳费用水平决定，政府负责监管。社会保险模式下，把长期照护从医疗保险中剥离出来，以立法的形式强制全民投保长期照护保险，参保人的待遇水平与其缴费之间有密切关系，同时具有明显的收入再分配功能；支付形式可以是现金或者服务，后者在使用时往往需要参保人支付部分费用，在一定程度上形成个人与国家共同承担责任的机制。如日本介护保险规定，符合条件的参保人在购买长期照护服务时个人负担总费用的10%，其余支出由介护保险承担，超出保险给付范围的费用由个人承担。

对于我国长期照护保险制度的建立，应该充分考虑老年人收入水平和参保意识差异化、照护需求多元化，以及制度的财政可持续性。虽然长期照护保险理论上可以一揽子解决筹资难题，但其制度成本高、保费增长不确定性大的缺点十分明显，并且一旦政策出台就很难回头，问题只能留给后代面对。这从国际上只有五六个国家建立长期照护保险制度可见一斑。因此，长期照护保险制度的建立和设计应慎重决策，对长期护理保险制度应该在我国本土化的理论和实践研究的前提下进行推演，不要一味地借鉴国外经验、一蹴而就。总的来说，长期照护保险的筹资要体现风险分担、成本控制的理念，实行政府、社会和个人三方付费。长期来看，可以在政府层面上建立兜底性质的基本社会照护保险，在市场上建立商业长期照护保险，经由社会保险和商业保险两种模式相互融合、相互补充，从而建立多层次、广覆盖、满足不同需求的长期照护保险制度。

短期来说，当务之急是要建立长期照护补贴制度，提高失能老年人购买照护服务的能力。首先，针对失能老年人提供现金或只能用于支付居家和机构长期照护服务费的购买补贴；其次，针对失能老年人家庭，按照失能老年人的失能程度、数量等划分等级，提供相应的个税减免和生活补贴以弥补其损失；最后，对提供长期照护的养老机构给予政策扶持，鼓励更多社会资本进入失能老年人照护领域。

参考文献

蒋承、顾大男、柳玉芝、曾毅：《中国老年人照料成本研究——多状态生命表方面》，《人口研究》2009 年第 3 期。

杜鹏：《中国老年人口健康状况分析》，《人口与经济》2013 年第 6 期。

杜鹏、武超：《中国老年人的生活自理能力状况与变化》，《人口研究》2006 年第 1 期。

潘金洪等：《中国老年人口失能率及失能规模分析——基于第六次全国人口普查数据》，《南京人口管理干部学院学报》2012 年第 10 期。

王德文：《高龄老人日常生活自理能力及其影响因素》，《中国人口科学》2004 年增刊。

邬沧萍：《老年人长期照料护理的社会政策和产业开发刍议》，华龄出版社，2001。

中国老龄科学研究中心课题组：《全国城乡失能老年人状况研究》，《残疾人研究》2011 年第 2 期。

Heikkinen E. , What are the Main Risk Factors for Disability in Old Age and How Can Disability be Prevented? 2003, Copenhagen, WHO Regional Office for Europe Health Evidence Network Report; http://www. euro. who. int/document/E82970. pdf, accessed 29 September 2003.

B.5
我国城乡老年人收入和消费状况

杨晓奇　王莉莉　董彭滔*

摘　要： 老年人经济状况不但关系到老年人个人生活质量的提高，而且关系到全面建成小康社会目标的实现，全面掌握我国城乡老年人的收入和消费状况意义重大。从 2015 年第四次中国城乡老年人生活状况抽样调查数据来看，我国城乡老年人收入平稳增长，差距不断缩小。城乡老年人消费水平持续提高，消费结构不断优化，消费热点不断形成。但社会保障体系不完善、再就业条件有限、产业发展滞后等因素，制约了老年人收入消费水平的进一步提高。对此，需要进一步完善社会保障体系，加强老年人力资源开发，加快老龄产业发展，优化消费环境，畅通信息渠道，不断提高老年人收入、消费水平。

关键词： 老年人　经济状况　收入　消费

引　言

随着我国人口老龄化程度的日益加深，老年人口数量快速增加，老年人

---

* 杨晓奇，副研究员，经济学博士，中国老龄科学研究中心副研究员，研究方向为老龄经济、老龄产业。王莉莉，博士，副研究员，中国老龄科学研究中心老龄经济与产业研究所所长，研究方向为老龄产业、老龄服务、老龄政策。董彭滔，中国老龄科学研究中心副研究员，研究方向为老龄政策。

经济状况逐渐成为全社会关注的问题，这不仅关系到老年人个人生活质量的提高，更关系到全面建成小康社会目标的实现。因此，了解我国城乡老年人的收入和消费状况意义重大。基于此，本报告在介绍目前老年人收入、消费现状的基础上，分析存在的制约因素，展望未来老年人的收入、消费状况，同时提出了相关的建议。

一 我国城乡老年人收入状况

（一）城乡老年人收入平稳增长，差距不断缩小

1. 城乡老年人收入平稳增长，农村快于城市

2014 年我国城市老年人平均收入 23930 元，是 2000 年的 3.24 倍。按可比价格计算，年均实际增长 5.86%。农村老年人平均收入 7621 元，是 2000 年的 4.62 倍。按可比价格计算，年均实际增长 9.06%。农村年均实际增长速度快于城市。

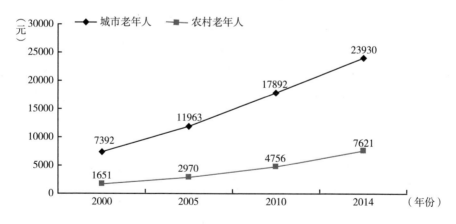

图1 2000~2014 年城乡老年人收入情况

2. 城乡老年人收入差距不断缩小，但与城乡居民收入差距比仍然较大

2000 年，我国城市老年人收入是农村老年人的 4.48 倍，2004 年这一数

据下降到 4.02，2010 年进一步下降到 3.76，2014 年下降到 3.14。14 年来，城乡老年人的收入差距一直缓慢缩小。而同期，我国城市居民可支配收入和农村居民人均纯收入相比，2000 年是 2.79 倍，2004 年是 3.28 倍，2010 年是 3.23 倍，2014 年是 2.92 倍。14 年来，我国城乡老年人收入差距虽然在不断缩小，但始终大于同期我国城乡居民收入差距。

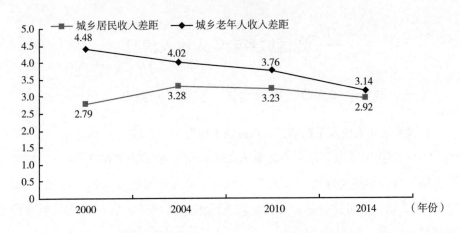

图 2　2000～2014 年城乡老年人与居民收入差距

3. 城乡老年人收入低于城乡居民收入水平

2014 年，我国城市老年人收入只相当于同期城市居民人均可支配收入的 82.9%，仅相当于同期城市单位在岗职工平均工资的 41.7%。2014 年，农村老年人收入相当于同期农村居民人均可支配收入的 72.7%。由此可见，老年人收入水平低于其他居民收入水平，尤其是城市退休老人，收入远低于城市在岗的职工收入。

（二）城乡老年人收入结构持续发生变化

1. 城市老年人以保障性收入为主，其占比先升后降

2014 年，我国城市老年人收入中，保障性收入占 79.4%，经营性收入占 9.8%，转移性收入占 6.9%，资产性收入只占 3.8%，老年人收入以保障性收入为主。从保障性收入来看，2000 年，我国城市老年人保障性收入占

总收入的 77.5% ，2010 年这一比例高达 88.9% ，2014 年下降，非保障性收入占比开始逐步上升。

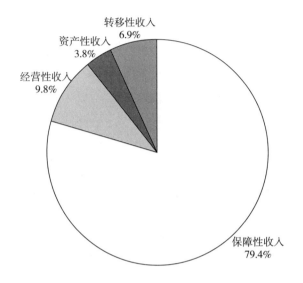

图 3　2014 年城市老年人收入结构

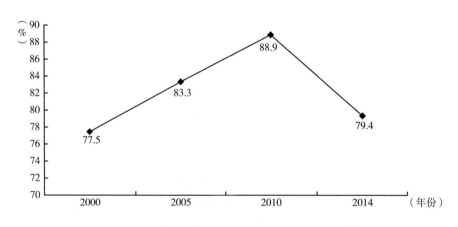

图 4　2000~2014 年城市老年人保障性收入占比情况

2. 农村老年人收入来源多元化，保障性收入占比不断上升

2014 年，我国农村老年人收入中，经营性收入占 39% ，保障性收入占 36% ，两者总和达到 75% 。转移性收入占 19% ，占比最低的是资产性

收入，为6%。从保障性收入来看，2000年，保障性收入在总收入中的占比仅为14.3%，此后，这一占比逐年上升。2014年比2000年高出22个百分点，保障性收入已经成为农村老年人收入的重要来源。从经营性收入来看，2000~2014年，占比变化不大，经营性收入依然是老年人收入最重要的来源。

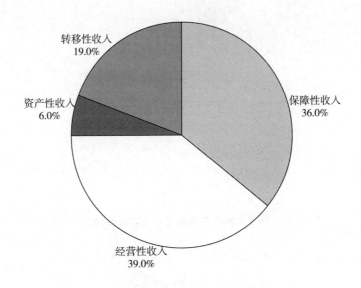

图5　2014年农村老年人收入结构

（三）男性老年人收入普遍高于女性

2014年，我国城市老年人男性平均收入为29570元，女性平均收入为18980元，女性收入相当于男性收入的64%。从收入结构看，男性和女性老年人收入差距主要在于保障性收入，其次是经营性收入。男性老年人保障性收入比女性高出8200多元，经营性收入高出2600多元。

2014年，农村男性老年人收入平均为9666元，女性平均为5664元，女性收入相当于男性收入的59%。从收入结构看，男性和女性老年人的收入差距主要在于经营性收入，男性老年人经营性收入比女性高出2900多元。

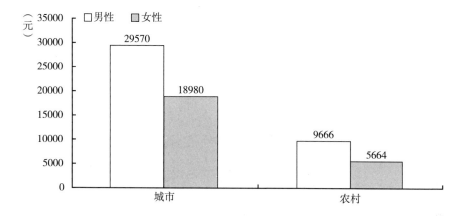

图6 2014年城乡老年人不同性别收入状况

（四）受教育程度越高，收入越高

2014年，我国城市受过高等教育的老年人收入最高，为63464元，其他依次是受过中等教育、初等教育的老年人，未上过学的老年人收入最低，为11563元。农村受过高等教育的老年人收入最高，为33799元，最低为未上过学的老年人，收入为5558元。可见，无论城乡，受教育程度越高，收入越高。

从收入结构看，无论城乡，不同受教育程度之间的老年人收入差距主要源于保障性收入。城市受过高等教育的老年人保障性收入平均为55203元，而未上过学的老年人保障性收入平均为7827元，相差将近4.8万元。农村受过高等教育的老年人保障性收入平均为27413元，而未上过学的老年人保障性收入平均为2161元，相差将近2.5万元。

（五）城乡不同年龄段老年人收入水平不同

1. 城市高龄老年人收入最高

城市收入最高的为80岁及以上老年人，年收入平均为25707元，最低的为70～79岁的老年人，年收入平均为22699元，相当于高龄老年人收入

173

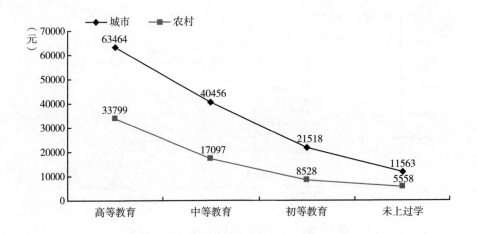

图7 2014年不同受教育程度城乡老年人收入状况

的88%。从收入结构看，不同年龄段老年人收入差距主要源于保障性收入。高龄老年人保障性收入平均为22799元，70～79岁老年人平均为19306元，相差将近3500元。

2. 农村低龄老年人收入最高

农村收入最高的为60～69岁的低龄老年人，年收入平均为9061元，最低为80岁及以上的高龄老年人，年收入平均为5354元，是低龄老年人收入的59%。从收入结构看，不同年龄段老年人收入差距主要源于经营性收入。低龄老年人经营性收入平均为4520元，高龄老年人经营性收入平均为217元，两者相差4300多元。

（六）自理老年人收入普遍高于失能老年人收入

2014年，城市完全自理的老年人平均年收入最高，为24372元，其次是完全失能老年人，部分失能老年人平均收入最低，为18217元，相当于完全自理老人收入的75%。农村和城市一样，完全自理老人收入最高，平均为8028元，完全失能老年人次之，最低的为部分失能老年人，平均为4847元，相当于完全自理老年人收入的60%。

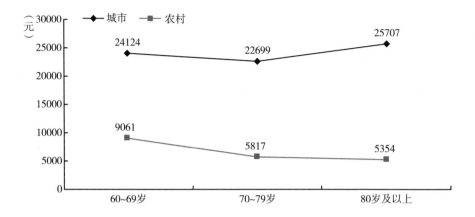

图8　2014 年城乡不同年龄段老年人收入情况

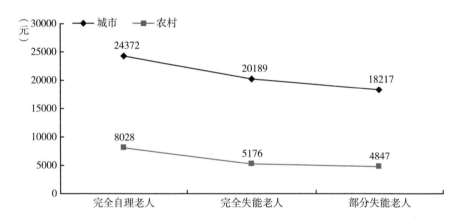

图9　2014 年城乡不同自理程度老年人收入状况

（七）城乡不同地区老年人收入有差异

1. 东部城市老年人收入最高，中部最低

2014 年，东部城市老年人年均收入最高，平均为 27235 元，中部城市老年人收入最低，年均收入平均为 18923 元，相当于东部城市收入的 70%。从收入结构看，不同城市老年人收入差距主要源于保障性收入。东部城市老年人保障性收入平均为 20999 元，中部城市老年人保障性收入平均为 14506

元,两者相差 6000 多元。

2. 东部农村老年人收入最高,西部最低

2014 年,东部农村老年人收入最高,年均收入为 9794 元,西部农村最低,年均收入为 6340 元,相当于东部农村老年人收入的 65%。从收入结构看,不同地区农村老年人收入差距主要源于经营性收入。东部农村老年人经营性收入平均为 3611 元,西部农村老年人经营性收入平均为 2124 元,相差近 1500 元。

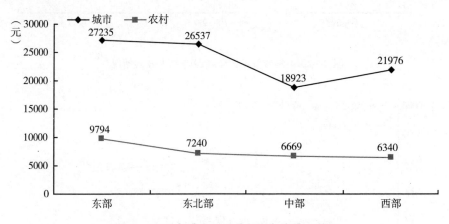

图 10 2014 年城乡不同地区老年人收入状况

(八)城乡老年人经济自评状况持续向好

2015 年,城乡老年人经济自评中,很宽裕的占比为 1.3%,比较宽裕的占比为 14.8%,基本够用的占比为 58.5%,比较困难的占比为 21.2%,非常困难的占比为 4.1%。和 2010 年相比,老年人经济自评很宽裕的比例提高了 0.2 个百分点,比较宽裕提高了 3.5 个百分点,基本够用提高了 1.8 个百分点,比较困难和非常困难的比重都有所下降。5 年来,老年人经济自评状况持续向好。

(九)城市"啃老"现象多于农村

2015 年,5.9% 的城乡老年人认为自己的子女或孙子女存在"啃老"行为,其中,城市这一比例为 7.7%,农村这一比例为 3.9%。城市高于农村。

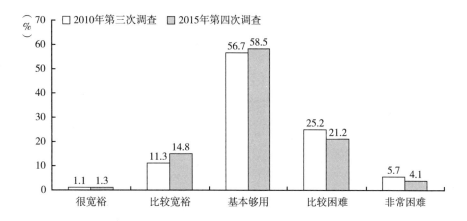

图 11 2010～2015 年城乡老年人经济自评状况变化

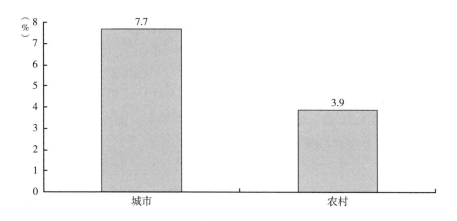

图 12 2015 年城乡"啃老"行为对比（老年人自报）

二 我国城乡老年人消费状况

（一）城乡老年人消费持续增长,差距不断缩小

1. 城乡老年人消费持续增长，农村增速快于城市

2014 年，我国城市老年人平均消费水平为 20186 元，是 2000 年的 2.81

倍。我国农村老年人平均消费水平为 8884 元,是 2000 年的 4.51 倍。农村
增速快于城市。

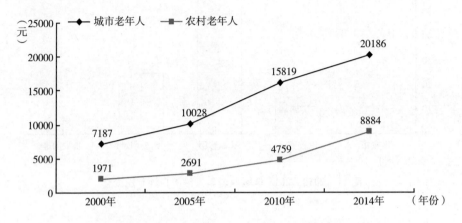

图 13 2000～2014 年城乡老年人消费情况

2. 城乡老年人消费差距不断缩小

2000 年,我国城市老年人消费是农村老年人的 3.65 倍,2005 年为 3.73
倍,2010 年为 3.32 倍,2014 年为 2.27 倍。14 年来,城乡老年人消费水平
差距随着收入差距的不断缩小而缩小。

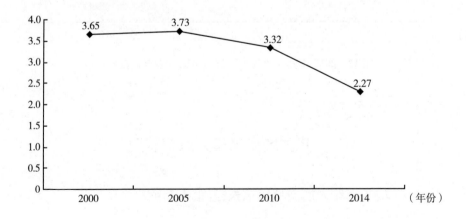

图 14 2000～2014 年城乡老年人消费差距

（二）城乡不同地区老年人消费水平差异较大

2014 年，东北部城市老年人消费水平最高，为 22478 元，其次是东部城市，中部城市老年人消费水平最低，为 17158 元，相当于东北部城市老年人的 76％。

2014 年，东部农村老年人消费水平最高，为 10229 元，其次是东北部农村，中部农村最低，为 7844 元，相当于东部农村老年人的 77％。

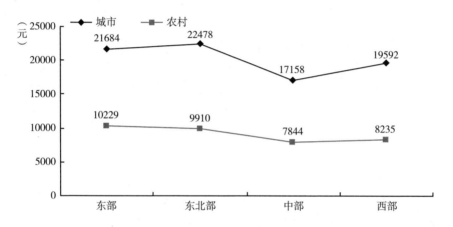

图15　2014 年城乡不同地区老年人消费状况

（三）城乡老年人平均消费倾向差异较大

2000 年，城市老年人平均消费倾向为 0.97，2005 年下降到 0.84，此后变化不大，一直在 1 以下。

2000 年，农村老年人平均消费倾向为 1.19，2005 年下降到 0.91，此后开始上升，2014 年达到了 1.17。14 年来，农村老年人平均消费倾向大部分在 1 以上。

（四）不同群体老年人平均消费倾向有一定差异

2014 年，70～79 岁的老年人平均消费倾向最高，为 0.97，低龄老年人平

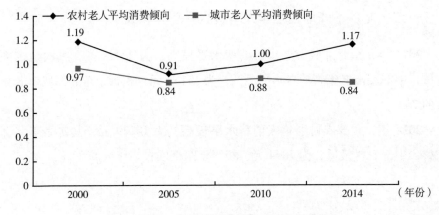

图16 2000～2014年城乡老年人平均消费倾向

均消费倾向次之，为0.93，80岁及以上的老年人平均消费倾向最低，为0.79。

2014年，部分失能老年人平均消费倾向最高，为1.18，完全失能老年人平均消费倾向次之，为1.17，完全自理老年人平均消费倾向最低，为0.9。

2014年，中部和西部老年人平均消费倾向最高，为0.99；东北部老年人平均消费倾向次之，为0.94；东部老年人平均消费倾向最低，为0.85。

（五）城乡老年人前三位消费支出是食品烟酒、医疗保健和居住

2014年，我国城市老年人消费结构中，居前三位的是食品烟酒、医疗保健和居住支出，占比分别为40.02%、16.87%和15.99%；农村老年人消费结构中，居前三位的是食品烟酒、医疗保健和居住支出，占比分别为38.64%、26.9%和14.69%。

三 老年人消费热点不断形成

（一）照护服务需求规模不断扩大

伴随着我国老年人口规模的增大，高龄、空巢、失能老年人规模也在快速增大。调查显示，当前高龄老人3000多万人，失能老人4000多万人。随

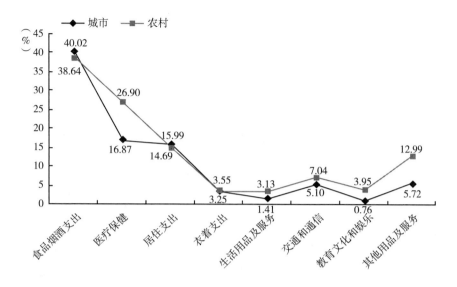

图 17　2014 年城乡老年人消费结构

着空巢、高龄、失能老年人的增加，其对照护服务的需求日益凸显。2015年，我国城乡老年人自报需要照护服务的比例为 15.3%，比 2000 年的6.6% 上升近 9 个百分点。分年龄段来看，高龄老年人对照护服务的需求最为强烈，自报需要照护服务的比例从 2000 年的 21.5% 上升到 2015 年的41.0%，上升了近 20 个百分点，上升幅度是 79 岁及以下老年人的 3 倍多。由此可见，照护服务成为城乡老年人消费的重要项目。从具体服务项目来看，38.1% 的老年人需要上门看病服务，12.1% 的老年人需要上门做家务服务，11.3% 的老年人需要康复护理服务。随着老年人收入的不断提高，这些潜在需求都将转变成老年人的有效需求。

（二）老年旅游消费受到青睐

随着我国老年人物质生活条件的不断改善，精神文化生活逐渐成为短板。老年旅游作为满足老年人精神文化生活需求的一种方式，逐渐受到老年人的青睐。调查显示，2015 年，我国 14.31% 的老年人有旅游消费，平均消费金额为 4928 元。分年龄段来看，低龄老年人是旅游的主体，占到了

68%；其次是 70～79 岁年龄段的老年人，占到 26%；高龄老年人旅游的比例比较低，仅占 6%。从未来一年出游的计划来看，我国 13.1% 的老人明确表示未来一年有出游计划，9.1% 的老年人表示有可能在未来一年外出旅游，由此可见，老年人旅游的比例逐年攀升，成为老年人满足精神文化生活需要的重要方式。而且近年来旅居养老、候鸟式养老的不断兴起，极大地拓展了老年旅游的方式。

（三）部分老龄用品的消费持续增长

老龄用品的种类非常多，目前老年人消费规模比较大的主要是老年保健品和老年医药用品。随着我国经济的快速发展，广大老年人的生活条件不断发生变化，老年人消费保健品的规模持续增大，如果按照 2010 年数据来测算，老年保健品市场产值超过 500 亿元。但出于市场监管以及老年人保健知识匮乏等原因，我国老年保健品市场上，掺假销售甚至欺诈层出不穷，迫切需要规范。老年人对医药用品的消费增长得也非常快。从 2015 年调查数据来看，我国城市老年人平均医药费支出 2341 元，占消费总支出的 11.6%，农村老年人平均医药费支出 1395 元，占消费总支出的 15.7%。由于大部分老年人或多或少患有慢性疾病，因此，药品成为一部分老年人赖以维持生命的重要支撑。随着我国老年人规模的日益增大，未来老年医药用品消费会持续增长。

（四）网络消费成为新宠

随着互联网在我国的普及，网络消费已经成为广大居民消费中不可或缺的部分，老年人也不例外。2015 年的调查数据显示，我国 5.0% 的老年人经常上网，其中城市老年人这一比例为 9.1%，高于农村老年人；低龄老年人网络消费的比例最高，高达 12.7%；大部分老年人上网主要是看新闻，这一比例占到了 85%，其次是看影视剧，占到了 65.4%，聊天和炒股票各占 21.2% 和 14%，网上购物占到了 12.4%。网络的普及不仅有利于满足广大老年人的精神文化生活需求，也为老年人居家养老提供了强有力的支撑，尤其是网络购物的实现，极大地方便了空巢或者独居老人，提高了老年人生活质量。

四 制约我国城乡老年人收入和消费的因素

经过多年的努力，我国社会保障体系初步建立，老年人的收入不断提高，消费规模持续增长，但还存在很多制约老年人收入提高和消费扩大的因素，需要进一步全面分析、深入研究。

（一）社会保障体系不完善，老年人保障性收入水平低

我国虽然建立了社会保障制度，但还存在很多不完善之处。一是长期护理保险制度缺失。国际经验表明，养老保险、医疗保险和长期护理保险制度是确保老年人生活质量的三大制度性安排，目前我国还没有建立起长期护理保险制度。调查数据显示，失能老年人收入相当于自理老年人收入的65%～75%，而且他们收入中的50%基本上用于医疗费用的开支，剩余的50%才能用于其他生活开支。尤其是农村老年人，保障性收入比较少，收入水平难以维持基本生活，急需建立长期护理保险制度，提高其收入水平。二是商业性养老保险和医疗保险水平低。如养老保险，国际上很多国家都建立了三支柱的保险制度，既有政府建立的基本养老保险制度，也有企业建立的补充性商业保险，同时也有个人购买的商业性保险，共同提高老年人的收入水平。我国目前基本以政府建立的基本养老保险为主，商业性保险水平很低，影响老年人收入水平。三是基本养老保险水平较低。2016年，我国参加城市职工基本养老保险的1亿多老年人平均养老金约为每月2600多元，参加城乡居民社会养老保险的1.5亿老年人平均养老金就更低，约为每月117元，相当于城市职工养老金的4.5%。整体来看，我国老年人的养老金收入较低。一般来说，社会保障水平要和国家的经济发展水平相适应，因此，就目前我国的经济发展状况来看，大幅度提高老年人社会保障水平难以实现，只能是本着保基本的原则逐步提高保障性收入。

（二）再就业条件有限，非保障性收入增加难度大

除了保障性收入外，经营性收入、家庭转移性收入和资产性收入也是老

年人收入的重要组成部分，但整体来看，这三部分收入增加难度也比较大。一是再就业环境不利于老年人，城市老年人经营性收入提升有限。我国的合同法和劳动法并没有将退休人员再就业的人员纳入保护范围，再就业的老年人以及用人单位都不能依法享受其权利或者承担应有的义务，老年人再就业缺乏法律保护。老年人再就业信息也不畅通，再者，由于年轻人就业形势严峻，老年人再就业岗位就更少。因此，目前的就业环境不利于老年人再就业。二是我国居民收入的整体水平不高，而且贫富分化，家庭转移性收入很难进一步大幅提高。三是对于拥有独立房产的老年人来说，由于受到传统文化的影响，以房养老还难以实现，资产还难以变现成现金。对没有独立房产的老年人来说，资产性收入就更少。因此，依靠增加非保障性收入来提升老年人的收入难度比较大。

（三）产业发展滞后，部分产品供给不足

我国老龄产业有了一定的发展，但整体上发展还是滞后，行业、地域发展都不均衡，制约了老年人的消费。如老龄服务业中的养老机构服务，近五年来得到了快速发展，但发展呈现"哑铃形"，要么条件很好，服务质量很高，环境也很优美，收费也很高，有的通过会员制等方式动辄就几十万元甚至上百万元缴纳会费才能入住，满足高收入人群的需求。要么就是设施简陋、条件艰苦、规模不大、服务质量也不高、价格便宜，能够满足低收入人群的需求。而大量的消费能力比较强的中间人群缺乏需要的养老机构。居家养老服务是潜在消费能力最强的产业，统计数据显示，很多老年人对居家服务的需求非常强烈，如上门看病、做家务以及康复护理服务等，但这些服务只有部分社区提供，大量社区供给短缺。老龄用品业的发展相对于老龄服务业更为滞后，很多老年人需要的老年用品在市场上很难买到。如老年人服饰，由于服装行业对这一领域的研究投入不够，市场上的老年人服饰很少，目前老年服饰主要是卖给那些来城里看望子女的农村老人，而且大多数是这些老人的子女购买。很多调查都表明，无论是老年人还是子女，购买一件称心如意的老年服饰产品很难。老年康复器材同样发展滞后，康复辅具最初针

对残疾人，定位于福利事业，尚未引入市场。事实上，老年群体才是康复器材的最大潜在需求人群。

（四）行业监管不足，消费环境有待改善

消费环境是影响老年人消费的重要因素，良好的消费环境有助于增加老年人消费信心、扩大消费规模。当前，影响老年人消费市场的最重要因素是行业监管缺失，导致市场秩序混乱，老年人消费信心不足。如老年旅游，已经成为满足老年人精神文化生活的一个重要产业，但目前发展得不尽如人意，很多旅游公司打着老年旅游的旗号，其实产品和传统产品并没有什么不同，甚至利用老年人赚钱，影响旅游市场秩序。再如老年保健品，在利益的驱使下，存在多头管理和乱发证的情况，只审批不监管，再加上缺乏必要的行业标准，一些违法生产的伪劣产品流入市场，导致很多企业打着"送药"、"义诊"、"免费体验"的旗号对产品进行夸大宣传，误导老年人，甚至导致老年人贻误病情。此外，如"老年代步车"、康复辅助器具等用品都存在这样的问题。有些厂家把自己的产品称为老年人的福音，实际上，很多"老年代步车"属于非法拼装产品，没有合法的登记手续，没有牌照和保险。康复辅助器具行业也存在同样问题，虽然生产厂家数量众多，但是大量厂家无牌无证，严重扰乱了市场秩序。

（五）市场定位模糊，产品缺乏创新

由于文化水平、经济状况、健康状况的不同，甚至地域、风俗习惯等的差异，老年人对产品和服务的消费需求具有特殊性、差异性等特点。当前，老年消费品市场很多产品同质化严重，难以满足老年人多样化的需求。如养老机构服务，很多养老机构在建设和运营过程中照搬国外模式，或者一窝蜂地去开发高端养老服务，并未从我国老年人实际需求的角度去挖掘、研制适合我国老年人的服务产品。事实上，目前发展得比较好的一些养老机构的产品基本上有很强的针对性，如专门针对术后老人的上门康复护理、针对失能

老年人的社区养老服务等。正因有很强的针对性，一旦产品出现，马上得到特定群体的青睐。

（六）供求信息不对称，产品服务不配套

调研发现，很多老年人对产品的需求很强烈，但缺乏好的途径和平台去了解这些产品，很重要的一个原因是缺乏产品的展示平台和宣传。许多企业也认识到这个问题，自己出资建立展示或推广中心，加大营销力度，但是由于难以长时间承受高昂的场地和营销费用，再加上产品种类不全，难以形成规模和影响力，到最后都昙花一现。另外，很多产品的服务不配套，只重视产品的研发和销售，不重视用户反馈的问题，后续服务欠缺，导致老年人不再去消费。总之，无论是产品供求信息不对称，还是产品缺乏配套服务，都在不同程度上制约着老年人消费的扩大。

五　我国城乡老年人收入、消费发展趋势

（一）城乡不同老年群体保障性收入差距进一步缩小

当前，我国老年群体根据收入高低大体上可以分为三类：第一类是机关事业退休职工，第二类是企业退休职工，第三类是除上述两类人之外的广大城乡居民。这三类老年群体由于享受的保障制度不一样，保障水平差距较大。未来随着城乡一体化的发展以及保障制度的改革，城乡不同老年群体的收入差距会进一步缩小。其一，2015 年，国务院下发了关于机关事业单位工作人员养老保险改革的决定，取消新中国成立以来实行的退休金制度。对这类人群的养老保险改革，在短期内不可能降低他们的退休待遇，他们和其他老年人群的差距依然存在，但从长远来看，实行统一的保险制度，会逐步缩小和他们和其他人群的差距。其二，随着城市化的发展，未来养老保险城乡一体化是大趋势，这将进一步缩小城乡差别。其三，目前各省实施的高龄津贴政策、护理补贴政策以及养老服务补贴政

策，基本上都是城乡一个标准。因此，未来城乡老年人的保障性收入差距会越来越小。

（二）城市老年人收入结构进一步多元化

统计数据显示，2014年，城市老年人保障性收入占比为79.4%，经营性收入、财产性收入、家庭转移性收入等非保障性收入占比为20.6%。与2010年相比，保障性收入和非保障性收入占比此消彼长，非保障性收入占比增加近10个百分点。随着20世纪60年代这一批老年人逐渐进入退休期，他们拥有的独立房产价值是非常可观的，无论未来通过何种模式交易，都将是一笔很可观的收入。此外，逐渐进入退休期的老年人的文化程度都在不断提高，他们未来再就业的机会越来越多，经营收入会不断提高。整体来看，未来城市老年人的收入结构会进一步多元化。

（三）农村老年人保障性收入会进一步提高

当前，我国农村老年人的收入结构中没有哪个收入类型占主体，看起来收入结构多元化，这其实是我国农村养老保障水平比较低的体现。由于保障水平低，保障性收入占比不高，经营性收入和家庭转移性收入显得占比较高。事实上，从2000年到2014年，我国农村老年人的保障性收入在持续提高，未来，随着社会保障城乡一体化的发展，农村老年人的保障性收入会进一步提高，逐步成为老年人收入的主体。

（四）老年人消费环境进一步优化

随着政府监管的加强、市场秩序的整顿、相关规章制度的出台，老年人消费环境会进一步优化。如养老机构服务，习近平总书记在2016年底召开的中央财经领导小组第十四次会议上强调，要按照适应需要、质量优先、价格合理、多元供给的思路，加快建立全国统一的服务质量标准和评价体系，加强养老机构服务质量监管，尽快提高养老院服务质量，坚决依法依规从严惩处欺老、虐老行为。2017年民政部等六部委启动了为期四年的全国养老

院服务质量建设专项行动，随着专项行动的开展，养老院服务的质量将会有一个明显的提升，老年人的消费信心将会提升。老年旅游业也在不断加强规范和监管，2016年国家旅游局公布了《旅行社老年旅游服务规范》行业标准，随着配套文件的出台，老年旅游市场会进一步得到整顿。

（五）部分老龄服务项目会继续成为消费热点

旅居养老服务会不断受到老年人重视。旅居养老融合了养生、旅游等多种功能，有机地将传统生活模式和旅游度假结合了起来，既满足了老年人基本的生活需求，也满足了老年人对丰富精神文化生活的渴望，是老年人一种理想的生活方式，因此会受到老年人的喜欢。调查显示，中低龄老年人是当前我国老年人的主体，其身体健康状况尚好，加上不断提高的收入和便利的交通，都为其旅居养老提供了条件。此外，护理型、嵌入社区的机构服务会受到老年人青睐，这一类服务就在老年人居住的社区，能够就近满足老年人的需求，同时也能满足子女就近照顾老人的需求，为老年人和子女所欢迎。

六 提升我国城乡老年人收入和消费建议

（一）完善社会保障体系，提高保障水平

其一，加快建立长期护理保险制度。长期护理保险制度有助于提高老年人支付能力，释放消费潜力。目前，我国已经在14个省份进行长期护理保险试点，力争在"十三五"期间，基本形成适应我国国情的长期护理保险制度政策框架。同时鼓励和支持商业保险公司开发商业性长期护理保险产品，多方努力，切实增强老年人的支付能力。其二，出台相关政策，加快发展职业年金、企业年金、商业性养老保险，切实建立起三支柱养老保险制度。其三，加强对老年人的精准救助。将符合条件的城乡老年人家庭全部纳入最低生活保障范围，加强扶贫开发和农村最低生

活保障制度的有效衔接，提高救助水平，做好社会保障兜底脱贫工作，加快贫困老年人脱贫步伐。

（二）开发老年人力资源，促进健康老年人就业

开发老年人力资源不仅有利于弥补我国劳动力的短缺，也有利于提高老年人的收入。随着我国医疗卫生条件的不断改善，老年人健康水平也有了很大的提高，完全有能力进行再就业。政府部门要大力向社会宣传老年人力资源开发的重要性，营造好的社会舆论氛围，鼓励老年人再就业，为老年人力资源的开发提供舆论支持。同时要制定完善的配套措施，鼓励有一技之长的老年人积极发挥余热、参与经济活动。此外，逐步建立老年人才开发服务管理体系，为老年人谋求再就业提供信息平台。民政、人社部门可定期举办老年人才再就业专项招聘会，为老年人开辟更多求职渠道。

（三）加快产业发展，增加产品供给

其一，完善产业政策。逐步建立国家老龄用品名录，将紧缺用品的生产和流通纳入国家相关产业扶持政策范围。对市场急需而自身盈利能力较低的老龄用品和服务企业，给予财政补贴、税费减免、土地供应等方面的扶持。其二，强化落实扶持政策。近年来，针对老龄产业的发展出台了不少政策，但落实不到位，对此，应明确各级政府落实老龄产业发展各项政策措施的主体责任、实施部门及责任部门，出台督察办法和奖惩措施，确保执行到位。另外，将发展老龄产业的主要任务指标纳入当地经济社会发展总体规划和专项规划当中。其三，发挥市场的作用。将原本由政府掌控的资源向市场释放，消除政策歧视，降低准入条件，为各类企业提供广阔的生存和发展空间，依靠市场发展老龄产业。

（四）优化消费环境，提振消费信心

优化消费环境要依靠政府、社会、消费者的联合监督。一是要加强政府的监管责任。目前，政府不仅对老年人消费市场，甚至对居民整体消费市场

的监管力度都不够，以致假冒伪劣产品充斥，严重损害消费者的利益。对此，应该强化责任追究制度和风险防控制度，对政府部门的不作为应该追究责任。二是发动社会力量进行监督，建立投诉举报平台，让消费者可以通过各种途径随时随地上传投诉举报文字、图片。同时加大专业机构对消费品的抽检力度，及时通过互联网向社会公布抽检结果。三是加快社会信用体系建设，提高不良企业违法经营的机会成本。

（五）搭建展示平台，畅通信息渠道

由于信息渠道不畅通，产品很难进入老年人的消费视野。对此，政府应该统一规划和提供场地，邀请正规厂家入驻，搭建起产品的展示平台，让老年人及其家人进行体验，充分了解产品的功能和作用，引导老年人消费。像日本，老年用品发展得很好的一个很重要原因就是宣传力度很大，经常举办展览会，在中心城市设置常年性的"福利用具展览馆"，让老年人能够充分了解产品。

参考文献

吴玉韶、党俊武：《中国老龄产业发展报告（2014）》，社会科学文献出版社，2014。

杨晓奇：《中国养老保障事业取得突破性进展》，吴玉韶《中国老龄事业发展报告（2013）》，社会科学文献出版社，2013。

王莉莉、杨晓奇：《老龄服务业发展报告》，吴玉韶等《中国老龄产业发展报告（2014）》，社会科学文献出版社，2014。

伍小兰等：《老龄用品业发展报告》，吴玉韶等《中国老龄产业发展报告（2014）》，社会科学文献出版社，2014。

吴玉韶：《对老龄产业几个基本问题的认识》，《老龄科学研究》2014年第1期。

B.6
中国城乡老年人在业状况及其变化趋势

彭青云*

摘　要： 自 1990 年以来，中国老年在业人口的数量快速增加，以低龄、健康老年人为主，性别差异不断缩小。同时，老年人口的在业率呈现东 - 中 - 西依次降低、农村显著高于城市、以初中文化为分界点向高和向低递减的特征。独居老年人口的在业比例低，仅与配偶同住的老年人口在业比例高，子女"啃老"的城乡老年人口在业比例高。80% 以上的老年在业人口从事农业劳动，主要通过非正式支持获取工作，在职业层级中处于低端位置。当然，老年在业人口的职业结构不断趋向合理，虽然农业劳动还是占有绝对优势地位，但是比例一直缓慢下降，从事社会生产服务和生活服务人员的比例在不断提高。

关键词： 城乡老年人　在业状况　在业率　行业结构　职业结构

老年人继续在业或参与经济活动是"老有所为"的重要表现，是老年人参与社会的主要途径，也是"积极应对人口老龄化"国家战略的题中应有之义，不仅有益于老年人的身体健康和良好社会适应，还有利于缓解"人口红利"消失后劳动力严重短缺的现实压力，更有利于充分利用现有老年人力资源促进经济发展。因此，促进老年人就业是利国利民的一项重大利

---

* 彭青云，中国人民大学博士研究生，主要研究方向为老龄社会学、老年人力资源开发。

好策略。

随着世界人口老龄化速度的加快、人口老龄化程度的加深，国际社会越来越重视对老年人就业、再就业的分析研究，越来越重视为老年劳动力提供保护，这表明国际社会越来越从积极乐观的视角正视老龄问题、解决老龄问题，在"建立不分年龄、人人共享社会"目标的指导下重新认识老年人群体的作用和价值。在处于高度老龄化时期的日本、德国，老年就业率逐年攀升，2015 年日本、德国 65 ~ 69 岁年龄组的老年就业率均超过 40%，两国政府也出台了一系列保护和促进老年人就业的政策和法规，确保老年人在劳动力市场上的公平待遇。

我国老年人口的增多、人口健康预期寿命的延长，也意味着老年人力资源的储量越来越丰富。作为一种重要的生产性资源，老年人继续参加工作，延长工作时间，具有重要的社会经济意义，可以缓解"人口红利"用尽之后的劳动力短缺压力，还可以减轻政府的社会养老保险支出。对于老年人个体而言，老年期参加工作既可以充实老年期的生活，还可以增加经济来源，避免陷入老年贫困。因此，社会公众、老龄研究者和老龄政策制定者都有必要搞清楚老年人口的在业状况和在业形势，为老年人自身的老年期规划提供参考，为制定和出台老龄政策、形成老龄工作规划提供依据。

那么，我国老年人口的在业状况到底如何？从 1990 年到 2015 年的 25 年间，老年人口在业状况究竟发生了哪些变化？本报告试图通过对我国老年人就业状况及变化进行全面分析来回答以上问题。本报告主要包括四个部分的内容：第一部分，中国城乡老年人的在业概况；第二部分，中国城乡老年在业人口的行业分布；第三部分，中国城乡老年在业人口的职业构成；第四部分，结论和对策建议。

一 中国城乡老年人口的在业概况

老年在业人口也称为老年就业人口，是指从事一定社会劳动并取得劳动报酬或经营收入的老年人口（邬沧萍、杜鹏等，2006），本文将老年人在业界定为仍在从事有收入的工作。本报告的主要分析数据来源于第四次中国城乡老年人生活状况抽样调查，根据 E2"您现在还在从事有收入的工作吗（包括务工、做生意等）"，界定老年人的就业或在业状态，然后与其他人口基本特征、地区、居住状况交叉得出老年人在业的基本特征描述；关于老年人口的数量和在业率的研究还补充了1990年以来的三次全国人口普查数据和2015年1%全国人口抽样调查数据。2000年人口普查统计的"经济活动人口"指参加了经济活动和有参与经济活动意愿的人口，包括失业人口和就业人口，但是因为老年失业人口比例非常小，因此统一以在业人口类别进行比较。

（一）老年人口在业数量逐年增长，老年人力资源储量丰富

1. 老年人口在业数量逐年增长，老年人力资源储量丰富

从表1可以看出，伴随着老年人口总量的快速增长，老年在业人口的数量也在快速增长。60岁及以上、65岁及以上老年在业人口总数分别从1990年的2768.5万人和1213.6万人，增加到2000年的4290.8万人、2207.1万人，再增加到2010年的5372.6万人、2490.2万人。到2015年，60岁及以上的老年在业人口、65岁及以上的老年在业人口总数分别为5957万人、2609万人。与1990年相比，2015年60岁及以上老年在业人口增加了3188.5万人，25年间增长了3000多万人，65岁及以上老年在业人口也增加了1395.4万人，25年间增长了115%。与2010年相比，2015年中国60岁及以上老年在业人口、65岁及以上老年在业人口总数也分别增加了584.4万人、118.8万人，五年间分别增长了10.9%、4.8%，60～64岁年龄组的低龄老年在业人口五年间增加了465.6万人，增长了16.2%，由此看出低年龄组的老年在业人口增长最快。

分性别来看，男性老年人口的在业数量和比例要显著高于女性老年人口，但近年来女性老年人口在业的比例不断提高。1990年男性老年在业人口2042.6万人，上升到2015年的3656万人，但男性老年在业人口在老年在业人口中所占比例从1990年73.78%下降到2015年的61.38%；女性老

年在业人口由1990年的725.8万人增加到2015年的2301万人，其占老年在业人口的比例由1990年的26.22%上升到2015年的38.62%，25年间上升了12.4个百分点。

表1 中国在业老年人口的数量与比例

单位：万人，%

年份	年龄	老年人数	在业人数	男性		女性	
				人数	比例	人数	比例
2015	60岁+	22206	5957	3656	61.38	2301	38.62
	60~64岁	7816	3348	2015	60.20	1332	39.80
	65岁+	14390	2609	1641	62.89	968	37.11
2010	60岁+	17759.4	5372.6	3275.3	60.96	2097.3	39.04
	60~64岁	5865.3	2882.4	1713.9	59.46	1168.5	40.54
	65岁+	11894.1	2490.2	1561.4	62.70	928.8	37.30
2000	60岁+	12997.8	4290.8	2709.5	63.15	1581.4	36.85
	60~64岁	4170.4	2083.8	1304.1	62.58	779.7	37.42
	65岁+	8827.4	2207.1	1405.4	63.68	801.6	36.32
1990	60+	9697.0	2768.5	2042.6	73.78	725.8	26.22
	60~64	3397.6	1554.8	1104.7	71.05	450.1	28.95
	65岁+	6299.3	1213.6	937.9	77.28	275.7	22.72

资料来源：1990年数据根据《中国1990年人口普查资料》（第二册）有关数据计算而来；2000年数据根据《中国人口普查资料》（中册；中国统计出版社，2002）长表数据计算而来；2010年数据根据中国2010年第六次全国人口普查资料中的长表数据计算而来。1990年、2000年、2010年的数据均转引自姜向群、杜鹏等所著《中国人口老龄化和老龄事业发展报告》，2015年的老年人数和老年人就业数据为2015年1%人口抽样调查数据除以实际抽样比（1.55%）得出的约数。

历年老年就业人口数据表明，低年龄组老年在业人口的增加是中国老年在业人口增加的主要原因。这些数据充分表明，我国老年在业人口不仅储量大，而且增速显著，未来老年人力资源开发利用的潜力巨大。目前国内学界对于老年人就业的讨论还不是特别多，仅关于"延迟退休"、"延长工作时间"、退休"再就业"的影响因素的讨论比较热烈，而老年在业人口数量日益增多的现象还没有引起充分的关注，对未来劳动力市场对老年劳动力的需求也没有进行科学的预测。本报告关于老年在业人口数量的分析正好可以抛砖引玉，其庞大的规模和较高比例足以引起学界对老年人口就业现象的关注和重视。

2. 老年人口在业率总体上呈下降趋势

在业率是衡量一国劳动力市场活动水平的一项重要指标，表示为在业人口占劳动力人口的比重。

$$分年龄在业率 = 该年龄在业人口数 \div 该年龄人口数 \times 100\%$$

自 1990 年来，我国 60 岁及以上老年人口的在业率一直在 30% 上下徘徊，60 岁及以上老年人口的在业率从 1990 年的 29%、2000 年的 33%（这个数因为统计的是经济活动人口而偏高）、2010 年的 30%，一直到 2015 年的 27%，略有下降。2015 年 60 岁及以上老年人口在业率与 65 岁及以上老年人口在业率分别为 27%、18%，相比于 1990 年分别下降了 1.73 个、1.14 个百分点，相比于 2000 年分别下降了 6.19 个、6.87 个百分点，相比于 2010 年分别下降了 3.43 个、2.81 个百分点。总体来看，65 岁及以上的老年人口在业率呈逐年下降的趋势。这可能与社会保障制度不断完善，尤其是养老保险的覆盖面扩大，更多的城市老年人晚年有了基本生活保障，不再通过就业增加收入、补贴家用有关。同时城市的退休制度安排，也将一部分老年人排除在劳动力市场之外，成为非在业人口。

从劳动力市场的性别差异来看，虽然男性老年人口的在业率一直高于女性老年人口，但是随着时间的推移，男女老年人口在业率的差距显著缩小。1990 年，男性老年人口的在业率是 21.1%，女性老年人口的在业率是 7.5%，男女性老年人口的就业率相差近 14 个百分点；到 2015 年，男性老年人口的在业率下降为 16.5%，女性老年人口的在业率上升为 10.4%，男女老年人口的在业率差距缩小到 6.1 个百分点。女性老年人口的在业率先升后降，从 1990 年的 7.5% 上升到 2000 年的 12.2%，再降到 2015 年的 10.4%；相反，男性老年人口的在业率则呈现明显的下降趋势，从 1990 年的 21.1% 下降为 2000 年的 20.9%、2010 年的 18.4%、2015 年的 16.5%，25 年间下降了约 5 个百分点。男女老年人口在业率的差距越来越小。女性老年人口在就业市场上的活跃程度越来越高的现象非常值得关注，这是社会

越来越开放，女性老年人开始从家务劳动中解放出来，参与到社会经济发展中来，分享社会经济发展成果的体现，是女性社会经济地位不断提高的表征，是性别平等的重要表现。

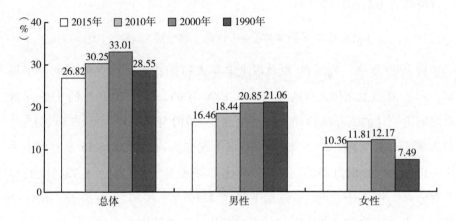

图1　中国60岁及以上在业老年人口的性别差异

资料来源：同表1。

（二）低年龄（60～64岁）老年人口的在业率最高

从2015年全国分年龄性别老年人口在业率的变化来看，49岁以后分年龄老年人口在业率出现明显的下降（如图2所示），60～64岁老年在业人口的在业率为42.8%，是各年龄组老年人中在业率最高的。随着年龄的增加，老年人口的在业率迅速下降，说明老年人的在业率与年龄呈现非常明显的负相关关系。这可能是因为随着年龄的增长，老年人的体能相对下降，失能、不健康的比例增加，更多的社会设置（如退休制度）也要求老年人口退出劳动力市场，还有一些理论认为老年期退出就业岗位，收缩家庭外的活动范围有利于老年期的健康。

从图3可以看出，不论是城市还是农村，老年人口的在业率都随着自评健康状况的转好，显著提升，从自评健康非常差的1.6%提升到自评健康非常好的23.2%。但是可以看到，还有1.6%的自评为非常不健康的老年人也

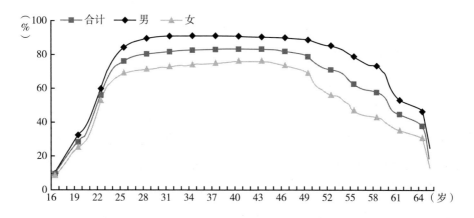

图 2 2015 年中国在业人口的性别年龄差异

资料来源：同表 1。

仍处于在业状态，这可能是因为这些自评健康较差的老年人多分布在农村，参加农业经济活动是无奈之举，是中国农村地区老年人"活到老干到老"的典型。从健康状况与老年人在业的关系可见，身体素质是影响老年人口在业的关键因素，老年人口要想晚年保持良好的社会功能，就必须积极锻炼、保证身体健康。

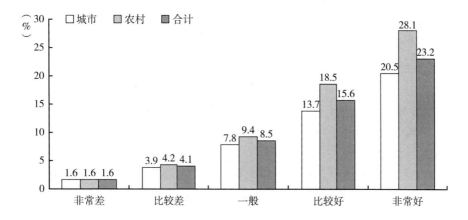

图 3 2015 年中国城乡在业老年人口的健康差异

数据来源：根据第四次中国城乡老年人生活状况抽样调查数据整理。

（三）农村老年人口在业率明显高于城市老年人口，东部地区显著高于中部和西部地区

中国老年人口的在业状况存在着明显的城乡差异。从图 4 可以看出，农村人口的在业比例在各个年龄段都高于城市，尤其是 25 岁及以上农村人口的在业比例远远高于城市和镇的人口。这可能是因为农村地区在校学生人数相对较少，更多农村劳动力在很小年纪就参加工作或流入城市、镇读书，参军，导致农村留下来的都是 25 岁及以上的在业人口，同时农村人口的就业门槛低，就业灵活，这导致农村人口的在业比例高于城市和镇人口，农村人基本都要参加农业活动或外出务工，而城市和镇的人还有很多在读研究生或在家待业。64 岁以后城市、乡村和镇的老年人口的在业比例开始慢慢下降。

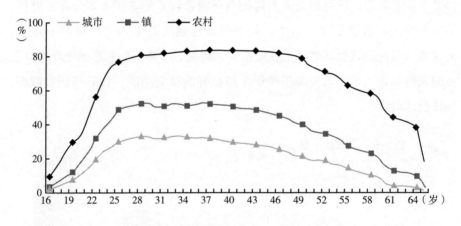

图 4　2015 年中国城乡在业人口的年龄差异

数据来源：2015 年全国 1% 人口抽样调查数据计算。

从老年人角度来看，农村老年人在业比例明显高于城市和镇的老年人。如图 5 所示，60 岁及以上农村老年人的在业率为 39.22%，比城市和镇分别高出 31.98 个和 15.12 个百分点，农村 60～64 岁的老年人的在业率高达 61.6%。

分民族来看，如图 6 所示，汉族老年人口的在业率高于少数民族 3.63 个百分点，城市汉族老年人口的在业率高于少数民族老年人口 2.39 个百分

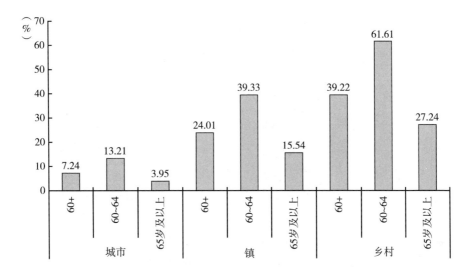

图5 2015年中国城乡在业老年人口的年龄差异

数据来源：根据第四次中国城乡老年人生活状况抽样调查数据整理。

点，农村汉族老年人口在业率高于少数民族老年人口4.76个百分点，说明汉族老年人口与少数民族老年人口的就业差异在农村地区更明显、差距更大。出现这种差距的原因，有可能是少数民族多位于"老少边穷"地区，经济水平落后，文化程度低下，以致少数民族的就业能力和就业水平低下，少数民族地区就业机会有限，而汉族老年人自主谋业和灵活就业的机会更多。

总体而言，农村老年人口的在业率高于城市老年人口，相关研究表明农村老年人是农村劳动力的主要组成部分，从城乡差距来看，老年人口在业率最为突出。这种差异与普遍存在的城乡二元结构有密切关系。目前城市地区广泛实行了退休制度，城市老年人基本有退休金保障，而农村老年人一般参加的是新型农村养老保险，保险金远低于城市老年人，相当多的农村老年人为了获得更多经济收入而选择继续工作即参加农业经济活动。

分地区来看，如表2和图7所示，浙江省的老年人口在业率全国最高，2015年浙江省老年人口的在业率高达22.43%，其中，城市老年人口在业率为19.4%，农村老年人口在业率高达26.6%；老年人口在业率次高为江苏

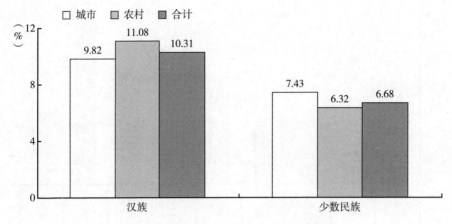

图6 中国城乡在业老年人口的民族差异

数据来源：根据第四次中国城乡老年人生活状况抽样调查数据整理。

省（16.8%），其农村和城市分别为15.5%、19.5%，老年人在业率排名靠前的主要是东部和中部省份。

表2 2015年中国老年人口在业率的省份差异

单位：%

所在省份	排名	在业率	所在省份	排名	在业率
浙江省	1	22.43	宁夏回族自治区	17	8.24
江苏省	2	16.78	海南省	18	8.21
江西省	3	13.85	重庆市	19	7.92
福建省	4	12.76	四川省	20	7.31
山东省	5	12.67	上海市	21	7.26
安徽省	6	12.36	辽宁省	22	5.19
湖北省	7	11.73	内蒙古自治区	23	5.16
广西壮族自治区	8	11.08	吉林省	24	5.05
广东省	9	9.92	新疆维吾尔自治区	25	4.9
山西省	10	9.31	北京市	26	4.79
河北省	11	9.16	青海省	27	4.7
湖南省	12	9.06	陕西省	28	4.64
云南省	13	8.78	黑龙江省	29	4.04
贵州省	14	8.55	甘肃省	30	3.92
河南省	15	8.54	西藏自治区	31	1.73
天津市	16	8.39			

数据来源：根据第四次中国城乡老年人生活状况抽样调查数据整理。

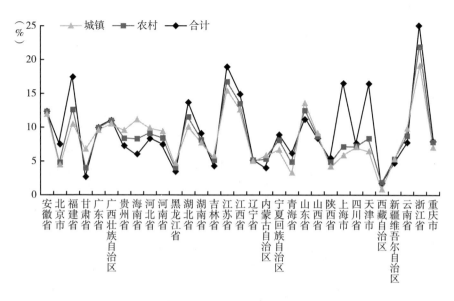

图7　2015年中国城乡在业老年人口的省际差异

资源来源：根据2015年中国城乡老年人生活状况抽样调查数据整理。

老年人口就业比例靠后的以西部省份为主，但是北京市和辽宁省意外入列，北京的老年人在业比例低，北京市的老年人口以城市老年人口为主，城市老年人口有严格的退休制度，基本到60岁就退出劳动力市场，因此北京60岁及以上老年人口的在业比例低。西藏老年人口在业比例全国最低，为1.73%，西藏不论是农村还是城市老年人口的在业比例都是全国最低，分别为0.8%、2.8%；其次为甘肃省（3.9%）。这说明气候条件恶劣的西部地区，老年人口的就业比例也下降，相反，商品经济越发达的地区老年人口的在业比例越高，这从侧面反映了老年人在业率跟地方经济发展水平密切相关。

分东、中、西部地区来看，如图8所示，老年人口在业比例呈现非常明显的东、中、西部地区差异，东部地区12.18%，显著高于中部地区的9.65%和西部地区的7.39%。并且，东部地区不论是城市还是农村，老年人口的在业比例都高于中部、西部地区。老年人口在业比例的地区差异，一定程度上反映了中国经济发展水平的地区差异，经济水平高的东部地区老年人口就业机会多，老年人自主谋业和灵活就业的比例高，就业比例随之提高。

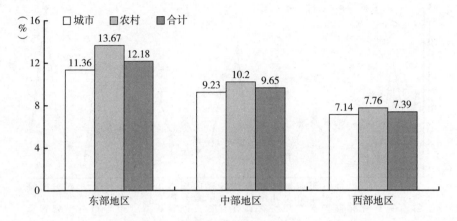

图8　2015 年中国城乡在业老年人口的地区差异

数据来源：根据第四次中国城乡老年人生活状况抽样调查数据整理。

（四）初中文化程度老年人口的在业率最高，以初中为峰值向低文化程度和高文化程度分别递减

中国老年人口在业率并未随着文化程度升高而升高，反而呈现两头低、中间高的现象，具体表现为初中文化程度的老年人口的在业率最高（为12.79%），高于高中/中专/职高文化程度老年人口的在业率，且高于大专及以上文化程度老年人。但是农村老年人口的在业率随着文化程度升高而升高，农村大专及以上文化程度的老年人口就业率高达20.88%，比农村未上过学的老年人口高出14.92 个百分点，这种状况说明在农村地区，老年人口文化程度越高，接收到的信息越充分，就业选择的机会越多，在业率就越高。而在城市并非如此，拥有了初中文化水平的老年人口在业率反而更高，而高中/中专/职高及大专以上文化程度的老年人口的在业率比初中文化程度老年人口更低，这可能是因为城市地区有较为完善的社会保障制度，绝大多数老年人都有退休金、养老金，而初中文化水平的城市老年人多是工人和初级职称，退休收入较低，因而退休后退休金收入较低，工作意愿更加强烈。

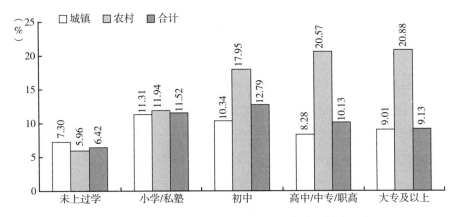

图9　2015年中国城乡不同文化程度老年人口的在业率

数据来源：根据第四次中国城乡老年人生活状况抽样调查数据整理。

中国拥有专业技术职称的老年人口在业率与不拥有专业技术职称的老年人相差不大，但在农村地区，有专业技术职称的老年人口的在业率高出没有专业技术职称的老年人11.34个百分点，说明专业技术职称对农村老年人的就业具有明显的促进作用。因此，现实中如果要鼓励老年人再就业、缓解劳动力短缺带来的压力，就应该加强有再就业意愿老年人的专业技能培训，让这部分老年人拥有一技之长。

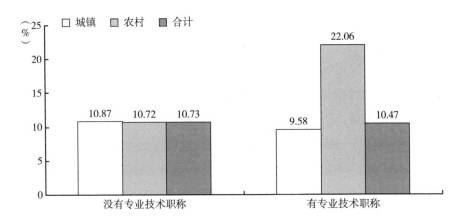

图10　中国城乡在业老年人口的专业技术职称差异

数据来源：根据第四次中国城乡老年人生活状况抽样调查数据整理。

（五）独居老年人口在业率最低，仅与配偶同住的老年人口在业率最高，子女"啃老"的老年人口在业率最高

老年人的婚姻状况对老年人在业率的影响不大。如图11所示，分别从城市和农村看，有配偶老年人口在业率比无配偶老年人口高出6.9个百分点和8.4个百分点，无配偶老年人多是丧偶老年人和高龄失能老年人，没有能力参加劳动，尤其是农村老年人有配偶与无配偶的在业比例差距比较大。这可能与农村无配偶老年人年纪大，因身体健康状况较差而无法参加农业劳动有关。

从图12可以看出，与其他人同住（与保姆、父母等居住）的老年人口在业率最高（13.8%），独居老年人口在业率最低（6%），仅与配偶同住的老年人口在业率要高于与子女同住老年人口的在业率，尤其是农村地区仅与配偶居住的老年人在业率明显高于与子女同住的老年人。之所以出现这种情况，可能是因为与子女同住的老年人多在帮助子女照料孙辈，家务劳动的时间比较长，降低了他们的在业率。

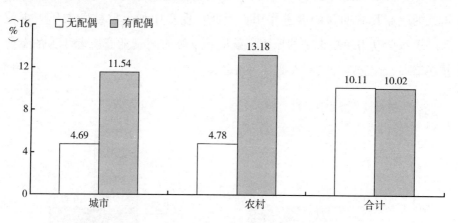

图11 2015年中国城乡不同婚姻状况老年人口的在业率

数据来源：根据第四次中国城乡老年人生活状况抽样调查数据整理。

与此同时，有10.7%的老年在业人口认为子女存在"啃老"情况，农村老年在业人口认为子女"啃老"的比例更高达18.3%，这在一定程度上说明了农村老年人子女"啃老"的情况比城市要多，被"啃老"的城市、农村老年人口在业率更高。换言之，对子女的经济支持是老年人在业的重要驱动力。

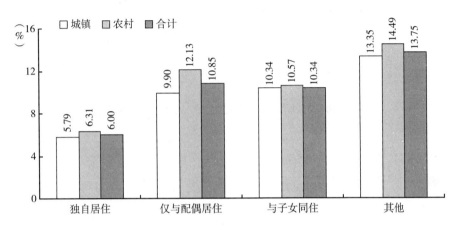

图12　2015年中国城乡不同居住方式老年人口的在业率

数据来源：根据第四次中国城乡老年人生活状况抽样调查数据整理。

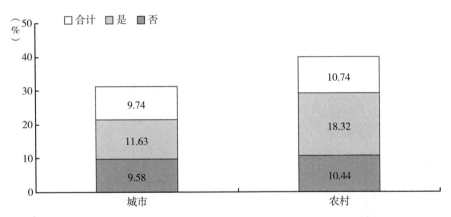

图13　2015年中国城乡在业老年人口的子女"啃老"评价差异

数据来源：根据第四次中国城乡老年人生活状况抽样调查数据整理。

（六）老年在业人口退休前的工作单位主要是国有企业，老年人口主要通过非正式支持获取现有工作岗位

根据第四次中国城乡老年人生活状况抽样调查数据（如表3所示），有

104117 名老年人回答了退休前的单位性质。目前在业并且退休前有工作单位的老年人，其退休前的主要单位性质是国有企业，其次为私有/三资/其他企业。与农村相比，城市有更多的老年在业人口退休前有单位，且城市老年人退休前单位性质主要为国有企业，其次为私营企业，再次为党政机关/事业单位/部委。

表3　2015 年中国城乡老年在业人口退休前的单位性质

单位：%

城乡	党政机关/事业单位/部委	国有企业	私营企业	农村集体	私有/三资/其他	不适用
城市	5.99	11.12	6.16	3.77	5.81	67.15
农村	0.78	0.75	0.54	1.02	0.53	96.39
合计	3.23	5.76	3.35	3.03	3.89	79.71

数据来源：根据第四次中国城乡老年人生活状况抽样调查数据整理。

如图 14 所示，绝大部分的老年人是通过个人关系获取现有工作的，这种情况农村占 47.3%，城市占 42.7%，老年人获取现有工作排名第二位的方式是自己创业，农村和城市分别占 26.7% 和 26.3%。由此可见，老年人

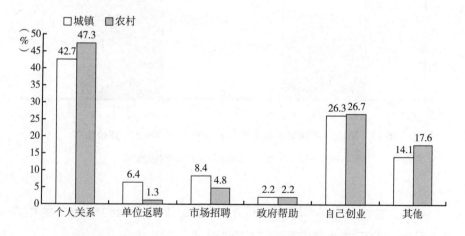

图14　2015 年中国城乡老年在业人口获取现有工作的途径

数据来源：根据第四次中国城乡老年人生活状况抽样调查数据整理。

口获取现有工作主要是通过非正式渠道。而通过单位返聘、市场招聘和政府帮助等正式渠道的比例都非常低，城市老年人通过正式途径获取现有工作岗位的比例高于农村，有6.4%的通过单位返聘，有8.4%的通过市场招聘，但是仍然只占很小一部分，均不足10%。

二 中国城乡老年在业人口行业构成及变化

老年在业人口的行业构成，是老年在业人口在各行业分布数量的比例，这个比例用老年人口在各个行业的就业人数占全部老年在业人口数量的比例来反映。杨宗传（1987）认为老年人口的行业结构受行业劳动方式、老年人自身的体力和智力条件以及各行业劳动力供求关系三个方面因素的影响。他认为，那些主要依靠智力或需要体力较小而责任感较强的行业，对老年劳动者需求量较大，如果老年劳动者智力较高、体力较强，其适应范围就较大；那些劳动力需求大于供给或劳动力短缺的行业，对老年劳动者的需求同样较多。老年在业人口的行业分布充分体现了以上特点。

我国老年人主要从事农业生产劳动，但老年人从事服务业和建筑业的比例逐年上升。根据2015年全国人口1%抽样调查的数据，绝大多数的60岁及以上老年在业人口分布在第一产业，比例达到86.2%，仅有7.5%的老年在业人口从事第二产业，老年在业人口中从事第三产业的比例最低（6.3%）。从性别结构上看，女性老年在业人口从事第一产业的比例高达到92.2%，比男性老年在业人口高出10.2个百分点，女性老年在业人口从事第三产业的比例仅占4.6%，低于男性老年在业人口2.9个百分点，从事第二产业的女性老年在业人口占3.2%，也远低于男性老年在业人口的10.6%。

总体来看，2015年老年在业人口的产业分布与一、二、三产业实际从业人员分布（28.4%、29.2%、42.4%）相差较大。老年在业人口集中在第一产业，老年人的就业主要是从事农业生产，女性老年人从事农业的比例远超过男性老年人的现象非常值得关注。这主要与我国农业生产经营活动比较分散、灵活有关。农业吸纳劳动力的能力比较强，农业生产主要是熟练活儿，技术要求低，只要体力能胜任，老年人都可以从事。

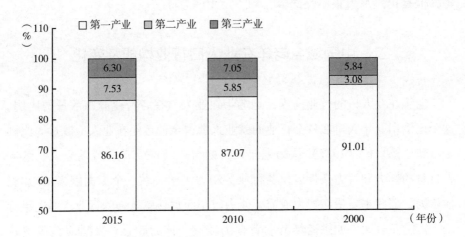

图 15　中国老年在业人口的产业结构变化

数据来源：根据2015年全国1%人口抽样调查、2010年和2000年全国人口普查数据计算。

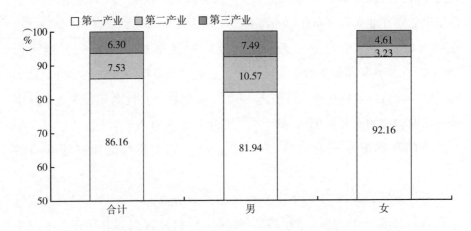

图 16　2015年中国老年在业人口的产业结构

数据来源：根据2015年全国1%人口抽样调查数据计算。

从具体从事的行业来看，中国老年在业人口从事的排名前四位的行业分别是农林牧渔业、制造业、建筑业、批发和零售业。中国老年在业人口目前主要还是从事农林牧渔业，比例达到86.2%，其次为制造业，占了3.8%，再次为建筑业，也占了3.5%。中国老年在业人口从事比例最低的为第三产业中的信息传输、软件和信息技术服务业，金融业，科学研究和技术服务业，以及国际组织（几乎为零）。对于采矿业这样需要技术和体力的行业而言，老年人从事的也比较少。这些也是比较符合老年人特征的：对新事物、信息技术接受比较慢，体力衰退等。

从年龄方面来看，60~64岁的老年在业人口从事第一产业的比例最高，为91.1%，65岁及以上的老年在业人口从事第一产业的比例比其低约3个百分点，为88.4%。

表4　2015年中国老年在业人口行业结构

单位：%

行业	60 +			60~64			65 +		
	合计	男	女	合计	男	女	合计	男	女
1. 农、林、牧、渔业	86.2	81.9	92.2	91.1	89.3	94.1	88.4	85.4	93.0
2. 采矿业	0.18	0.29	0.03	0.09	0.13	0.02	0.14	0.22	0.02
3. 制造业	3.80	4.55	2.75	2.35	2.52	2.09	3.15	3.60	2.47
4. 电力、热力、燃气及水生产和供应业	0.09	0.14	0.01	0.05	0.07	0.02	0.07	0.11	0.01
5. 建筑业	3.46	5.59	0.43	1.45	2.20	0.21	2.55	4.01	0.34
6. 批发和零售业	2.29	2.54	1.93	1.82	2.02	1.50	2.08	2.29	1.75
7. 交通运输、仓储和邮政业	0.49	0.79	0.08	0.19	0.28	0.03	0.35	0.55	0.06
8. 住宿和餐饮业	0.51	0.47	0.57	0.29	0.30	0.26	0.41	0.39	0.45
9. 信息传输、软件和信息技术服务业	0.01	0.02	0.00	0.00	0.01	0.00	0.01	0.01	0.00
10. 金融业	0.02	0.03	0.01	0.02	0.02	0.01	0.02	0.03	0.01
11. 房地产业	0.15	0.21	0.07	0.08	0.11	0.04	0.12	0.16	0.05
12. 租赁和商务服务业	0.18	0.28	0.05	0.13	0.19	0.05	0.16	0.24	0.05
13. 科学研究和技术服务业	0.04	0.06	0.01	0.02	0.03	0.01	0.03	0.05	0.01
14. 水利、环境和公共设施管理业	0.37	0.41	0.30	0.30	0.37	0.17	0.33	0.39	0.25

行业	60 +			60～64			65 +		
	合计	男	女	合计	男	女	合计	男	女
15. 居民服务、修理和其他服务业	0.71	0.70	0.71	0.70	0.70	0.72	0.71	0.70	0.71
16. 教育	0.28	0.38	0.14	0.17	0.22	0.09	0.23	0.30	0.12
17. 卫生和社会工作	0.35	0.46	0.20	0.42	0.57	0.16	0.38	0.51	0.18
18. 文化、体育和娱乐业	0.05	0.06	0.03	0.04	0.05	0.02	0.04	0.06	0.02
19. 公共管理、社会保障和社会组织	0.85	1.08	0.51	0.75	0.93	0.47	0.80	1.01	0.49
20. 国际组织	0.00	0.00	0.00	0.00	0.00	0.00	0.00	0.00	0.00

数据来源：根据2015年全国1%人口抽样调查数据计算。

相比于2010年第六次全国人口普查数据，老年在业人口的行业结构也发生了一些改变，但变化较小。60岁及以上的老年人从事农业生产的比例下降了约1个百分点，主要是男性老年在业人口从事农业生产的比例下降了2个百分点，女性老年人从事农业生产的比例反而略有提升。伴随近些年来房地产经济的发展，以及建筑业工人进入老年，老年在业人口中从事建筑业的比例明显提高，从2010年的1.85%上升到2015年的3.46%。其他行业变化不是特别明显，在第二产业中，比例略有增加的还有制造业，而电力、煤气及水的生产供应业略有下降。从事第三产业比例有所下降的有批发和零售业，金融、保险业，这个比例降低可能与行业类别调整有关系，此外有所下降的还有房地产业。其他类别因统计口径变动较大，较难进行比较。

相比于2000年第五次全国人口普查数据，2015年中国老年在业人口的行业分布有了较大变动，从事农业生产的老年人口所占比例在明显减少，降低了将约5个百分点，其中男性老年在业人口降幅最大，降低了约7个百分点，女性老年人口从事农业的比例也降低了约3个百分点。第二产业老年在业人口比例有所增加，制造业的老年在业人口增长了近1.5个百分点、建筑业老年在业人口增长最快，增加了3个百分点，其他增长较快的行业还有交通运输、仓储和邮电通信业，房地产业等。

表5 中国老年在业人口行业结构变化

单位：%

行业	2010 年			2000 年		
	小计	男	女	小计	男	女
1. 农林牧渔业	87.07	83.91	92.00	91.01	88.67	95.02
2. 采掘业	0.20	0.30	0.05	0.17	0.25	0.04
3. 制造业	3.70	4.43	2.56	2.36	2.99	1.29
4. 电力、煤气及水的生产供应业	0.10	0.15	0.03	0.08	0.12	0.01
5. 建筑业	1.85	2.85	0.30	0.47	0.71	0.05
6. 地质勘查业、水利管理业	0.02	0.04	0.01	0.01	0.06	0.04
7. 交通运输、仓储及邮电通信业	0.59	0.83	0.22	0.28	0.41	0.06
8. 批发和零售贸易、餐饮业	3.16	3.45	2.71	2.58	2.87	2.07
9. 金融、保险业	0.05	0.07	0.03	0.07	0.10	0.02
10. 房地产	0.21	0.29	0.10	0.05	0.07	0.02
11. 社会服务业	1.15	1.22	1.03	0.81	0.99	0.49
12. 卫生、体育和社会福利业	0.48	0.65	0.25	0.50	0.65	0.26
13. 教育、文化艺术及广播电影电视业	0.47	0.61	0.26	0.63	0.86	0.25
14. 科学研究、综合技术服务业	0.05	0.06	0.02	0.10	0.13	0.03
15. 国家机关、党政机关和社会团体	0.71	0.94	0.36	0.77	1.01	0.35
16. 其他行业	0.16	0.21	0.07	0.04	0.10	0.04

资料来源：同表1。

总体而言，在2000~2015年的15年间，老年人口从事农业的比例随着时间的推移在逐年下降。从事第二产业的比例有所提升，虽然提升幅度不大，但仍存在整体增加的趋势。从事第三产业（服务业）的比例总体是上升的，但上升幅度较小，尤其是从2010年到2015年还略有下降。

三 中国城乡老年在业人口职业构成及变化

从表6可以看出，老年在业人口从事职业中排第一位的是农、林、牧、渔、水利业生产人员，占80.6%，第二位的是社会生产服务和生活服务人员，占9.1%，第三位的是生产制造及有关人员，占6.7%，第四位的是专业技术人员，占1.6%，第五位的是办事人员和有关人员，占

1.4%，还有 0.6% 的劳动者是党的机关、国家机关、群众团体和社会组织、企事业单位负责人。

表6　2015 年中国老年在业人口职业构成

单位：%

职　业	60 +			60 ~ 64			65 +		
	合计	男	女	合计	男	女	合计	男	女
1. 党的机关、国家机关、群众团体和社会组织、企事业单位负责人	0.58	0.83	0.19	0.73	1.05	0.23	0.40	0.55	0.13
2. 专业技术人员	1.63	2.13	0.84	1.81	2.41	0.90	1.40	1.78	0.76
3. 办事人员和有关人员	1.36	2.00	0.35	1.52	2.28	0.37	1.16	1.65	0.32
4. 社会生产服务和生活服务人员	9.08	10.0	7.59	10.5	11.5	8.83	7.33	8.19	5.87
5. 农、林、牧、渔业生产及辅助人员	80.6	76.3	87.6	77.0	71.1	85.8	85.3	82.6	90.0
6. 生产制造及有关人员	6.66	7.77	4.89	9.50	11.6	6.39	3.01	3.12	2.83
7. 不便分类的其他从业人员	0.07	0.07	0.07	0.09	0.09	0.09	0.05	0.05	0.04

资料来源：根据 2015 年全国 1% 人口抽样调查数据计算。

　　从老年人口职业结构的性别差异来看，在农、林、牧、渔业生产及辅助人员中，不论是 60 岁及以上还是 65 岁及以上的老年就业人口，女性老年人口占比都高于男性老年人口，分别高出了 11.3 个百分点、7.4 个百分点。而在从事其他职业的劳动者如党的机关、国家机关、群众团体和社会组织、企事业单位负责人，专业技术人员，社会生产服务和生活服务人员，生产制造及有关人员中，女性都远低于男性老年人。

　　从年龄上看，与 60 ~ 64 岁的老年劳动者相比，65 岁及以上老年劳动者是农、林、牧、渔业生产及辅助人员的，所占比例由 77% 提升到 85.3%，而从事其他职业的劳动者的比例都有所下降，下降最为明显的是生产制造及有关人员，由 9.5% 下降到 3.0%。这说明高龄的老年就业人口主要分布在农村，从事农业生产劳动，农、林、牧、渔业对我国老年人口的超强吸收能力，成为我国老年在业人口就业职位的一大主要特征。

　　对比分析 2015 年、2010 年、2000 年的数据可以发现，我国老年在业人口的整体职业结构并未出现根本性的变化，农、林、牧、渔业及辅助人员仍然是老年人口的主要职业。但总的来看，2015 年农、林、牧、渔业生产及辅助人员占比相比 2000 年下降了 10.5 个百分点，相比 2010 年下降了 6.5 个百分点；社会生产服务和生活服务人员、生产制造及有关人员比例则有了较为明显的提升。与 2000 年和 2010 年相比，社会生产服务和生活服务人员分别提升了 5.6 个百分点和 4.1 个百分点，从事其他职业的比例大部分也在小幅提升。

从性别差异看，从 2000 年到 2015 年，男性老年劳动者从事农、林、牧、渔业生产及辅助业的下降最快，下降了 12.6 个百分点，女性老年劳动者也下降了 7.6 个百分点，但是降幅没有男性明显。男性老年劳动者中社会生产服务和生活服务人员、生产制造及有关人员的比例也有了较为显著的提升，从 2000 年到 2010 年分别提升了 6.1 个百分点和 5.1 个百分点，女性老年劳动者中社会生产服务和生活服务人员占比是所有职业中提升最快的，提高了 4.9 个百分点。

表 7　中国老年在业人口职业构成变化

单位：%

职　业	2015 年			2010 年			2000 年		
	合计	男	女	合计	男	女	合计	男	女
党的机关、国家机关、群众团体和社会组织、企事业单位负责人	0.58	0.83	0.19	0.45	0.64	0.15	0.43	0.6	0.14
专业技术人员	1.63	2.13	0.84	1.29	1.69	0.65	1.41	1.9	0.56
办事人员和有关人员	1.36	2.00	0.35	1.49	2.22	0.35	1.36	2.0	0.26
社会生产服务和生活服务人员	9.08	10.02	7.59	4.99	5.4	4.36	3.51	3.97	2.73
农、林、牧、渔业生产及辅助人员	80.6	76.25	87.6	87.1	83.9	92.1	91.1	88.8	95.2
生产制造及有关人员	6.66	7.77	4.89	4.67	6.11	2.42	2.12	2.72	1.09
不便分类的其他从业人员	0.07	0.07	0.07	0.05	0.06	0.03	0.05	0.06	0.03

资料来源：同表 1。

老年在业人口的职业构成城乡差异非常明显，城市在业老年人口中党的机关、国家机关、群众团体和社会组织、企事业单位负责人的比例最高，高达 2.5%，而镇和农村比例则非常低，分别为 0.9% 和 0.3%。城市老年在业

人口中专业技术人员、办事人员和有关人员、社会生产服务和生活服务人员、生产制造及有关人员的比例也高于镇和农村，分别为 6.3%、6.7%、33.8%、15.1%。城市老年在业人口除了农、林、牧、渔业生产及辅助人员外，其他类别的比例都比镇和乡村高出很多。换言之，城市老年人在业人口的就业优势非常明显。

表 8　中国老年在业人口职业构成的城乡差异

单位：%

职　业	全国	城市	镇	乡村
党的机关、国家机关、群众团体和社会组织、企事业单位负责人	0.58	2.47	0.91	0.30
专业技术人员	1.63	6.25	2.34	0.96
办事人员和有关人员	1.36	6.68	2.21	0.58
社会生产服务和生活服务人员	9.08	33.83	15.89	4.72
农、林、牧、渔业生产及辅助人员	80.62	35.38	68.65	88.48
生产制造及有关人员	6.66	15.14	9.86	4.94
不便分类的其他从业人员	0.07	0.26	0.13	0.03

数据来源：根据 2015 年全国 1% 人口抽样调查数据计算。

总之，老年人所从事的职业以生产型的体力劳动为主，以农业生产劳动为主，老年人是生产型、体力劳动为主的就业人口。老年人的职业结构和行业结构都反映从事农业劳动的老年人口比例偏高，与实际劳动力市场上全人口的职业结构和行业结构差别较大。女性老年人口在职业分布上的弱势非常明显。随着年龄的增加，唯独老年农、林、牧、渔业生产及辅助人员占比在上升，其他都在下降，尤其是社会生产服务和生活服务人员、生产制造及有关人员下降得最为明显。

四　研究结论及对策建议

伴随人口老龄化的加剧和经济社会的快速发展，中国老年人口的就业状况发生了较大的变化，全面深入了解老年人的在业状况和特点，对于老龄事业的发展和进一步推进积极应对人口老龄化的国家战略、完善老年人就业的相关社会经济政策都有着重要的意义。

（一）主要结论

本研究主要利用 2015 年全国人口 1% 抽样调查的数据和 2015 年第四次中国城乡老年人生活状况抽样调查的数据，并结合 2010 年第六次全国人口普查、2000 年第五次全国人口普查和 1990 年第四次全国人口普查的数据开展的分析，全面展现了中国老年在业人口的基本状况。现将主要结论和发现归纳如下。

1. 中国老年人在业人口在数量迅速增加的同时，在业率近年有所下降

老年在业人口数量和老年人口在业率是反映老年人力资源供给和利用状况的重要指标。老年人口在业率在一定程度上与各国经济发展所处的阶段密切相关。在经济发展初期，老年人口在业率会较高，但随着经济发展进程的加快将呈现不断下降的趋势。

2015 年 60 岁及以上老年在业人口 5957 万人，比 2010 年增加了 584 万人，五年间增长了 10.9 个百分点；比 2000 年增加了 1666 万人，15 年间增长了 38.8 个百分点。与 1990 年相比，65 岁及以上老年在业人口增长最快，25 年间增长了 115%。在人数增加的同时，老年人口的在业率却呈现非常明显的下降趋势。60 岁及以上老年人口的在业率从 1990 年的 29%、2010 年的 30%，下降为 2015 年的 27%。

数量巨大的老年在业人口和储量丰富的老年人口资源，充分显示了我国拥有丰富的老年人力资源开发的潜力；在当今社会，人才、人力是最宝贵的社会经济财富，人力是最重要的生产要素，人才资源是反映我国综合国力和竞争力的综合指标，尤其是在当前人口红利消失殆尽、人力成本逐年攀升的背景下，大力开发老年人力资源势在必行。未开发、未被利用的老年人力资源都是社会人力资源的浪费，老年人力资源闲置对经济发展不利，于社会和谐无益，不利于人口与经济社会协调可持续发展，因此必须及时

采取措施。

2. 中国老年在业人口性别差异大，男性老年人在就业市场上优势非常明显

一直以来，男性老年人口的在业率都远远高于女性老年人口的在业率，2015 年男性老年人口在业率 16.46%，女性老年人口在业率 10.36%，男性老年人在业率比女性老年人约高了 6 个百分点。但是 20 多年来，男性老年人的在业率一直呈下降趋势，而女性老年人的在业率呈先升后降的趋势。1990 年，男性老年人口在业率 21.06%，女性老年人口在业率 7.49%，男女性老年人口的就业率相差近 14 个百分点，随着时间的推移，男女性老年人口在业率之差逐渐缩小，到 2015 年这个差距缩小到 6.1 个百分点。女性老年在业人口不仅增势迅猛，而且其数量的增长也明显快于男性老年人，女性老年在业人口数量的增长是近 25 年来老年在业人口增长的主要原因。

女性老年人口在业数量和在业率虽然都在增长，但依旧没有改变女性老年人在就业市场上的弱势地位，其弱势地位不仅表现为在业率低于男性，还表现为女性老年人口从事低端行业的比例要远远高于男性，如绝大多数的女性老年人口的就业都分布在农、林、牧、渔业，从事的是农业生产劳动。尽管女性老年人口在业率不断上升，老年在业人口的性别结构正在发生变化，但仍未改变男性老年人口主导的格局。女性老年人口在就业市场上的弱势地位与其在家庭内部的重要作用形成了反差，受制于传统文化，很多女性老年人口退休或年老后负担了照料孙子女的工作，女性老年人口家务劳动的投入，间接限制了其在就业市场的发展和投入，这可能是女性老年人口在业率一直低于男性老年人口的主要原因。

3. 老年在业人口的年龄差异非常显著，低龄组老年人口是老年就业市场的主力；随着健康状况的恶化，老年人口在业的比例迅速下降

低龄组的老年在业人口是老年在业人口的主要组成部分，年龄和健康是交互影响的两个因素，因为随着年龄的增加，绝大部分老年人的体能会下降，健康状况会变差。因此，年龄越大在业比例越低，健康越差在业比例越低。自 1990 年以来，60～64 岁组的老年在业人口占据了全体老年在业人口的 50% 以上,即低龄组 60～64 岁组的老年在业人口占全体老年在业人口的一半左右,2015 年 60～64 岁组的在业老年人口占了总体在业老年人口的 56%,低龄组的老年人口因为较好的身体素质和体能优势成为老年就业人口的绝对主力。因此,国家和政府出台老年人的就业政策和就业福利要重点针对低龄组的老年人口,满足他们的基本需求,充分开发这部分老年人中蕴含的丰富资源和潜力。60～64 岁老年人口也属于传统的劳动力人口范畴,国家延迟退休的政策主要也是针对 60～64 岁年龄组的老年人口,如果将来延迟退休政策正式实施,这部分老年人口将成为正式就业人口的组成部分,未来通过正式渠道获取工作岗位的老年人口的比例将会大幅提高。

4. 东部地区老年人在业率明显高于中西部地区,农村地区老年人的在业率明显高于城市地区

中国老年人口的就业状况呈现非常显著的地区差异,东部地区老年人的在业率高于中部地区,中部地区高于西部地区。从 2015 年的数据看,东部地区老年人的在业率为 12.18%,中部地区为 9.65%,西部地区为 7.49%,呈现东中西依次递减的规律。老年人口在业率还呈现明显的省际差异,排名前五位的分别是浙江省、江苏省、江西省、福建省、山东省,其中四个是东部的省份,只有江西省属于中部地区。

除此之外,中国老年人口的就业状况还呈现明显的城乡差异,农村地区老年人口在业率明显高于城市地区。从 2015 年的小普查数据看,农村老年人口在业率在各个年龄段都高于城市和镇,老年人口在业率的城乡差异较为突出。老年人口在业率的总体情况是农村最高,镇次之,城市最低,2015 年 60 岁及以上农村、镇、城市老年人口在业率分别为39.22%、7.24%、24.01%。农村地区老年人口在业率偏高的主要原因在于城市实行退休制度,老年人 50～60 岁后逐渐退休,退出劳动力市场,而广大农村地区的农民不存在退休一说,为了获得经济收入,农村地区的老年人只要身体状况允许会一直从事农业劳动直到丧失劳动能力为止。

5. 初中文化程度的老年人在业比例最高, 以初中为节点向高文化程度和低文化程度递减。农村地区拥有专业技术职称的老年人口就业比例较高

从 2015 年全国人口 1% 抽样调查的数据来看, 初中文化程度的老年人口在业比例最高为 12.79%, 高中中专和职高为 10.13%, 大专及以上为 9.13%, 依次向高文化程度递减, 小学为 11.52%, 未上过学为 6.42%, 依次向低文化程度递减。老年人口在业状况的差异并未表现出如常识所认为的随着文化程度的升高而升高的现象, 主要是因为文化程度较高的老年人口都有正式工作单位, 绝大多数都属于年满 60 周岁就退休的, 所以这部分人年满 60 周岁就退出劳动力市场了, 不属于在业范畴了, 也不被统计到。但是初中及以下的老年人口在业率还是呈现了随着文化程度的递减而递减的规律, 表明较高文化水平总体是能促进老年人就业的, 但是要看具体的政策和社会环境的影响。

专业技术职称也是影响老年人再就业的一个重要因素, 目前我国老年人口获取专业技术职称的比例较低, 仅 8.8% 的老年人口有专业技术职称, 但有专业技术职称的老年人在业比例要略微高于没有专业技术职称的老年人, 尤其农村老年人口有专业技术职称的在业比例更高。

6. 居住方式和对子女的经济支持影响老年人口在业状况, 夫妻户 (仅与配偶居住) 的老年人在业比例最高, 子女有"啃老"现象的家庭老年人在业比例高

居住方式是研究老年人口的一个重要指标, 老年人的各项活动参与与老年人居住方式或多或少都有一定的关系, 居住方式反映了家庭结构和代际交往情况。相比于与子女共居的老年人, 夫妻户家庭的老年人在业比例高, 与子女同住的老年人主要是因为要帮助照料孙子女, 还要承担家务劳动, 没有精力再外出就业或参加经济活动。更多被"啃老"的老年人就业, 说明老年人就业还有一个重要的推动力是支持子女、给子女提供经济支持。独居的老年人因为更多是高龄老年人, 多数老伴儿去世后的老年人开始独居, 受限于年龄和健康状况, 独居老年人的在业比例较低。

7. 老年人主要通过非正式途径如个人关系、自己创业等获取就业机会

跟年轻人主要通过市场正规途径应聘、考试入职等方式进入就业市场相比，老年人再就业主要通过熟人关系，说明关系和人脉资源对于老年再就业的作用很关键。不论是农村老年人还是城市老年人，都是通过非正规途径获取就业资源的，这说明三点：一是老年人经过前半生积累了相当的人脉资源，可利用的资源比较多，而且获取成本较低。老年人一般都定居于某一个地方，生活在熟人社区，获取非正式就业消息比较方便，正式的招聘信息都是通过网站、招聘会等发布，老年人因年龄限制和网络使用的不便，而难以获取。二是正规的劳动力市场对老年人是排斥和歧视的，国内的就业市场年龄歧视非常严重，很多工作和岗位都是限制年龄的，所以经过正式途径老年人是很难获得工作岗位的。三是国内暂时还没有专门针对老年人才交流的劳动力市场，老年人没有获取就业岗位信息的实体渠道，迫不得已只能通过个人关系获取，或者干脆自己创业。城市还有一部分老年人因为文化水平较高、具有一定的技术专长，也会通过市场招聘方式获取就业岗位，或由于原工作单位就是政府及其相关部门，退休后被聘请为顾问、委员的机会比较多。

8. 中国老年在业人口行业结构非常失衡，80%以上的从事农、林、牧、渔业，是以体力劳动为主的就业人口，处于职业结构的低端

从中国老年人口的行业结构和职业结构看，80%以上的老年人口从事的是农业生产劳动，农业作为老年在业人口从事的主要行业，从90年代初到如今，二十多年从未改变，说明在劳动力市场上老年就业人口处于低端位置，主要从事劳动强度大、可替代性强、收入低的农业经济活动，即使是从事第二产业和第三产业，也是从事建筑业、制造业、餐饮服务业等技术含量低、工作量大的低端劳动密集型行业的工作。因此，对于如何提升老年人的劳动技能，发挥其在劳动力市场的优势作用，将其从农业生产劳动中解放出来，或者提高农业生产的技术含量，充分利用老年劳动力的丰富经验优势，有待进一步研究和出台相关政策。

9. 中国老年在业人口的职业结构趋向合理，虽然农、林、牧、渔业还是占绝对优势地位，但是其从事农、林、牧、渔业的比例在不断下降，从事社会生产服务和生活服务业的比例在不断提高

随着城市化的发展和产业结构的调整升级，老年在业人口的行业结构也在不断优化，社会生产服务和生活服务人员快速增加，预计未来老年人口中社会生产服务和生活服务人员将进一步增加。随着老年人口数量增加、社会保障替代率降低，老年人的就业意愿将会更加强烈。老年人由于体能和使用新技术手段的限制，难以胜任高科技含量的技术工作和高劳动强度的生产劳动，所以老年人逐渐从生产制造有关行业中退出来，从农村的农、林、牧、渔业中解脱出来，进入城市，进入生产服务和生活服务职业中来非常必要，服务业岗位属于体力消耗较小、操作简单、可以分散操作、工作责任感要求较强、体力消耗和劳动强度不大，且较为独立、自主的劳务较多，要求有较好的服务精神和服务态度，这些都较适合老年人。

（二）对策建议

1. 完善老年人就业相关的法律法规及政策保障体系

当前我国保障老年人就业的政策法规尚不健全，跟不上日益严峻的人口老龄化形势，很多有就业意愿的老年人不能如愿就业，很多有专业特长的老专家和阅历丰富的老知识分子，想发挥余热，却没有相应的平台，很多老农民和返乡的老民工都在分散经营自己的个人承包土地，而没被纳入正式的就业市场体系。因此要完善与老年人就业相关的法律法规，弥补我国与老年人就业相关的法律体系的不足，调整既有相关就业规制，鼓励弹性用工。《劳动合同法》、《最低工资规定》等法规的实施，反映了政府对劳动者权益的日益重视，但这并不妨碍灵活用工制度的采用。首先，要保障老年人就业的权利，鼓励老年人进入就业市场发挥余热、贡献力量，完善相关法律，保障老年人在劳动中的合法收入、安全和健康权益。其次，要督促企业、集体经济组织等市场主体有意识地充分利用老年人力资源，让老年人在就业市场上享受平等的就业权利和就业待遇。最后，政府相关部门如人力资源和社会保障部、民政部、老龄委等要充分行使好自身的职能，一方面制定、完善老年人再就业的保障政策，另一方面依法规范人力资源开发市场，行使好监督职能，防止侵害老年人权益的事件发生，一旦发现要严厉制裁。

2. 深入推进积极应对人口老龄化的国家发展战略，积极开发老年人力资源

与年轻人相比，老年人力资本存在着比较劣势：一方面，相同的人力资本投资的可预见收益期较短；另一方面，在对相同的新知识和新技能的获取上速度相对较慢，即接受性较差，需要更多的投入。这导致企业和老年人自身对人力资本投资的顾虑。对此，政府应该加大财政支出，改变人力资本在投入支出上仅由雇用企业和老年人承担的状况。非政府组织对老年人就业进行干预，取消老年人在职业技能考试方面的最高年龄限制、最低学历限制等硬性规定。

将开发老年人才队伍纳入国民经济和社会发展规划。目前"十三五"老龄事业发展规划已经纳入加强老年人力资源开发的具体内容，一方面，针对精英老人，开发老年专业技术性人才，延长其工作年限，充分利用其已有的专业知识和技能为社会做贡献；另一方面，针对草根老人，支持老年人自主创业，帮助身体状况良好并且有工作意愿的老年人接受岗位技能培训或农业实用技术培训，通过劳动脱贫、劳动致富，充分发挥老年人的潜力和价值。对老年再就业的积极分子，即老有所为的先进模范和典型代表要予以表彰和奖励，形成示范效应，促进老年人合理、有序就业，形成老年人积极贡献社会的良好风尚。

3. 大力发展第三产业，尤其是社会服务业，充分吸收老年人力资源，完善老年就业市场

要提升老年人的就业率，扩大老年人的就业面，就必须拓宽老年人的就业渠道，完善老年人的就业市场。目前老年人就业主要集中于农林牧渔业的局面正在慢慢改变，未来老年人从事对体力要求较低的服务业的会越来越多。因此，只有大力发展第三产业，尤其是餐饮、零售、仓储、环卫和家政服务业，才能保障老年人的充分就业，尤其是低龄老年人服务于高

龄老年人的护理服务业，市场潜力巨大，发展空间无限，随着这些行业领域的拓展，未来老年人的就业平台将越来越广阔，但是必须形成服务业的行业标准，形成适应老年人身体素质和机能特征的操作流程，才能保障老年人力资源被充分利用和吸收。此外，还要逐步建立各地区的老年人才交流中心和交流市场，形成老年人就业的正规途径，将老年人就业纳入正式就业市场体系，让身体健康、有劳动能力和劳动意愿的老年人有获得工作的机会。

4. 加大宣传力度，维护老年公平，尊重老年人自主就业的权利和男女平等就业的权利

通过宣传营造老龄友好型的社会环境，让老年人在就业市场中享受和年轻人一样的平等待遇和福利。年满 60 周岁后，能否就业主要是看老年人的身体健康状况和就业意愿，只要身体条件允许且老年人自身有意愿的，政府和社会就尽可能地确保这些老年人的就业权利，搭建好老年人的就业平台。关于老年人是否去就业，家庭和社会应该尊重老年人自身的意愿，不能威胁、强迫老年人参加劳动。社会应该呼吁和倡导改变女性老年人在就业上的不平等地位，将农村的女性老年人从土地中解放出来，加强对农村女性老年人就业技能的培训，重视女性老年人在抚养孙代和家务劳动中的价值和作用，代际照料作为非正式就业的一种方式，应该成为老年人再就业的一种重要方式。要通过宣传为老年人就业营造良好的社会舆论环境和家庭舆论氛围。

5. 加强老年教育和培训，实行终身教育，充分开发老年人自身蕴含的无限潜力和创造力

对老年人进行再教育是终身教育的重要组成部分。当前，我国老年人口文化程度低，专业技能获得率低下，老年人力资源不能适应日益变化的科学技术发展的步伐，老年人在就业市场上处于极其不利的地位。因此，亟待提高老年人的受教育水平，开展终身教育，对没有技能和专长的老年人进行再教育，突出表现为老年人职业技能培训，即促使老年人尽快适应新技术、新方法的培训。老年人的培训方式要灵活多样，要适应老年人自身固有的特征，要根据老年人自身的意愿和市场需求进行设计和规划，兴办社区老年教育，针对我国实际，政府可以出资进行培训。比如建设学习型社区、组织社区内老年人加强职业技能培训、开展老年大学的专业技能培训都是老年教育的重要组成部分，可提升老年人力资本的技术含量。城市区一级政府应设置老年人职业技能培训的专项资金，确保有劳动能力、有劳动意愿的老年人都能得到合适的工作岗位，并学到适合自己的工作技能。

6. 出台家庭福利政策，鼓励老年人与子女共居，将老年人家务劳动实物化或福利化，扩大老年人的就业内涵和范围

家务劳动是老年人实现自我价值的一种变相就业形式，尤其是与子女同住的老年人，老年人是家庭中一种重要的人力资源，帮助子女照料孩子、为子女提供家务劳动支持，但其在家庭中的经济价值从未被精确估算过。家庭的居住方式与老年人就业形式和内容有很强的关系，与子女同居的老年人在外通过正式劳动力市场就业的比例明显降低，与配偶同居的老年人就业比例最高。家庭居住模式影响老年人就业。此外，家庭的代际经济支持也是促使老年人外出就业的主要原因。因此将老年人家庭作为一个整体设计福利政策非常有必要和具有现实意义。促进老年人力资源开发的家庭福利政策主要表现为，应当承认和认可老年人在家庭内部的作用和价值，尤其要认可女性老年人在照料孙子女和从事家务劳动方面的价值，出台支持和促进老年人在家庭内部从事家务劳动的福利政策，譬如向与老年人同住的子女提供住房福利津贴，向与子女同住并帮忙照料孙子女的老年人提供照料津贴等。

总之，促进和支持老年人就业是一项系统工程，既需要顶层的制度设计、法律制度的保障、完善的劳动力就业市场和就业机会，也需要实践的经验积累和总结，更需要营造宽松、包容的社会舆论环境，也需要社区的软件和硬件设施跟得上老龄化日益加速的发展趋势，还需要家庭内部成员的通力合作。

参考文献

邬沧萍、杜鹏等:《中国人口老龄化:变化与挑战》,中国人口出版社,2006。

姜向群、杜鹏等:《中国人口老龄化和老龄事业发展报告》,中国人民大学出版社,2013。

姜向群、杜鹏:《中国老年人的就业状况及其政策研究》,《中州学刊》2009年第4期。

杨宗传:《中国老年人口就业结构浅析》,《人口研究》1987年第3期。

B.7
中国城乡老年人住房及宜居环境状况

成红磊　侯　显*

摘　要： 伴随经济社会发展和居民生活水平的提高，宜居环境建设作
为提升老年人生活质量、积极应对人口老龄化的重要方面，
受重视程度日益提升。本报告主要得出以下三个结论：一是
老年人住房呈现房屋面积大，但产权拥有率不高、各项设施
覆盖率低且城乡差异明显的特点；二是老年人对住房条件和
社区的满意度整体较高；三是老年人跌倒地点以屋外为主，
且农村、女性、高龄老年人及健康状况较差的老年人跌倒的
比例更高，年纪越大、健康状况越差的老年人跌倒后果越为
严重。根据以上结论，本篇从统筹城乡建设、重视基础设施
和文娱设施建设、创建和谐邻里关系和构建老年宜居环境建
设标准体系四个方面提出了政策建议。

关键词： 宜居环境　住房状况　住房满意度　老年人跌倒

伴随经济社会的发展和居民生活水平的提高，越来越多的老年人追求
"更舒适的居住条件，更优美的生活环境"。在全球快速人口老龄化和城市
化的大背景下，世界卫生组织在 2006 年提出了"年龄友好城市"的理念，
并于 2007 年发布了《全球年龄友好城市建设指南》，共涵盖了室外空间和

---

* 成红磊，硕士，民盟中央服务中心办公室职员，主要研究方向为老年宜居环境、积极老龄化；
侯显，硕士，中国人民大学社会与人口学院，主要研究方向为老年心理、流动老人。

建筑、交通、住房、社会参与、尊重和社会包容、社区参与和就业、信息交流、社区支持和健康服务八个领域，其指导原则紧紧围绕着"健康、参与和安全"三个目标进行。可见，"年龄友好城市建设"旨在帮助老年人保持健康与活力，消除其进行社会参与的障碍，是推进积极老龄化融入城市规划、城市建设和城市治理的一项具体行动。

以"年龄友好城市建设"为基础，全国老龄办提出了"老年宜居"的概念，于2009年在全国6个省的13个地区开展了"老年友好型城市"、"老年宜居社区"建设试点工作，并于2011年在全国范围内进行了建设工作。此外，在最新修订的《中华人民共和国老年人权益保障法》中，"宜居环境"首次入法，标志着"老年宜居环境"建设被确立为积极应对人口老龄化的基本保障。老年宜居环境除了指代设施环境适宜老年人居住和生活外，还应该在经济、文化、生态和社会治理四个维度进行"宜居建设"。

老年人在生理、心理和社会适应性方面的特点，导致他们对生活质量的要求既有一般人的共同特征，又有群体的特殊性。因而老年人作为居家的主要人群，对宜居环境更为重视。对老年人宜居环境的调查和研究，有利于为老年人打造一个居住舒适、活动便捷、设施齐全、和谐安全的生活环境。据此，本报告将使用第四次中国城乡老年人生活状况抽样调查数据，从老年人住房的基本情况、基础设施和无障碍设施情况、老年人跌倒状况以及老年人对其住房条件和居住社区满意度等方面，对中国城乡老年人宜居环境状况进行描述与分析。

一 中国城乡老年人住房状况

（一）老年人住房基本情况

住房即可以供人居住、生活或是工作的房子，根据用途一般分为个人住房、商业住房、商住两用住房等。老年人的住房一般应该归为个人住房。住房是老年人退休后生活的主要环境，住房状况直接影响老年人的生活质量，关乎老年人的身心健康。中国城乡老年人住房状况将从居住房屋产权情况、房屋建成时间、房屋面积和老年人是否有单独房间几部分进行逐一分析，旨在了解我国老年人的居住情况。

1. 我国老年人房屋产权拥有率不高

作为老年人辛勤工作几十年之后积累的固定财产，房屋产权代表老年人对房屋是否具有支配权，是老年人居家养老的基本保障，与其晚年生活紧密相关。

由图1可知，我国老年人中拥有产权属于自己或配偶的房屋比例为65.9%，其中城市老年人中拥有该类型住房的比例为71.3%，农村老年人比例为60.1%，农村老年人拥有产权属于自己或配偶的房屋比例明显低于城市老年人。分性别而言，男性老年人拥有房屋产权的比例为70.8%，女性老年人为61.5%，女性老年人拥有房屋产权的比例明显低于男性老年人。分年龄来看，老年人拥有产权属于自己或配偶的房屋比例随着年龄的增大而降低。具体来看，60~64岁的老年人拥有产权属于自己或配偶的房屋比例最高，为77.1%，85岁及以上的老年人拥有产权属于自己或配偶的房屋比例下降至仅有40.0%，已不足一半。

值得注意的是，我国老年人拥有产权属于自己或配偶房屋的比例并不高，有34.1%的老年人没有产权属于自己或配偶的房屋。这部分老年人可能有的随子女或亲属住，有的甚至居无定所，只得栖身于工棚甚至过道中。出现这种状况的原因，一方面可能是这些老年人的子女由于结婚生育挤占了老年人的住房，另一方面可能是老年人由于经济问题无法获得房屋。

从地区差距来看，由图2可知，我国老年人拥有产权属于自己或配偶房屋比例差异较大。拥有产权属于自己或配偶房屋的比例最低的五个省份分别为云南、贵州、河南、江西和安徽，其中云南省明显低于其他省份，比例仅为46.3%；其他四省老年人拥有产权属于自己或配偶房屋的比例在55%左右，均未超过六成。老年人拥有产权属于自己或配偶房屋的比例最高的省份分别为西藏、新疆、北京、山东和辽宁，其中西藏、新疆和北京三地老年人拥有产权属于自己或配偶房屋的比例均超过80%，且山东和辽宁比例也在

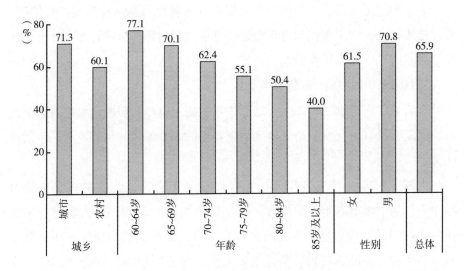

图1　分类别老年人房屋产权拥有情况

79%以上。

我国老年人拥有产权属于自己或配偶房屋比例较高的省份主要分为两种。第一种如西藏、新疆等地，地广人稀，房屋较多，老年人拥有房产的比例也较高。第二种如北京、天津等地，经济较为发达，老年人保障政策较为完善，因此老年人拥有房产的比例也较高。老年人拥有产权属于自己或配偶房屋的比例较低的省份，多为人口密度大或经济发展较为落后的省份。

2. 我国老年人居住房屋以自有产权房为主，以子女房产为辅

目前，我国老年人住房以自有产权房为主，比例为63.6%，与我国老年人拥有产权属于自己或配偶房屋比例一致；其次为子女的房子，比例为31.1%；剩余老年人住房类型比例均未超过2%。可见，我国老年人住房以自有产权房为主，以子女房产为辅。由于除自有产权房屋和子女房产外，其他房屋类型占比均很低，因此本部分将房屋类型进行了重新分类，以进行后续分析。其中，"自有产权房"不变；将子女产权房和孙子女产权房归为一类，重命名为"子女或孙子女房产"；将租公房和租私房合并为"租住房"；将借住和其他归为一类。重新划分后，"自有产权"、"子女或孙子女的房

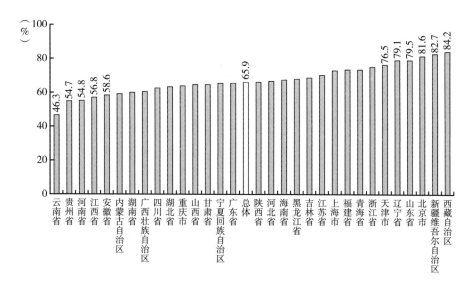

图 2　不同地区老年人拥有产权属于自己或配偶的房屋状况

产"、"租住房"以及"借住或其他"老年人现住房屋类型所占比例分别为
63.6% 、31.5% 、2.3% 和 2.6% 。

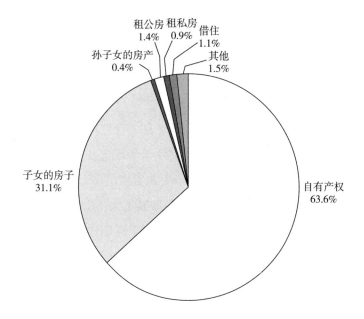

图 3　老年人住房类型

由表1可知，我国城乡老年人的现住房类型存在差异。城市老年人中，现住房为"自有产权"和"租住房"的比例均高于农村老年人。其中，城市老年人现住房为"自有产权"的比例为67.8%，农村老年人为59.0%；城市老年人现住房为"租住房"的比例为4.8%，农村老年人仅为1.8%。此外，农村老年人现住房为"子女或孙子女房产"的比例远高于城市老年人，二者比例分别为38.2%和25.5%。可见，城市老年人在住房中依靠子女的比例低于农村老年人。

分年龄来看，老年人现住房类型为"自有产权"的比例随年龄上升而下降，而现住房类型为"子女或孙子女房产"的比例随年龄的上升而上升，"自有产权"房屋类型和"子女或孙子女房产"类型在年龄上呈"此消彼长"的状态。"租住房"与"借住或其他"这两种类型占比并没有随年龄变化呈现明显的变化。具体来看，60～64岁的老年人中，现住房类型为"自有产权"房屋的比例为75.2%，而在85岁及以上老人中骤降至36.7%，并且老年人在80岁以上时房屋为"自有产权"的比例不足50%。此外，现住房类型为"子女或孙子女房产"者中，60～64岁的老年人占比仅为20.1%，而在85岁及以上的老年人中上涨至57.2%。出现"自有产权"与"子女或孙子女房产"类型随年龄增长而"此消彼长"的现象，与年纪越大的老年人和子女同住的比例越高密切相关。

分性别而言，男性老年人现住房类型为"自有产权"的比例高于女性老年人，分别为68.7%和58.9%。而女性老年人现住房类型为"子女或孙子女房产"的比例为36.6%，高于男性老年人的26.0%。现住房类型为"租住房"和"借住或其他"两类的两性差异不大。由于本报告中"自有产权"类型房屋为产权属于自己或配偶，因此女性现住房类型属于"子女或孙子女房产"的比例高于男性而"自有产权"比例低于男性，与男女两性的家庭地位无关，其原因可能在于女性老年人面临丧偶的概率更大，丧偶后多选择与子女同住。

表1　分类别老年人现住房类型

单位: %

类别		自有产权	子女或孙子女房产	租住房	借住或其他
城乡	城市	67.8	25.5	4.8	1.9
	农村	59.0	38.2	1.8	1.1
年龄	60~64岁	75.2	20.1	3.3	1.5
	65~69岁	67.8	27.5	3.2	1.5
	70~74岁	59.8	35.4	3.4	1.4
	75~79岁	52.4	42.6	3.4	1.6
	80~84岁	47.6	47.0	3.7	1.7
	85岁及以上	36.7	57.2	4.1	2.0
性别	女	58.9	36.6	3.2	1.3
	男	68.7	26.0	3.6	1.8
总体		63.6	31.5	2.3	2.6

3. 我国老年人现居住房屋建成时间以20世纪70年代以后为主

如图4所示, 我国老年人所拥有的住房, 大部分是在20世纪70年代之后建成的。其中, 2.0%的老年人所居住的房子是1949年前建成的, 4.3%的老年人所居住的房子是20世纪50~60年代建成的; 30.0%的老年人所居住的房子是20世纪70~80年代建成的, 城市老年人所居住的房子是70~80年代建成的比例为29.5%, 农村为30.6%; 30.1%的老年人所居住的房子是20世纪90年代建成的, 城市老年人所居住的房子是该年代建成的比例为31.7%, 农村为28.4%; 33.6%的老年人所居住的房子是2000年以后建成的, 其中城市的比例为33.8%, 农村为33.4%。相对而言, 农村老年人居住的房子要比城市老年人居住的房子建成的时间稍早一些, 但差距并不大。

分住房类型而言, 由图5可知, 我国老年人现住房为"自有产权"的类别中, 房屋建成时间以70~80年代最多, 占34.8%, 比例高于总体水平; 其次为90年代和2000年以后的房屋, 比例分别为31.0%和27.1%。我国老年人现住房为"子女或孙子女房产"类别中, 房屋建成时间明显晚于总体水平, 其中2000年以后的房屋占47.3%, 远高于总体水平的33.6%; 而2000年以前的房屋比例均低于总体水平。

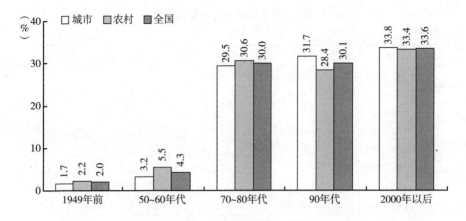

图4　城乡老年人现居住房屋建成时间

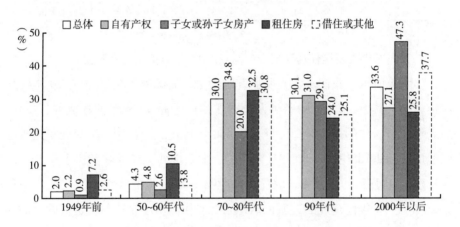

图5　不同住房类型老年人房屋建成时间

分居住方式而言，单独居住的老年人房屋建成时间以70～80年代最多，占36.2%，比例高于总体水平；50～60年代建成的房屋比例为8%，是全国总体水平的近2倍；而90年代及2000年以后的房屋比例分别为26.3%和25.5%，均低于总体水平；总的来说，单独居住的老年人房屋建成时间早于总体水平。仅与配偶居住的老年人房屋建成时间与总体水平较为相似，仅2000年后建成的房屋与总体水平有较大差距，其比例为28.3%，低于总体水平；此外，房屋建成时间以70～80年代最多，占

34.5%，比例高于总体水平。与子女共同居住的老年人房屋建成时间晚于总体水平，其中90年代及以后建成的房屋超过七成，高于总体水平；而1949年前、50~60年代及70~80年代建成的房屋比例分别为1.4%、2.8%及24.1%，均低于总体水平。

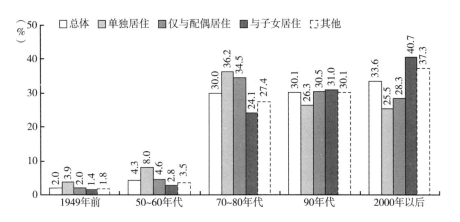

图6　分居住方式老年人房屋建成时间

4. 我国老年人居住房屋面积平均达111.8平方米

在老年人所居住房子的面积方面，由表2可知，2015年我国老年人所居住的房子平均面积达111.8平方米，其中城市老年人住房面积平均为110.9平方米，农村老年人住房面积平均为112.7平方米，农村老年人住房平均面积略大于城市老年人，且住房面积差异小于城市老年人。这是由于农村的住房多为自盖房，面积较大，而城市住房多为楼房，面积较小。

为了更清晰地反映我国老年人住房情况，本部分将老年人住房面积进行分组，分别为0~50平方米、50~100平方米、100~150平方米及150平方米及以上。居住面积为0~50平方米的有16.0%，50~100平方米的有45.0%，100~150平方米的有21.5%，150平方米及以上的有17.5%。其中，除居住房屋面积为50~100平方米外，农村比例均高于城市；此外，我国老年人居住的房子面积在50~100平方米的比例最高，其中城市老年人该比例为47.8%，农村为41.9%。

表2　我国城乡老年人住房面积

单位：平方米

城乡	平均数	标准差	中位数	四分位数(25%)	四分位数(75%)
城市	110.9	94.5	87.0	60.0	124.0
农村	112.7	86.2	96.1	60.0	130.0
全国	111.8	90.6	90.0	60.0	130.0

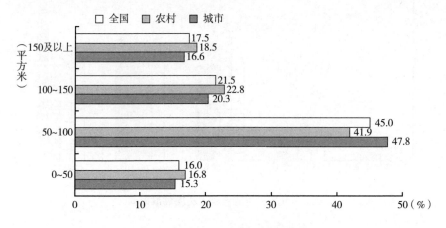

图7　城乡老年人现居住房屋面积

分年龄来看，我国住房面积为0~50平方米的老年人，在各年龄段所占比例随年龄增加而增大，比例从60~64岁的12.5%上升至85岁及以上组的22.9%。住房面积为50~100平方米的老年人所占比例随年龄变化不大。此外，居住面积为100~150平方米及150平方米以上的老年人所占比例基本上（除85岁及以上组）随着年龄的增加而下降。总的来说，我国老年人住房面积随年龄的增加有所缩小。

此外，我国老年人住房面积在性别上并无太大差异，在此不加赘述。

分经济状况来看，由图9可知，经济状况越好的老年人住房面积越大。其中，经济状况为非常宽裕的老年人，住房面积为0~50平方米的比例仅为6.3%；而经济状况为非常困难的老年人，住房面积为0~50平方米的比例达到30.2%，其比例几乎是经济状况非常宽裕老年人的5倍。在住房面积为50~100平方米的老年人中，虽然比例随经济状况变化不大，但也呈现经

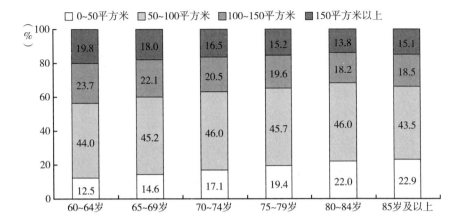

图8 分年龄老年人居住房屋面积

济状况越差比例越高的趋势。此外，经济状况为非常宽裕的老年人，住房面积为100~150平方米的比例为27.6%，住房面积为150平方米以上的比例为28.3%；而经济状况为非常困难的老年人，住房面积为100~150平方米和150平方米以上的比例分别仅为15.7%和8.6%。

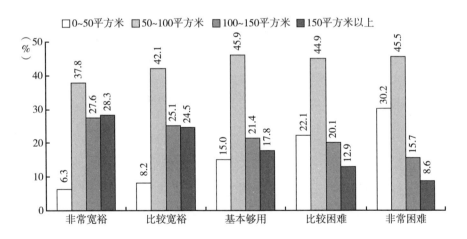

图9 分经济状况老年人居住房屋面积

分省份来看，我国老年人住房面积存在较大差异。如图10所示，西藏自治区老年人居住房屋面积远超于全国其他省份，住房面积为150平方米以

上的比例达到73.5%，100～150平方米的比例为19.5%，100平方米以下的比例仅为7.0%。此外，黑龙江省、吉林省、辽宁省和内蒙古自治区老年人住房面积超过100平方米的比例远低于其他省份，四地住房面积100平方米以上的比例分别为8.2%、10.5%、13.1%和14.8%。老年人住房面积小的四地为东北三省和与其邻近的内蒙古自治区，存在一定的地缘相似性，四地老年人住房面积小与其人口密度、经济水平和老年人观念均有关系。

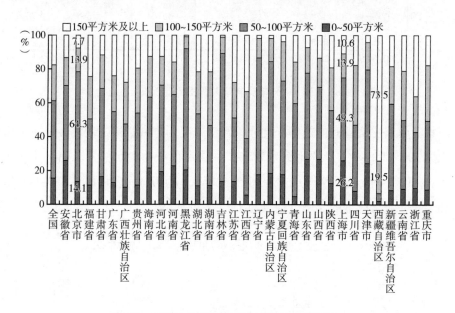

图10　不同地区我国老年人现居住房屋面积

此外，直辖市北京和上海老年人住房面积在100平方米以上的比例低于全国的总体水平；而上海市老年人住房面积在50平方米以下的比例为26.2%，高于全国平均水平，北京市为14.1%，与全国水平相似。这是由于北京市和上海市人口密度高、房价高，老年人居住房屋多为年代较为久远的老房，面积较小。广东、江苏、浙江三地较为相似，老年人住房面积高于全国水平，住房面积在100平方米以上的比例均在50%左右，在50平方米以下的比例也均未超过全国总体水平，其中浙江省仅为9.9%。广东、江苏、浙江三地虽然人口密度大，但其拥挤程度低于上海和北京，且其农村经济富裕，农村老年人住房面积大。因此广东、江苏、浙江三地老年人住房面积较大。

5. 我国老年人拥有独立房间比例高，在城乡、性别上差异不大

拥有独立房间是老年人居住舒适程度的重要体现。2015年我国老年人中，有93.0%的老年人有自己独立的房间，其中，城市老年人拥有独立房间的比例为94.1%，农村老年人拥有独立房间的比例为91.9%，城市高于农村。按性别区分，女性老年人中拥有自己独立房间的有92.6%，男性老年人中拥有自己独立房间的有93.5%，男性略高于女性。综上所述，老年人拥有独立房间比例在城乡、性别上差异不大，且拥有独立房间比例在各类别中均在九成以上。

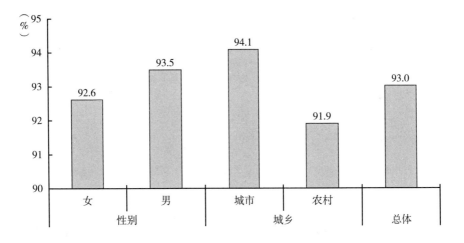

图11 分类别老年人独立房间拥有情况

按年龄组区分，老年人拥有独立房间的比例随年龄的上升而下降。其中，60~64岁老年人中拥有自己独立房间的有93.8%，到85岁及以上老年人中拥有自己独立房间的比例下降为89.5%。这可能由老年人的经济状况下降和身体状况变差所致。

按健康状况区分，如图12所示，老年人拥有独立房间的比例随身体状况下降而下降。具体来看，健康自评为"非常好"的老年人拥有独立房间的比

例为95.4%，健康自评为"非常差"的老年人拥有独立房间的比例下降至89.3%。这可能是因为健康状况差的老年人需要有人与其共同居住来进行照料。

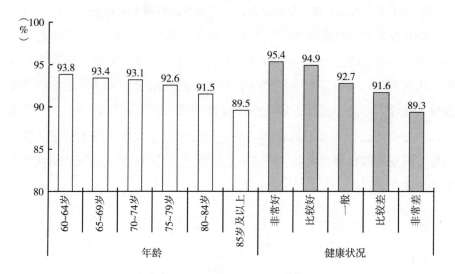

图12 分年龄、健康状况我国老年人拥有单独居住房间情况

（二）老年人住房的宜居情况

"宜居环境"对老年人的出行、生活有重要影响，要求在养老设施中考虑居住功能、医疗保健、休闲娱乐、管理服务以及环境等综合因素，从生理、心理上充分关注老年人的需要。然而我国各地区宜居环境建设并不均衡，呈现多方面的差异。本部分将针对老年人住房内的基础生活设施、电器设施和现住房存在的问题等方面进行分析，来了解当前我国城乡老年人住房宜居环境情况及差异。

1.基础生活设施状况城市明显好于农村

本报告所介绍的住房基础生活设施包括自来水、煤气/天然气/沼气、暖气/土暖气、室内厕所、洗澡/淋浴设施五项。由图13可知，我国老年人住房基础生活设施城乡差异明显，城市明显好于农村。其中，我国自来水设施覆盖率很高，为72.8%，城市覆盖率为87.6%，农村为56.6%，城乡覆盖率相差三成多。此外，我国老年人住房的其余各项基础生活设施覆盖率并不高，全国 5 项设施都没有的比例为 16.1%，其中城市都没有的比例为 6.3%，而农村高达 26.7%，并且除自来水外，农村各项基础生活设施均未超过半数，与城市差距很大。因此，我国老年人住房基础生活设施亟待改善，且农村住房基础生活设施改善任务尤为迫切。

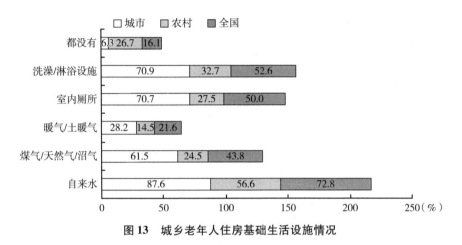

图 13 城乡老年人住房基础生活设施情况

为更直观地了解老年人住房基础生活设施缺少情况，本文进行了分类别讨论，如图 14 所示。首先，从房屋类型来看，老年人居住在"子女或孙子女房产"中，房屋所有基础生活设施均没有的比例最高，为 19.0%；"借住或其他"房屋类型该比例最低，为 13.7%。总的来说，居住于不同房屋类型的老年人的住房基础设施缺乏程度差距不大。其次，从居住类型来看，老年人住房各项基础生活设施缺乏状况有较大差距：单独居住的老年人住房中各项基础生活设施缺乏比例最大，为 24.8%，与子女共同住的住房中各项基础生活设施缺乏比例最小，为 12.8%。由此可见，单独居住的老年人住房基础生活设施情况是值得关注并改善的。最后，从房屋建成时间来看，建成时间越早的房屋基础生活设施缺乏越严重；其中，1949 年前建成的房屋基础生活设施缺乏率为 26.0%，建成时间为 50~60 年代的房屋基础生活设施缺乏率达 33.3%，70~80 年代建成的房屋基础生活设施缺乏率为 19.3%。因此，对老旧小区进行基础生活设施改造是十分必要的。

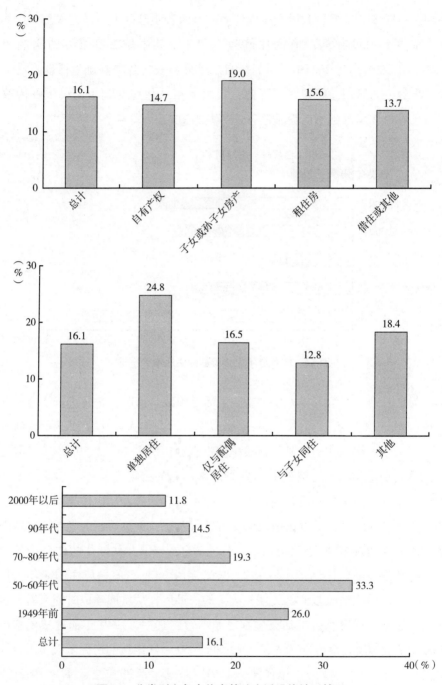

图14　分类别老年人住房基础生活设施缺乏情况

240

2. 电视机成为老年人拥有率最高的电器等住房设施

电器等设施是反映老年人居住房屋现代化的指标，本部分所介绍的住房电器等设施包括固定电话、老人手机、智能手机、普通手机、电脑、电视机、洗衣机、空调、电冰箱、空气净化器、净水设备等 11 项。由表 3 可知，我国老年人住房内拥有比例最高的电器为电视机，比例达到 88.9%，其中城市老年人住房内拥有电视机的比例为 93.0%，农村为 84.4%，城市差距不大。其次为电冰箱，拥有比例为 65.7%，其中城市老年人住房内拥有电冰箱的比例为 78.7%，农村为 51.5%，城乡差距较大。再次为洗衣机，拥有比例为 63.3%，其中城市老年人住房内拥有洗衣机的比例为 77.5%，农村为 47.8%，城乡差距接近三成。

表 3　我国城乡老年人住房电器等设施情况

单位：%

电器等设施	城市	农村	全国
固定电话	45.7	21.2	34.0
老人手机	48.5	47.8	48.2
智能手机	16.3	5.1	11.0
普通手机	22.6	19.9	21.3
通信设备总体	88.9	77.5	83.5
电脑	27.7	5.7	17.2
电视机	93.0	84.4	88.9
洗衣机	77.5	47.8	63.3
空调	50.7	16.0	34.1
电冰箱	78.7	51.5	65.7
空气净化器	3.0	0.2	1.7
净水设备	8.7	2.1	5.6
都没有	2.2	6.4	4.2

在通信设备中，我国老人手机拥有率最高，为 48.2%，城市和农村差距很小，拥有率分别为 48.5% 和 47.8%。此外，城乡老年人普通手机的拥有率差距不大，而智能手机和固定电话城乡差距较大。总体来说，我国老年人通信设备拥有率为 83.5%，城乡老年人间相差约一成。

其他住房电器设施的拥有率并未超过半数，其中城乡老年人空气净化器和净水设备拥有比例均不高，且城乡差异明显。

我国老年人住房中以上电器均没有的比例仅为4.2%，其中城市均没有的比例为2.2%，农村为6.4%。综上所述，我国城乡老年人住房中电器等设施拥有率较高，电视机、电冰箱、洗衣机这类家庭必备电器拥有比例明显高于其他设施，通信设备拥有比例较高且城乡差距较小。此外，电脑、空调、空气净化器、净水设备这类非生活必需电器拥有比例较低，且城乡差异显著。

若分类别讨论老年人住房设施缺乏情况，如图15所示：首先，从房屋类型来看，老年人居住在借住或其他房屋中，没有任何电器设施的比例最高，为9.2%；居住于自有产权类型中该比例最低，为2.9%；子女或孙子女房产及租住房没有任何电器的比例相同，为6.3%。其次，从居住类型来看，单独居住的老年人住房中没有任何电器设施的比例最高，为14.4%，其他居住类型房屋间没有太大差距。由此可见，单独居住的老年人没有任何电器设施的比例明显高于其他类型，值得关注和得到改善。最后，从房屋建成时间来看，建成时间早的房屋内电器等设施缺乏较严重；其中，1949年前建成的房屋没有任何电器设施的比例为12.3%，建成时间为50~60年代的房屋基础生活设施缺乏率为10.8%，70年代以后建成的房屋没有任何电器设施的比例均不足5%。因此，对老旧小区住房宜居程度的关注和提高是十分必要的。

3. "没有呼叫/报警设施"成为我国老年人住房存在的最主要问题

老年人对自身住房存在问题的评价可以很好地反映老年人住房的宜居程度，并且是改善住房条件的重要指标。在所居住房屋存在的问题方面，城乡分布有所区别；除存在噪声外，各项指标中农村反映有问题的比例皆高于城市。具体城乡分布情况如图16所示。全国老年人对其住房反映最多的问题为没有呼叫/报警设施，其比例为39.5%，其中城市该项存在问题的比例为37.6%，农村为41.6%；其次为住房内没有扶手，其比例为24.6%，城市和农村存在该问题的比例分别为20.6%和28.9%，

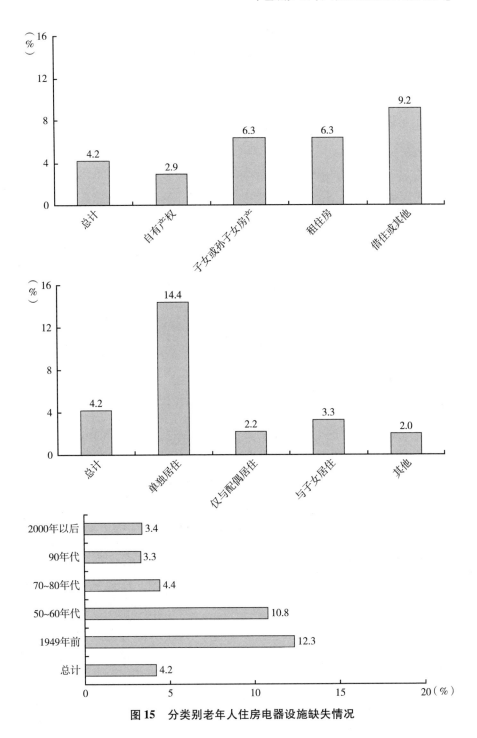

图 15　分类别老年人住房电器设施缺失情况

存在一定的城乡差异；再次为住房内光线昏暗，其比例为 22.0%，其中城市存在该问题的比例为 18.0%，农村为 26.5%，存在一定的城乡差异。

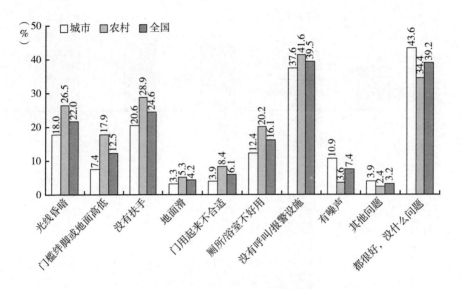

图16　城乡老年人住房存在的问题

此外，有 39.2% 的老年人认为其房子都很好，没什么问题。但值得注意的是，老年人对于有些住房问题未进行反映，并不完全意味着该住区不存在此项问题，而有可能是因为老年人认为此住房问题并不影响其生活而未进行报告。因此，并不能因此而忽略老年人住房宜居问题。

对老年人住房不存在问题的分类别讨论中，如图 17 所示，老年人住房不存在问题在居住方式及住房类型的分布上的差异明显小于房屋建成时间的分布。从居住方式来看，与子女共同居住的老年人住房没有问题的比例最高，为 42.6%；单独居住的比例最高，为 31.9%；最高与最低的组别相差约 11 个百分点。从住房类型来看，除租住房的老年人住房没有问题的比例最低（28.5%）外，其他住房类型的老年人房屋没有问题的比例均在 40% 左右。

老年人住房是否存在问题在房屋建成时间上的差异最为显著，并且存在问题的程度随着房屋年限的增加而加深。其中，1949 年前建成的房屋不存

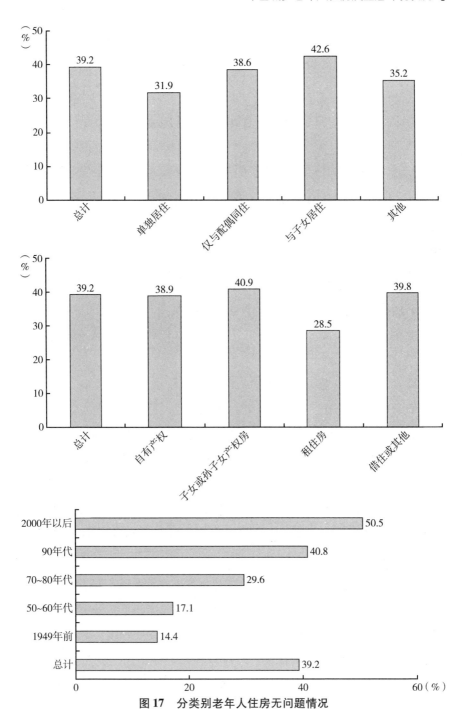

图17 分类别老年人住房无问题情况

在问题的比例仅为 14.4%，而 90 年代建成的房屋不存在问题的比例已超过总体水平，2000 年后建成的房屋不存在问题的比例已达 50.5%。

二 中国城乡老年人的住房满意度

（一）老年人的住房条件满意度

作为民生问题的重要方面，"住"的问题始终是民众最关心的问题之一。随着人口老龄化程度的不断加深，"居家养老"的理念成为应对老龄社会的普遍策略。相关学者指出，居家养老不是简单的回归家庭，而是与老年人持续居住的环境分不开的，如果老年人对其居住的住宅和周围的社区环境不满意，居家养老也就无从谈起。对老年人住房条件满意度的了解与分析，是了解老年人居住状况的重要途径，因此老年人住房满意度这一话题是值得深入探讨与研究的。

2015 年我国城乡老年人生活状况调查数据显示，有 47.5% 的老人对现在的住房条件表示满意；38.8% 的老人认为一般，13.7% 的老人对现有的住房条件表示不满意。也就是说，近一半的老年人对其住房条件表示满意。

以往研究表明，由于住房需求具有特殊性，对住房满意度的评估不只是考虑住房条件本身，还要考虑诸如辅助产品和服务、自然和人文环境等因素。很多研究表明个体特征，如受教育程度、经济状况、健康状况等对老人的住房满意度有显著的影响。下文将对不同社会特征的老年人住房满意度进行分析。

1. 城市老年人对住房条件感到满意的比例高于农村老年人

由于我国的特殊国情，在长期以来的城乡二元体制下，城市和农村在各方面均存在着巨大的差异。基于不同的经济和社会发展程度，城市和农村的住房条件也相距甚远。陶立群等人 2004 年在研究中指出，城乡居民的居住条件存在很大的差异，这些差异不仅反映在人均居住面积上，更反映在居住设施方面。第四次城乡老年人状况抽样调查数据显示，城市老年人对住房条件感到满意的比例高于农村老人，为50.8%；感到不满意的比例则低于农村老人，为11.9%。农村老人中对目前的住房条件感到满意和不满意的比例分别为43.9%和15.8%。可见，目前我国城市老年人的住房满意度仍然高于农村老年人。

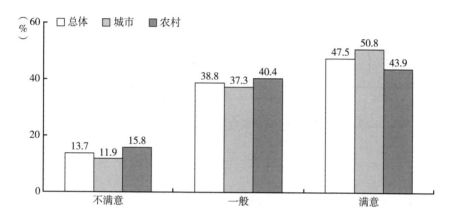

图18　分城乡的老年人住房满意度

2. 年龄越大的老年人对住房条件满意的比例越低

分年龄来看，各年龄组老人对目前的住房条件表示满意的比例均在40%以上。虽然不同年龄组的老年人的住房满意度不存在明显的差异，但是具体而言，随着年龄的不断增加，老年人的住房满意度呈现略微下降的趋势。从图19可以看出，随着年龄的增加，对住房条件表示满意的老人的比例有所下降，表示不满意和一般的老人的比例则有所上升。

3. 老年人住房满意度在性别上无差异

2015年我国城乡老年人生活状况抽样调查数据显示，对目前住房条件表示满意的女性老年人比例为47.7%，男性为47.2%；认为目前住房条件一般的女性老年人比例为38.8%，男性为38.7%；对目前住房条件表示不满意的女性老年人比例为13.5%，男性为14.0%。可见，男性老年人和女性老年人的住房满意度几乎无差异。

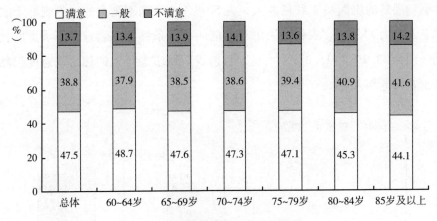

图 19 分年龄老年人住房满意度

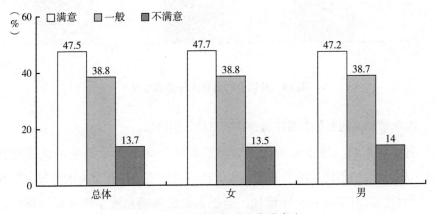

图 20 分性别老年人住房满意度

4. 受教育程度越高的老年人对住房条件满意的比例越高

受教育程度作为一个重要的人口特征，对个体的经济和社会地位都会产生重大的影响。如图 21 所示，受教育程度越高的老年人的住房满意度也越高。未上过学的老年人对目前住房条件表示不满意的比例接近 20%；而受教育程度为大学专科或者本科及以上的老年人对住房条件感到不满意的比例不足 10%。相对地，未上过学的老年人在调查中回答对目前住房条件满意的比例为 44.8%，上过大学专科或者本科及以上的老年人回答对住房条件感到满意的比例则分别为 56.6% 和 57.3%。

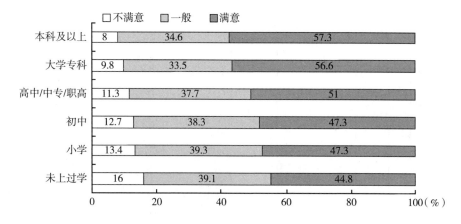

图21　不同受教育程度老年人的住房满意度

5.经济状况越好的老年人对住房条件满意的比例越高

研究表明，个体及其家庭成员的经济状况对住房条件有着直接的影响。本次调查采用老年人对经济状况的自评来衡量其经济状况，并用此变量来分析经济状况和住房满意度之间的关系，分析结果如图22所示：自评经济状况非常宽裕的老年人，对住房满意的比例为84.8%，不满意的比例仅为2.8%；随着自评经济状况的降低，对住房条件满意的比例也逐渐降低。自评经济状况为比较困难或者非常困难的老年人对住房满意的比例分别为29.2%和22.0%；不满意的比例则分别为24.8%和40.8%。可见，经济状况对住房条件有着巨大的影响，且经济状况越好的老年人对其住房满意度越高。

6.在婚有偶的老年人对住房条件满意的比例最高

从老年人的婚姻状况来看，目前在婚有偶的老年人对目前住房条件感到满意的比例最高，为48.7%，回答不满意的人比例为13.1%。也就是说，婚姻状况为在婚有偶的老年人对目前住房条件感到满意的可能性比丧偶、离婚和未婚的老年人更大。丁志宏等人在调查中也发现不同婚姻状况的老年人的住房状况存在差异。有配偶的老年人一般住在自有产权住房或者其他类型房屋里，丧偶老人一般居住在子女住房和租住房的比例较高。且他们发现有配偶的老人住在20世纪90年代后的房子中的比丧偶老人高15个百分点。

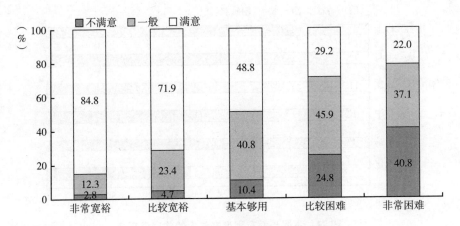

图22 不同经济状况老年人的住房满意度

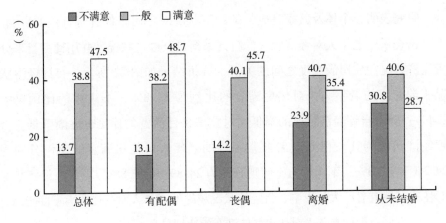

图23 不同婚姻状况老人住房满意度

7. 老年人身体健康状况越好对住房满意的比例越高

数据显示,身体健康状况越好的老年人对住房的满意度越高。身体健康状况非常好的老年人对住房条件感到满意的比例为70.7%,比身体健康状况很差的老年人高37.6个百分点;且身体健康状况较好的老年人对住房条件感到不满意的比例不足10%,身体健康状况较差或者非常差的老人表示不满意的比例均超过20%。

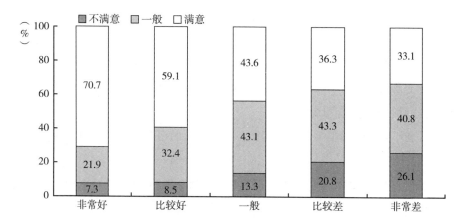

图24 不同健康状况的老年人的住房满意度

8. 与子女同住的老人对住房感到满意的比例最高

从不同的居住方式来看,与子女同住的老年人对住房感到满意的比例最高,为51.3%;仅与配偶居住以及其他居住方式的老人的住房满意度差异不大,对目前住房感到满意的比例分别为46.9%和46.7%;单独居住的老人对住房条件满意的比例较低,为38.0%。此外,不同居住方式的老年人对目前的住房条件感到不满意的比例从高到低依次为单独居住、其他、仅与配偶居住以及与子女居住。

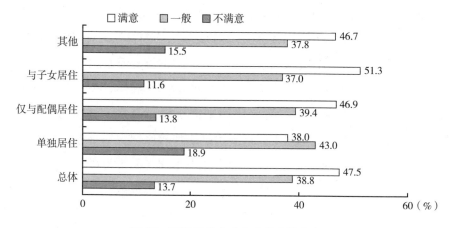

图25 不同居住方式老人住房满意度

（二）老年人对居住社区的满意度

老年人对居住社区的满意度是社区宜居程度的重要指标，影响老年人的身体、心理健康。本报告将从邻里关系和社区内设施满意程度两方面对老年人居住社区满意度进行分析。

1. 老年人整体邻里关系较为和谐，不同社会特征的老年人邻里关系密切程度存在差异

邻里指生活在同一街区（村居）、在心理上能够意识到对方存在并相互影响的人群，是构成城乡生态系统的子系统。不良的邻里关系会对居民的心理产生负面影响，而良好的邻里关系能在社区形成有效的保护系统。一般来说，老年人进入晚年后，由于身体机能的衰退，他们的社会参与机会逐渐减少，因此，在家庭关系及亲友以外，社区的邻里交往对老年人就显得尤为重要，能在某种程度上弥补老年人社会交往的不足，构建更加文明和谐的社区文化。

图26反映了老年人的邻里关系状况，其中，有半数人表示与邻里之间经常走动；31.1%的人和邻里在必要时能互相帮助；另外，分别有15.9%和2.9%的调查对象和邻里之间是仅限于打招呼和完全不了解。可见，老年人整体邻里关系是较为和谐的。

由于城市和农村社区的邻里构成和居住类型存在着巨大的差异，这些因素均会对邻里关系产生影响。因此，以下分城市和农村社区对邻里关系进行比较。根据图27可知，在农村，邻里之间必要时互相帮助以及经常走动的比例为32.9%和56.7%，均高于城市社区的29.5%和44.0%；与邻里之间仅限于打招呼或者完全不了解的比例则低于城市社区，分别为8.4%和2.0%，而在城市社区，邻里之间仅限于打招呼的比例为22.8%，不了解的比例为3.7%。由此可以看出，农村老年人与邻里关系更为密切。

随着住房商品化的改革，90年代以来，在城市地区，居民住房多位于商品楼社区；与从前传统的街道社区和单位社区不同，邻里不再是世代的老街坊或者同一单位工作的同事，而是变成了从事不同职业、来自不同单位的

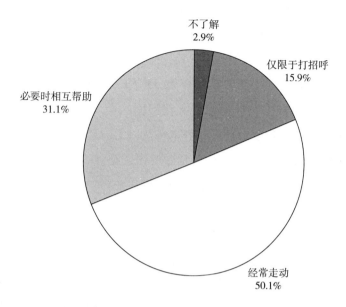

图26 老年人整体邻里关系状况

陌生人，熟人社区转化为陌生人社区。要改善城市社区的邻里关系，除了居民自身的因素外，社区也该积极开展各类活动，发挥加强社区邻里关系的纽带作用。

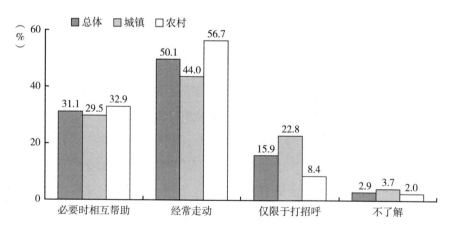

图27 分城乡的老年人邻里关系状况

从受教育程度来看，受教育程度和老年人的邻里关系之间存在着相关关系，受教育程度越高，邻里关系越疏远，反之，受教育程度较低的老年人与邻里的交往则更为密切。如图 28 所示，受教育程度为未上过学及小学的老年人与邻里经常走动的比例为 54.7% 和 53.2%，仅限于打招呼的关系的比例则分别为 12.6% 和 12.7%。随着文化程度的提高，与邻里经常走动的比例逐渐降低，受教育程度为专科或者本科及以上的老年人与邻里经常走动的比例为 28.2% 和 25.8%，仅限于打招呼的比例则为 36.8% 和 41.5%。但是值得注意的，不同受教育程度老年人和邻里在必要时相互帮助的比例并没有显著的差别，均在 30% 左右。

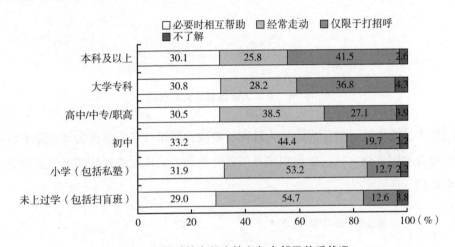

图 28 不同受教育程度的老年人邻里关系状况

从住房条件满意度分类来看，对当前住房条件感到满意的人与邻里能经常走动的比例为 51.3%，高于对当前住房条件感到一般或者不满意的人；而他们与邻里之间的关系不了解或者仅限于打招呼的比例则比对住房条件感到一般或者不满意的人低。也就是说，住房满意度越高，邻里关系越和谐。

另外，不同住房类型的老年人间邻里关系存在差异。住房类型为自有产权住房的老人与邻里在必要时能提供帮助的比例最高，为 32.8%；其次为借住或其他，为 29.1%；租住房在邻里需要时能提供帮助的比例最低，为 25.7%。住房类型为子女或者孙子女房产的老人与邻里经常走动的比例最

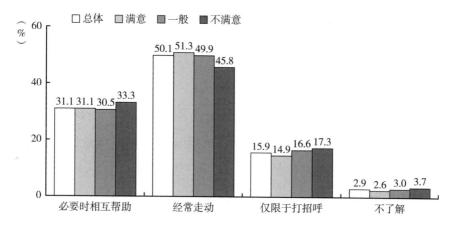

图29 不同住房满意度老年人的邻里关系状况

高，为53.8%；其次是自有产权住房（48.7%）和借住或其他类型住房（44.9%）；在租住房中居住的老人与邻里走动的比例最低，为42.0%。在租住房中居住的老人与邻居的关系仅限于打招呼或者不了解的比例最高，分别为25.9%和6.4%；其次是借住或其他，比例分别为22.0%和4.0%。也就是说，住房类型为自有产权或者子女或孙子女房产的老人的邻里关系更为亲近，而住房类型为借住或其他以及租住房的老年人的邻里关系则相对疏远一些。

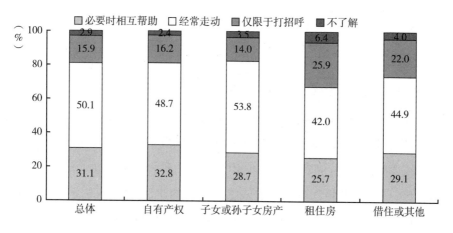

图30 不同住房类型老年人的邻里关系状况

2. 城市社区的设施满意度普遍高于农村社区

2015 年城乡老年人状况抽样调查对老年人的设施满意程度进行了调查，结果如图 31 所示，我国 60 岁及以上老年人对治安环境和交通状况感到满意的比例最高，比例分别为 59.3% 和 58.4%；其次为道路/街道照明，为53.3%，对环境绿化和尊老氛围感到满意的比例为 45.2% 和 45.3%；对健身活动场所感到满意的比例为 30.5%，对生活设施感到满意的占 29.4%；对公共卫生间感到满意的比例最低，为 17.4%；另外，对以上所有设施都不满意的老年人占 6.5%。

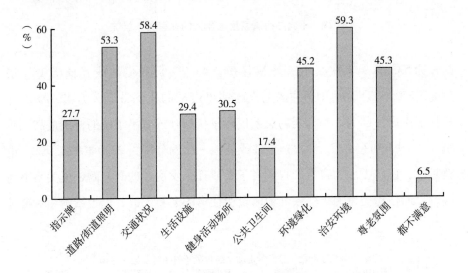

图 31　老年人对社区设施的满意状况

如图 32 所示，分城乡来看，老年人对城市社区的设施满意度普遍高于农村社区。调查对象对城市社区的道路/街道照明、交通状况、治安环境、环境绿化、尊老氛围感到满意的比例较高，均在 50% 左右；对指示牌、生活设施、健身场所的满意度则均在 40% 左右；对公共卫生间的满意度最低，为 23.6%。农村老年人对社区设施感到满意的比例最高的为交通状况和治安环境，分别为 56.3% 和 56.8%；对街道/道路照明满意的比例为 42.1%，尊老氛围为 41.3%，对环境绿化满意的比例为 37.4%；对指示牌、生活设施、健身场所、公共卫生间满意的比例均低于20%；对以上设施都不满意的比例为8.7%，高于城市社区的4.5%。可见，在社区设施的建设上农村社区和城市社区之间还存在很大的差距，特别是在基础的生活服务设施和公共卫生设施方面。

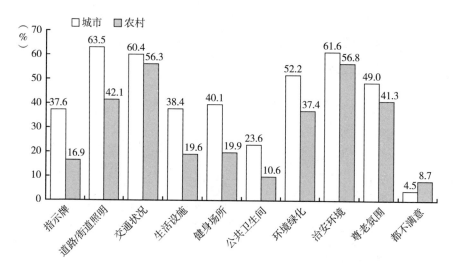

图32　城乡老年人的社区设施满意度

三　中国城乡老年人的跌倒状况

（一）跌倒状况及跌倒地点

跌倒是指一种突然、意外的倒地现象，跌倒可发生于任何年龄，但在老年人中更为多见。老年人跌倒是老年人晚年的重要健康隐患，也是反映房屋、社区甚至城市宜居程度的重要指标。相关研究表明，老年人跌倒与老年人晚年生活质量紧密相关。因此，对于老年人跌倒状况、地点和跌倒后果的研究是十分必要的。本部分将对这些问题进行分析探讨。

1. 农村老年人跌倒比例高于城市

2015年我国城乡老年人中有16.0%的在一年之内有跌倒的经历，其中，

城市老年人一年内有跌倒经历的比例为 13.5%，农村为 18.9%，农村老年人在一年之内有跌倒经历的比例高于城市老年人。

按性别区分，我国女性老年人一年内有跌倒经历的比例为 18.5%，男性老年人的比例为 13.4%，女性高于男性。其中，比较城乡分性别老年人跌倒情况，城市男性一年内有跌倒经历的比例最低，为 10.9%，农村女性一年内有跌倒经历的比例最高，为 21.6%，是城市男性的两倍。可见，女性老年人，尤其是农村女性老年人跌倒问题是值得关注的。

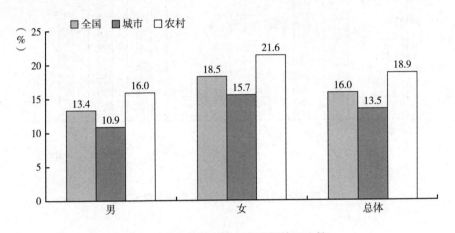

图 33　城乡分性别老年人跌倒情况比较

按年龄组区分，呈现随着年龄增长老年人跌倒可能性不断增加的特点，且各个年龄段的老年人中，城市老年人跌倒的经历都少于农村老年人。60~64 岁老年人中一年内有跌倒经历的比例为 12.2%，其中城市 60~64 岁老年人跌倒比例为 9.9%，农村为 14.6%；85 岁及以上老年人中一年内有跌倒经历的比例上升至 25.0%，其中城市 85 岁及以上老年人跌倒比例上升至 22.3%，农村上升至 28.3%。因此，高龄老人，尤其是农村高龄老人的跌倒问题是值得关注的。

从健康状况来看，由图 34 可知，我国老年人跌倒的可能性随着健康状况的变差而增加。健康自评为非常好的老年人一年内跌倒的比例仅为 4.9%，而随着健康状况的变差，老年人跌倒的比例也在大幅提高：其中，

表 4　城乡分年龄老年人跌倒情况比较

单位：%

年龄	全国	城市	农村
60~64 岁	12.2	9.9	14.6
65~69 岁	14.8	12.0	17.8
70~74 岁	17.4	14.2	20.8
75~79 岁	19.4	16.8	22.4
80~84 岁	21.2	18.4	24.9
85 岁及以上	25.0	22.3	28.3
总体	16.0	13.5	18.9

健康自评为比较差的老年人一年内跌倒的比例已达 29.1%，健康自评为非常差的老年人一年内跌倒的比例高达 42.8%，是健康自评为非常好的老年人的近 10 倍。因此，对于健康状况差的老年人更应注重无障碍设施等宜居环境建设，以降低老年人跌倒的比例。

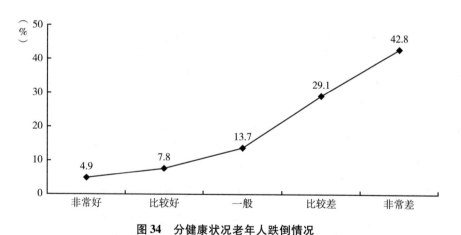

图 34　分健康状况老年人跌倒情况

2. 老年人跌倒地点以屋外为主

老年人跌倒地点可以反映出老年人住房及其社区的宜居程度和无障碍设施建设情况。由图 35 可知，我国城乡老年人跌倒比例最高的地点为道路和院子，分别为 25.9% 和 20.2%，二者跌倒比例远高于其他地点。其中，跌倒地点为道路的比例城乡差异并不明显，城市为 26.4%，农村为 25.4%，城市比例略高于农村；跌倒地点为院子的比例城乡差异明显，其中城市为13.2%，农村为25.8%，农村为城市的近两倍。此外，老年人跌倒比例最低的地点为健身场所、公园和阳台，分别仅为0.2%、0.5%和0.6%；三个场所老年人跌倒的比例城市均高于农村，其中阳台跌倒的老年人城乡比例分别为0.9%和0.4%，公园分别为1.0%和0.1%，而健身场所城市老年人跌倒的比例为0.4%，农村为0，主要原因是农村健身场所匮乏。另外，还有6.7%的老年人是在其他地点跌倒的。

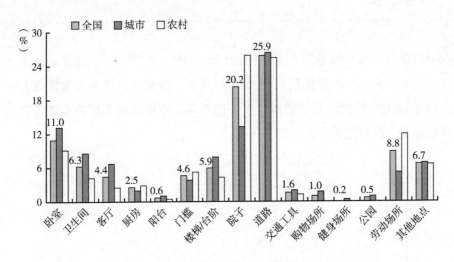

图35　城乡老年人跌倒地点

为更明确老年人屋内外跌倒的情况，以了解老年人住房及其周边社区的宜居情况，本文对老年人跌倒地点进行了重新划分，将跌倒地点为卧室、卫生间、客厅、厨房、阳台、门槛、楼梯/台阶划分为屋内跌倒，将跌倒地点为院子、道路、交通工具、购物场所、健身场所、公园、劳动场所和其他地点划分为屋外跌倒。

由表5可知，老年人屋外跌倒的比例为64.8%，屋内跌倒的比例为35.2%。具体而言，首先，从城乡来看，城市老年人屋外跌倒的比例为56.8%，屋内跌倒的比例为43.2%，差异较小；而农村老年人屋外跌倒的比例为71.3%，屋内跌倒的比例为28.7%，比例差距很大。比例悬殊可能由农村老年人需要干农活所致。可见，农村村内基础设施和无障碍设施需要进一步完善。其次，从年龄来看，老年人屋外跌倒的比例呈倒 V 字形，屋内跌倒的比例呈 V 字形；且老年人跌倒趋势由低龄老人屋外跌倒比例（68.3%）明显大于屋内跌倒（31.7%），转变为高龄老人屋内外跌倒比例相差无几（分别为47.1%和52.9%）。这主要由高龄老人出门的比例降低所致。因此，对高龄老人住宅的改善是建设宜居环境的重要环节。最后，从性别来看，男女两性屋内外跌倒的比例差异并不大。

表5　老年人屋内外跌倒状况比较

单位：%

类别		屋外跌倒	屋内跌倒
城乡	城市	56.8	43.2
	农村	71.3	28.7
年龄	60~64 岁	68.3	31.7
	65~69 岁	70.1	29.9
	70~74 岁	67.4	32.6
	75~79 岁	66.6	33.4
	80~84 岁	51.9	48.1
	85 岁及以上	47.1	52.9
性别	女	62.0	38.0
	男	69.1	30.9
总体		64.8	35.2

从城乡分年龄老年人屋内外跌倒情况比较来看，城市老年人屋内外跌倒比例随年龄变化的幅度大于农村老年人。从城市来看，老年人屋内外跌倒的比例差距先随着年龄的增大而减少，75~84 岁时差距最小，85 岁及以上组差距又变大。此外，在80 岁前，城市老年人屋外跌倒的比例高于屋内跌倒的比例；而在80 岁及以上，城市老年人屋外跌倒的比例低于屋内跌倒的比例。其中，60~64 岁老年人屋内外跌倒比例分别为38.1%和61.9%，85 岁及以上老年人屋内外跌倒的比例分别为61.6%和38.4%。从农村来看，老年人屋外跌倒的比例始终大于屋内跌倒的比例，且屋外跌倒的比例大致呈下

降趋势，屋内跌倒的比例大致呈上升趋势，屋内外跌倒的比例差距逐步缩小。其中，农村 60~64 岁老年人、65~69 岁老年人以及 70~74 岁、75~79 岁老年人屋内外跌倒的比例相近，屋外跌倒的比例均在 [73%，76%] 区间内；80~84 岁老年人屋内外跌倒的比例分别为 39.5% 和 60.5%；85 岁及以上老年人屋内外跌倒的比例分别为 44.9% 和 55.1%。

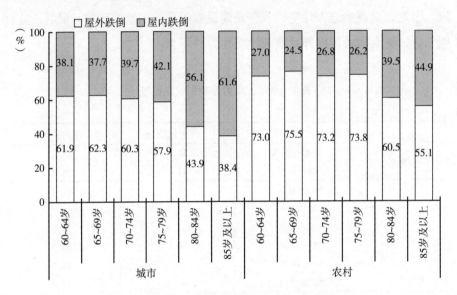

图 36　城乡分年龄老年人屋内外跌倒情况比较

从城乡分性别老年人屋内外跌倒情况比较来看，城市女性老年人屋内外跌倒的比例分别为 45.3% 和 54.7%，男性老年人分别为 39.8% 和 60.2%，男性老年人屋内外跌倒的比例差距大于女性老年人；农村女性老年人屋内外跌倒的比例分别为 31.9% 和 68.1%，男性老年人分别为 24.4% 和 75.6%，男性屋内外跌倒的比例差距大于女性，且农村男女两性老年人屋内外跌倒比例的差异大于城市。

（二）跌倒后果

1. 老年人跌倒后果以"轻伤，无须医治"为主

由于老年人活动少、肌力差、平衡受损、认识能力受损等因素，跌倒致

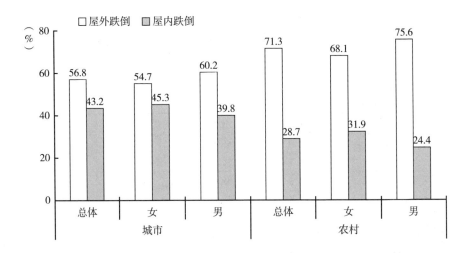

图 37　城乡分性别老年人屋内外跌倒情况比较

骨折的发生率高，后果严重，跌倒是老年人伤残、失能和死亡的重要原因之一，也是威胁老年人健康和生命的一个重要因素。因此，对老年人跌倒后果的了解与分析是十分必要的。

2015 年城乡老年人口状况抽样调查数据显示，我国老年人跌倒后果为没有受伤的比例为 22.7%，轻伤无须医治的比例为 55.3%，重伤需要医治的比例为 19.3%，重伤长期卧床的比例为 2.7%。可以看出，我国老年人跌倒后果以无须医治的轻伤为主，需长期卧床的重伤的老年人占比较小。

分城乡来看，城市和农村老年人在各类跌倒后果上的差异不大。分性别来看，男女两性老年人跌倒后果的差异并不大，男性没有受伤的比例略高于女性，跌倒后果为受伤的比例均略低于女性。

分年龄来看，除 85 岁及以上的老年人跌倒后果为没有受伤的比例为 19.3%，低于全国水平外，其他年龄段的老年人跌倒后果为没有受伤的比例均较为相近，与全国总体水平接近。此外，跌倒后果为无须医治的轻伤和需要医治的重伤比例各个年龄段也并无太大差异，与全国总体水平较为相近。但值得注意的是，老年人跌倒后果为重伤并需要长期卧床的比例随着年龄的增加而上升：其中，60~64 岁的老年人跌倒后果为重伤、长期卧床的比例

仅为1.0%，而85岁及以上的老年人跌倒后果为长期卧床的重伤的比例已升至7.6%。

表6 分类别老年人跌倒后果

单位：%

类别		没有受伤	轻伤,无须医治	重伤,需要医治	重伤,长期卧床
城乡	城市	22.0	55.8	19.4	2.9
	农村	23.3	54.9	19.3	2.5
年龄	60~64岁	22.2	56.9	19.9	1.0
	65~69岁	22.4	58.0	17.7	1.8
	70~74岁	24.8	50.2	22.3	2.8
	75~79岁	22.8	56.3	17.9	3.0
	80~84岁	22.9	54.9	17.6	4.7
	85岁及以上	19.3	52.2	20.9	7.6
性别	女	21.0	55.9	20.3	2.8
	男	25.2	54.4	17.8	2.5
	总体	22.7	55.3	19.3	2.7

2. 老年人跌倒后果随健康状况变差而严重

老年人跌倒对健康有着重要影响，将跌倒后果与健康状况进行交互分析，可反映老年人跌倒后果的严重性。由图38可知，首先，跌倒后果为没有受伤的比例随着健康状况的变差而下降。其中，健康状况为非常好的老年人跌倒后果为没有受伤的比例为35.4%，而健康状况非常差的老年人跌倒后果为没有受伤的比例下降至16.8%，且健康状况为非常差和比较差的老年人跌倒后果为没有受伤的比例均低于总体水平。其次，除健康状况为非常好和比较好的老年人，跌倒后果为无须医治的轻伤的比例为46.9%和52.5%，低于总体水平外，健康状况处于一般及以下的老年人跌倒后果为无须医治的轻伤的比例均与总体水平相近。再次，与跌倒后果为"轻伤，无须医治"相似，除健康状况为非常好和比较好的老年人，跌倒后果为需要医治的重伤的比例为15.6%和18.0%，低于总体水平外，健康状况处于一般及以下的老年人跌倒后果为需要医治的重伤的比例均与总体水平相近。最后，跌倒后果为需要长期卧床的重伤的比例随着健康状况呈先下降后上升的状态。其中，健康状况为非常好的老年人跌倒后果为需要长期卧床的重伤的比例为2.1%，健康状况为比较好和一般的老年人跌倒后果为需要长期卧床的重伤的比例下降至0.8%和1.0%，而健康状况为比较差和非常差的老年人跌倒后果为需要长期卧床的重伤的比例上升至3.1%和8.6%。总的来说，老年人健康状况越差，跌倒后果也越严重。

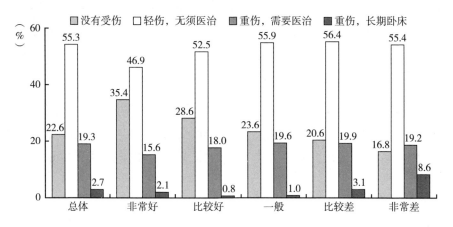

图38　分健康状况老年人跌倒后果

四　研究结论及对策建议

（一）研究结论

本报告主要从老年人住房状况及其设施、老年人对其居住房屋和社区的满意程度以及老年人跌倒状况和跌倒后果几个方面，分析老年宜居环境建设状况，获得以下结论。

1. 虽然目前老年人拥有单独房间比例较高，但房屋产权拥有率不高，房屋状况有待进一步改善

一是老年人房屋产权拥有率为65.9%，拥有房屋产权比例不高，且存

在城乡、性别、年龄、地区等差异。其中，城市老年人房屋产权拥有率高于农村老年人，男性高于女性，房屋产权拥有比例随年龄的增大而降低；并且云南、贵州、河南、江西和安徽老年人房屋产权拥有率最低，西藏、新疆、北京、山东和辽宁老年人房屋产权拥有率最高，呈现人口密度低、经济发达地区老年人房屋产权拥有率高的现象。

二是我国老年人居住房屋以自有产权房为主，以子女房产为辅，比例共达近95%；且城市、低龄、男性老年人居住房屋为自有产权房的比例更高，农村、高龄、女性老年人居住房屋为子女或孙子女产权房屋的比例更高。

三是我国老年人所拥有的住房，绝大部分是在 20 世纪 70 年代之后建成的，其比例为93.7%；其中子女或孙子女的房屋建成时间晚于其他住房类型，老年人自有产权房屋建成时间以 70～80 年代最多。单独居住的老年人房屋建成时间早于整体水平，仅与配偶居住的老年人房屋建成时间与整体水平较为相似，与子女共同居住的老年人房屋建成时间晚于整体水平。

四是我国老年人居住房屋面积平均达112 平方米，且农村老年人住房面积大于城市，低龄老人、经济状况好的老年人拥有的住房面积更大。分省份来看，西藏老年人住房面积远大于其他省份，而黑龙江省、吉林省、辽宁省和内蒙古自治区老年人的住房面积较小。

五是我国老年人拥有独立房间比例高，为 93.0%，且城市略高于农村，男性略高于女性。此外，老年人拥有单独房间的比例随年龄增大和健康状况变差而下降。

2. 我国老年人房屋各项设施覆盖率不高，且呈现显著的城乡差异

一是我国老年人住房基础生活设施覆盖率不高，以自来水覆盖最为广泛，拥有比例为 72.8%。城乡差异明显，城市基础设施好于农村。此外，单独居住的老年人以及建成时间早的住房中各项基础生活设施严重缺乏。

二是我国城乡老年人住房中电器等设施拥有率较高，电视机、电冰箱、洗衣机这类家庭必备电器拥有比例较高。通信设备拥有比例较高且城乡差距较小，电脑、空调、空气净化器、净水设备这类非生活必需电器拥有比例较低，且城乡差异显著。老旧小区电器设施缺失情况严重。

三是老年人认为其所居住的房子没有问题的比例为39.2%，"没有呼叫/报警设施"成为我国老年人住房存在的最主要问题。老旧小区住房存在的问题较多。

3. 老年人住房满意度整体较高，但表现出个体差异

一是约半数的老年人对现在的住房条件表示满意，仅有13.7%的老年人对现有的住房条件表示不满意。年龄越大、经济状况越差、身体健康状况越差以及单独居住和丧偶、离婚、未婚的老年人对当前住房条件感到满意的比例越低。

二是对社区满意度的分析发现，就邻里关系而言，城市社区的邻里关系比农村社区疏远，受教育程度越高，邻里间经常走动的比例越低。住房满意度越高，邻里关系越密切。住房类型为自有产权、子女或孙子女房产的老人的邻里关系更为紧密，而住房类型为借住或其他以及租住房的老年人的邻里关系则相对疏远一些。

三是从社区设施的满意度分析来看，治安环境、交通状况、道路/街道照明状况满意度较高，健身场所、生活设施、公共卫生间的满意度较低，环境绿化水平和尊老氛围仍有待提升。城市社区设施满意度普遍高于农村，特别是在基础生活服务设施和公共卫生设施等方面。

4. 老年人存在较大的跌倒风险，需得到社会各界的关注

一是农村老年人、女性、高龄老人及健康状况较差的老年人跌倒的比例更高。农村女性老年人和农村高龄老人更是易跌倒的人群。二是老年人跌倒地点以屋外为主，并且跌倒地点呈现明显的城乡差异。三是老年人跌倒后果以"轻伤无须医治"为主。城乡和男女两性老年人跌倒后果的差异并不大，但年龄和健康状况与跌倒后果具有相关性，年纪越大、健康状况越差的老年人跌倒后果越严重。

（二）对策建议

住房和宜居环境作为社会民生的重要方面，一直是政府工作的重点之

一。从本报告的分析可以看出，目前我国老年人住房及宜居状况仍存在城乡、地区、社区等方面的差异，全面建设老年宜居环境仍需从多方面着手。

1. 统筹城乡住房条件和社区设施建设，缩小城乡差距

尽管目前城市棚户区改造和农村危房改建已经取得了重大成果，城乡之间的差距正在逐步缩小，但是城市社区和农村社区的住房条件和社区设施配套和完善仍然存在较大的差距。因此，可通过以下对策缩小城乡差距。

首先，大力发展乡镇企业。发展企业是改善一个地区经济条件的重要措施，也是提升人民生活质量的保证。政府可对于乡镇企业进行专项拨款，尤其对于基础建设项目企业，这一方面可以直接完善农村基础建设，改善居住环境；另一方面有利于增加农村收入，进一步推动居住环境的改善。

其次，推进农村危旧房改造。一方面，在源头上制定长远和合理的规划，避免后续改造过程中出现"返工"现象；另一方面，建立健全农村基本住房安全保障长效机制，进行农村适老化改造建设，将无障碍建设纳入社会主义新农村和城市化建设中，以改善老年人的住房和生活条件。

最后，加强农村各项基础设施建设。在当前，应着重加强农村养老服务设施及医疗卫生、文化体育等配套设施建设，尽量做到"向城市看齐"，以保障向包括老年人在内的所有农村居民提供基本生活服务设施。

2. 重视基础设施和文娱设施建设

首先，加快对城乡老旧小区的改造。据本报告分析，可以看出老旧小区设施较为落后，老年人基本生活设施和电器设施缺失严重。进行老旧小区的改造和再建设，例如加厚保温层、管道建设、增设社区配套设施，尤其对于基本生活设施和电器设施缺失严重的小区进行改造是十分必要的。

其次，加强社区适老化建设。一方面，将老年宜居环境建设的计划和实施提升到相当于战略规划的重要层面，明确老年人宜居环境的建设对于提升老年人生活质量、方便老年人出行、扩大老年人社会参与的重要意义，力求为老年人打造功能齐全、环境优美的老年宜居环境。另一方面，加强社区老年人无障碍设施的建设，为老年人提供出行保障，为部分残疾老年人提供相应的保障设施。另外，保障性住房的建设和分配应适当地向老年人倾斜，提升老年人的住房质量。

最后，加强文化娱乐设施的建设，提升社区养老服务水平。一方面，增设各类老年人活动场所和设施，例如棋牌室、运动器械和书画室等，让老年人可以参与更多娱乐项目。另一方面，在社区内部配建养老院、日间照料中心等，并完善医疗服务设施，实现社区相关配套设施和养老服务设施之间的集约建设和资源共享。

3. 创建和谐邻里关系

宜居环境建设既要保障老年人住房条件，更要保障老年人的住房质量。随着城市化的发展，住进高层楼房的人越来越多，与从前相比，邻里之间的交往有所不便，然而良好的邻里关系能够在社区形成有效的救助系统。因此，开展社区活动，营造尊老爱老的社区氛围，打造和谐友爱、互帮互助的邻里关系，是提升居住幸福感的重要措施。

首先，进行"尊老、爱老、敬老"的社区教育。一方面，社区应对尊老敬老进行宣传，如树立社区敬老榜样，积极引导社区居民尊老敬老。另一方面，定期开展有关老龄化、老年期和衰老等相关内容讲座，让社区居民可以深入了解老年人、老龄化和应对衰老的措施，以达到更加理解老年人、尊敬老年人的目的。

其次，开展各类老年活动并鼓励老年人参与。在积极宣传民族美德之外，村/居委会应当多开展爱老敬老的社区活动，并积极鼓励老年人参与。一方面，可以为老年人提供社会参与的机会，帮助他们排遣孤独情绪，增进心理健康；另一方面，通过举行活动，为邻里街坊提供互相认识了解的机会，增进邻里关系。值得注意的是，社区活动的开展除了覆盖到本社区的居民外，更应该关注租住房的老人以及流动老人。

4. 积极构建老年宜居环境建设标准体系

城市规划和建设是百年大计，因此宜居环境建设不可过于急进，应立足实际，长远规划，构建一套架构健全、内容适用的建设标准体系。

首先，结合新型城市化建设。具体来看，应在城市化进程中指导老

年宜居环境的规划建设，理顺从国家政策法规到标准规范的落实思路，加快有迫切需求的标准制订，并将新设计和新设施与新型城市化建设结合起来。

其次，结合老年宜居相关标准规范。目前我国已出台了十余项与老年宜居相关的标准规范，涵盖了建设、居住环境、服务设施等方面。然而这些标准规范存在"各自为政"的问题，并且并不能指导整体的宜居环境建设。因此，老年宜居环境建设标准体系应在结合现有的老年宜居相关标准规范的基础上，涵盖并且统筹各规范，以促进宜居环境更好更快地发展。

最后，结合我国老龄化状况和养老服务设施需求程度。根据老年人的实际需求来综合考虑居住环境规划设计、公共服务设施配置等，而非强调指标控制要求，保证标准应用的灵活性和实用性。此外，标准体系应在国家养老服务政策与相关标准规范之间、不同行业领域标准之间形成有效对应衔接，以防不统一和不协调的状况出现。

总的来说，构建老年宜居环境建设标准体系，应积极鼓励地方先行先试，通过构建地方标准为构建国家标准或行业标准积累经验。

参考文献

WHO（2007）. Global Age-friendly Cities：A Guide，http：//www. who. int/ageing/publications/Global_ age_ friendly_ cities_ Guide_ English. pdf.

党俊武等：《中国老年宜居环境发展报告（2015）》，社会科学文献出版社，2016。

伍小兰、曲嘉瑶：《中国老年宜居环境建设现状、问题与对策研究》，《老龄科学研究》2016 年第 8 期。

姜向群、杜鹏：《中国人口老龄化和老龄事业发展报告（2014）》，中国人民大学出版社，2014。

丁志宏、姜向群：《城市老人住房状况及其满意度研究——以北京市海淀区为例》，《北京社会科学》2014 年第 1 期。

陶立群：《中国老年人住房与环境状况分析》，《人口与经济》2004 年第 2 期。

张智：《邻里关系与身心健康》，《中国健康教育》2001 年第 5 期。

李国庆:《社区类型与邻里关系特质——以北京为例》,《江苏行政学院学报》2007年第 2 期。

曹玲、佟贵锋、杨光、永富良一:《影响老年人跌倒的多维危险因素》,《中国体育科技》2012 年第 3 期。

覃朝晖、于普林:《老年人跌倒与骨折的风险及其预防》,《中国实用内科杂志》2011 年第 1 期。

B.8
中国城乡老年人社会参与状况分析

胡宏伟　袁水苹　郑翩翩*

摘　要：　本报告利用第四次中国城乡老年人生活状况抽样调查数据，
从老年人公益活动参与情况、老年协会活动评价状况及政治
参与状况三个方面分析了我国城乡老年人的社会参与状况。
结果发现，现阶段：近一半的老年人积极参与公益活动，且
以邻里、社区活动为主，超过一成的老年人参与了公益活动
组织，以文化娱乐组织为主。大部分老年人对老年协会组织
的活动较为满意，超过一半的老年人希望老年协会多开展诸
如学习/娱乐和困难老人帮扶之类的活动。大部分老年人助老
意愿较强，且超过一半的老年人较为关心社区事务的公开和
国家大事，约两成老年人曾向社区建言献策。但是，在社区
大事件中，老年人被征求意见的比例却较低。基于以上分析，
为了进一步落实积极老龄化战略、促进老年人社会参与，本
报告提出应着力建设包括微观、中观、宏观三个层次，涵盖
国家、社会、个人网络三个维度，包含国家、社区、社会组
织、家庭等多主体在内的老年社会参与促进与保障综合体系。

关键词：　积极老龄化　公益活动参与　政治参与　社会组织　社会
网络

---

* 胡宏伟，博士，中国人民大学公共管理学院，副教授，主要研究方向为健康保障、老年问题；
袁水苹，西北大学公共管理学院，硕士研究生；郑翩翩，北京大学人口所，硕士研究生。

在积极老龄化理念中，社会参与是现代老年生活中不可或缺的一部分。《老年人权益保障法》第六十八条规定："国家为老年人参与社会发展创造条件。根据社会需要和可能，鼓励老年人在自愿和量力的情况下，从事下列活动：（一）对青少年和儿童进行社会主义、爱国主义、集体主义教育和艰苦奋斗等优良传统教育；（二）传播文化和科学知识；（三）提供咨询服务；（四）依法参与科技开发和应用；（五）依法从事经营和生产活动；（六）兴办社会公益事业；（七）参与维护社会治安、协助调解民间纠纷；（八）参加其他社会活动。"通过法律条文可知，参与社会活动是老年人的基本权利，国家理应为老年人参与社会发展创造条件，鼓励老年人回归社会，投身到经济、政治、社会、文化和公益等实践当中。

与此同时，老年人社会参与还对促进社会经济进步、老年人个人发展具有重要意义。首先，从社会角度来看，退休老年人积极参与社会活动，有利于进一步开发老年人力资源，弥补人才资源结构性短缺，减轻社会负担。其次，从家庭角度来看，可以减轻子女负担，增强代际和谐。最后，从老年人自身角度来看，第一，良好的社会参与有利于老年人尽快向新的社会角色转变，适应退休生活，缩小与社会之间的距离，保障身心健康；第二，老年人在社会参与中能够通过与他人沟通、交换等形式保持和扩大自身的社会网络，提高其社会资本，保证老年生活质量；第三，社会参与是老年人实现自我的一种重要途径，在社会参与过程中，老年人既能承担起对社会的贡献与责任，又能够得到来自社会的认可与尊重，不断实现人生价值。

随着我国经济的发展、社会保障制度的完善，老年群体受教育程度提高以及积极老龄化思潮等因素的影响，老年人群社会参与的意愿和能力不断增强。基于此，我国政府随之出台一系列政策文件来保障并促进老年人社会参与。其中，1996年颁布的《中华人民共和国老年人权益保障法》具有标志性意义，该法单独设置一章内容对老年社会参与进行说明，不仅明确将老年社会参与的对象扩大到全体老年人，对老年社会参与的内容也进行了原则上的倡导。除此之外，我国社会各界也纷纷响应，设立多样化的老年协会，组织各式各样的老年社会参与活动，例如老年职业技能培训活动、老年志愿服

务活动、老年娱乐竞技等。

在此背景下，全面深入地了解中国老年人当前的社会参与情况具有重要意义。本报告将利用第四次中国城乡老年人生活状况抽样调查数据，介绍中国老年人口社会参与的现状与需求，具体包括老年公益活动、老年协会、社区政治参与等情况。同时，在此基础上，进一步按照性别、年龄段、文化程度、婚姻状态、健康状况、居住方式和地区对老年人群体进行划分，比较分析不同老年群体的社会参与情况，从而为政府部门制定老年社会参与的相关政策、出台相应举措提供更准确、真实的依据和支撑。

一　中国城乡老年人参与公益活动较为活跃

（一）老年人参与的公益活动类型

1. 近一半的老年人参加了公益活动，以邻里、社区活动为主；农村老年人参与公益活动比例更高，尤其体现在帮助邻里这一活动上

从全国来看，近一半的老年人参加了公益活动。其中，参与率排名前三的公益活动分别为：帮助邻里、维护社区卫生环境、协助调解邻里纠纷。分城乡来看，总体而言，农村老年人参与公益活动的比例要略高于城市老年人。但是，在维护社区社会治安、维护社区卫生环境、参加文化科技推广活动方面，城市老年人参与的比例要高于农村老年人。

表1　老年人参与的公益活动类型

单位：%

类型	全国	城市	农村
维护社区社会治安	8.63	8.93	8.31
协助调解邻里纠纷	16.98	15.95	18.11
维护社区卫生环境	20.68	22.12	19.11
帮助邻里	34.29	31.82	36.96
关心教育下一代	13.15	12.36	14.00
参加文化科技推广活动	2.34	3.12	1.49
都没有	54.37	56.74	51.79

2. 与女性老年人相比，男性老年人参加公益活动的比例更高，约占50%；在各类公益活动的参与率方面，男性老年人也均高于女性老年人

表2显示，不论是城市、农村还是在全国范围内，约一半的男性老年人参加了公益活动。全国而言，男性这一比例约高于女性老年人6个百分点。但是，总的来说，没有呈现明显的性别差异。具体而言，男性和女性老年人维护社区社会治安和协助调解邻里纠纷的比例的差异要略大于参加其他公益活动的差异，但是其差异也仅略高于5个百分点。

表2　不同性别老年人参与的公益活动类型

单位：%

类型	全国		城市		农村	
	女性	男性	女性	男性	女性	男性
维护社区社会治安	6.15	11.35	6.89	11.26	5.31	11.43
协助调解邻里纠纷	14.36	19.85	14.19	17.95	14.56	21.82
维护社区卫生环境	18.72	22.82	20.40	24.09	16.83	21.50
帮助邻里	32.55	36.18	30.92	32.85	34.40	39.64
关心教育下一代	11.81	14.61	11.24	13.65	12.45	15.62
参加文化科技推广活动	1.76	2.98	2.57	3.74	0.83	2.19
都没有	57.35	51.11	58.92	54.26	55.57	47.85

3. 年龄越小的老年人参加公益活动的比例越高，对于各类公益活动也是如此

从全国来看，随着年龄的增长，老年人参加公益活动的比例呈下降趋势，体现在各类公益活动上，亦是如此。具体而言，超过五成的低龄（60~69岁）老年人参加了公益活动，这一比例约高于高龄（80岁及以上）老年人30个百分点。

分城乡来看，同一年龄段的城市老年人和农村老年人在参与公益活动方面也存在一定差异。总体上，同一年龄段的农村老年人参与公益活动的比例高于城市老年人。在具体活动类型方面，对于同一年龄段老年人而言，城市老年人参加维护社区社会治安、社区卫生环境和文化科技推广活动的比例高于农村老年人，而在协助调解邻里纠纷、帮助邻里、关心教育下一代方面，

同一年龄段的农村老年人参与率高于城市老年人。此外，农村 85 岁及以上老年人参与多数活动的比例比城市 85 岁及以上的老年人更高。

表3　不同年龄段老年人参与的公益活动类型

单位：%

城乡	年龄	维护社区社会治安	协助调解邻里纠纷	维护社区卫生环境	帮助邻里	关心教育下一代	参加文化科技推广活动	都没有
全国	60~64 岁	10.71	20.26	24.34	40.72	14.85	2.98	47.37
	65~69 岁	9.83	19.10	22.83	38.04	14.39	2.75	49.90
	70~74 岁	8.37	17.24	20.69	34.37	13.19	2.29	54.00
	75~79 岁	6.41	13.51	17.47	28.30	11.40	1.57	60.89
	80~84 岁	4.62	9.65	12.74	20.42	9.40	1.10	69.77
	85 岁+	2.98	6.46	8.72	13.79	7.07	0.51	78.79
城市	60~64 岁	11.17	19.39	26.64	38.21	14.29	3.81	49.37
	65~69 岁	10.37	18.06	24.71	35.65	13.67	3.74	52.05
	70~74 岁	8.82	16.36	22.28	32.14	12.63	3.18	55.96
	75~79 岁	6.67	12.76	18.49	26.29	10.59	2.26	62.97
	80~84 岁	4.69	8.73	13.08	19.02	8.29	1.62	71.90
	85 岁+	2.59	5.27	8.04	11.79	5.73	0.74	81.92
农村	60~64 岁	10.23	21.16	21.94	43.34	15.44	2.11	45.28
	65~69 岁	9.27	20.19	20.86	40.52	15.14	1.72	47.65
	70~74 岁	7.89	18.18	18.98	36.78	13.78	1.33	51.89
	75~79 岁	6.12	14.37	16.31	30.56	12.32	0.79	58.54
	80~84 岁	4.53	10.83	12.32	22.22	10.83	0.42	67.03
	85 岁+	3.45	7.91	9.54	16.21	8.68	0.22	75.00

4. 随着学历的提高，老年人参与公益活动的比例呈倒 V 字形分布，且以帮助邻里、维护社区环境、协助调解邻里纠纷为主

从全国来看，初中、高中/中专/职高和大学专科学历老年人公益活动参与率的比例均超过 1/2，这一比例高于其他学历老年人。具体而言，初中学历的老年人参加公益活动的比例最高，为 51.22%，从未上过学的老年人参加公益活动的比例最低，两者相差 13.59 个百分点。

进一步分别对比城市内部和农村内部不同文化程度老年人参与公益活动状况，在城市内部，大学专科、高中/中专/职高和初中学历老年人参与公益活动的总体比例较高；在农村内部，大学专科、本科及以上、高中/中专/职高学历老年人参与公益活动的总体比例较高。在具体活动类型方面，无论是城市还是农村，对于任何文化程度的老年人而言，公益活动参与率排名前两位的均为：帮助邻里、维护社区卫生环境。所不同的是，初中学历的老年人参加协助调解邻里纠纷的比例最高；而大学专科学历的老年人参加关心教育下一代活动的比例最高。

表4　不同文化程度老年人参与的公益活动类型

单位：%

范围	文化程度	维护社区社会治安	协助调解邻里纠纷	维护社区卫生环境	帮助邻里	关心教育下一代	文化科技推广	都没有
全国	未上过学	4.92	13.18	14.65	28.41	9.91	0.51	62.37
	小学	8.53	17.50	21.22	36.13	13.61	1.62	52.34
	初中	12.32	20.77	25.63	38.63	14.92	4.02	48.78
	高中/中专/职高	13.39	20.22	27.04	37.00	17.12	6.51	49.34
	大学专科	13.29	17.82	27.75	34.53	18.42	9.70	49.46
	本科及以上	9.80	11.78	23.00	28.85	16.17	9.85	54.82
城市	未上过学	4.44	11.87	14.77	25.38	8.55	0.63	66.14
	小学	8.16	16.12	21.75	32.52	12.17	1.81	56.22
	初中	11.62	18.28	26.04	35.12	13.20	4.21	52.60
	高中/中专/职高	12.96	18.57	27.32	34.89	15.99	6.51	51.56
	大学专科	13.10	17.46	27.71	33.98	18.01	9.64	49.93
	本科及以上	9.84	11.78	22.99	28.77	16.18	9.88	54.87
农村	未上过学	5.23	14.01	14.58	30.35	10.78	0.44	59.96
	小学	8.84	18.68	20.78	39.22	14.84	1.45	49.01
	初中	13.70	25.63	24.82	45.48	18.26	3.66	41.33
	高中/中专/职高	15.66	28.95	25.61	48.19	23.07	6.50	37.65
	大学专科	22.62	35.71	29.76	61.90	39.29	13.10	26.19
	本科及以上	0.00	12.50	25.00	50.00	12.50	0.00	37.50

5. 健康状况越好的老年人参与公益活动的比例越高

表5显示，总体而言，健康状况越好的老年人参与各类公益活动的比例越高。以"帮助邻里"活动为例，身体健康状况非常好的老年人参加比例

最高，为42.03%，这一比例高于身体健康状况非常差的老年人23.93个百分点。在具体活动类型方面，无论是从全国、城市还是农村来看，均以参加帮助邻里、维护社区环境、协助协调邻里纠纷活动为主，但对于身体健康状况非常差的老年人而言，以参加帮助邻里、维护社区环境、关心教育下一代为主。

表5 不同健康状况老年人参与的公益活动类型

单位：%

范围	健康状况	维护社区社会治安	协助调解邻里纠纷	维护社区卫生环境	帮助邻里	关心教育下一代	文化科技推广活动	都没有
全国	非常好	13.14	24.25	26.81	42.03	15.53	4.65	45.72
	比较好	10.39	19.91	23.89	38.84	13.65	3.22	49.24
	一般	8.63	16.48	20.99	34.56	13.42	2.18	53.57
	比较差	5.92	13.76	16.32	29.05	12.01	1.12	60.98
	非常差	3.85	8.77	10.16	18.10	9.42	0.75	74.02
城市	非常好	13.70	22.81	27.56	39.24	15.22	5.39	47.75
	比较好	10.73	18.22	25.00	35.89	13.37	4.06	51.79
	一般	8.54	15.22	22.05	31.48	12.22	2.85	56.82
	比较差	5.52	12.11	16.80	25.34	10.43	1.47	65.38
	非常差	3.44	7.89	11.30	15.29	8.17	0.91	77.66
农村	非常好	12.21	26.62	25.58	46.66	16.05	3.41	42.36
	比较好	9.92	22.32	22.29	43.04	14.03	2.04	45.62
	一般	8.74	17.87	19.83	37.97	14.75	1.44	49.97
	比较差	6.22	14.96	15.97	31.73	13.16	0.87	57.80
	非常差	4.12	9.35	9.41	19.95	10.24	0.64	71.63

分城乡来看，同等健康状况下的城市老年人和农村老年人在参与公益活动方面也存在一定差异。总体上，同等健康状况的农村老年人参与公益活动的比例高于城市老年人。在具体活动类型方面，对于同等健康状况的老年人而言，城市老年人参加维护社区社会治安、社区卫生环境和文化科技推广活动的比例高于农村老年人，而在协助调解邻里纠纷、帮助邻里、关心教育下一代方面，同等健康状况的农村老年人参加率高于城市老年人。

6. 仅与配偶居住的老年人参与公益活动的总体比例最高,单独居住的最低

总的来说,仅与配偶居住的老年人参与公益活动的比例最高,为48.02%;单独居住的最低,两者相差9.52个百分点。对于各类公益活动,亦是如此,只是比例有所不同。在具体活动类型方面,对于所有婚姻状况的老年人而言,均以参加帮助邻里、维护社区卫生环境、协助调解邻里纠纷活动为主。而仅与配偶居住的老年人参与这三项活动的比例均很高,这可能是因为相较于与子女居住的老年人而言,仅与配偶居住的老年人有更充足的自由时间;而且与单独居住的老年人相比,其身心可能更为健康,因而更愿意参与公益活动。

表6 不同居住方式老年人参与的公益活动类型

单位:%

范围	居住方式	维护社区社会治安	协助调解邻里纠纷	维护社区卫生环境	帮助邻里	关心教育下一代	文化科技推广活动	都没有
全国	单独居住	6.18	13.11	16.75	28.19	9.52	1.43	61.5
	仅与配偶居住	9.55	18.36	22.36	36.33	12.54	2.76	51.98
	与子女居住	8.52	16.92	20.39	34.43	14.82	2.22	54.13
	其他	9.47	17.7	21.03	33.26	12.97	2.68	56.67
城市	单独居住	6.45	12.36	17.79	25.98	8.84	2.14	63.95
	仅与配偶居住	9.95	16.96	24.00	33.54	12.16	3.75	54.31
	与子女居住	8.70	16.09	21.78	32.10	13.56	2.82	56.65
	其他	9.18	15.38	20.38	29.23	11.92	3.16	60.31
农村	单独居住	5.93	13.79	15.81	30.20	10.13	0.79	59.26
	仅与配偶居住	9.10	19.94	20.51	39.49	12.96	1.65	49.35
	与子女居住	8.33	17.83	18.88	36.98	16.20	1.57	51.37
	其他	9.86	20.86	21.91	38.72	14.39	2.02	51.74

7. 四川省参与公益活动总体比例最高,山东省参与各项活动的比例最高

不同地区老年人在参加公益活动总体比例上存在一定差别。四川省老年人参与公益活动的总体比例最高,为58.79%,吉林省最低,两者相差32.26个百分点。

在维护社区社会治安活动方面,山东省老年人参与比例最高,为

31.00%，甘肃省最低，两者相差28.28个百分点；在协助调解邻里纠纷活动方面，山东省老年人参与比例最高，为40.22%，吉林省最低，两者相差33.06个百分点；在维护社区卫生环境方面，山东省老年人参与比例最高，为46.27%，浙江省最低，两者相差38.27个百分点；在帮助邻里活动方面，山东省老年人参与比例最高，为49.20%，吉林省最低，两者相差28.48个百分点；在关心教育下一代活动方面，山东省老年人参与比例最高，为29.49%，吉林省最低，两者相差24.38个百分点；在文化科技推广活动方面，山东省老年人参与比例最高，为14.95%，甘肃省最低，两者相差14.11个百分点。

表7　不同地区老年人参与的公益活动类型

单位：%

地区	维护社区社会治安	协助调解邻里纠纷	维护社区卫生环境	帮助邻里	关心教育下一代	文化科技推广活动	都没有
安徽省	7.32	21.74	13.04	33.70	11.75	1.39	56.89
北京市	14.10	10.24	24.64	29.96	8.78	6.10	57.19
福建省	10.12	12.69	20.24	26.54	10.27	3.06	61.78
甘肃省	2.72	23.21	9.78	41.25	13.43	0.84	53.10
广东省	6.88	14.54	15.89	30.93	14.43	1.40	58.29
广西壮族自治区	10.84	17.21	29.29	38.51	23.55	1.88	45.02
贵州省	9.00	17.31	20.34	34.47	18.55	1.56	54.72
海南省	9.00	13.46	24.41	42.47	22.04	1.26	45.96
河北省	5.33	12.26	12.88	30.83	10.44	1.89	60.49
河南省	7.17	13.50	13.22	31.56	10.57	1.55	60.32
黑龙江省	4.96	8.22	12.33	22.06	6.16	1.96	69.31
湖北省	8.43	18.93	19.27	30.16	12.76	2.89	57.50
湖南省	12.32	19.82	32.01	33.29	16.91	1.99	47.40
吉林省	2.80	7.16	10.43	20.72	5.11	2.35	73.47
江苏省	12.10	22.27	24.06	34.44	10.80	2.28	51.78
江西省	12.48	22.39	23.48	37.62	16.38	2.88	50.08
辽宁省	4.66	10.65	15.04	28.54	6.51	2.16	63.19

续表

地区	维护社区社会治安	协助调解邻里纠纷	维护社区卫生环境	帮助邻里	关心教育下一代	文化科技推广活动	都没有
内蒙古自治区	5.03	11.17	14.17	30.35	6.89	1.92	61.95
宁夏回族自治区	15.99	25.91	34.8	39.08	18.50	2.72	44.62
青海省	6.81	14.88	29.87	39.41	13.10	2.62	47.17
山东省	31.00	40.22	46.27	49.20	29.49	14.95	49.78
山西省	4.83	12.17	16.14	35.34	8.56	3.35	57.59
陕西省	7.70	16.08	20.95	34.82	10.90	2.87	54.89
上海市	14.25	13.11	23.10	35.39	13.81	5.75	53.25
四川省	11.11	23.19	32.21	44.83	22.09	3.16	41.21
天津市	7.09	12.04	14.03	26.96	6.05	4.17	66.89
西藏自治区	7.14	12.76	15.24	29.73	21.19	0.86	53.95
新疆维吾尔自治区	15.15	22.48	27.96	41.90	15.45	5.48	46.46
云南省	6.65	17.44	19.95	35.24	18.62	2.20	52.47
浙江省	2.73	11.09	8.00	26.75	7.90	2.17	67.49
重庆市	10.94	24.94	20.94	43.58	21.52	2.30	44.44

（二）老年人参与的公益活动组织

1. 约一成的老年人参与了公益活动组织，城市老年人参加公益活动组织的比例高于农村老年人

11.08%的老年人参加了公益活动组织。在老年人参加的公益活动组织中，以文化娱乐组织为主（3.66%），除此之外，社区治安小组和社会公益组织也占据一定比例。

分城乡来看，城市老年人参加公益活动组织的比例为13.39%，高于农村老年人4.83个百分点。对于城市老年人而言，参与率排名前两位的公益活动组织分别为：文化娱乐组织和社会公益组织。农村老年人参与率排名前两位的公益活动组织则分别是民俗/民间文化组织和社区治安小组。

表8 老年人参与的公益活动组织

单位: %

组织类型	全国	城市	农村
社区治安小组	2.72	3.24	2.14
人民调解委员会	1.99	1.88	2.11
社会公益组织	2.72	3.83	1.50
文化娱乐组织	3.66	5.44	1.72
民俗/民间文化组织	2.30	2.39	2.21
专业技术团体或组织	0.29	0.43	0.13
老年合作组织	1.81	2.17	1.41
其他组织	0.59	0.74	0.44
都没有	88.92	86.61	91.44

2. 男性老年人参加公益活动组织的比例要高于女性老年人

总体上,男性老年人参加公益活动组织的比例为12.98%,这一比例高于女性老年人3.66个百分点;分城乡来看亦是如此,只是比例差别略有不同。从全国范围来看,男性老年人参加社区治安小组的比例最高,为3.66%;女性老年人参加文化娱乐组织的比例最高,为4.44%。分城乡来看,城市男性老年人参加文化娱乐组织的比例最高,为4.28%;农村男性老年人参加社区治安小组的比例最高,为3.38%;城市女性老年人参加文化娱乐组织的比例最高,为6.45%,农村女性老年人同样如此,但是比例低于城市女性老年人4.34个百分点。

3. 年龄越小的老年人,参加公益活动组织的比例越高

随着年龄的增长,老年人参与公益活动组织的比例呈下降趋势。60～64岁老年人参加公益活动组织的比例最高,为13.24%,高于85岁及以上老年人7.87个百分点。具体而言,80岁以下的老年人参加文化娱乐组织的比例最高,比例占2.38%～4.98%;80～84岁的老年人参加老年合作组织的比例最高,为1.69%;85岁及以上老年人参加民俗/民间文化组织的比例最高,为1.25%。

表9　城乡分性别老年人总体参与的公益活动组织

单位：%

组织类型	全国		城市		农村	
	女	男	女	男	女	男
社区治安小组	1.84	3.66	2.64	3.93	0.92	3.38
人民调解委员会	1.14	2.90	1.22	2.63	1.04	3.19
社会公益组织	2.41	3.04	3.52	4.19	1.13	1.87
文化娱乐组织	4.44	2.82	6.45	4.28	2.11	1.32
民俗/民间文化组织	1.68	2.98	1.89	2.96	1.43	3.00
专业技术团体或组织	0.13	0.45	0.15	0.75	0.11	0.15
老年合作组织	1.50	2.14	1.69	2.72	1.28	1.55
其他组织	0.40	0.80	0.49	1.02	0.30	0.57
都没有	90.68	87.02	87.99	85.03	93.79	89.06

对于城市老年人而言，无论年龄大小，文化娱乐组织的参加比例均最高，根据年龄段的不同，其比例为1.40%～7.00%。而对于农村老年人而言，70岁以下的老年人参加社区治安小组的比例最高，约为3.00%；70～84岁的农村老年人参加民俗/民间文化组织的比例最高，在2.00%左右；85岁及以上的农村老年人参加社区治安小组和人民调解委员会的比例最高，均为1.70%。

表10　城乡分年龄老年人总体参与的公益活动组织

单位：%

范围	年龄	社区治安小组	人民调解委员会	社会公益组织	文化娱乐组织	民俗/民间文化组织	专业技术团体或组织	老年合作组织	其他组织	都没有
全国	60～64岁	3.24	2.23	3.27	4.98	2.82	0.41	1.71	0.56	86.76
	65～69岁	3.47	2.34	2.95	4.03	2.16	0.20	2.14	0.75	87.75
	70～74岁	2.92	2.04	3.09	3.53	2.39	0.26	1.78	0.38	89.04
	75～79岁	1.50	1.29	1.90	2.38	2.04	0.20	1.94	0.78	91.36
	80～84岁	1.28	1.65	1.60	1.56	1.60	0.27	1.69	0.50	92.77
	85岁+	1.15	1.06	1.06	0.86	1.25	0.10	0.96	0.48	94.63

续表

范围	年龄	社区治安小组	人民调解委员会	社会公益组织	文化娱乐组织	民俗/民间文化组织	专业技术团体或组织	老年合作组织	其他组织	都没有
城市	60~64岁	3.48	2.04	4.36	7.00	2.98	0.60	2.04	0.57	84.58
	65~69岁	4.62	2.07	4.38	6.21	2.27	0.28	2.59	0.99	84.64
	70~74岁	4.14	2.29	5.09	5.70	2.57	0.34	2.18	0.56	85.40
	75~79岁	1.73	1.22	2.50	3.98	2.05	0.38	2.37	1.03	89.16
	80~84岁	1.52	1.84	2.08	2.40	1.60	0.48	2.16	0.72	91.68
	85岁+	0.70	0.53	1.40	1.40	1.05	0.18	0.70	0.53	94.57
农村	60~64岁	3.00	2.43	2.13	2.86	2.65	0.22	1.36	0.55	89.04
	65~69岁	2.79	2.62	1.47	1.80	2.05	0.12	1.68	0.49	90.96
	70~74岁	1.58	1.77	0.91	1.16	2.19	0.18	1.34	0.18	93.00
	75~79岁	1.23	1.37	1.23	0.58	2.03	0.00	1.45	0.51	93.85
	80~84岁	0.96	1.39	0.96	0.43	1.60	0.00	1.07	0.21	94.23
	85岁+	1.70	1.70	0.64	0.21	1.49	0.00	1.27	0.42	94.69

4. 文化程度越高的老年人，参与公益活动组织的比例越高

总体而言，伴随着文化程度的提高，老年人参加公益活动组织的比例越高，其中大学专科学历的老年人最高，为31.67%，高于从未上过学的老年人26.34个百分点。具体而言，初中及以上学历的老年人参加文化娱乐组织的比例更高，根据学历的不同，参加比例为6.15%~16.49%；大学专科学历的老年人参加社区治安小组的比例最高，为6.29%；从未上过学的老年人参加民俗/民间文化组织的比例最低，为1.25%。另外，对比同等文化程度的城市老年人和农村老年人参与的公益活动组织，可以发现，除了大学专科学历的老年人外，总体而言，同等学力下，城市老年人参加公益活动组织的比例要高于农村老年人。以初中学历为例，参加社会公益组织的城市老年人占5.34%，高于农村老年人2.51个百分点。

5. 有配偶和离婚的老年人参加公益活动组织的比例要高于丧偶和从未结婚的老年人

在全国范围内，有配偶和离婚的老年人参与公益活动组织的比例要高于

表 11　城乡分文化程度老年人总体参与的公益活动组织

单位：%

范围	组织类型	未上过学	小学	初中	高中/中专/职高	大学专科	本科及以上
全国	社区治安小组	1.03	2.47	4.50	4.63	6.29	4.39
	人民调解委员会	0.89	2.02	3.35	2.26	3.47	0.88
	社会公益组织	1.00	1.90	4.45	6.59	10.63	6.58
	文化娱乐组织	1.10	2.43	6.15	9.38	16.49	10.53
	民俗/民间文化组织	1.25	2.35	3.06	3.80	3.69	1.32
	专业技术团体或组织	0.11	0.10	0.36	0.83	1.95	3.51
	老年合作组织	1.03	1.64	2.32	3.80	3.69	2.19
	其他组织	0.43	0.40	0.77	0.95	2.82	2.63
	都没有	94.67	90.55	83.55	79.10	68.33	78.07
城市	社区治安小组	0.99	2.50	4.94	4.82	6.42	4.41
	人民调解委员会	0.91	1.77	2.60	2.23	3.32	0.88
	社会公益组织	1.32	2.40	5.34	6.98	10.40	6.61
	文化娱乐组织	1.40	3.18	7.87	10.20	16.37	10.57
	民俗/民间文化组织	1.24	2.28	2.75	3.70	3.76	1.32
	专业技术团体或组织	0.12	0.16	0.30	0.98	1.77	3.52
	老年合作组织	1.24	1.70	2.45	4.19	3.76	2.20
	其他组织	0.41	0.45	0.85	1.05	2.65	2.64
	都没有	94.07	90.18	82.49	78.21	68.81	77.97
农村	社区治安小组	1.06	2.45	3.71	3.57	0.00	0.00
	人民调解委员会	0.88	2.25	4.72	2.38	11.11	0.00
	社会公益组织	0.80	1.47	2.83	4.37	22.22	0.00
	文化娱乐组织	0.90	1.78	3.04	4.76	22.22	0.00
	民俗/民间文化组织	1.27	2.41	3.64	4.37	0.00	0.00
	专业技术团体或组织	0.10	0.04	0.47	0.00	11.11	0.00
	老年合作组织	0.90	1.59	2.09	1.59	0.00	0.00
	其他组织	0.44	0.37	0.61	0.40	11.11	0.00
	都没有	95.04	90.87	85.49	84.13	44.44	100.00

丧偶和从未结婚的老年人，城乡均如此。其中，有配偶的老年人参加公益活动组织的比例为 12.42%，高于从未结婚的老年人 7.23 个百分点。在城市内部，有配偶老年人参加社会公益组织的比例为 4.24%，高于从未结婚老

年人4.24个百分点。在农村内部，有配偶老年人参加社会公益组织的比例为1.71%，高于从未结婚老年人1.27个百分点。

在具体的公益活动组织类型方面，从全国来看，所有婚姻状况的老年人参加文化娱乐组织的比例均为最高，只是参与比例根据不同婚姻状况而有所不同（1.62%~5.21%）。分城乡来看，城市有配偶、丧偶和从未结婚的老年人参加文化娱乐组织的比例均很高，其中，有配偶的老年人相比其他两种婚姻状况的老年人而言参与率最高，为5.93%。而城市离婚老年人中参加社会公益组织的比例最高，为6.52%。相比于城市，农村有配偶、丧偶老年人中参加民俗/民间文化组织的比例较高；离婚和从未结婚的老年人中参加社区治安小组的比例较高。

表12 城乡分婚姻状况老年人总体参与的公益活动组织

单位：%

范围	组织类型	有配偶	丧偶	离婚	从未结婚
全国	社区治安小组	3.13	1.51	5.21	1.30
	人民调解委员会	2.26	1.31	1.56	0.65
	社会公益组织	3.05	1.81	5.21	0.32
	文化娱乐组织	4.09	2.50	5.21	1.62
	民俗/民间文化组织	2.64	1.44	1.56	0.97
	专业技术团体或组织	0.34	0.14	0.52	0.00
	老年合作组织	2.01	1.28	2.08	0.97
	其他组织	0.66	0.47	0.00	0.00
	都没有	87.58	92.56	84.90	94.81
城市	社区治安小组	3.73	1.77	5.07	0.00
	人民调解委员会	2.07	1.42	0.72	0.00
	社会公益组织	4.24	2.59	6.52	0.00
	文化娱乐组织	5.93	4.01	5.80	3.80
	民俗/民间文化组织	2.68	1.56	2.17	1.27
	专业技术团体或组织	0.51	0.18	0.72	0.00
	老年合作组织	2.46	1.35	2.90	0.00
	其他组织	0.78	0.67	0.00	0.00
	都没有	85.21	90.77	81.88	94.94

范围	组织类型	有配偶	丧偶	离婚	从未结婚
农村	社区治安小组	2.46	1.24	5.56	1.75
	人民调解委员会	2.47	1.20	3.70	0.87
	社会公益组织	1.71	1.02	1.85	0.44
	文化娱乐组织	2.02	0.95	3.70	0.87
	民俗/民间文化组织	2.60	1.31	0.00	0.87
	专业技术团体或组织	0.15	0.11	0.00	0.00
	老年合作组织	1.50	1.20	0.00	1.31
	其他组织	0.52	0.25	0.00	0.00
	都没有	90.25	94.40	92.59	94.76

6. 健康状况越好的老年人，参加公益活动组织的比例越高

良好的身体状况是老年人参加公益活动组织的充分且必要条件。总的来说，健康状况越好的老年人，参加公益活动组织的比例越高，身体健康状况非常好的老年人参加公益活动组织的比例最高，为 17.64%，高于身体健康状况非常差的老年人 13.11 个百分点。

具体来说，身体健康状况并不是非常差的老年人参加文化娱乐组织的比例最高，根据身体健康状况的不同，参与比例为 1.80% ~ 6.35%；身体健康非常差的老年人参加民俗/民间文化组织的比例最高，为 1.51%。分城乡来看，城市亦是如此，只不过比例存在差别。身体健康状况非常好的农村老年人参加社区治安小组的比例最高；身体健康状况比较差的老年人参加人民调解委员会的比例最高，为 1.75%；而身体健康状况比较好和非常差的老年人参加民俗/民间文化组织的比例最高。

7. 与亲属一同居住的老年人参加公益活动组织的比例要高于单独居住的老年人

表 14 显示，在全国范围内，与其他亲属一同居住的老年人参加公益活动的比例要高于单独居住的老年人。其中，仅与配偶同住的老年人参加公益活动的比例最高，为 11.90%；城市亦是如此。具体而言，在城市内部，仅与配偶同住的老年人参加公益活动组织的比例为 14.78%，高于单独居住的

表 13　城乡分健康状况老年人总体参与的公益活动组织

单位：%

范围	组织类型	非常好	比较好	一般	比较差	非常差
全国	社区治安小组	4.59	3.32	2.81	1.44	0.75
	人民调解委员会	3.06	2.35	1.93	1.42	0.85
	社会公益组织	4.64	3.28	2.83	1.44	0.75
	文化娱乐组织	6.35	5.22	3.35	1.80	1.04
	民俗/民间文化组织	3.82	2.84	2.17	1.44	1.51
	专业技术团体或组织	0.53	0.46	0.21	0.14	0.09
	老年合作组织	3.00	1.94	1.92	1.18	0.66
	其他组织	1.06	0.78	0.52	0.43	0.19
	都没有	82.36	86.30	89.17	93.01	95.47
城市	社区治安小组	5.16	3.69	3.25	1.80	0.71
	人民调解委员会	2.86	2.31	1.81	0.93	0.71
	社会公益组织	6.08	4.47	3.78	1.97	0.95
	文化娱乐组织	8.39	7.44	4.93	2.20	0.71
	民俗/民间文化组织	4.52	2.77	2.14	1.10	1.66
	专业技术团体或组织	0.55	0.75	0.27	0.17	0.24
	老年合作组织	3.23	2.62	1.97	1.51	0.95
	其他组织	1.01	0.86	0.71	0.52	0.24
	都没有	79.82	83.57	87.53	92.40	95.02
农村	社区治安小组	3.57	2.78	2.31	1.20	0.78
	人民调解委员会	3.41	2.41	2.08	1.75	0.94
	社会公益组织	2.11	1.58	1.77	1.08	0.63
	文化娱乐组织	2.76	2.04	1.59	1.52	1.25
	民俗/民间文化组织	2.60	2.95	2.19	1.67	1.41
	专业技术团体或组织	0.49	0.04	0.14	0.12	0.00
	老年合作组织	2.60	0.96	1.87	0.96	0.47
	其他组织	1.14	0.66	0.30	0.36	0.16
	都没有	86.85	90.24	90.99	93.42	95.77

老年人 3.39 个百分点。在农村内部，与子女居住的老年人参加公益活动组织的比例为 9.17%，高于单独居住的老年人 3.64 个百分点。

在参与的具体公益活动组织方面，无论何种居住方式，老年人中参加文化娱乐组织的比例均最高，为 2.93% ~ 4.35%。分城乡来看，城市亦是如此，只是比例略有差别；而农村却不同。农村单独居住的老年人中参加社区治安小组的比例最高，为1.40%；农村仅与配偶同住的老年人中参加人民调解委员会的比例最高，为2.44%；农村与子女一同居住以及选择其他居住方式的老年人参加民俗/民间文化组织的比例最高。

表14　城乡分居住方式老年人总体参与的公益活动组织

单位：%

范围	组织类型	单独居住	仅与配偶同住	与子女居住	其他
全国	社区治安小组	1.62	3.03	2.73	3.27
	人民调解委员会	1.52	2.16	1.97	2.04
	社会公益组织	2.05	2.77	2.86	2.86
	文化娱乐组织	2.93	4.28	3.30	4.35
	民俗/民间文化组织	1.23	2.06	2.73	3.40
	专业技术团体或组织	0.18	0.29	0.31	0.41
	老年合作组织	1.09	1.86	1.95	1.90
	其他组织	0.46	0.74	0.53	0.41
	都没有	91.71	88.10	88.94	87.21
城市	社区治安小组	1.87	3.84	3.09	3.16
	人民调解委员会	1.72	1.91	1.94	1.21
	社会公益组织	3.45	4.09	3.73	3.64
	文化娱乐组织	5.24	6.45	4.62	5.83
	民俗/民间文化组织	1.42	2.27	2.66	3.40
	专业技术团体或组织	0.30	0.49	0.38	0.73
	老年合作组织	1.12	2.36	2.26	2.43
	其他组织	0.75	0.79	0.72	0.49
	都没有	88.61	85.22	87.23	86.89
农村	社区治安小组	1.40	2.11	2.32	3.41
	人民调解委员会	1.33	2.44	2.01	3.10
	社会公益组织	0.80	1.27	1.88	1.86
	文化娱乐组织	0.87	1.83	1.84	2.48
	民俗/民间文化组织	1.07	1.83	2.81	3.41
	专业技术团体或组织	0.07	0.05	0.23	0.00
	老年合作组织	1.07	1.30	1.61	1.24
	其他组织	0.20	0.69	0.31	0.31
	都没有	94.47	91.35	90.83	87.62

8. 北京市、福建省、上海市老年人参与公益活动组织的比例最高

总体而言，不同地区老年人在参加公益活动组织的总体比例上存在一定差别。老年人参加公益活动组织比例排名前三位的省份为：北京市（23.88%）、福建省（18.06%）和上海市（16.98%）；参加比例排名后三位的省份为：内蒙古自治区（5.97%）、吉林省（4.99%）和甘肃省（4.78%）。

对于社区治安小组，老年人参与比例排名前三位的省份分别为北京市（12.84%）、上海市（7.91%）和西藏自治区（7.53%），排名后三位的省份分别为内蒙古自治区（0.60%）、吉林省（0.52%）和宁夏回族自治区（0.00）。对于人民调解委员会，老年人参与比例排名前三位的省份分别为西藏自治区（7.53%）、新疆维吾尔自治区（5.04%）和湖南省（3.71%），排名后三位的省份分别为海南省（0.00）、宁夏回族自治区（0.00）和天津市（0.00）。对于社会公益组织，老年人参与比例排名前三位的省份分别为北京市（8.36%）、上海市（8.14%）和青海省（7.29%），排名后三位的省份分别为海南省（0.70%）、甘肃省（0.30%）和宁夏回族自治区（0.00）。

对于文化娱乐组织，老年人参与比例排名前三位的省份分别为北京市（11.94%）、天津市（7.33%）和上海市（6.51%），排名后三位的省份分别为广西壮族自治区（2.09%）、安徽省（1.88%）和甘肃省（1.19%）。对于民俗/民间文化组织，老年人参与比例排名前三位的省份分别为福建省（7.22%）、海南省（4.90%）和云南省（4.87%），排名后四位的省份分别为青海省（1.04%）、浙江省（1.04%）、内蒙古自治区（0.60%）和黑龙江省（0.54%）。对于专业技术团体或组织，老年人参与比例排名前三位的省份分别为西藏自治区（2.15%）、天津市（1.05%）和山西省（0.96%），甘肃省、贵州省、海南省、青海省、陕西省、内蒙古自治区、宁夏回族自治区等地方老年人的参加比例为0。对于老年合作组织，老年人参与比例排名前三位的省份分别为福建省（4.94%）、青海省（4.17%）和四川省（3.74%），甘肃省、海南省、吉林省、宁夏回族自治区、西藏自治区等地方老年人的参加比例为0。

表 15　不同地区老年人参与的公益活动组织

单位：%

组织类型	安徽省	北京市	福建省	甘肃省	广东省	广西壮族自治区	贵州省
社区治安小组	2.41	12.84	2.28	1.49	1.35	2.45	1.75
人民调解委员会	2.32	0.90	0.95	0.90	0.90	2.21	1.92
社会公益组织	1.25	8.36	2.85	0.30	1.95	3.93	2.27
文化娱乐组织	1.88	11.94	4.94	1.19	2.10	2.09	3.14
民俗/民间文化组织	1.16	1.79	7.22	2.09	4.35	4.66	3.49
专业技术团体或组织	0.18	0.90	0.76	0.22	0.49	0.00	
老年合作组织	0.89	0.60	4.94	0.00	2.17	1.72	1.40
其他组织	2.14	0.60	1.14	0.00	0.67	0.12	0.17
都没有	90.80	76.12	81.94	95.22	89.13	89.33	91.27

组织类型	海南省	河北省	河南省	黑龙江省	湖北省	湖南省	吉林省
社区治安小组	0.70	1.87	1.91	1.80	2.51	3.71	0.52
人民调解委员会	0.00	2.15	1.50	1.80	1.68	3.71	0.26
社会公益组织	0.70	1.03	1.98	2.52	2.83	2.87	0.79
文化娱乐组织	2.10	4.11	2.18	4.86	4.08	2.45	2.89
民俗/民间文化组织	4.90	1.59	2.25	0.54	1.26	1.77	1.05
专业技术团体或组织	0.00	0.19	0.07	0.18	0.21	0.34	0.26
老年合作组织	0.00	0.65	0.55	1.26	1.15	2.03	0.00
其他组织	0.00	0.09	0.07	0.18	0.73	0.34	0.00
都没有	93.01	91.22	92.49	90.09	90.16	88.10	95.01

组织类型	江苏省	江西省	辽宁省	内蒙古自治区	宁夏回族自治区	青海省	山东省
社区治安小组	3.77	4.33	1.86	0.60	0.00	4.17	3.44
人民调解委员会	3.26	3.53	1.74	0.30	0.00	3.13	2.25
社会公益组织	3.90	4.01	2.32	1.19	0.00	7.29	2.54
文化娱乐组织	2.81	4.65	4.29	4.18	3.13	4.17	3.72
民俗/民间文化组织	2.17	2.41	1.16	0.60	4.17	1.04	2.08
专业技术团体或组织	0.19	0.64	0.12	0.00	0.00	0.00	0.28
老年合作组织	2.37	3.53	0.93	0.30	0.00	4.17	1.24
其他组织	0.45	0.32	0.23	0.00	0.00	0.00	0.39
都没有	87.66	86.36	92.00	94.03	93.75	84.38	88.85

续表

组织类型	山西省	陕西省	上海市	四川省	天津市	西藏自治区	新疆维吾尔自治区
社区治安小组	0.96	2.80	7.91	3.49	2.62	7.53	5.04
人民调解委员会	1.15	1.57	1.16	2.49	0.00	7.53	5.04
社会公益组织	1.15	3.32	8.14	3.42	2.09	3.23	5.04
文化娱乐组织	5.94	6.12	6.51	4.05	7.33	2.15	4.20
民俗/民间文化组织	2.68	2.27	1.63	1.74	2.09	4.30	2.52
专业技术团体或组织	0.96	0.00	0.47	0.19	1.05	2.15	0.42
老年合作组织	0.77	2.97	1.86	3.74	1.05	0.00	0.84
其他组织	0.38	0.35	0.70	1.12	0.52	1.08	1.26
都没有	90.04	86.19	83.02	86.49	86.91	83.87	84.87

组织类型	云南省	浙江省	重庆市
社区治安小组	1.77	0.94	1.61
人民调解委员会	1.62	0.63	2.57
社会公益组织	1.62	1.99	4.02
文化娱乐组织	4.43	3.76	3.22
民俗/民间文化组织	4.87	1.04	1.45
专业技术团体或组织	0.15	0.42	0.48
老年合作组织	3.55	2.40	3.05
其他组织	0.44	1.99	0.64
都没有	86.12	91.01	86.98

二 中国城乡老年协会活动广受欢迎

（一）老年人对老年协会组织活动的满意度

1. 接近八成的老年人对老年协会组织的活动较为满意

大部分老年人对老年协会组织的活动较为满意。76.71%的老年人对老年协会组织的活动感到非常满意和比较满意，仅1.83%的老年人对老年协会组织的活动感到比较不满意和非常不满意。进一步对比城乡老年人对老年协会组织活动的满意度评价，可发现，城乡老年人在对老年协会组织活动的满意度评价方面存在显著差异。79.05%的城市老年人对老年协会组织的活动感到非常满意和比较满意，高于农村老年人4.87个百分点。

表16　老年人对老年协会组织活动的满意度

单位：%

您对老年协会组织的活动满意吗	总体	城市	农村
非常满意	27.26	28.30	26.38
比较满意	49.45	50.75	47.80
一般	21.47	19.33	24.17
比较不满意	1.53	1.31	1.80
非常不满意	0.30	0.30	0.30
$\chi^2 = 91.705$　　P = 0.000			

2. 女性老年人对老年协会组织活动的满意度评价高于男性老年人

如表17所示，男性和女性在对老年协会组织活动的满意度评价方面存在少许差异，女性老年人对老年协会组织活动的满意度评价好于男性。其中，77.02%的女性老年人对老年协会组织的活动感到非常满意和比较满意，这一比例高于男性老年人0.61个百分点。分城乡来看，城市亦是如此，只是比例略有差别；而农村却不同。农村男性老年人对老年协会组织活动的满意度评价略高于女性，具体而言，74.21%的农村男性老年人对老年协会组织活动感到非常满意和比较满意，高于农村女性老年人1.01个百分点。

表17　城乡分性别老年人对老年协会组织活动的满意度

单位：%

	性别	非常满意	比较满意	一般	比较不满意	非常不满意
全国	女	28.19	48.83	21.31	1.43	0.24
	男	26.38	50.03	21.62	1.62	0.35
$\chi^2 = 12.463$　　P = 0.014						

续表

	性别	非常满意	比较满意	一般	比较不满意	非常不满意
城市	女	29.87	50.01	18.79	1.12	0.21
	男	26.77	51.47	19.86	1.50	0.40
		$\chi^2 = 21.552$		P = 0.000		
	性别	非常满意	比较满意	一般	比较不满意	非常不满意
农村	女	25.95	47.25	24.67	1.83	0.29
	男	25.92	48.29	23.73	1.77	0.30
		$\chi^2 = 1.560$		P = 0.816		

3. 年龄越小，老年人对老年协会组织的活动越满意

总的来说，不同年龄段的老年人在对老年协会组织活动的满意度评价方面存在差异，低龄老年人对老年协会组织活动的满意度评价高于高龄老年人。分城乡来看，亦是如此。具体而言，在城市内部，79.77%的 60 ~ 64 岁老年人对老年协会组织活动感到非常满意和比较满意，高于 85 岁及以上老年人 3.55 个百分点。在农村内部，75.03%的 65 ~ 69 岁老年人对老年协会组织活动感到非常满意和比较满意，高于 80 ~ 84 岁老年人 4.46 个百分点。

表18 城乡分年龄老年人对老年协会组织活动的满意度

单位：%

	年龄	非常满意	比较满意	一般	比较不满意	非常不满意
全国	60 ~ 64 岁	27.45	49.93	20.94	1.31	0.36
	65 ~ 69 岁	27.5	50.04	20.93	1.23	0.31
	70 ~ 74 岁	28.17	48.12	21.64	1.74	0.33
	75 ~ 79 岁	25.88	49.42	22.16	2.38	0.16
	80 ~ 84 岁	24.87	50.79	22.64	1.46	0.23
	85 岁 +	29.46	44.55	24.19	1.56	0.24
		$\chi^2 = 47.233$		P = 0.001		
城市	60 ~ 64 岁	28.14	51.63	18.79	1.08	0.37
	65 ~ 69 岁	28.71	50.79	19.19	1.03	0.27
	70 ~ 74 岁	29.43	48.54	20.10	1.44	0.49
	75 ~ 79 岁	26.76	51.58	19.20	2.35	0.11
	80 ~ 84 岁	26.74	52.85	19.07	1.24	0.10
	85 岁 +	30.36	45.86	22.51	1.06	0.21
		$\chi^2 = 39.378$		P = 0.006		

	年龄	非常满意	比较满意	一般	比较不满意	非常不满意
农村	60~64 岁	26.61	47.86	23.58	1.59	0.36
	65~69 岁	25.94	49.09	23.15	1.48	0.35
	70~74 岁	26.55	47.59	23.62	2.13	0.11
	75~79 岁	24.76	46.68	25.93	2.41	0.22
	80~84 岁	22.45	48.12	27.28	1.75	0.40
	85 岁 +	28.30	42.86	26.37	2.20	0.27
	$\chi^2 = 26.018$		P = 0.165			

4. 文化程度越高的老年人对老年协会组织的活动越满意

调查数据表明，文化程度越高的老年人对老年协会组织的活动越满意。对于城市老年人而言，除了本科及以上学历外，文化程度越高的老年人对老年协会组织的活动越满意。

具体而言，在城市内部，82.85%的大学专科学历老年人对老年协会组织活动感到非常满意和比较满意，高于从未上过学的老年人5.81个百分点。在农村内部，73.33%的大学专科学历老年人对老年协会组织活动感到非常满意和比较满意，高于从未上过学的老年人2.68个百分点。此外，同一文化程度的城市老年人和农村老年人在对老年协会组织活动的满意度评价方面也存在一定差异，同等学力的城市老年人对老年协会组织活动的满意度评价高于农村老年人。以初中学历为例，城市初中学历的老年人对老年人协会组织的活动感到非常满意和比较满意的比例占79.4%，高于农村初中学历的老年人4.64个百分点。

表19　城乡分文化程度老年人对老年协会组织活动的满意度

单位：%

	学历	非常满意	比较满意	一般	比较不满意	非常不满意
全国	未上过学	26.36	46.96	24.61	1.71	0.36
	小学	27.01	49.43	21.86	1.45	0.25
	初中	28.77	49.05	20.20	1.66	0.32
	高中/中专	29.00	52.42	17.01	1.23	0.33
	大学专科	25.25	57.40	15.94	1.13	0.28
	本科及以上	21.52	56.96	19.24	1.77	0.51
	$\chi^2 = 103.259$		P = 0.000			

续表

	学历	非常满意	比较满意	一般	比较不满意	非常不满意
城市	未上过学	28.06	48.98	21.60	1.18	0.18
	小学	28.21	49.72	20.44	1.32	0.31
	初中	29.70	49.70	18.79	1.50	0.32
	高中/中专	29.06	53.22	16.22	1.11	0.39
	大学专科	25.07	57.78	15.71	1.15	0.29
	本科及以上	21.32	57.11	19.29	1.78	0.51
$\chi^2 = 54.398$　　　P = 0.000						

	学历	非常满意	比较满意	一般	比较不满意	非常不满意
农村	未上过学	25.14	45.51	26.77	2.09	0.49
	小学	25.95	49.17	23.12	1.57	0.20
	初中	26.96	47.80	22.94	1.98	0.31
	高中/中专	28.71	47.74	21.61	1.94	0.00
	大学专科	33.33	40.00	26.67	0.00	0.00
	本科及以上	100.00	0.00	0.00	0.00	0.00
$\chi^2 = 33.866$　　　P = 0.027						

5. 有配偶和丧偶的老年人对老年协会组织的活动的满意度评价高于其他婚姻状况的老年人

从全国来看，有配偶和丧偶的老年人对老年协会组织的活动的满意度评价高于其他婚姻状况的老年人。进一步分别对比城市内部和农村内部不同婚姻状况老年人对老年协会组织活动的满意度评价，可以发现，不同婚姻状况的城市老年人在对老年协会组织活动的满意度评价方面存在显著差异。

在城市内部，有配偶和丧偶的老年人对老年协会组织的活动的满意度评价高于其他婚姻状况的老年人，在农村内部，有配偶和离婚的老年人对老年协会组织的活动的满意度评价高于其他婚姻状况的老年人。具体而言，在城市内部，79.66%的有配偶的老年人对老年协会组织活动感到非常满意和比较满意，高于离婚老年人9.52个百分点。在农村内部，有配偶的老年人中对老年协会组织的活动感到非常满意和比较满意的比例达74.76%，高于丧偶的农村老年人3.64个百分点。

表20　城乡分婚姻状况老年人对老年协会组织活动的满意度

单位：%

	婚姻状况	非常满意	比较满意	一般	比较不满意	非常不满意
全国	有 配 偶	27.41	50.16	20.67	1.46	0.31
	丧 偶	26.78	47.69	23.59	1.63	0.30
	离 婚	32.28	39.15	25.4	3.17	0.00
	从未结婚	23.21	47.26	28.27	0.84	0.42
	$\chi^2 = 40.569$　　P = 0.000					
	婚姻状况	非常满意	比较满意	一般	比较不满意	非常不满意
城市	有 配 偶	28.13	51.53	18.74	1.27	0.34
	丧 偶	28.67	48.90	20.88	1.32	0.23
	离 婚	30.56	39.58	26.39	3.47	0.00
	从未结婚	25.35	49.30	25.35	0.00	0.00
	$\chi^2 = 24.834$　　P = 0.016					
	婚姻状况	非常满意	比较满意	一般	比较不满意	非常不满意
农村	有 配 偶	26.44	48.32	23.25	1.71	0.27
	丧 偶	24.73	46.39	26.53	1.97	0.38
	离 婚	37.78	37.78	22.22	2.22	0.00
	从未结婚	22.29	46.39	29.52	1.20	0.60
	$\chi^2 = 20.223$　　P = 0.063					

6. 健康状况越好的老年人对老年协会组织的活动越满意

从全国来看，不同健康状况的老年人在对老年协会组织活动的满意度评价方面存在显著差异，健康状况越好的老年人对老年协会组织的活动感到越满意。分城乡来看，亦是如此。

具体而言，在城市内部，87.95%的健康状况非常好的老年人对老年协会组织活动感到非常满意和比较满意，高于健康状况非常差的老年人21.42个百分点。在农村内部，87.83%的健康状况非常好的老年人对老年协会组织活动感到非常满意和比较满意，高于健康状况非常差的老年人19.18个百分点。此外，同一健康状况的城市老年人和农村老年人在对老年协会组织活动的满意度评价方面也存在一定差异，除了健康状况非常好和非常差的老年人外，自评健康水平相同的城市老年人对老年协会组织活动的满意度评价高于农村老年人。

表 21　城乡分健康状况老年人对老年协会组织活动的满意度

单位：%

	满意度	非常满意	比较满意	一般	比较不满意	非常不满意
全国	非常好	46.29	41.62	11.08	0.82	0.19
	比较好	27.83	55.16	15.75	1.04	0.23
	一　般	24.12	48.81	25.34	1.42	0.31
	比较差	23.54	45.82	27.55	2.81	0.28
	非常差	27.23	40.61	27.39	3.34	1.43
	$\chi^2 = 872.402$　　P = 0.000					
	满意度	非常满意	比较满意	一般	比较不满意	非常不满意
城市	非常好	46.02	41.93	11.00	0.82	0.22
	比较好	28.37	55.98	14.56	0.93	0.16
	一　般	24.75	50.68	22.88	1.32	0.38
	比较差	25.11	45.31	26.49	2.69	0.39
	非常差	27.69	38.84	30.58	1.65	1.24
	$\chi^2 = 469.952$　　P = 0.000					
	满意度	非常满意	比较满意	一般	比较不满意	非常不满意
农村	非常好	46.79	41.04	11.22	0.82	0.14
	比较好	26.95	53.82	17.68	1.22	0.33
	一　般	23.35	46.50	28.39	1.55	0.21
	比较差	22.36	46.20	28.35	2.89	0.20
	非常差	26.94	41.71	25.39	4.40	1.55
	$\chi^2 = 384.042$　　P = 0.000					

7. 与配偶或子女一同居住的老年人对老年协会组织活动的满意度评价要高于单独居住的老年人

总体而言，不同居住方式的老年人在对老年协会组织活动的满意度评价方面存在差异，与配偶或子女一同居住的老年人对老年协会组织活动的满意度评价高于单独居住的老年人。分城乡来看亦是如此。具体而言，在城市内部，仅与配偶同住的老年人对老年协会组织活动感到非常满意和比较满意的比例占 80.24%，高于单独居住老年人 2.79 个百分点。在农村内部，仅与配偶同住的老年人对老年协会组织活动感到非常满意和比较满意的比例占 76.16%，高于单独居住老年人 3.87 个百分点。

表22 城乡分居住方式老年人对老年协会组织活动的满意度

单位：%

	满意度	非常满意	比较满意	一般	比较不满意	非常不满意
总体	单独居住	26.76	48.18	22.92	1.8	0.34
	仅与配偶同住	28.17	50.34	19.85	1.38	0.25
	与子女同住	26.84	49.25	22.1	1.54	0.27
	其他	25.62	47.75	23.13	2.16	1.33
	$\chi^2 = 49.965$		P = 0.000			
	满意度	非常满意	比较满意	一般	比较不满意	非常不满意
城市	单独居住	29.07	48.38	20.85	1.32	0.37
	仅与配偶同住	28.68	51.56	18.31	1.21	0.25
	与子女同住	27.89	50.53	19.99	1.32	0.27
	其他	25.20	50.41	20.60	2.44	1.36
	$\chi^2 = 29.072$		P = 0.004			
	满意度	非常满意	比较满意	一般	比较不满意	非常不满意
农村	单独居住	24.33	47.96	25.10	2.31	0.31
	仅与配偶同住	27.49	48.67	21.96	1.63	0.26
	与子女同住	25.55	47.67	24.68	1.81	0.28
	其他	26.29	43.53	27.16	1.72	1.29
	$\chi^2 = 25.819$		P = 0.011			

8. 海南省、江西省和北京市的老年人对老年协会组织活动的满意度评价最高

调查结果显示，不同地区的老年人在对老年协会组织活动的满意度评价方面存在非常显著的差异。对老年协会组织的活动感到非常满意和比较满意排名前三位的地区分别为：海南省（92.31%）、江西省（87.18%）和北京市（86.06%）。对老年协会组织的活动感到非常满意和比较满意排名后三位的地区分别为：宁夏回族自治区（40.00%）、内蒙古自治区（54.20%）和西藏自治区（60.00%）。总体而言，排名前三位的省份与排名后三位的省份对于老年协会组织活动的满意度评价相差 26.06 ~ 52.31 个百分点。

表 23 不同地区老年人对老年协会组织活动的满意度

单位：%

满意度	安徽省	北京市	福建省	甘肃省	广东省	广西壮族自治区	贵州省
非常满意	28.70	29.70	24.36	38.10	21.63	24.77	26.42
比较满意	51.58	56.36	45.63	47.62	49.02	44.71	47.16
一般	17.96	12.73	29.14	9.52	28.01	29.72	23.86
比较不满意	1.23	1.21	0.76	0.00	1.24	0.80	1.70
非常不满意	0.53	0.00	0.12	4.76	0.10	0.00	0.85
满意度	海南省	河北省	河南省	黑龙江省	湖北省	湖南省	吉林省
非常满意	11.54	18.20	21.25	22.36	16.47	25.98	42.94
比较满意	80.77	48.38	50.10	54.98	47.88	52.85	46.89
一般	3.85	29.18	24.56	20.54	33.62	19.14	9.60
比较不满意	3.85	2.74	3.70	1.81	1.53	1.63	0.00
非常不满意	0.00	1.50	0.39	0.30	0.51	0.41	0.56
满意度	江苏省	江西省	辽宁省	内蒙古自治区	宁夏回族自治区	青海省	山东省
非常满意	20.70	41.16	20.88	20.56	7.50	20.98	32.29
比较满意	57.19	46.02	60.36	33.64	32.50	60.00	53.29
一般	21.57	11.88	17.29	30.84	55.00	18.54	14.21
比较不满意	0.43	0.94	1.14	10.28	5.00	0.49	0.22
非常不满意	0.10	0.00	0.33	4.67	0.00	0.00	0.00
满意度	山西省	陕西省	上海市	四川省	天津市	西藏自治区	新疆维吾尔自治区
非常满意	34.41	26.02	18.33	32.50	29.85	40.00	39.93
比较满意	48.07	51.4	67.73	48.38	50.75	20.00	28.73
一般	14.95	19.14	13.55	17.54	16.42	40.00	30.97
比较不满意	2.25	2.80	0.40	1.31	2.99	0.00	0.37
非常不满意	0.32	0.65	0.00	0.27	0.00	0.00	0.00
满意度	云南省	浙江省	重庆市				
非常满意	26.79	26.13	36.80				
比较满意	44.90	43.96	47.08				
一般	25.87	25.13	14.59				
比较不满意	2.17	4.07	1.40				
非常不满意	0.28	0.72	0.13				

$$\chi^2 = 1200.00 \qquad P = 0.000$$

（二）老年人对老年协会活动的需求

1. 超过五成的老年人希望老年协会开展困难老人帮扶活动和学习/娱乐活动

如表 24 所示，总体而言，约一半的老年人希望老年协会开展学习/娱乐活动、困难老人帮扶活动和老年人权益维护活动。分城乡来看，超过一半的城市老年人希望老年协会开展学习/娱乐活动，超过一半的农村老年人希望老年协会开展困难老人帮扶活动。

表 24　老年人对老年协会开展活动的需求

单位：%

需求	全国	城市	农村
学习/娱乐活动	51.78	55.26	47.43
困难老人帮扶活动	53.16	49.91	57.24
老少共融亲情活动	25.00	26.12	23.60
老年人权益维护	45.86	46.14	45.51
志愿公益活动	21.91	25.68	17.18
营利项目活动	4.20	4.28	4.11
参与社区公共事务	17.66	20.61	13.95
其他	0.40	0.40	0.39
没有建议	17.82	17.20	18.60

2. 男性老年人较女性老年人对老年协会的活动的需求更高

无论是从城市、农村还是从全国范围来看，男性老年人较女性老年人对老年协会的活动的需求率更高。但是，无论是男性老年人还是女性老年人，均希望老年协会主要多多开展诸如学习/娱乐活动、困难老人帮扶活动和老年人权益维护活动。其中，女性老年人最希望老年协会开展困难老人帮扶活动，比例为 52.15%；男性最老年人希望老年协会开展学习/娱乐活动，比例为 54.86%。此外，不同性别的老年人对于学习/娱乐活动的需求率的差异要高于其他活动。

表25　城乡分性别老年人对老年协会开展活动的需求

单位：%

	需求	女	男
全国	学习/娱乐活动	48.50	54.86
	困难老人帮扶活动	52.15	54.11
	老少共融亲情活动	24.77	25.21
	老年人权益维护	43.89	47.70
	志愿公益活动	20.42	23.30
	营利项目活动	3.75	4.63
	参与社区公共事务	15.14	20.01
	其他	0.38	0.41
	没有建议	19.74	16.03
	需求	女	男
城市	学习/娱乐活动	52.43	58.02
	困难老人帮扶活动	49.52	50.29
	老少共融亲情活动	25.77	26.46
	老年人权益维护	44.71	47.54
	志愿公益活动	24.60	26.74
	营利项目活动	3.79	4.75
	参与社区公共事务	18.44	22.73
	其他	0.34	0.47
	没有建议	18.58	15.85
	需求	女	男
农村	学习/娱乐活动	43.32	51.07
	困难老人帮扶活动	55.62	58.69
	老少共融亲情活动	23.46	23.72
	老年人权益维护	42.82	47.89
	志愿公益活动	14.92	19.18
	营利项目活动	3.69	4.48
	参与社区公共事务	10.79	16.75
	其他	0.44	0.34
	没有建议	21.26	16.25

3. 年龄越小的老年人对老年协会组织开展的活动的需求越高

总体而言，年龄越低，对老年协会组织开展的活动的需求率越高。各个年龄段的人均希望老年协会多多开展学习/娱乐活动、困难老人帮扶活动和老年人权益维护活动。具体来说，低龄老年人最希望老年协会开展学习/娱乐活动，而中高龄老人则最希望老年协会开展困难老人帮扶活动。

进一步分别对比城市内部和农村内部不同年龄老年人对老年协会开展活动的需求，可以发现，年龄越低，对老年协会组织开展活动的需求率越高。具体而言，在城市内部，85 岁以下年龄段的老年人均最希望老年协会开展学习/娱乐活动；85 岁及以上的老年人则最希望老年协会主要开展困难老人帮扶活动。在农村内部，各个年龄段的老年人均最希望老年协会组织开展困难老人帮扶活动。

表 26　城乡分年龄老年人对老年协会开展活动的需求

单位：%

	需求	60～64 岁	65～69 岁	70～74 岁	75～79 岁	80～84 岁	85 岁 +
全国	学习/娱乐活动	54.83	54.60	51.75	48.37	44.50	32.98
	困难老人帮扶活动	54.24	54.08	53.74	52.76	48.78	44.96
	老少共融亲情活动	25.93	26.27	24.49	23.56	23.53	18.74
	老年人权益维护	47.17	48.10	45.52	43.28	42.54	36.65
	志愿公益活动	23.98	23.68	20.96	19.56	16.46	15.54
	营利项目活动	5.21	4.44	3.93	3.29	2.97	0.83
	参与社区公共事务	19.61	19.03	17.69	15.40	12.48	9.61
	其他	0.37	0.31	0.53	0.39	0.65	0.12
	没有建议	15.86	16.05	16.87	19.97	23.47	32.50
	需求	60～64 岁	65～69 岁	70～74 岁	75～79 岁	80～84 岁	85 岁 +
城市	学习/娱乐活动	58.39	57.16	56.41	52.69	48.04	33.69
	困难老人帮扶活动	51.38	52.20	49.48	48.24	43.27	42.86
	老少共融亲情活动	27.11	27.26	26.17	24.81	23.75	18.98
	老年人权益维护	48.33	48.10	45.81	42.05	42.52	37.53
	志愿公益活动	28.96	27.29	24.26	22.50	19.62	16.84
	营利项目活动	5.33	4.44	3.89	3.59	3.18	0.64
	参与社区公共事务	22.75	21.54	21.05	18.51	16.12	10.45
	其他	0.35	0.24	0.63	0.29	0.95	0.21
	没有建议	14.94	15.54	16.48	19.30	23.12	31.98

续表

	需求	60~64 岁	65~69 岁	70~74 岁	75~79 岁	80~84 岁	85 岁 +
农村	学习/娱乐活动	50.50	51.35	45.82	42.94	40.00	32.09
	困难老人帮扶活动	57.74	56.47	59.18	58.44	55.81	47.59
	老少共融亲情活动	24.49	25.00	22.34	21.98	23.24	18.45
	老年人权益维护	45.76	48.09	45.15	44.83	42.57	35.56
	志愿公益活动	17.92	19.07	16.74	15.87	12.43	13.90
	营利项目活动	5.07	4.45	3.98	2.91	2.70	1.07
	参与社区公共事务	15.78	15.83	13.39	11.50	7.84	8.56
	其他	0.39	0.39	0.40	0.51	0.27	0.00
	没有建议	16.98	16.69	17.37	20.82	23.92	33.16

4. 除了本科及以上学历外，文化程度越高，对老年协会开展的活动的需求越高

文化程度高的老年人对老年协会开展活动的需求率要高于文化程度低的老年人。具体而言，小学学历及以下的老年人最希望老年协会开展困难老人帮扶活动，小学学历以上的老年人最希望老年协会开展学习/娱乐活动。

分城乡来看，在城市内部，小学学历和从未上过学的老年人中，超过五成的老年人最希望老年协会开展困难老人帮扶活动；小学学历以上的老年人中，超过六成的老年人最希望老年协会开展学习/娱乐活动。在农村内部，初中及以下学历的老年人中，超过五成的老年人最希望老年协会开展困难老人帮扶活动；初中学历以上的老年人中，超过六成的老年人最希望老年协会开展学习/娱乐活动。

5. 有配偶和离婚的老年人对老年协会开展的活动的需求要大于丧偶和从未结婚的老年人

从全国范围来看，有配偶和离婚的老年人对老年协会开展的活动的需求率要高于丧偶和从未结婚的老年人。有配偶的老年人最希望老年协会开展学习/娱乐活动，其比例为 54.36%；超过从未结婚的老年人 13.70 个百分点。

表 27　城乡分文化程度老年人对老年协会开展活动的需求

单位：%

	需求	未上过学	小学	初中	高中/中专/职高	大学专科	本科及以上
全国	学习/娱乐活动	38.25	49.81	59.39	67.83	73.98	67.80
	困难老人帮扶活动	52.90	54.69	54.38	48.81	44.59	40.58
	老少共融亲情活动	21.26	24.59	27.13	29.41	29.24	28.53
	老年人权益维护	42.34	45.32	49.14	49.73	46.64	43.46
	志愿公益活动	14.19	19.42	27.00	35.06	36.93	30.10
	营利项目活动	3.16	4.30	5.33	4.35	3.22	2.62
	参与社区公共事务	10.42	15.42	22.41	29.37	30.85	26.96
	其他	0.44	0.35	0.34	0.39	0.58	0.79
	没有建议	24.44	18.30	13.64	11.85	9.49	14.92
	需求	未上过学	小学	初中	高中/中专/职高	大学专科	本科及以上
城市	学习/娱乐活动	37.45	51.11	60.67	68.41	73.99	67.72
	困难老人帮扶活动	50.57	52.08	49.89	47.47	44.10	40.42
	老少共融亲情活动	21.16	25.49	27.47	29.60	29.30	28.61
	老年人权益维护	42.36	45.86	48.10	48.66	45.74	43.31
	志愿公益活动	14.87	21.86	29.67	36.52	36.87	30.18
	营利项目活动	2.98	4.68	5.02	4.10	3.29	2.62
	参与社区公共事务	11.01	17.45	23.84	29.77	30.19	27.03
	其他	0.50	0.31	0.36	0.40	0.60	0.79
	没有建议	25.24	18.96	14.15	11.49	9.70	14.96
	需求	未上过学	小学	初中	高中/中专/职高	大学专科	本科及以上
农村	学习/娱乐活动	38.81	48.64	56.93	64.52	73.33	100.00
	困难老人帮扶活动	54.54	57.04	63.05	56.45	66.67	100.00
	老少共融亲情活动	21.33	23.79	26.47	28.39	26.67	0.00
	老年人权益维护	42.33	44.83	51.12	55.81	86.67	100.00
	志愿公益活动	13.71	17.22	21.85	26.77	40.00	0.00
	营利项目活动	3.29	3.96	5.93	5.81	0.00	0.00
	参与社区公共事务	10.00	13.61	19.66	27.10	60.00	0.00
	其他	0.39	0.39	0.31	0.32	0.00	0.00
	没有建议	23.87	17.71	12.67	13.87	0.00	0.00

　　进一步分别对比城市内部和农村内部不同婚姻状况老年人对老年协会开展活动的需求，总的来说，城市有配偶和离婚的老年人对老年协会开展的活动的需求率要高于丧偶和从未结婚的老年人。在城市内部，对于学习/娱乐

活动，有配偶的老年人对其有需求的比例为57.65%，高于从未结婚的老年人11.17个百分点。在农村内部，对于困难老人帮扶活动，有配偶的老年人对其有需求的比例为58.04%，高于从未结婚的老年人10.39个百分点。

表28　城乡分婚姻状况老年人对老年协会开展活动的需求

单位：%

	需求	有配偶	丧偶	离婚	从未结婚
全国	学习/娱乐活动	54.36	43.83	51.34	40.66
	困难老人帮扶活动	53.52	52.44	53.48	48.55
	老少共融亲情活动	25.39	24.27	25.13	17.01
	老年人权益维护	46.92	42.44	50.27	40.25
	志愿公益活动	23.14	17.67	31.55	17.43
	营利项目活动	4.51	3.06	6.42	3.32
	参与社区公共事务	18.88	13.60	22.99	13.28
	其他	0.42	0.28	1.07	0.00
	没有建议	16.56	22.10	16.58	21.58
	需求	有配偶	丧偶	离婚	从未结婚
城市	学习/娱乐活动	57.65	46.58	56.74	46.48
	困难老人帮扶活动	50.13	49.04	55.32	50.70
	老少共融亲情活动	26.48	25.44	25.53	14.08
	老年人权益维护	47.01	42.44	55.32	45.07
	志愿公益活动	26.97	21.26	32.62	19.72
	营利项目活动	4.50	3.20	6.38	2.82
	参与社区公共事务	21.66	16.80	25.53	9.86
	其他	0.41	0.31	1.42	0.00
	没有建议	16.06	21.61	12.77	22.54
	需求	有配偶	丧偶	离婚	从未结婚
农村	学习/娱乐活动	49.99	40.87	34.78	38.24
	困难老人帮扶活动	58.04	56.09	47.83	47.65
	老少共融亲情活动	23.94	23.01	23.91	18.24
	老年人权益维护	46.81	42.44	34.78	38.24
	志愿公益活动	18.28	13.81	28.26	16.47
	营利项目活动	4.53	2.90	6.52	3.53
	参与社区公共事务	15.18	10.16	15.22	14.71
	其他	0.42	0.25	0.00	0.00
	没有建议	17.21	22.62	28.26	21.18

6. 健康状况越好的老年人，对老年协会开展的活动的需求越高

健康状况越好的老年人对老年协会开展的活动的需求率越高，城乡均如此。从全国来看，健康状况较好（包括非常好和比较好）的老年人最希望老年协会开展学习/娱乐活动；健康状况较差（包括比较差和非常差）的老年人最希望老年协会开展困难老人帮扶活动。

分城乡来看，对于城市老年人而言，健康状况较好（包括非常好和比较好）的老年人最希望老年协会开展学习/娱乐活动；健康状况较差（包括比较差和非常差）的老年人最希望老年协会开展困难老人帮扶活动。对于农村老年人而言，除了健康状况非常好的老年人外，其他健康状况的老年人均最希望老年协会开展困难老人帮扶活动。

表29 城乡分健康状况老年人对老年协会开展活动的需求

单位：%

	需求	非常好	比较好	一般	比较差	非常差
全国	学习/娱乐活动	57.45	54.19	51.91	45.93	37.46
	困难老人帮扶活动	51.31	52.01	53.00	56.66	55.87
	老少共融亲情活动	24.95	26.31	24.78	23.98	20.48
	老年人权益维护	46.76	45.66	45.78	46.81	40.79
	志愿公益活动	28.72	24.61	20.50	17.45	15.71
	营利项目活动	4.88	4.43	3.77	4.59	4.13
	参与社区公共事务	24.66	19.79	16.36	14.10	10.48
	其他	0.44	0.31	0.44	0.42	0.48
	没有建议	14.99	16.81	18.05	19.95	23.17
	需求	非常好	比较好	一般	比较差	非常差
城市	学习/娱乐活动	58.83	57.00	55.32	49.04	41.60
	困难老人帮扶活动	50.15	48.33	49.81	53.54	56.80
	老少共融亲情活动	25.82	26.43	26.26	25.58	23.60
	老年人权益维护	48.13	45.42	45.77	48.25	43.60
	志愿公益活动	31.74	27.39	24.41	20.62	20.80
	营利项目活动	4.94	3.89	4.08	5.29	6.00
	参与社区公共事务	28.14	21.65	19.25	16.85	14.80
	其他	0.45	0.37	0.41	0.40	0.80
	没有建议	14.22	16.66	17.38	19.76	24.00

	需求	非常好	比较好	一般	比较差	非常差
农村	学习/娱乐活动	54.92	49.59	47.79	43.63	34.74
	困难老人帮扶活动	53.42	58.02	56.86	58.97	55.26
	老少共融亲情活动	23.36	26.11	22.98	22.79	18.42
	老年人权益维护	44.26	46.05	45.80	45.74	38.95
	志愿公益活动	23.22	20.05	15.75	15.10	12.37
	营利项目活动	4.78	5.31	3.39	4.07	2.89
	参与社区公共事务	18.31	16.76	12.86	12.06	7.63
	其他	0.41	0.22	0.47	0.44	0.26
	没有建议	16.39	17.05	18.86	20.10	22.63

7. 单独居住的老年人对老年协会活动的需求比例普遍更低

总的来说,与亲属一同居住(包括仅与配偶同住和与子女同住)的老年人对老年协会开展的活动的需求率要高于单独居住的老年人。仅与配偶同住的老年人最希望老年协会开展学习/娱乐活动,单独居住和与子女同住的老年人最希望老年协会开展困难老人帮扶活动。

进一步分别对比城市内部和农村内部不同居住方式老年人对老年协会开展活动的需求情况亦是如此,与亲属一同居住的老年人对老年协会开展的活动的需求率要高于单独居住的老年人。具体而言,在城市内部,仅与配偶同住和与子女同住的老年人最希望老年协会开展学习/娱乐活动,单独居住的老年人则最希望老年协会开展困难老人帮扶活动。在农村内部,所有居住方式的老年人均最希望老年协会开展困难老人帮扶活动。

8. 宁夏回族自治区老年人对各项活动的需求均较高,海南省和西藏自治区老年人对各项活动的需求均较低

不同地区老年人对老年协会开展活动的需求不一样。总体而言,宁夏回族自治区老年人对各项活动的需求均较高,海南省和西藏自治区老年人对各项活动的需求均较低。

具体而言,对于学习/娱乐活动,老年人需求率排名前三的省份分别为:宁夏回族自治区(90.48%)、山西省(72.52%)和北京市(71.86%);

表 30　城乡分居住方式老年人对老年协会开展活动的需求

单位：%

	需求	单独居住	仅与配偶同住	与子女同住	其他
全国	学习/娱乐活动	45.41	54.24	51.12	54.70
	困难老人帮扶活动	52.44	53.82	52.87	52.18
	老少共融亲情活动	22.67	25.04	25.73	23.66
	老年人权益维护	44.07	46.89	45.33	48.15
	志愿公益活动	20.11	23.83	20.51	24.16
	营利项目活动	3.15	4.51	4.25	3.19
	参与社区公共事务	15.15	19.16	16.98	17.79
	其他	0.37	0.46	0.34	0.50
	没有建议	20.30	15.72	19.07	17.11
城市	需求	单独居住	仅与配偶同住	与子女同住	其他
	学习/娱乐活动	48.28	57.77	54.47	56.71
	困难老人帮扶活动	49.45	50.79	49.20	49.04
	老少共融亲情活动	24.54	26.18	26.64	24.11
	老年人权益维护	44.91	47.21	45.29	47.95
	志愿公益活动	23.88	27.06	24.50	29.86
	营利项目活动	3.15	4.39	4.45	4.38
	参与社区公共事务	18.83	22.21	19.51	21.37
	其他	0.51	0.39	0.40	0.27
	没有建议	19.19	14.85	19.02	16.99
农村	需求	单独居住	仅与配偶同住	与子女同住	其他
	学习/娱乐活动	42.47	49.41	47.08	51.52
	困难老人帮扶活动	55.51	57.96	57.31	57.14
	老少共融亲情活动	20.75	23.48	24.64	22.94
	老年人权益维护	43.22	46.46	45.37	48.48
	志愿公益活动	16.25	19.43	15.68	15.15
	营利项目活动	3.15	4.69	4.01	1.30
	参与社区公共事务	11.39	14.99	13.92	12.12
	其他	0.22	0.56	0.26	0.87
	没有建议	21.42	16.90	19.12	17.32

排名后三的省份分别为：广东省（35.77%）、西藏自治区（20.00%）和海南省（15.38%）。对于困难老人帮扶活动，老年人对其需求排名前三的省份分别为：宁夏回族自治区（95.24%）、新疆维吾尔自治区（67.53%）和安徽省（66.44%）；排名后三的省份分别为：浙江省（28.90%）、甘肃省

（28.57%）和西藏自治区（20.00%）。

对于老少共融亲情活动，老年人对其需求排名前三的省份分别为：宁夏回族自治区（78.57%）、山西省（34.50%）和陕西省（34.10%）；排名后三的省份分别为：海南（3.85%）、吉林省（14.61%）和青海省（15.27%）。对于老年人权益维护活动，老年人对其需求率排名前三的省份分别为：宁夏回族自治区（88.10%）、四川省（58.46%）和山西省（54.95%）；排名后三的省份分别为：西藏自治区（20.00%）、吉林省（24.16%）和内蒙古自治区（25.51%）。

对于志愿公益活动，老年人对其需求排名前三的省份分别为：宁夏回族自治区（76.19%）、天津市（43.28%）和甘肃省（42.86%）；排名后三的省份分别为：西藏自治区（0）、海南省（0）和青海省（8.37%）。对于营利项目活动，老年人对其需求率排名前三的省份分别为：宁夏回族自治区（52.38%）、甘肃省（19.05%）和山西省（9.58%）；排名后三的省份分别为：西藏自治区（0）、海南省（0）和青海省（0.49%）。对于社区公共事务活动，老年人对其需求排名前三的省份分别为：宁夏回族自治区（76.19%）、天津市（29.85%）和北京市（29.34%）；排名后三的省份分别为：海南省（3.85%）、青海省（10.34%）和河南省（11.65%）。

表31　不同地区老年人对老年协会开展活动的需求

单位：%

需求	安徽省	北京市	福建省	甘肃省	广东省	广西壮族自治区	贵州省
学习/娱乐活动	44.81	71.86	43.62	66.67	35.77	57.67	52.66
困难老人帮扶活动	66.44	40.12	38.73	28.57	46.45	57.28	49.58
老少共融亲情活动	19.72	28.14	21.67	28.57	23.02	25.93	32.77
老年人权益维护	47.23	43.71	40.19	28.57	32.79	54.37	45.10
志愿公益活动	14.36	40.12	15.73	42.86	17.37	14.68	29.13
营利项目活动	2.08	4.19	2.15	19.05	2.67	2.51	2.80
参与社区公共事务	15.05	29.34	12.70	19.05	14.90	13.62	16.81
其他	2.42	1.80	0.12	0.00	0.00	0.26	1.40
没有建议	8.65	8.38	32.32	19.05	27.54	14.55	12.04

需求	海南省	河北省	河南省	黑龙江省	湖北省	湖南省	吉林省
学习/娱乐活动	15.38	50.62	56.02	50.14	60.49	58.80	52.81
困难老人帮扶活动	53.85	51.61	60.71	52.74	63.18	61.12	32.58
老少共融亲情活动	3.85	29.28	22.37	24.21	25.37	28.69	14.61
老年人权益维护	26.92	38.71	44.17	48.13	50.75	52.03	24.16
志愿公益活动	0.00	16.87	15.98	20.75	26.11	24.78	28.09
营利项目活动	0.00	2.73	3.38	1.73	4.98	1.75	3.37
参与社区公共事务	3.85	15.38	11.65	13.83	16.42	18.80	14.04
其他	0.00	0.50	0.38	0.00	0.00	0.16	0.00
没有建议	38.46	16.87	14.10	21.04	10.14	13.86	20.22

需求	江苏省	江西省	辽宁省	内蒙古自治区	宁夏回族自治区	青海省	山东省
学习/娱乐活动	47.20	56.48	45.82	39.80	90.48	41.87	50.56
困难老人帮扶活动	51.01	55.95	53.05	53.06	95.24	50.74	63.37
老少共融亲情活动	22.80	25.40	19.29	18.37	78.57	15.27	26.73
老年人权益维护	48.12	47.75	44.53	25.51	88.10	32.51	46.71
志愿公益活动	21.88	27.78	21.86	20.41	76.19	8.37	20.72
营利项目活动	2.13	4.89	1.77	4.08	52.38	0.49	3.63
参与社区公共事务	19.23	21.30	16.24	13.27	76.19	10.34	16.44
其他	0.05	0.13	0.32	0.00	0.00	0.00	0.13
没有建议	15.36	15.61	11.25	14.29	0.00	19.70	6.44

需求	山西省	陕西省	上海市	四川省	天津市	西藏自治区	新疆维吾尔自治区
学习/娱乐活动	72.52	59.00	66.27	52.60	59.70	20.00	59.41
困难老人帮扶活动	64.22	58.58	41.77	60.19	43.28	20.00	67.53
老少共融亲情活动	34.50	34.10	20.88	24.35	29.85	20.00	23.62
老年人权益维护	54.95	51.88	47.39	58.46	38.81	20.00	53.14
志愿公益活动	22.84	34.94	34.14	28.52	43.28	0.00	16.24
营利项目活动	9.58	7.53	2.41	3.97	8.96		7.38
参与社区公共事务	21.73	22.59	26.91	22.00	29.85	20.00	16.97
其他	0.32	0.00	0.40	0.42	1.49	0.00	0.00
没有建议	7.67	11.09	17.27	11.83	17.91	60.00	8.49

需求	云南省	浙江省	重庆市			
学习/娱乐活动	52.64	47.93	63.30			
困难老人帮扶活动	54.89	28.90	58.95			
老少共融亲情活动	27.72	20.63	29.16			
老年人权益维护	45.80	25.93	52.56			
志愿公益活动	17.62	21.26	24.68			
营利项目活动	6.65	8.01	4.86			
参与社区公共事务	15.05	17.44	21.99			
其他	0.28	1.48	0.26			
没有建议	24.74	38.49	11.76			

三　老年人政治参与状况及变化

（一）老年人参加社区选举的状况

1. 超过六成的老年人参加了最近一次社区选举，农村老年人参加最近一次社区选举的比例要高于城市老年人

图 1 表明，超过六成的老年人参加了最近一次的社区选举；仅有不足35.00%的老年人未参加最近一次的社区选举。进一步对比城乡老年人参加社区选举状况，可发现，农村老年人参加社区选举的比例要高于城市老年人。近乎六成的城市老年人参加了最近一次的社区选举，而超过七成的农村老年人参加了最近一次的社区选举。

2. 男性老年人参加社区选举的比例高于女性老年人

无论是从城市、农村还是从全国范围来看，男性老年人参加社区选举的比例要高于女性老年人，其中，农村老年人参加社区选举比例的性别差异要大于城市老年人。具体而言，在城市内部，61.5%的男性老年人参加了最近一次的社区选举，高于女性老年人 3.4 个百分点；在农村内部，75.7%的男性老年人参加了最近一次的社区选举，高于女性老年人 6.7 个百分点。此

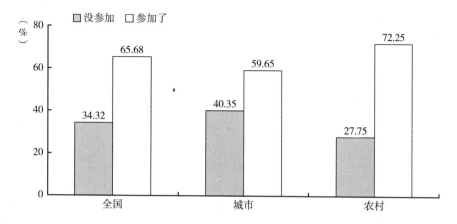

图1 老年人参加社区选举的情况

外，同一性别下农村老年人参加社区选举的比例要高于城市老年人，这尤其体现在男性老年人中。农村男性老年人社区选举参与率为75.7%，高于城市男性老年人14.2个百分点。

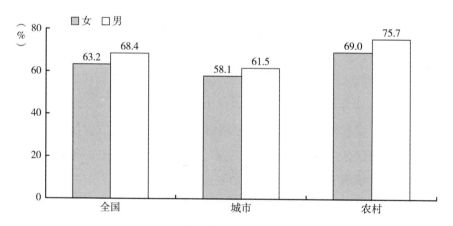

图2 城乡分性别老年人参加社区选举的状况

3. 年龄越低的老年人参加社区选举的比例越高

从全国来看，伴随着年龄的增长，老年人参加社区选举的比例呈逐步下降趋势，其中，从75～79岁到80～84岁下降最为明显，下降6.4个百分点。分城乡来看，大体也如此。具体而言，在城市内部，60～64岁老年人

的社区选举参与率为64.3%，高于85岁及以上老年人18.5个百分点；在农村内部，60~64岁老年人的社区选举参与率为76.8%，高于85岁及以上老年人20.5个百分点。

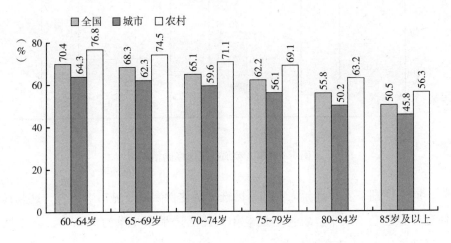

图3 城乡分年龄老年人参加社区选举的状况

4. 随着文化程度的提高，老年人参加社区选举的比例呈下降趋势

图4表明，从全国来看，除了从未上过学的老年人外，文化程度越低的老年人，参加社区选举的比例越高。小学学历的老年人参加社区选举的比例为71.1%，高于本科及以上学历的老年人23.9个百分点。分城乡来看，城市亦是如此，而农村却略有不同。总体而言，伴随着文化程度的提高，农村老年人参加社区选举的比例呈倒V字形分布。小学、初中、高中/中专/职高和大学专科学历的农村老年人参加社区选举的比例均超过70%，高于从未上过学和本科及以上学历的农村老年人。此外，总体来说，同等学力下农村老年人参加社区选举的比例高于城市老年人，在大学专科这一学历上体现得最为明显。大学专科学历的农村老年人参加社区选举的比例为77.7%，高于同等学力下的城市老年人29.7个百分点。

5. 有配偶和从未结婚的老年人社区选举参与率高于其他婚姻状况的老年人

总体而言，有配偶和从未结婚的老年人社区选举参与率高于其他婚姻状况的老年人。分城乡来看，城市亦是如此，农村却略有差别。对于农村而

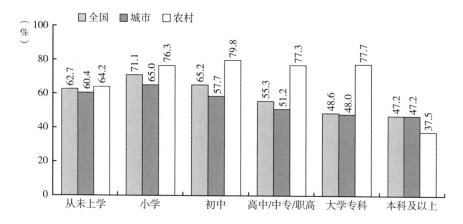

图4 城乡分文化程度老年人参加社区选举的状况

言，有配偶和离婚的老年人社区选举参与率高于其他婚姻状况的老年人。具体而言，有配偶的农村老年人社区选举参与率为75.4%，高于从未结婚的农村老年人11.7个百分点。

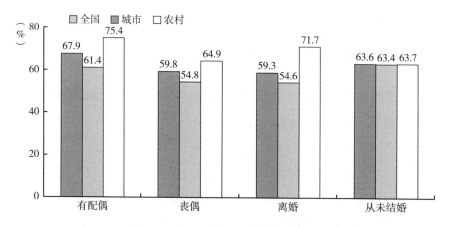

图5 城乡分婚姻状况老年人参加社区选举的状况

6. 健康状况越好的老年人，社区选举参与率越高

图6表明，从全国来看，身体健康状况越好的老年人，参加社区选举的比例越高。分城乡来看，亦是如此，但是不同健康状况的农村老年人参与社区选举率的差别要大于城市。具体而言，在城市内部，健康状况非常好的老

年人社区选举参与率为 63.2%，高于健康状况非常差的老年人 17.8 个百分点；而在农村内部，健康状况非常好的老年人社区选举参与率为 80.5%，高于健康状况非常差的老年人 22.6 个百分点，这一差值略高于城市。此外，相同健康状况条件下，农村老年人社区选举参与率高于城市老年人。以健康状况非常好为例，健康状况非常好的农村老年人社区选举参与率为 80.5%，高于健康状况非常好的城市老年人 17.3 个百分点。

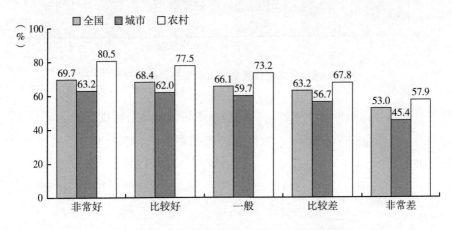

图 6 城乡分健康状况老年人参加社区选举的状况

7. 与配偶或子女一同居住的老年人社区选举参与率高于单独居住的老年人

图 7 表明，无论是从城市、农村还是从全国范围来看，与配偶或子女一同居住的老年人参加社区选举的比例都要高于单独居住的老年人。同一居住方式下农村老年人参加社区选举的比例要高于城市老年人，仅与配偶同住的老年人体现得最为明显。仅与配偶同住的农村老年人参加社区选举的比例为 77.0%，而仅与配偶同住的城市老年人参加社区选举的比例仅为 59.5%，两者相差 17.5 个百分点。

8. 政治面貌为群众和中共党员的老年人社区选举参与率高于其他政治面貌的老年人

从全国来看，不同政治面貌的老年人在参加社区选举方面存在显著差异，政治面貌为中共党员和群众的老年人社区选举参与率要显著高于其他政

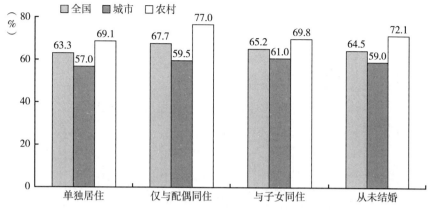

图7　城乡分居住方式老年人参加社区选举的状况

治面貌的老年人。分城乡来看，亦是如此。具体而言，在城市内部，政治面
貌为群众的老年人社区选举参与率为60.5%，高于政治面貌为民主党派的
老年人13.6个百分点；在农村内部，政治面貌为中共党员的老年人社区选
举参与率为85.4%，高于政治面貌为民主党派的老年人52.1个百分点。

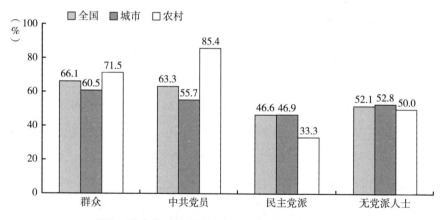

图8　城乡分政治面貌老年人参加社区选举的状况

9. 老年人参加社区选举比例的地区差异较为明显

由图9可知，不同地区老年人参加社区选举的比例差异较大。上海市、
浙江省老年人参加社区选举的比例分别为85.4%、80.7%，排名前两位，
而排在后两位的甘肃省、吉林省这一比例仅为27.4%和35.5%。

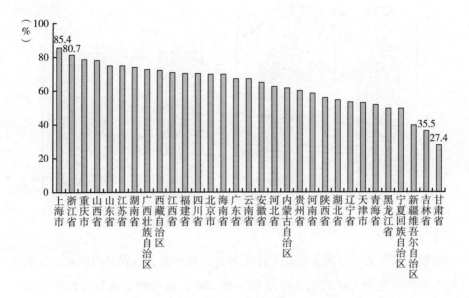

图9 不同地域老年人参加社区选举的状况

（二）老年人在社区公共事务中发挥重要作用

1. 超过七成的老年人愿意帮助有困难的老年人，超过七成的老年人较为关心国家大事

从全国范围来看，超过七成的老年人愿意帮助有困难的老年人。分城乡来看，可以发现城乡老年人在助老意愿方面存在一定差异。城市老年人中愿意帮助有困难老年人的占73.7%；高于农村老年人1.5个百分点。

另外，大部分老年人较为关心国家大事，比例超过七成。分城乡来看，可以发现城乡老年人在关心国家大事方面存在一定差异。城市老年人中关心国家大事的比例为75.1%，高于农村老年人7.6个百分点。

2. 接近四成的老年人表示社区办大事时征求过他们的意见，超过两成的老年人曾向社区提出建议

总体而言，39.6%的老年人表示社区在办大事时，曾征求他们的意见。分城乡来看，可以发现城乡老年人在社区大事件征求意见比例方面存在一定

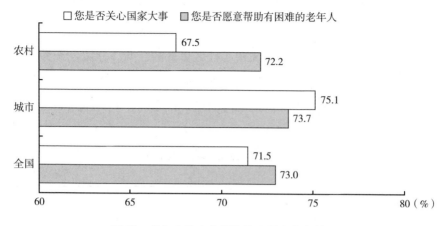

图10 老年人助老意愿和关心国家大事状况

差异。在社区大事件中，城市老年人被征求过意见的占41.3%；略高于农村老年人3.6个百分点。这说明，作为基层组织单位的社区重视老年人的权益，积极响应国家的老龄政策。

另外，超过两成的老年人表示他们曾向社区提出过建议。城市老年人向社区提建议的比例为21.8%，略高于农村老年人0.9个百分点。这说明，我国老年人利用所学积极参与社区建设，具有高度的社区归属感。

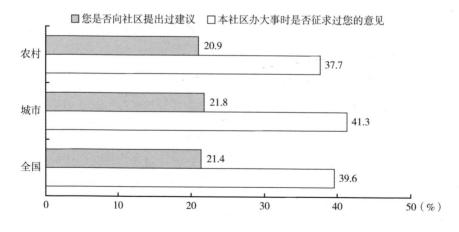

图11 老年人被征求意见和向社区提建议状况

3. 超过五成的老人关心社区事务的公开，城市老年人关心社区事务公开的比例要高于农村老年人

总体而言，超过五成的老年人关心社区事务的公开。分城乡来看，可以发现城乡老年人在社区事务公开的关注度方面存在差异。城市老年人中关心社区事务公开的老年人占 55.49%，略高于农村老年人 0.12 个百分点。

表 32　老年人社区事务关注状况

单位：%

您是否关心社区事务的公开	关心	不关心	无所谓
全　国	55.43	14.42	30.15
城　市	55.49	14.92	29.59
农　村	55.37	13.88	30.75
$\chi^2 = 6.583$		P = 0.037	

四　研究结论与对策建议

（一）研究结论

中国城乡老年人社会参与状况具体包括老年人公益活动参与状况、老年协会参与状况和政治参与状况三个部分。

1. 中国城乡老年人参与公益活动状况

中国城乡老年人参与公益活动状况主要通过参与的公益活动类型和公益活动组织来体现。在参与的公益活动类型方面：第一，将近一半的老年人积极参与公益活动，且以邻里、社区活动为主；第二，无论男女、年龄、文化程度、婚姻状况、健康状况还是居住方式，农村老年人参与公益活动的比例都高于城市老年人，且城市老年人更倾向于参加社区活动，农村老年人更倾向于参加帮助邻里活动；第三，无论城乡，男性、低龄、中等学历、有配偶、健康状况较好、非独居的老年人参与公益活动的比例相对更高。在参加的公益活动组织方面：第一，不足三成的老年人参与公益活动组织，且以文化娱乐组织为主；第二，无论从男女、年龄、文化程度、婚姻状况、健康状况还是从居住方式来看，城市老年人参与公益活动组织的比例高于农村老年人，且城市老年人更倾向于参加文化娱乐组织，农村老年人更倾向于参加民俗/民间文化组织；第三，无论城乡，男性、低龄、文化程度较高、有配偶或离婚、健康状况较好、非独居的老年人参与公益活动组织的比例相对更高。

2. 中国城乡老年人老年协会参与状况

中国城乡老年人老年协会参与状况主要通过老年人参加老年协会的比例、对老年协会组织活动的满意度、对老年协会组织活动的需求三部分来体现。在老年人参加老年协会的比例方面：第一，老年人总体参加老年协会的比例较低；第二，无论从男女、年龄、健康状况还是从居住方式来看，城市老年人参加老年协会的比例都显著高于农村老年人；第三，无论城乡，男性、低龄、文化程度较高、有配偶或离婚、健康状况较好、非独居的老年人参与公益活动的比例相对更高。在老年人对老年协会组织活动的满意度评价方面：第一，大部分老年人对老年协会组织的活动较为满意；第二，无论从男女、年龄、文化程度还是从居住方式来看，城市老年人对老年协会组织活动的满意度评价高于农村老年人；第三，无论城乡，女性、低龄、文化程度较高、有配偶或丧偶、健康状况较好、非独居的老年人对老年协会组织活动的满意度评价更高。在老年人对老年协会活动的需求方面：第一，超过一半的老年人希望老年协会开展学习/娱乐活动和困难老人帮扶活动；第二，无论从男女、年龄、文化程度、健康状况还是从居住方式来看，城市老年人对老年协会活动的需求更加强烈，尤其体现在学习/娱乐活动、志愿公益活动方面；第三，无论城乡，男性、低龄、文化程度较高、有配偶或离婚、健康状况较好、非独居的老年人对老年协会活动的需求更加强烈。

3. 中国城乡老年人政治参与状况

中国城乡老年人政治参与状况主要通过老年人社区选举参与状况和社区公共事务参与状况来体现。在老年人社区选举参与状况方面：第一，超过七成的老年人愿意帮助有困难的老年人，分城乡来看，城市老年人愿意帮助有

困难老年人的比例高于农村老年人；第二，超过五成的老人关心社区事务的公开，分城乡来看，城市老年人关心社区事务公开的比例要高于农村老年人；第三，社区大事件征求老年人意见比例较低，分城乡来看，城市老年人被征求过意见的比例要高于农村老年人；第四，接近八成的老年人未向社区提出过建议，分城乡来看，城市老年人向社区提建议的比例要高于农村老年人；第五，超过七成的老年人较为关心国家大事，分城乡来看，城市老年人关心国家大事的比例要高于农村老年人。

（二）对策建议

随着老年人口数量的增加、寿命的延长以及总体受教育水平的明显提高，越来越多的老年人有时间、有能力、有意愿继续参与到经济社会发展的进程当中，老年人的生活需要，已不局限于基本生存需要。早在1996年，世界卫生组织就以"工作目标"的形式提出积极老龄化理念，并于2002年将积极老龄化理念及其含义正式写入《联合国第二届世界老龄大会政治宣言》。积极老龄化理念是对传统老龄化理念的继承与革新，主要包含健康、保障和社会参与三个维度的思想，其中，社会参与是积极老龄化理念的核心与精髓。积极老龄化理念尊重老年人的人权，承认老年人在社会生活中有平等参与的权利，强调老年人仍是社会发展的积极贡献者，是社会进步的内在潜力和宝贵财富，提倡老龄社会战略计划应从"以需求为基础"转变为"以人权为基础"，国家有责任有义务创造一切有利条件帮助老年人回归社会，继续参与到经济、政治、社会、公益等事务中。

调查数据资料显示，虽然目前我国城乡老年人参与公益活动愈趋活跃，但参加各类老年社会组织的比例较小，在政治参与方面也存在一定的差异与问题。因此，为进一步落实积极老龄化战略，保障老年人的社会参与权利，激励老年人通过多种路径参与到社会生活中来，应着力建设包括微观、中观、宏观三个层次，涵盖国家、社会、个人网络三个维度，包含国家、社区、社会组织、家庭等多主体在内的老年社会参与促进与保障综合体系。

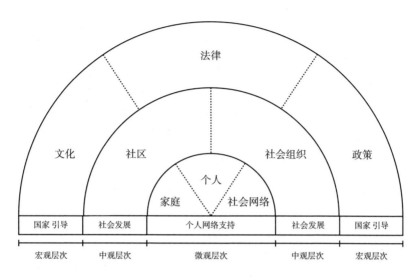

图 12　老年社会参与促进与保障综合体系

1. 宏观：加强文化、法律与政策的规范引导

老年社会参与友好环境的建设，首先需要完善宏观层面的制度保障体系，在社会发展战略上明确老年参与的积极作用。而老年社会参与保障体系的建设，主要可从文化建设、法律规范、政策引导三个方面入手。

第一，加强宣传教育，建设老龄文化。加强老龄宣传教育工作，一方面，可通过开展传统美德宣传教育、精神文明创建活动等形式，推进全社会树立尊老爱老、共享共建的老龄观念，为老年人社会参与营造积极友好的参与氛围；另一方面，也要通过老年教育课堂、巡讲等活动培养老年人参与社会发展和管理的自觉意识，提升老年人社会参与的能力和实践技巧。

第二，完善与老年社会参与相关的法律法规，明确个人、社会与政府在建设老年社会参与友好环境中的责任。同时，通过构建刚性制度、建设法制体系进一步规范老年人社会参与的重点领域，如公益组织、行业协会等，营造健康的老年社会参与环境。

第三，通过政策的引导激发老年人社会参与的活力。具体而言，经济方面，可以对老年经济活动和行业建设给予政策倾斜和经济扶持，帮助老年人

接受再就业培训和指导，设立符合老年人特点的就业岗位等；政治方面，要积极推进社区会议、居民议事会等现代老年人社会参与的制度化进程。

2. 中观：发挥社区和社会组织作用

社区是老年人社会参与的重要场域，而社会组织则是老年人社会参与的重要载体，二者在老年社会生活中理应发挥更重要的作用。

第一，社区应主动为老年人提供社会参与机会。由于老年人的群体和活动网络特点，老年社会参与在很大程度上等同于社区参与，因此，社区作为老年人社会参与的重要场域，应该尽可能为老年人提供社会参与的机会。例如建设社区老年活动中心、成立老年协会、开展社区公益活动、组织社区老年人参与社区公共事务、积极征询老年人社区治理意见等。此外，社区也应起到联结者的角色，既可以与公益组织、行业协会相互合作，又能够建设"三社联动"机制来链接各方资源、实现优势互补，共同拓展老年人社会参与的路径，提供参与机会。

第二，进一步发展、完善和规范社会组织，发挥其功能。调查数据分析资料显示，虽然老年人参与公益活动愈趋活跃，但参加各类老年社会组织的比例却较小。这可能是由目前各类老年社会组织在宣传、组织、管理等方面不够完善所致。因此，政府部门应加强老年社会组织的建设与管理，尤其是要为志愿性、非政府性和非营利性的老年人社会服务组织的建立和发展提供政策上的鼓励和资源上的帮助，另外，还需进一步规范和明确基层老年协会建设的主要任务，加强对基层老年协会建设的组织领导，加大扶持力度、扩大宣传，促进老年协会在调解邻里纠纷、参与公益服务等方面发挥更加积极的作用。

3. 微观：实现个人、家庭与社会网络的支持

在老年人参与社会事业建设中，老年人个人和其社会网络对其社会参与的支持至关重要。对于老年人个人而言，要实现三方面的提升：第一，认清权利、找准定位，摆脱"社会负担"等传统观念的约束，完成思想观念的积极转变，通过个人的管理与调适，做好社会参与的心理准备；第二，树立"活到老、学到老"的学习理念，加强学习、与时俱进，夯实社会参与

的能力基础；第三，要善于根据个人的兴趣、优势与特长找好社会参与的切入点，以保证在社会参与过程中的可持续性与高效率。在这一过程中，老年人家庭也应提供适当的支持与帮助，例如陪伴老年人参与公益活动、加强代际互动等。同样，以老年人为中心的社会网络也应发挥相应作用，同时，老年人还可以通过参加老年互助活动等形式拓宽社会关系网络，积累社会参与的资本。

参考文献

王莉莉：《中国老年人社会参与的理论、实证与政策研究综述》，《人口与发展》2011 年第 3 期。

王彦斌、许卫高：《老龄化、社会资本与积极老龄化》，《江苏行政学院学报》2014 年第 3 期。

鲁肖麟：《积极老龄化框架下的老年健康促进行动思考》，《新西部（理论版）》2015 年第 4 期。

李静静：《"三社联动"背景下提升社区老年社会参与的路径探索》，《产业与科技论坛》2016 年第 18 期。

B.9

中国城乡老年人权益保障状况分析

刘妮娜*

摘　要：　法律是权益的保障，依法治国是国家治理现代化的理想状态，中国的老年人保障正在由德治、孝治向法治、孝治、德治相结合转变。我国政府在建设年龄友好型社会、增加老年人社会优待方面做出诸多努力，并取得了好的效果。但是，伴随老年人拥有的财富增多、代际交换趋利性增强、老年人社会参与增加等，老年人受到权益侵害的可能性也在不断增加。同时，老年人的权益保障状况、维权意识和维权方式存在较大差别，农村、高龄、丧偶/离婚、健康状况差、低受教育水平老年人是权益贫困的高发群体。也有一些权益侵害具有人群特点，如城市老年人被盗和被抢劫比例高于农村，文化程度高的老年人上当受骗的比例更高等，同样值得关注。虽然老年人的权利满足感较高，但实际的权利保护意识不强，维权方式较为单一，请求司法帮助的比例极小。

关键词：　城乡老年人　权益保障　社会优待　维权意识　维权方式

自 1948 年联合国大会通过《关于老年人权利宣言草案的第 213（Ⅲ）

---

* 刘妮娜，博士，华北电力大学经济与管理学院，博士后，主要研究方向为互助养老、老龄服务。

号决议》以来，已有 70 年时间。伴随世界人口老龄化进程不断加快，老年人权益问题日益受到国际社会的关注。1982 年，由联合国倡议，老龄化问题世界大会通过了《维也纳老龄问题国际行动计划》。会议重申《世界人权宣言》所载的不可剥夺的基本权利应充分地、不折不扣地适用于老年人；应严肃地认识到生活质量的重要性并不亚于长寿，因此应当尽可能地让老年人在自己的家庭和社会中享受一种被视为社会整体一部分的充实、健康、有保障和令人心满意足的生活。1990 年 12 月 14 日，联合国大会通过 45/106 号决议，指定 10 月 1 日为国际老年人日。1991 年，联合国大会通过联合国老年人原则（46/91 号决议）。2002 年，第二次老龄化问题世界大会通过《马德里老龄问题国际行动计划》，提出确保全世界所有人都能够有保障、有尊严地步入老年，并作为享有充分权利的公民参与其社会。2008 年国际老年人日的主题是"老年人权利"。

法治是人权的保障，这基本已经达成全球共识。以法律制度来保障中国老年人的合法权益亦是近年来中国政府老龄工作的重要内容。2012 年 12 月 28 日，第 11 届全国人民代表大会常务委员会第 30 次会议对《中华人民共和国老年人权益保障法》做出修订，并于 2013 年开始实施。

本文在总结我国老年人权益的主要内容和立法保障的基础上，运用第四次中国城乡老年人生活状况抽样调查数据，探讨老年人的权益保障情况和特点（主要包括享受社会优待权、受赡养与扶养权、婚姻权、财产权、人身权），以及老年人的维权意识和维权方式。

一 老年人权益的主要内容和立法保障

（一）老年人权益的主要内容

老年人是"人"中的一类群体，有自己的特点和弱势之处。因此，老年人除了享受"人"的权利（作为一个公民依法享有的权力和利益）外，也享受作为老年人的特殊权益（根据其自身的特点和需要还享有我

国法律、法规规定的特殊权益）。根据喻中（2015）的界定，老年人的合法权益，是指我国老年人依据我国的宪法和法律应当受到保护并不容侵犯的、与"义务"相对的、依法行使的各种权利。在我国，老年人所享受的权益主要包括政治权利、人身自由权利、社会经济权利、受赡养扶助权、财产所有权、婚姻自由权、住房权、继承权、文化教育权等（如表1所示）。

表1 我国老年人权益的主要内容

政治权利	选举权和被选举权
	言论、出版、集会、结社、游行、示威的自由
	批评权、申诉权、控告权、检举权、建议权和取得赔偿的权利
人身自由权利	老年人的人身自由不受侵犯
	老年人的人格尊严不受侵犯
	老年人的住宅不受侵犯
	老年人的通信自由和通信秘密受到法律保护
	老年人有宗教信仰自由
社会经济权利	劳动和休息的权利
	退休老年人的生活保障权:退休人员的生活受国家和社会的保障
	物质帮助权:老年人有从国家和社会获得物质帮助的权利
受赡养扶助权	老年人享有受赡养扶助的权利,老年人的子女以及其他依法负有赡养义务的人,应当履行对老年人经济上供养、生活上照料和精神上慰藉的义务,照顾老年人的特殊需要。赡养人不履行赡养义务,老年人有要求赡养人给付赡养费的权利。老年人与配偶有相互扶养的义务。
财产所有权	老年人作为财产所有人依法对自己的财产享有占有、使用、收益和处分的权利
婚姻自由权	婚姻自由是指老年人有权按照自己的意愿处理婚姻的权利,这是宪法赋予老年人的一项基本权利
住房权	赡养人应当妥善安排老年人的住房,不得强迫老年人迁居到条件恶劣的房屋。老年人自有的或者承租的住房,子女或者其他亲属不得侵占,不得擅自改变产权关系或者租赁关系。老年人所在组织分配、调整或者出售住房,应当根据实际情况和有关标准照顾老年人的需要
继承权	老年人有依法继承父母、配偶、子女或者其他亲属遗产的权利
文化教育权	包括受教育、进行科学技术研究、文学艺术创作和其他文化活动的自由

（二）老年人权益的立法保障

2012 年修订的《中华人民共和国老年人权益保障法》由 1996 年的 6 章 50 条扩展到 9 章 85 条，其中全新的条文有 38 条，在原法条文基础上修改的条文有 37 条，没有修改的只有 10 条。修订后的《中华人民共和国老年人权益保障法》进一步拓展了老年人权益保障范围，完善了老年社会保障的制度安排，明确了老龄事业发展的重点领域，更加全面地体现了维护老年人人格尊严、获得社会保障和社会帮助、参与社会生活和共享社会发展成果的公民权利。

在国家法律的驱动之下，全国各个省份及多个地市相继出台《老年人权益保障条例》或《〈中华人民共和国老年人权益保障法〉实施办法》等地方性法规，北京、上海等 28 个省、直辖市、自治区制定了关于"老年人优待"的政策性规定，内容涵盖高龄津贴、居家养老（助残）服务、卫生保健、休闲出行、商业服务、维权服务等多个方面。

与此同时，《中华人民共和国宪法》《中华人民共和国民法通则》《中华人民共和国婚姻法》《中华人民共和国继承法》《中华人民共和国刑法》《中华人民共和国劳动法》《中华人民共和国社会保险法》等相关法律都在各个领域对老年人权利进行了明确规定和保障（相关法律中关于老年人权益保障的部分规定如表 2 所示）。

表 2　相关法律中关于老年人权益保障的部分规定

《宪法》	《中华人民共和国宪法》第 45 条第 1 款规定："中华人民共和国公民在年老、疾病或者丧失劳动能力的情况下，有从国家和社会获得物质帮助的权利。"第 45 条第 3 款和第 4 款规定："父母有抚养教育未成年子女的义务，成年子女有赡养扶助父母的义务。禁止破坏婚姻自由，禁止虐待老人、妇女和儿童。"
《老年人权益保障法》	将每年农历九月初九定为老年节；首次创设规定老年监护制度；提出逐步开展长期护理保障工作；规范养老服务收费项目和标准；提出政府应当支持养老事业发展，确立社会养老服务体系的框架"以居家为基础，社区为依托，机构为支撑"；完善计生家庭老人扶助制度；对常住在本行政区域内外埠老年人实行同等优待，倡导全社会优待老年人；增设"宜居环境"一章；规定老年人可以依法设立自己的组织并开展活动

《民法》	《中华人民共和国民法通则》第 104 条第 1 款规定:"婚姻、家庭、老人、母亲和儿童受法律保护。"
《婚姻法》	《中华人民共和国婚姻法》第 2 条第 2 款规定:"保护妇女、儿童和老人的合法权益。"第 21 条第 1 款规定:"父母对子女有抚养教育的义务,子女对父母有赡养扶助的义务。"第 21 条第 3 款规定:"子女不履行赡养义务时,无劳动能力的或生活困难的父母,有要求子女给付赡养费的权利。"
《继承法》	《中华人民共和国继承法》第 7 条规定:遗弃被继承人,或者虐待被继承人情节严重的,丧失继承权;第 10 条规定:父母是第一顺序继承人;第 12 条规定:"丧偶儿媳对公、婆,丧偶女婿对岳父、岳母,尽了赡养义务的,作为第一顺序继承人。"
《刑法》	《中华人民共和国刑法》第 260 条第 1 款规定:"虐待家庭成员,情节恶劣的,处二年以上有期徒刑、拘役或者管制。犯前款罪,致使被害人重伤、死亡的,处二年以上七年以下有期徒刑。"第 261 条规定:"对于年老、年幼、患病或者其他没有独立生活能力的人,负有扶养义务而拒绝扶养,情节恶劣的,处五年以下有期徒刑、拘役或者管制。"
《劳动法》	《中华人民共和国劳动法》第 70 条规定:"国家发展社会保险事业,建立社会保险制度,设立社会保险基金,使劳动者在年老、患病、工伤、失业、生育等情况下获得帮助和补偿。"第 73 条规定:"劳动者在下列情形下,依法享受社会保险待遇:(一)退休;(二)患病、负伤;(三)因工伤残或者患职业病;(四)失业;(五)生育。"
《社会保险法》	《中华人民共和国社会保险法》第 18 条规定:"国家建立基本养老金正常调整机制。根据职工平均工资增长、物价上涨情况,适时提高基本养老保险待遇水平。"

二 老年人享受的社会优待权

（一）办理老年优待卡

老年人优待卡是老年人享受社会优待的重要凭证。持卡老人在相关政策的规定下,可享受各项具体优待。根据调查数据可知,当前我国老年人优待卡办理具有以下几个方面的特点。

1. 我国有1/3的老年人办理了老年优待卡

我国有 33.5% 的老年人办理了老年优待卡,但城乡间、地区间差距较大（如图 1 所示）。从城乡差别来看,农村老年人办理老年优待卡的比例为 19.3% ,这一比例比城市（46.5%）低了 27.2 个百分点。

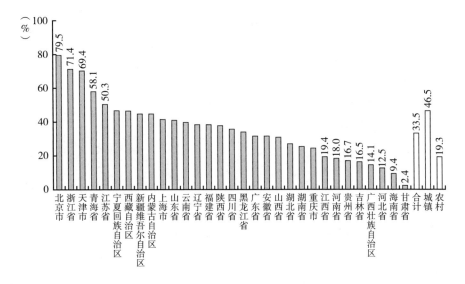

图1 分地区和城乡老年人的当年优待卡的办理情况

从地区差异来看，北京市、浙江省、天津市、青海省、江苏省的老年人办理老年优待卡的比例分别达到 79.5%、71.4%、69.4%、58.1%、50.3%，排名前五，而排在后五位的吉林省、广西壮族自治区、河北省、海南省、甘肃省的这一比例仅为 16.5%、14.1%、12.5%、9.4%、2.4%。

2. 随着年龄的增加，老年人办理老年优待卡的比例呈倒 V 字形

从图2可以看出，不管是城市、农村还是在全国范围内，老年优待卡的持有比例随年龄的增加而呈倒 V 字形分布：全国 70 ~ 74 岁、75 ~ 79 岁、80 ~ 84 岁年龄段的老年人办理老年优待卡的比例均超过 40%，分别达到 42.9%、44.2%和44.8%，城市老年人办理比例均超过 60%，分别达到 60.2%、62.1%和61.0%。同时，全国 85 岁以下的各年龄段老年人中，伴随年龄段的提升，办理老年优待卡的比例不断增加；而与 80 ~ 84 岁老年人相比，85 岁及以上的老年人办理老年优待卡的比例呈现下降趋势。

具体到城乡的比较，城市老年人的老年优待卡办理比例高于农村，70 ~ 84 岁的老年人体现得尤为明显。比如 80 ~ 84 岁的城市老年人办理老年优待卡的比例为 61.0%，而农村的这一比例仅为 23.6%，二者相差了 37.4 个百

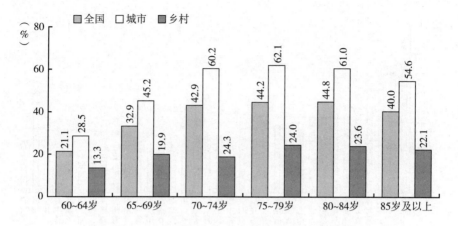

图2　不同年龄城乡老年人办理老年优待卡的情况

分点。

3. 文化程度越高，老年人办理老年优待卡的比例越高

文化程度是老年人权利意识觉醒的重要影响因素。如图3所示，伴随文化程度的提高，老年人办理老年优待卡的比例也在增加，并且增幅扩大。从全国范围来看，未上过学的老年人办理老年优待卡的比例仅为26.0%，小学、初中、高中/中专/职高、大学专科文化的老年人办理老年优待卡的比例分别为29.8%、40.0%、53.6%、66.1%，而本科及以上老年人办理老年优待卡的比例则达到了78.8%，是未上过学老年人的3倍多。

分城乡来看，不同文化程度的城市老年人办理老年优待卡的差别要小于农村老年人。城市本科及以上学历老年人办理老年优待卡的比例是78.8%，未上过学老年人的这一比例是37.3%，城市本科及以上学历老年人办理老年优待卡的比例是未上过学老年人的2.1倍。而农村本科及以上老年人办理老年优待卡的比例是62.5%，未上过学老年人的这一比例是18.8%，农村本科及以上学历老年人办理老年优待卡的比例是未上过学老年人的3.3倍。另外，农村高中及以下学历老年人办理老年优待卡的比例差别不大，但受过大学专科、本科及以上教育的老年人办理老年优待卡的比例有了明显提高。

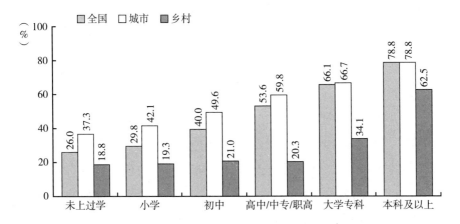

图3　不同文化程度的城乡老年人办理老年优待卡的情况

（二）医疗优待

1. 我国有超过半数老年人享受过免费体检

如图4所示，我国老年人享受过免费体检的比例要高于普通门诊挂号免费的比例。全国享受过免费体检的老年人比例为56.8%，城市的这一比例为55.4%，农村的这一比例为58.2%，农村略高于城市。全国老年人享受过普通门诊挂号费减免的比例为9.1%，城市的这一比例为12.3%，农村的这一比例为5.5%，城市是农村的两倍多。

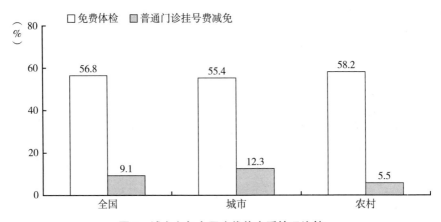

图4　城乡老年人医疗优待享受情况比较

2. 老年人享受医疗优待的地区差异较大

表3展现了我国不同省份老年人享受医疗优待的情况。一方面，老年人享受医疗优待并不仅由经济发展水平决定，政策导向以及老年人的认可程度同样发挥重要作用。例如宁夏回族自治区虽然是经济欠发达地区，但老年人享受过免费体检和普通门诊挂号免费的比例分别达到62.2%（排名第8）和18.8%（排名第4），而西藏自治区老年人享受过免费体检的比例高达78.5%（排名第4），但享受过普通门诊挂号减免的仅有0.3%（排名第31）。北京市、广东省作为经济发达地区，老年人享受免费体检的比例仅为39.6%（排名26）和31.4%（排名31），而老年人享受过普通门诊挂号减免的比例分别达到22.4%（排名第2）和14.5%（排名第6）。

另一方面，不同地区的老年人享受医疗优待情况存在较大差距。浙江省的老年人享受过免费体检的比例最高，达到85.7%，而广东省的老年人享受过免费体检的比例最低，仅为31.4%，二者之间相差54.3个百分点；上海市的老年人享受过普通门诊挂号减免的比例最高，达到32.6%，西藏自治区的老年人享受过普通门诊挂号减免的比例最低，仅为0.3%，二者之间相差32.3个百分点。

表3 老年人享受医疗优待的地区差异和排名

单位：%

排名	省份	免费体检	排名	省份	普通门诊挂号费减免
1	浙江省	85.7	1	上海市	32.6
2	山东省	82.9	2	北京市	22.4
3	江苏省	80.7	3	浙江省	20.5
4	西藏自治区	78.5	4	宁夏回族自治区	18.8
5	天津市	77.1	5	新疆维吾尔自治区	15.4
6	山西省	64.9	6	广东省	14.5
7	江西省	64	7	湖北省	13.9
8	宁夏回族自治区	62.2	8	江苏省	13.7
9	陕西省	61.7	9	云南省	13.5
10	四川省	60.2	10	重庆市	13.2

排名	省份	免费体检	排名	省份	普通门诊挂号费减免
11	青海省	59.1	11	天津市	13
12	重庆市	57.5	12	四川省	11.9
13	云南省	56.9	13	山东省	9.6
14	河南省	56.2	14	辽宁省	9.3
15	安徽省	56	15	陕西省	9.1
16	福建省	55.3	16	青海省	7.9
17	上海市	51.1	17	黑龙江省	6.2
18	湖北省	50.9	18	广西壮族自治区	4.4
19	广西壮族自治区	47.5	19	内蒙古自治区	4.2
20	湖南省	45.7	20	安徽省	4.2
21	河北省	45.3	21	江西省	3.9
22	海南省	45.1	22	湖南省	3.9
23	黑龙江省	43.4	23	福建省	3.6
24	甘肃省	40.9	24	河北省	2.9
25	辽宁省	40.6	25	河南省	2.8
26	北京市	39.6	26	贵州省	2.2
27	吉林省	39.5	27	山西省	1.8
28	内蒙古自治区	39.5	28	海南省	1.5
29	新疆维吾尔自治区	39.1	29	吉林省	1.2
30	贵州省	38.1	30	甘肃省	0.7
31	广东省	31.4	31	西藏自治区	0.3

3. 女性老年人享受过医疗优待的比例高于男性

如表 4 所示，与男性相比，女性老年人在享受医疗优待方面并没有处于弱势地位，反而要好于男性。全国女性老年人享受过免费体检和普通门诊挂号费减免的比例分别为 57.7% 和 9.1%，比男性老年人（55.8% 和 9.0%）高出 1.9 个百分点和 0.1 个百分点。分城乡来看，农村男性老年人享受过普通门诊挂号费减免的比例略高于农村女性老年人，城乡女性老年人享受过免费体检的比例同样略高于男性老年人。

表4　城乡分性别及年龄段老年人医疗优待享受情况比较

单位：%

医疗优待	范围	性别		年龄					
		女	男	60～64 岁	65～69 岁	70～74 岁	75～79 岁	80～84 岁	85＋
免费体检	全国	57.7	55.8	50.0	59.5	62.1	61.5	58.9	55.3
	城市	56.2	54.6	47.4	58.1	62.2	61.0	57.6	53.1
	农村	59.3	57.1	52.6	60.8	61.9	61.9	60.5	58.0
普通门诊挂号费减免	全国	9.1	9.0	6.3	8.2	10.4	11.5	13.1	12.8
	城市	12.3	12.4	7.9	10.9	14.5	16.2	18.6	18.1
	农村	5.4	5.6	4.7	5.5	6.1	6.3	6.0	6.3

4. 80岁及以上老年人接受过普通门诊挂号费减免的比例最高

分年龄来看，全国70～74岁老年人享受过免费体检的比例最高，达到62.1%；60～64岁老年人享受过的比例最低，为50.0%。农村65岁及以上老年人享受过免费体检的比例基本相当，在60%左右；60～64岁、75岁及以上的农村老年人享受过免费体检的比例都要高于城市老年人。

全国享受过普通门诊挂号费减免的老年人比例随着年龄的增加而不断提高，80岁及以上老年人接受过普通门诊挂号费减免比例最高，达到13%左右。城市老年人享受过普通门诊挂号费减免的比例要高于同年龄段的农村老年人。80～84岁的城市老年人享受过普通门诊挂号费减免的比例最高，为18.6%，是60～64岁的城市老年人（7.9%）的2.4倍，是80～84岁的农村老年人（6.0%）的3.1倍。

（三）休闲出行优待

1. 在各项休闲出行优待中，老年人享受过的比例均不足1/4

图5展示了我国城乡老年人享受过休闲出行优待的比例，这一比例相对较低。享受过公共交通票价减免、公园门票减免、旅游景点门票减免、公共文化场所门票减免的比例分别为20.7%、13.4%、10.0%、4.8%，均不足1/4。

同时，城市老年人享受过休闲出行优待的比例远高于农村老年人。城市老年人享受过公共交通票价减免的比例为33.3%，是农村（7.0%）的4.8

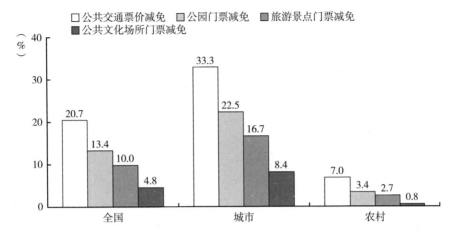

图5 城乡老年人享受休闲出行优待情况

倍；城市老年人享受过公园门票减免的比例为22.5%，是农村（3.4%）的6.6倍；城市老年人享受过旅游景点门票减免的比例为16.7%，是农村（2.7%）的6.2倍；城市老年人享受过公共文化场所门票减免的比例为8.4%，而农村这一比例仅为0.8%。

2. 不同地区老年人享受到的休闲出行优待存在较大差别

表5展现了我国不同省份老年人享受休闲出行优待的情况。首先，北京市老年人休闲出行优待的权利得到了最好的保护。享受公共交通票价减免（65.6%）、公园门票减免（60.2%）、旅游景点门票减免（37.4%）和公共文化场所门票减免（20.7%）的比例都是最高。

其次，受经济发展水平和政策导向的影响，老年人享受到的出行优待存在地区和项目区别。一方面，受经济发展水平和政策导向的影响，不同地区老年人享受休闲出行优待的比例存在较大差别。例如北京市老年人享受过公共交通票价减免的比例为65.6%，而甘肃省老年人享受过公共交通票价减免的比例仅为1.6%；北京市老年人享受过公园门票减免的比例为60.2%，而云南省老年人享受过公园门票减免的比例仅为1.2%；北京市老年人享受过旅游景点门票减免的比例为37.4%，而湖北省老年人享受过旅游景点门

表5　老年人享受休闲出行优待的地区差异及排名

单位：%

地区	排名	公共交通票价减免	排名	公园门票减免	排名	旅游景点门票减免	排名	公共文化场所门票
北京市	1	65.6	1	60.2	1	37.4	1	20.7
天津市	2	55.7	15	12.2	25	4.9	14	4.9
浙江省	3	53.5	16	11.7	22	6.6	29	1.0
青海省	4	50.3	7	18.8	7	15.1	18	3.5
上海市	5	36.7	29	4.2	20	7.6	8	6.5
新疆维吾尔自治区	6	36.1	3	22.1	9	14.4	23	2.4
江苏省	7	34.3	17	11.2	11	12.1	25	1.9
宁夏回族自治区	8	31.9	4	21.5	13	10.6	9	5.8
辽宁省	9	27.5	21	8.1	30	1.3	13	5.0
陕西省	10	24.9	19	9.6	26	4.5	28	1.1
福建省	11	24.4	27	5.5	2	29.9	11	5.4
内蒙古自治区	12	23.9	11	15.9	16	8.7	17	3.6
广东省	13	23.4	9	18.5	24	5.4	7	7.6
湖北省	14	23.3	5	19.6	31	0.5	21	3.0
山东省	15	23.2	25	6.3	19	7.7	27	1.8
黑龙江省	16	22.1	20	9.2	8	15.1	6	8.0
西藏自治区	17	21.1	10	17.9	18	7.9	24	2.4
湖南省	18	19.0	24	6.5	14	10.2	3	9.5
重庆市	19	15.7	26	5.8	29	1.5	12	5.2
四川省	20	14.9	6	19.1	3	17.4	15	4.7
云南省	21	13.5	31	1.2	21	6.9	31	0.5
安徽省	22	12.8	28	5.0	23	5.9	16	4.1
江西省	23	11.1	18	11.1	27	3.6	2	19.6
吉林省	24	9.1	8	18.6	10	13.3	19	3.1
山西省	25	8.5	13	13.2	6	15.4	4	9.1
贵州省	26	8.2	30	1.8	15	9.3	22	2.7
广西壮族自治区	27	7.7	2	42.7	5	15.7	30	0.8
河南省	28	7.5	23	7.4	17	8.4	5	8.6
河北省	29	3.3	14	13.1	4	17.4	10	5.5
海南省	30	2.3	12	13.5	12	11.1	20	3.0
甘肃省	31	1.6	22	7.8	28	3.3	26	1.9

票减免的比例仅为 0.5%；北京市老年人享受过公共文化场所门票减免的比例为 20.7%，而云南省老年人享受过公共文化场所门票减免的比例仅为 0.5%。

另一方面，受政策导向影响，同一地区的不同优待项目排名存在较大差别。例如天津市的老年人享受过公共交通票价减免的比例达到 55.7%，在各省份中排名第 2，但老年人享受旅游景点门票减免的比例就相对较低，仅为 4.9%，排名第 25。浙江省老年人享受过公共交通票价减免的比例为 53.5%，排名第 3，而享受过公共文化场所门票减免的比例仅为 1.0%，排名第 29。江西老年人享受过公共文化场所门票减免的比例较高，但是老年人享受过其他优待的比例较低。

3. 70～84岁的老年人享受过休闲出行优待的比例最高

如表 6 所示，在性别方面，享受过休闲出行优待的男性老年人比例虽然均略高于女性老年人，但总的来说，没有表现出明显的性别差异。在年龄方面，70 岁是老年人享受休闲出行优待的重要年龄节点，70～84 岁老年人享受休闲出行优待的比例最高且相对稳定，85 岁及以上老年人享受休闲出行优待的比例有所下降。各年龄段的城市老年人享受休闲出行优待的比例都要高于农村老年人。与城市相比，农村各年龄段老年人享受休闲出行优待的差别要小很多。

表6　城乡分性别、年龄老年人享受休闲出行优待情况

单位：%

出行优待	范围	性别		年龄					
		女	男	60～64 岁	65～69 岁	70～74 岁	75～79 岁	80～84 岁	85 +
公共交通票价减免	全国	20.4	21.0	11.1	18.7	28.6	30.5	30.3	25.0
	城市	32.6	34.2	17.8	30.0	46.4	48.7	46.9	38.8
	农村	6.7	7.4	4.2	7.0	9.4	10.0	9.0	8.4
公园门票减免	全国	13.1	13.7	9.1	12.6	16.8	17.7	18.1	14.4
	城市	21.7	23.5	15.2	21.4	28.4	29.8	29.3	24.1
	农村	3.3	3.6	2.8	3.5	4.3	3.9	3.6	2.6

续表

出行优待	范围	性别		年龄					
		女	男	60~64岁	65~69岁	70~74岁	75~79岁	80~84岁	85+
旅游景点门票减免	全国	9.6	10.4	6.7	10.0	13.2	13.0	12.2	9.4
	城市	15.8	17.8	11.2	16.9	22.1	21.6	19.7	15.7
	农村	2.6	2.8	2.0	2.9	3.7	3.3	2.7	1.8
公共文化场所门票减免	全国	4.4	5.2	2.9	4.5	6.3	6.7	6.5	5.0
	城市	7.6	9.3	5.2	8.1	11.1	11.5	10.8	8.5
	农村	0.8	0.9	0.6	0.8	1.2	1.2	0.9	0.8

4. 文化程度越高的老年人享受过休闲出行优待的比例越高

老年人的文化程度越高，享受过休闲出行优待的比例越高（如表7所示）。未上过学的老年人享受过公共交通票价减免、公园门票减免、旅游景点门票减免、公共文化场所门票减免的比例分别为13.3%、6.8%、4.4%、1.9%；而本科及以上文化程度老年人的这一比例分别达到69.1%、56.9%、46.3%、28.9%，远高于未上过学的老年人。另外，农村本科及以上老年人享受过休闲出行优待的比例明显高于其他文化程度的老年人。

表7 不同文化程度的城乡老年人享受休闲出行优待情况

单位：%

文化程度		未上过学	小学	初中	高中/中专/职高	大学专科	本科及以上
公共交通票价减免	全国	13.3	17.2	26.4	40.8	53.4	69.1
	城市	24.4	28.7	35.9	47.1	54.2	69.2
	农村	6.3	7.4	7.8	7.4	13.1	50.0
公园门票减免	全国	6.8	9.9	18.9	31.0	46.1	56.9
	城市	13.4	17.1	26.3	35.8	46.6	57.0
	农村	2.7	3.6	4.5	5.5	13.1	37.5
旅游景点门票减免	全国	4.4	7.2	14.3	25.1	38.1	46.3
	城市	8.4	12.2	19.8	28.8	38.5	46.4
	农村	1.9	2.9	3.7	5.3	15.5	12.5
公共文化场所门票减免	全国	1.9	2.9	6.8	13.6	22.5	28.9
	城市	3.8	5.4	9.6	15.8	22.8	29.0
	农村	0.7	0.8	1.2	2.0	4.8	0.0

三 老年人的受赡养与扶养权

（一）子女虐待老年人的行为很少发生

如图6所示，2015年，我国有2.8%的老年人受到了子女虐待。其中，城市老年人受到了子女虐待的比例（2.0%）要比农村老年人（3.8%）低1.8个百分点。分类别来看，子女长期不来探望/问候/说话老年人的比例最高，达到1.3%，其次是不提供生活费，所占比例为1.0%，需要时不照顾的比例为0.8%，提供的住所条件差的比例为0.7%，不给看病的比例为0.4%，经常打骂的比例为0.3%，不给老人吃饱/吃得很差的比例最低，仅有0.1%。

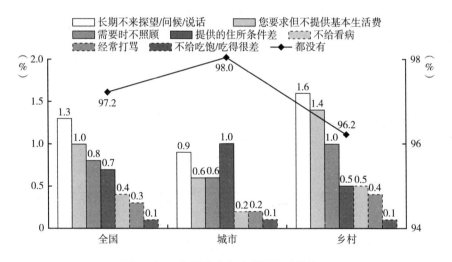

图6 2015年城乡老年人受子女虐待情况

城市老年人的子女提供住所条件差的比例最高，为1.0%，其次是长期不来探望，所占比例为0.9%，不给吃饱/吃得很差的比例最低，为0.1%。农村老年人的子女长期不来探望/问候/说话老年人的比例最高，达到1.6%，其次是不给提供生活费，所占比例为1.4%，另外需要时不照顾的比例也达到1.0%，不给吃饱/吃得很差的比例最低，仅有0.1%。

（二）老年人受到子女虐待没有表现出明显的性别差异

如表8所示，在女性老年人中，除子女长期不探望/问候/说话比例达到1.2%外，其他均不超过1.0%。男性老年人的情况类似，只有子女长期不探望/问候/说话的比例达到1.3%，其他均不超过1.0%。分城乡来看，与男性老年人相比，城市女性老年人遭受不提供基本生活费（0.7%）、不给看病（0.3%）、不照顾（0.6%）、经常打骂（0.2%）和长期不来探望/问候/说话（1.0%）等虐待的比例稍高；农村女性老年人遭受不给吃饱/吃得很差（0.2%）、住所条件差（1.1%）、不给看病（0.6%）、经常打骂等虐待（0.5%）的比例稍高。

表8 城乡分性别老年人受子女虐待情况

单位：%

范围	性别	您要求但不提供基本生活费	提供的住所条件差	不给吃饱/吃得很差	不给看病	需要时不照顾	长期不来探望/问候/说话	经常打骂
全国	女	1.0	0.7	0.2	0.4	0.8	1.2	0.3
	男	1.0	0.7	0.1	0.3	0.7	1.3	0.2
城市	女	0.7	0.5	0.1	0.3	0.6	1.0	0.2
	男	0.5	0.5	0.1	0.1	0.5	0.9	0.1
农村	女	1.3	1.1	0.2	0.6	1.1	1.5	0.5
	男	1.5	1.0	0.1	0.4	1.0	1.7	0.2

（三）年龄越大的老年人受到子女虐待的比例越高

如表9所示，伴随年龄的增加，城乡老年人受到子女虐待的比例不断上升。从全国范围来看，75～79岁年龄段老年人的子女不提供基本生活费的比例最高，达到1.4%，80～84岁年龄段老年人的子女提供住所条件差（1.2%）、不给吃饱/吃得很差（0.4%）、不给看病（0.8%）、不照顾（1.2%）、不探望（2.4%）的比例最高。

分城乡来看，城市的85岁及以上老年人的子女提供住所条件差

（1.4%）、需要时不照顾（0.9%）的比例最高，农村约有3%的75~84岁老年人的子女长期不来探望。各年龄段的农村老年人都比城市老年人更易受到子女虐待。

表9　城乡分年龄段老年人受子女虐待情况

单位：%

范围	年龄	您要求但不提供基本生活费	提供的住所条件差	不给吃饱/吃得很差	不给看病	需要时不照顾	长期不来探望/问候/说话	经常打骂
全国	60~64岁	0.7	0.4	0.1	0.2	0.5	0.7	0.2
	65~69岁	0.9	0.6	0.0	0.3	0.6	1.1	0.2
	70~74岁	1.3	1.1	0.2	0.6	1.1	1.4	0.4
	75~79岁	1.4	1.0	0.2	0.3	1.2	2.0	0.2
	80~84岁	1.2	1.2	0.4	0.8	1.2	2.4	0.3
	85岁+	1.0	1.0	0.3	0.3	1.0	1.2	0.3
城市	60~64岁	0.5	0.2	0.1	0.1	0.3	0.3	0.1
	65~69岁	0.3	0.4	0.0	0.2	0.4	0.8	0.1
	70~74岁	0.7	0.6	0.2	0.3	0.9	1.4	0.2
	75~79岁	1.1	0.6	0.2	0.3	0.9	1.4	0.2
	80~84岁	0.9	0.7	0.3	0.6	0.9	1.8	0.2
	85岁+	0.7	1.4	0.2	0.0	0.9	1.2	0.4
农村	60~64岁	0.8	0.5	0.1	0.3	0.7	1.1	0.3
	65~69岁	1.6	0.9	0.0	0.4	0.9	1.4	0.4
	70~74岁	1.9	1.7	0.2	0.9	1.2	1.5	0.6
	75~79岁	1.7	1.5	0.1	0.3	1.5	2.8	0.2
	80~84岁	1.6	1.9	0.4	1.2	1.7	3.2	0.3
	85岁+	1.3	0.4	0.4	0.6	1.1	1.3	0.2

（四）文化程度越低的老年人受到子女虐待的比例越高

伴随文化程度的提高，老年人受到子女虐待的比例不断下降，大学专科及以上学历的老年人受到子女虐待的比例为0，城乡均是如此（如表10所示）。从某种意义上来讲，这可能是因为文化程度高的老年人经济更独立，甚至还会给予子女经济和生活上的帮助，代与代之间摩擦相对较小。

表 10　不同文化程度的城乡老年人受子女虐待情况

单位：%

范围	文化程度	您要求但不提供基本生活费	提供的住所条件差	不给吃饱/吃得很差	不给看病	需要时不照顾	长期不来探望/问候/说话	经常打骂
全国	未上过学	1.5	1.1	0.2	0.7	1.4	2.0	0.4
	小学	1.1	0.8	0.1	0.3	0.7	1.3	0.3
	初中	0.5	0.3	0.1	0.1	0.4	0.6	0.2
	高中/中专/职高	0.2	0.2	0.0	0.0	0.2	0.5	0.1
	大学专科	0.0	0.0	0.0	0.0	0.0	0.0	0.0
	本科及以上	0.0	0.0	0.0	0.0	0.0	0.0	0.0
城市	未上过学	1.4	1.0	0.2	0.6	1.2	2.0	0.4
	小学	0.6	0.5	0.1	0.2	0.6	0.8	0.1
	初中	0.3	0.2	0.1	0.1	0.3	0.6	0.1
	高中/中专/职高	0.0	0.0	0.0	0.0	0.2	0.4	0.1
	大学专科	0.0	0.0	0.0	0.0	0.0	0.0	0.0
	本科及以上	0.0	0.0	0.0	0.0	0.0	0.0	0.0
农村	未上过学	1.6	1.2	0.2	0.8	1.5	2.0	0.4
	小学	1.4	1.1	0.1	0.4	0.9	1.7	0.4
	初中	0.7	0.5	0.1	0.1	0.5	0.6	0.2
	高中/中专/职高	1.6	1.2	0.0	0.0	0.4	1.2	0.0
	大学专科	0.0	0.0	0.0	0.0	0.0	0.0	0.0
	本科及以上	0.0	0.0	0.0	0.0	0.0	0.0	0.0

城市未上过学的老年人受到子女虐待的比例要明显高于受过教育的老年人，尤其体现在不提供基本生活费、提供的住所条件差、需要时不照顾、长期不来探望等几个方面。农村未上过学和小学文化程度的老年人受到子女虐待的比例都较高，并且受过高中教育的老年人的子女不提供基本生活费、提供的住所条件差、长期不来探望等的比例也明显偏高。另外，同等文化程度的农村老年人比城市老年人更易受到虐待。

（五）有配偶老年人受到子女虐待的比例最低

如表 11 所示，与丧偶、离婚老年人相比，有配偶老年人受到子女虐待的比例更低。离婚老年人的子女不提供基本生活费、长期不来探望、经常打骂、不给吃饱/吃得很差的比例最高，分别达到 1.6%、2.1%、0.5% 和

0.5%，丧偶老年人的子女提供的住所条件差、不给看病、需要时不照顾、长期不来探望的比例最高，分别达到1.1%、0.6%、1.2%和2.1%。由此可以看出，虽然离婚老年人和丧偶老年人在没有配偶陪伴的情况下，对子女亲情的需求更强，但离婚老年人和丧偶老年人的子女长期不探望的比例达到2.1%，是有配偶老年人的两倍。

表11　城乡分婚姻状况老年人受子女虐待情况比较

单位：%

范围	婚姻状况	您要求但不提供基本生活费	提供的住所条件差	不给吃饱/吃得很差	不给看病	需要时不照顾	长期不来探望/问候/说话	经常打骂
全国	有配偶	0.9	0.6	0.1	0.3	0.7	1.0	0.2
	丧偶	1.4	1.1	0.2	0.6	1.2	2.1	0.3
	离婚	1.6	0.5	0.5	0.0	0.5	2.1	0.5
城市	有配偶	0.5	0.4	0.1	0.1	0.4	0.7	0.1
	丧偶	1.0	0.8	0.2	0.5	1.0	1.7	0.2
	离婚	0.7	0.7	0.7	0.0	0.7	1.5	0.7
农村	有配偶	1.3	0.9	0.1	0.4	0.9	1.4	0.3
	丧偶	1.8	1.4	0.1	0.8	1.5	2.4	0.4
	离婚	3.8	0.0	0.0	0.0	0.0	3.8	0.0

同等婚姻状况下，农村老年人受到子女虐待的比例要高于城市。农村离婚老年人的子女不提供基本生活费、长期不来探望的比例均达到3.8%；农村丧偶老年人的子女不提供基本生活费、长期不来探望的比例分别达到1.8%和2.4%。

（六）健康状况越差的老年人受到子女虐待的比例反而更高

俗话说，"久病床前无孝子"。如表12所示，城乡老年人受到子女虐待的比例随健康状况恶化反而呈现增加趋势。自评健康状况非常好的老年人可以自我照顾，子女不提供基本生活费、提供的住所条件差、不给吃饱/吃得很差、不给看病、需要时不照顾、长期不来探望、经常打骂的比例分别仅为0.1%、0.2%、0、0.2%、0.2%、0.5%、0.1%。而自评健康状况非常差的老年人的子女不提供基本生活费、提供的住所条件差、不给吃饱/吃得很

差、不给看病、需要时不照顾、长期不来探望、经常打骂的比例则达到2.8%、2.3%、0.4%、1.1%、2.1%、3.1%、0.7%；其中，子女不提供基本生活费、提供住所条件差、需要时不照顾、长期不来探望的比例都超过2%。

表12 不同健康状况的城乡老年人的家庭虐待情况

单位：%

范围	情况	您要求但不提供基本生活费	提供的住所条件差	不给吃饱/吃得很差	不给看病	需要时不照顾	长期不来探望/问候/说话	经常打骂
全国	非常好	0.1	0.2	0	0.2	0.2	0.5	0.1
	比较好	0.5	0.4	0.1	0.1	0.4	0.7	0.2
	一 般	0.9	0.6	0.1	0.2	0.6	1.2	0.2
	比较差	1.8	1.4	0.3	0.8	1.6	2.2	0.4
	非常差	2.8	2.3	0.4	1.1	2.1	3.1	0.7
城市	非常好	0.1	0.2	0	0.2	0.1	0.3	0
	比较好	0.4	0.3	0.1	0.1	0.3	0.7	0.1
	一 般	0.5	0.4	0.1	0.2	0.5	0.9	0.1
	比较差	1.3	0.9	0.3	0.5	1	1.5	0.3
	非常差	2.1	1.4	0.2	0.9	1.7	2.6	0.5
农村	非常好	0.2	0.2	0	0.2	0.5	0.8	0.3
	比较好	0.6	0.5	0	0.2	0.6	0.7	0.2
	一 般	1.3	0.9	0.1	0.3	0.7	1.4	0.3
	比较差	2.2	1.7	0.3	1	2	2.7	0.5
	非常差	3.3	2.8	0.5	1.3	2.4	3.5	0.8

分城乡来看，同等健康状况下的农村老年人受到子女各项虐待的比例大多高于城市。农村健康状况非常差的老年人的子女不提供基本生活费、提供的住所条件很差、需要时不照顾、长期不来探望的比例分别达到3.3%、2.8%、2.4%和3.5%。

四 老年人的其他权益状况

（一）财产权和婚姻权

1. 我国老年人被家人侵占财产或阻止再婚的比例相对很少

在我国老年人中，有0.2%的遭到家人侵占财产，0.1%的被家人阻止再婚，所占比例相对很少。分城乡来看，农村老年人被侵占财产的比例（0.2%）要比城市（0.1%）高0.1个百分点，家人阻止老年人再婚没有呈现明显的城乡差别。

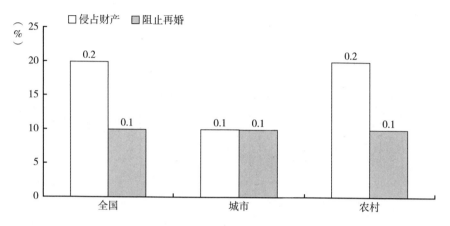

图7 城乡老年人被家人侵占财产和阻止再婚的

2. 80~84岁的老年人被家人侵占财产的比例最高

如图8所示，75~79岁的城乡老年人被家人阻止再婚的比例最高，达到0.2%，65~69岁、80~84岁的城乡老年人被家人阻止再婚的比例最低，均为0；80~84岁的城乡老年人被家人侵占财产的比例最高，达到0.4%，60~64岁和85岁及以上老年人被家人侵占财产的比例最低，为0.1%。分城乡来看，80~84岁的城市老年人被家人侵占财产的比例最高，达到0.5%，85岁及以上老年人被家人阻止再婚的比例最高，为0.2%；70~74岁的农村老年人被家人侵占财产的比例最高，达到0.4%，75~79岁的农村老年人被家人阻止再婚的比例最高，达到0.3%。

另外，女性老年人和文化程度低的老年人更容易被家人侵占财产。值得注意的是，受过大专教育的农村老年人被家人阻止再婚的比例达到11.1%。换言之，农村老年人被家人阻止再婚的比例低，可能与老年人不想再婚有关。但如果农村老年人的受教育程度较高，再婚意愿较强，子女的阻力仍然很大。

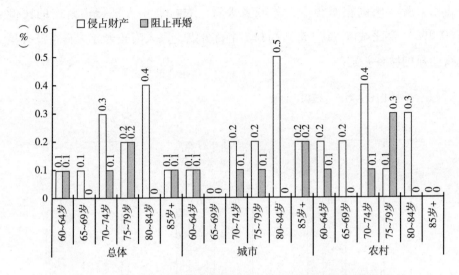

图8　城乡分年龄老年人被家人侵占财产和阻止再婚的情况

（二）人身权利

1. 2015年，我国有4.5%的老年人人身权利受到了侵害

2015 年，我国有 4.5% 的老年人人身权利受到过侵害。其中，上当受骗的老年人比例最高，为 2.4%；其次是被盗，为 1.4%；被打骂和被抢劫的比例相对较小，分别为 0.5% 和 0.1%（如图 9 所示）。城市老年人被抢劫和被盗的比例分别为 0.2% 和 1.5%，均略高于农村（0.1% 和 1.4%）；农村老年人被打骂的比例为 0.6%，高于城市（0.4%）；城乡老年人上当受骗的比例相同，均为 2.4%。另外，还有 0.2% 的老年人认为自己的人身权利受到其他侵害（老年人填写最多的为电话诈骗和被车撞倒）。

2. 80岁及以上老年人人身权利受到侵害的比例相对更低

分年龄来看，并非年龄越大，老年人人身权利受到侵害的比例越高，80 岁及以上老年人的人身权利被侵害的比例反而相对更低。如表 13 所示，70 ~ 79 岁的老年人上当受骗的比例最高，达到 2.7%；80 ~ 84 岁老年人被抢劫比例最高，为 0.2%；65 ~ 69 岁老年人被盗的比例最高，达到 1.6%；75 ~

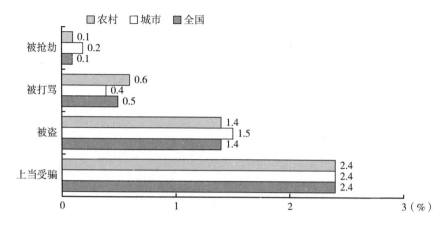

图9　城乡老年人人身权利受侵害的情况

79岁的老年人被打骂的比例最高，达到0.5%。这可能与80岁及以上老年人外出和参与社会活动的比例较低有关。

表13　不同年龄老年人的人身权利受侵害情况

单位：%

年龄	上当受骗	被抢劫	被盗	被打骂/恐吓	其他
60~64岁	2.2	0.1	1.6	0.5	0.2
65~69岁	2.6	0.1	1.6	0.5	0.2
70~74岁	2.7	0.2	1.4	0.5	0.3
75~79岁	2.7	0.2	1.2	0.5	0.2
80~84岁	2.3	0.2	1.1	0.3	0.2
85岁+	1.5	0.1	0.9	0.2	0.2

3. 文化程度越高的老年人上当受骗的比例反而越高

伴随文化程度的提高，老年人被抢劫、被盗、被打骂/恐吓的比例都变化不大，但是老年人上当受骗的比例明显提高。如表14所示，未上过学、小学、初中文化程度的老年人上当受骗的比例分别为2.2%、2.4%和2.4%，而高中/中专/职高、大专、大学本科及以上老年人上当受骗的比例分别达到2.8%、3.2%和5.2%。受过大学本科及以上教育的老年人上当受

骗的比例最高，超过了 5%，这可能与受教育程度越高的老年人经济条件越好、越容易接受新鲜事物、往往容易成为行骗者的重点行骗对象有关。

表 14　不同文化程度老年人的人身权利受侵害情况

单位：%

文化程度	上当受骗	被抢劫	被盗	被打骂/恐吓	其他
未上过学	2.2	0.2	1.4	0.5	0.1
小学	2.4	0.1	1.5	0.5	0.1
初中	2.4	0.2	1.4	0.4	0.3
高中/中专/职高	2.8	0.1	1.4	0.5	0.5
大学专科	3.2	0.2	1.3	0.5	1.3
本科及以上	5.2	0.1	1.2	0.6	1.8

五　老年人的权利意识和维权方式

（一）老年人的权利意识

1. 老年人"知足"但不"知法"，权利保护意识不足

如表 15 所示，在我国老年人中，有 92.6% 的认为自己的合法权益得到了保障，但是，《老年人权益保障法》已经颁布约 5 年时间，仅有 35.8% 的老年人知晓这部法律。换言之，老年人的权益保护意识不足，即便认为自己的合法权益得到保障，也不一定是真的得到"保障"，很有可能与老年人权利意识相对淡薄、即使合法权益受到侵害可能也并不"自知"有关。

表 15　城乡老年人权利意识比较

单位：%

范围	知道《老年人权益保障法》	认为合法权益得到保障
全　国	35.8	92.6
城　市	43.8	93.6
农　村	27.1	91.6

分城乡来看，城市老年人中 43.8% 的人知道《老年人权益保障法》，比农村（27.1%）高出 16.7 个百分点。城市和农村老年人认为自己的合法权益得到了保障的比例分别是 93.6% 和 91.6%，差别不大。

2. 男性老年人和低龄老年人对《老年人权益保障法》的知晓度更高

男性老年人和低龄老年人对《老年人权益保障法》的知晓度更高，城乡均是如此（如表 16 所示）。以全国范围为例，男性老年人知晓《老年人权益保障法》的比例（41.3%）比女性老年人（30.8%）高出 10.5 个百分点，60 ~ 64 岁老年人知晓《老年人权益保障法》的比例（37.5%）比 85 岁及以上老年人（27.6%）高 9.9 个百分点。但老年人认为合法权益得到保障的比例基本上没有随性别和年龄发生变化。

表 16　不同性别、年龄的城乡老年人的权利意识

单位：%

认知情况	范围	性别		年龄					
		女	男	60 ~ 64 岁	65 ~ 69 岁	70 ~ 74 岁	75 ~ 79 岁	80 ~ 84 岁	85 +
知道《老年人权益保障法》	全国	30.8	41.3	37.5	37.2	36.5	33.9	31.8	27.6
	城市	38.1	50.3	45.2	45.3	45.6	42.2	39.8	34.7
	农村	22.5	31.8	29.4	28.7	26.8	24.6	21.5	19.1
认为合法权益得到保障	全国	92.4	92.9	92.6	92.7	92.8	92.6	92.5	92.0
	城市	93.4	93.8	93.4	93.7	94.1	93.7	93.3	92.9
	农村	91.2	91.9	91.7	91.7	91.5	91.4	91.3	90.9

3. 文化程度越高的老年人知晓《老年人权益保障法》的比例越高

如表 17 所示，伴随文化程度的提高，老年人知晓《老年人权益保障法》的比例随之升高。全国本科及以上老年人知晓《老年人权益保障法》的比例达到 80.3%，比未上过学的老年人（21.2%）高出 59.1 个百分点。除大学本科及以上的老年人，相同文化程度的城市老年人知晓《老年人权益保障法》的比例都要高于农村。农村大学本科及以上学历的老年人知晓《老年人权益保障法》的比例达到 87.5%，是城乡所有年龄段的老年人中最高的，比城市大学本科及以上学历的老年人的知晓度（80.3%）还要高出

7.2个百分点。

而伴随文化程度的提高,老年人认为自己的合法权益得到保障的比例是大学专科学历者最高,大学本科及以上学历者相较大学专科学历者稍有下降。但总体而言,各文化程度老年人认为自己的合法权益得到保障的比例都在90%以上。除大学本科及以上学历的老年人外,相同文化程度的城市老年人认为自己合法权益得到保障的比例都要高于农村老年人。农村大学本科及以上老年人认为自己的合法权益得到保障的比例达到100%。

4. 老年人是否知晓《老年人权益保障法》存在明显的地区差异

老年人是否知晓《老年人权益保障法》存在明显的地区差异,这与该地区的经济发展水平以及对《老年人权益保障法》的宣传力度相关。从图10的分析结果来看,老年人知晓《老年人权益保障法》的比例排在前五位的地区分别为上海市、青海省、北京市、四川省、山东省,对应的比例为76.7%、66.5%、59.5%、51.5%、49.5%,其中只有青海省属于欠发达省份;排在后五位的地区分别为山西省、内蒙古自治区、西藏自治区、海南省、甘肃省,对应的比例分别为21.5%、18.8%、18.5%、8.4%、7.2%,均为欠发达省份。

"是否认为合法权益得到保障"并无明显的地区差异。相比较而言,除甘肃省、海南省、广东省、浙江省、黑龙江省、吉林省的老年人认为合法权益得到保障的比例低于90%,甘肃省最低(80.3%)以外,各地区老年人认为合法权益得到保障的比例均在90%以上,彼此之间差异不大。

表17　城乡分文化程度老年人的权利意识比较

单位：%

认知情况	范围	未上过学	小学	初中	高中/中专/职高	大学专科	本科及以上
知晓《老年人权益保障法》	全国	21.2	32.6	48.3	63.2	77.2	80.3
	城市	23.9	36.7	53.8	66.3	77.3	80.3
	农村	19.4	29.1	37.7	46.5	69.4	87.5
认为合法权益得到保障	全国	90.9	92.5	94.0	94.8	96.4	95.4
	城市	92.1	93.0	94.4	95.2	96.4	95.4
	农村	90.2	92.1	93.2	92.9	95.3	100.0

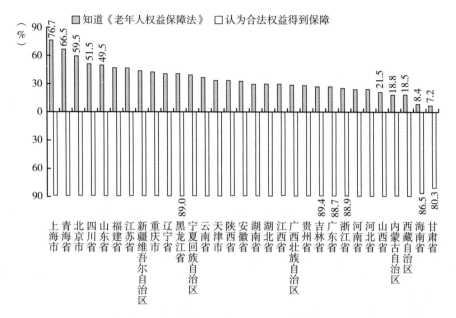

图10　不同地区老年人权利意识的比较

（二）老年人的维权方式

1. 我国老年人维权行为不足1/4，且方式相对单一

从表18的分析结果来看，在遭受家庭虐待之后，我国有75.2%的老年人选择自己委屈/忍气吞声，只有24.8%的老年人选择求助于外界力量，维权意识不强。其中，城市老年人求助于外界力量的比例（27.8%）要高于农村老年人（23.1%）。老年人向外界寻求帮助的途径主要是找居委会（村委会）寻求帮助或找亲属/宗族调解，比例分别达到18.6%和13.8%。只有少部分老年人（1.6%）会通过打官司/找司法机关解决，这一比例城市（2.9%）要高于农村（0.8%）。另外，城市老年人通过找家人单位调解、找老年协会求助、向媒体反映等途径维权的比例都要稍高于农村老年人。

总体而言，我国老年人的维权意识相对不强，维权方式主要是向行政力量和亲属力量求助，通过法律途径维护合法权益的比例相对很少。与农村老年人相比，城市老年人的维权途径更加多样化。

表18　城乡老年人维权方式的比较

单位：%

范围	自己委屈/忍气吞声	找居委会(村委会)寻求帮助	找亲属/宗族调解	找家人单位调解	打官司/找司法机关解决	找老年协会求助	向媒体反映	其他
全国	75.2	18.6	13.8	3.0	1.6	1.2	0.2	6.0
城市	72.2	16.7	12.4	3.3	2.9	1.4	0.5	6.2
农村	76.9	19.7	14.6	2.8	0.8	1.1	—	5.9

2. 男性老年人受到家庭虐待选择维权的比例低于女性老年人

与女性老年人相比，男性老年人受到家庭虐待后自己委屈/忍气吞声的比例高，维权比例低，这种差距在农村表现得更加突出（如表19所示）。农村男性老年人受到家庭虐待后自己委屈/忍气吞声的比例为80.7%，比农村女性高出7.5个百分点。另外，农村女性老年人受到家庭虐待后求助于亲属/宗族和村委会的比例分别为19.0%和20.7%，要高于其他群体，城市男性老年人通过司法途径解决的比例为5.6%，要高于其他群体。

表19　分性别城乡老年人维权方式的比较

单位：%

范围	性别	自己委屈/忍气吞声	找亲属/宗族调解	找居委会(村委会)寻求帮助	找老年协会求助	找家人单位调解	打官司/找司法机关解决	向媒体反映	其他
全国	女	72.2	16.7	18.7	1.3	3.3	1.3	0.0	6.7
	男	78.5	10.6	18.5	1.1	2.6	1.9	0.4	5.3
城市	女	70.8	13.3	15.8	2.5	3.3	0.8	0.0	6.7
	男	74.2	11.2	18.0	0.0	3.4	5.6	1.1	5.6
农村	女	73.2	19.0	20.7	0.6	3.4	1.7	0.0	6.7
	男	80.7	10.2	18.8	1.7	2.3	0.0	0.0	5.1

3. 并非老年人年龄越大，越倾向于自己委屈/忍气吞声

从全国范围来看，并非老年人年龄越大，越倾向于自己委屈/忍气吞声，总体的峰值出现在75~79岁年龄段，为78.8%（如表20所示）。分城乡来看，85岁及以上的城市老年人受到家庭虐待之后，有64.3%会求助于外界力量，途径也比较多样，包括找居委会寻求帮助（35.7%）和找家人单位调解（21.4%），找老年协会求助和寻求法律援助的比例也较其他群体更高。但85岁及以上的农村老年人在受到家庭虐待之后，接近九成选择自己委屈/忍气吞声，只有5.9%的选择找村委会求助，5.9%的通过法律途径解决。换言之，农村85岁及以上的高龄老年人可能由于维权途径缺乏或者维权意识不强，只能在自己的权利受到侵害时选择默默忍受。

另外，并非文化程度越高的老年人越会求助外界力量、维护自己的合法权利。

表20　城乡分年龄老年人维权方式的比较

单位：%

范围	年龄	自己委屈/忍气吞声	找亲属/宗族调解	找居委会（村委会）寻求帮助	找老年协会求助	找家人单位调解	打官司/找司法机关解决	向媒体反映	其他
全国	60~64岁	76.2	13.9	20.5	0.0	3.3	0.8	0.8	6.6
	65~69岁	70.9	21.4	21.4	1.7	4.3	0.9	0.0	6.8
	70~74岁	78.0	11.9	13.8	0.0	0.9	1.8	0.0	7.3
	75~79岁	78.8	9.6	19.2	2.9	1.9	1.0	0.0	3.8
	80~84岁	75.3	14.8	17.3	1.2	2.5	2.5	0.0	4.9
	85岁+	64.5	3.2	19.4	3.2	9.7	6.5	0.0	6.5
城市	60~64岁	74.4	12.8	15.4	0.0	5.1	0.0	2.6	10.3
	65~69岁	63.9	27.8	19.4	0.0	0.0	2.8	0.0	2.8
	70~74岁	86.0	14.0	4.7	0.0	0.0	2.3	0.0	4.7
	75~79岁	75.0	2.3	20.5	2.3	2.3	2.3	0.0	4.5
	80~84岁	72.7	9.1	18.2	3.0	3.0	6.1	0.0	6.1
	85岁+	35.7	7.1	35.7	7.1	21.4	7.1	0.0	14.3
农村	60~64岁	77.1	14.5	22.9	0.0	2.4	1.2	—	4.8
	65~69岁	74.1	18.5	22.2	2.5	6.2	0.0	—	8.6
	70~74岁	72.7	10.6	19.7	0.0	1.5	1.5	—	9.1
	75~79岁	81.7	15.0	18.3	3.3	1.7	0.0	—	3.3
	80~84岁	77.1	18.8	16.7	0.0	2.1	0.0	—	4.2
	85岁+	88.2	0.0	5.9	0.0	0.0	5.9	—	

六　研究结论及对策建议

（一）研究结论

依法治国是低成本、公平、高效地治国理政的方法之一，是国家治理现代化的理想状态。中国的国家治理体系正在由人治、德治向法治转变。党的十八届四中全会提出，要全面推进依法治国，建设法治国家、法治政府、法治社会。中国的老年人保障也在由德治、孝治向法治、孝治、德治相结合转变，法律和制度将成为老年人权益保障的第二道屏障。同时，家庭不再是老年人养老的唯一支撑，政府、社会、家庭正在形成三角合力，共同为老年人提供权益保障和参与社会的机会。本文根据相关法律政策文件以及第四次中国城乡老年人生活状况抽样调查数据，探讨了目前我国的老年人权益保障法规政策、老年人的权益保障状况、维权意识和方式，主要得到以下结论。

1. 我国政府在建设年龄友好型社会、增加老年人社会优待方面做出了诸多努力，并取得了好的效果

一方面，我国基本形成了以《中华人民共和国宪法》为根本，以《中华人民共和国老年人权益保障法》为核心的老年人权益保障法律法规体系。北京、上海等28个省市制定了详细的关于"老年人优待"的政策性规定。另一方面，根据本报告的分析，我国老年人享受社会优待情况确实较为普遍。全国有1/3的老年人办理了老年优待卡，有接近2/3的老年人享受过一项或多项社会优待。在2项医疗优待和4项休闲出行优待中，有超过半数老年人享受过免费体检，超过1/5的老年人享受过公共交通票价减免，超过1/10的老年人享受过公园门票减免和旅游景点门票减免，另外还有9.1%的老年人享受过普通门诊挂号费减免，5%的老年人享受过公共文化场所门票减免。

2. 老年人的人身权利受到侵害的比例接近5%，子女精神虐待以及老年人的财产、自由权利受到侵害需要得到社会关注

中国迅速进入老龄社会，也正处于社会转型期，价值观念、精神信仰、社会治理和社会保障等都处于转型的过程之中。老年人拥有的财富日益增多、家庭纽带疏松且代际交换趋利性增强、老年人社会参与日渐增加等，使得老年人受到权益侵害的可能性不断增加。从本文的分析结果来看，一是我国老年人人身权利受到侵害的比例相对较高，达到4.5%。其中，上当受骗比例最高（2.4%），其次是被盗（1.4%），被打骂和被抢劫的比例较低，分别为0.5%和0.1%。二是我国老年人虽然受到子女虐待的情况相对很少，但也有2.8%的老年人受到各种类型的子女虐待。尤其是子女精神虐待的比例最高，子女长期不来探望/问候/说话的比例达到1.3%。三是我国老年人遭受财产权和婚姻权侵害的比例也很少，但也有0.2%的老年人遭到家人侵占财产，0.1%的老年人被家人阻止再婚。尤其是城市80~84岁老年人遭到家人侵占财产的比例达到0.5%，受过大专及以上教育的农村老年人被家人阻止再婚的比例超过10%。

3. 老年人的权益保障状况存在较大差别，有一部分老年人正处于权益贫困中，但也有一些权益侵害具有人群特点，同样值得关注

首先，不同地区、城乡老年人享受社会优待水平差异明显。发达地区老年人享受社会优待水平总体更高，但这也受当地政策导向影响。比如上海市有接近1/3的老年人享受过普通门诊挂号减免，而西藏自治区的这一比例仅为0.3%。北京市有接近2/3的老年人享受过公共交通票价减免，甘肃省的这一比例仅为1.6%。宁夏回族自治区虽然是经济欠发达地区，但老年人享受过免费体检和普通门诊挂号免费的比例分别达到62.2%（排名第8）和18.8%（排名第4）。城市老年人享受社会优待水平明显高于农村老年人。城市老年人中有46.5%办理老年优待卡，而农村的这一比例仅为19.3%。城市老年人享受普通门诊挂号费减免的比例是农村的两倍多，享受过公共交通票价减免的比例是农村的4.8倍，享受过公园门票减免的比例是农村的6.6倍，享受过旅游景点门票减免的比例是农村的6.2倍，享受过公共文化场所门票减免的比例是农村的10倍多。

其次，农村、女性、高龄、丧偶/离婚、低文化程度的老年人处于权益贫困中，是遭受家庭成员侵权的高发群体。比如农村、高龄、丧偶/离婚、

低文化程度的老年人更易受到子女虐待。约有3%的75~84岁农村老年人的子女长期不来探望，有2%的未上过学农村老年人的子女长期不来探望。农村离婚老年人的子女不提供基本生活费、长期不来探望的比例均达到3.8%，丧偶老年人的子女不提供基本生活费、长期不来探望的比例也达到1.8%和2.4%。农村健康状况非常差的老年人的子女不提供基本生活费、提供的住所条件很差、需要时不照顾、长期不来探望的比例分别达到3.3%、2.8%、2.4%和3.5%。

最后，有一些权益侵害具有人群特点。比如城市生活环境更加复杂，城市老年人被盗和被抢劫比例高于农村，农村老年人被打骂比例高于城市。文化水平高、低龄老年人的社会参与程度更高，也是诈骗集团的重点关注对象。文化程度越高的老年人上当受骗的比例越高，65~79岁的老年人上当受骗的比例更高，70岁以上的老年人被抢劫比例更高，60~70岁的老年人被盗的比例更高，80岁以上老年人人身权利受到侵害的比例反而低，等等。

4.老年人的权利满足感较高，但实际的权利保护意识不强，在权利受到侵害时仅有1/4的选择维权

第四次中国城乡老年人生活状况抽样调查数据显示，超过90%的老年人认为自己的合法权益得到了保障，但知道《老年人权益保障法》的却仅占35.8%。从这两个数据的对比中，我们可以发现，基于老年人的权益保护意识不强，即使老年人的合法权益受到侵犯，他们可能也并不认为这是一种"权益侵犯"。比如在享受社会优待方面，城市老年人办理老年优待卡的比例比农村高出27.2个百分点，享受过普通门诊挂号费减免、公共交通票价减免、公园门票减免、旅游景点门票减免、公共文化场所门票减免的比例分别是农村老年人的2.2倍、4.8倍、6.6倍、6.2倍和10.5倍。换言之，很多普惠性的城乡老年人优待成为"城市老年人的特殊优待"。虽然这可能与农村老年人办理老年优待卡不便利、休闲出行机会较少有关，但也是对农村老年人社会优待权的一种"变相侵犯"。虽然权益没有享受到，但是农村老年人并不认为自己的合法权益受到侵害，认为自己合法权益得到保障的比例达到91.6%。

与此同时，我国仍有超过 3/4 的老年人在遭受家庭虐待后选择自己委屈/忍气吞声，老年人的维权方式相对单一，维权途径主要是向行政力量和宗族力量求助，借助法律途径维护合法权益的比例相对很少。

5. 老年人的维权意识和维权方式还存在着城乡、地区、年龄、性别、文化水平等方面的较大差别

城市、男性、低龄、高文化水平的老年人对《老年人权益保障法》的知晓度更高，上海市、青海省、北京市、四川省、山东省这几个地区的老年人知晓《老年人权益保障法》的比例更高。但在认为合法权益得到保障方面，不同性别、年龄、文化程度、地区的老年人比例都在 90% 以上，没有表现出明显差别。

与城市老年人相比，农村老年人的维权途径更加单一。男性老年人受到家庭虐待选择自己委屈/忍气吞声的比例高于女性老年人，农村男性老年人自己委屈/忍气吞声的比例最高。并非老年人年龄越大，越倾向于自己委屈/忍气吞声，85 岁及以上的城市老年人受到家庭虐待之后，有 64.3% 的会求助于外界力量，途径也比较多样，包括找居委会、家人单位、老年协会协调或者寻求法律援助等。但 85 岁以上的农村老年人在受到家庭虐待之后，接近九成选择自己委屈/忍气吞声。也并非文化程度越高的老年人越会求助外界力量，维护自己的合法权利。

（二）对策建议

老年人是社会的重要组成部分。自古以来，中国社会对老年人的尊重和保护主要依靠道德的教化，我国的传统文化中也确实有着深厚的"孝悌之道"的积累。然而，正如其他各个领域一样，伴随现代化、工业化、城市化进程的推进，人们往往更加崇尚速度、能力、金钱，尤其是很多年轻人对于权力、地位和成功无比渴求，老年人的速度变缓、能力下滑、赚钱能力降低，父母对于年轻子女的期望、爱护和忍让，让整个社会的爱老敬老意识不足、代际天平失衡，道德教化越来越不足以给老年人提供全面、充分、有力的保护。

因此，老年人是弱势群体的一部分，政府如何为他们提供更好的保护，如何增强他们的权利意识，在快速人口老龄化到来之际，避免老年人老无所依，这些问题亟须得到政府和社会的高度重视。据此，本文将从以下五个方面提出对策建议。

1. 完善老年人权益的立法保护

权益保障虽然是基于以对弱势群体的倾斜保护为宗旨的人道主义（德治），但在现代社会，它更加属于司法引领的法治国家建设的重要内容。换言之，要保护好老年人的合法权益，必须司法引领、司法先行。一是中央和各级地方政府应尽快完善老年人权益保障法律法规体系，将老年人健康、保障、参与的相关原则性规定操作化、细则化，出台具体的实施细则和司法解释，增强法律法规的可操作性。如虽然"常回家看看"被写入新一版的《老年人权益保障法》，标志着精神赡养受到法律保护，但对"常回家看看"的标准如何衡量，违反了这一标准会受到何种处罚，需要进一步明确规定。二是鼓励老年人参与立法。伴随老年人知识储备增加和文化素养的提高，让老年人参与制定符合自身需求的立法，是提高立法质量和效果、提高老年人参与社会发展的积极性、提高老年人权益保障法律法规的针对性和适用性的可行办法。

2. 提高老年人权益保护的公平性

根据本文的分析，老年人权益保护目前存在城乡、地区间的较大差异。尤其是在老年人优待方面，各地的老年优待标准不统一，农村老年人和欠发达地区老年人享受社会优待的水平远低于城市老年人和发达地区老年人。因此，一是统一基本老年优待标准，统一优待凭证。探索划分普惠型优待和特殊优待项目。普惠型优待项目、优待补贴是 65 岁（含）以上老年人平等享有，高龄、失能、贫困老人可以享有部分特殊优待。探索建立信息化动态管理系统，比如用身份证代替老年优待证，实现老年优待证从省级统筹向全国范围的"一证通"过渡。

二是中央政府加大转移支付力度，提高不同地区不同群体社会优待的公平性。中央政府应加大对欠发达地区老年优待的转移支付力度，各级地方政府根据本省市的情况，适当加大老年人优待力度。针对现有的老年社会优待项目，如公共交通票价减免、公园/旅游景点/公共文化场所门票减免等不适合超高龄老年人、农村老年人享受的情况，应尝试增加针对超高龄老年人的服务优待，增加更加适合农村老年人享受的优待项目。

三是建立政府、社会共同承担机制。老年社会优待工作应是"政府主导、社会参与、全民关怀"的，政府不应将资金投入、设施建设等全部揽到自己身上，要充分发挥引导和监督作用，变单一的投入指挥为多方的协商共投共赢，与企业、社区（村居）、社会组织讨论决定各自的权责。

3. 增强老年人权益保护的针对性

一方面，老年人精神赡养问题需要得到社会关注。家庭是血脉相连的传承，是血浓于水的联系，是一生相伴的长情。在人口流动常态化、社会关系资本化、家庭结构小型化的现代社会，无论对于老年人，还是子女，家庭都应该是最重要的精神支柱、最坚实的堡垒和最温暖的港湾。然而根据我们的分析结果，老年人遭到子女长期不探望的比例相对而言最高，尤其是那些农村、高龄、丧偶/离婚、身体不健康的老年人。因此，一是可以出台法律法规强制子女"常回家看看"，比如以法律形式规定，如果子女每年探望父母少于3次，并且父母提出投诉，法院可以强制子女给付父母赡养金。二是可以出台相关政策支持"常回家看看"，比如为跨省流动员工探亲准假并报销路费的民营企业可以享受一定的税收优惠或者人头补贴。三是广泛宣传老年人的身心特点和孝道文化，提醒社会关注老年人的精神赡养。通过电视/网络媒体，以电视剧、电影、广告、宣传片、新闻等形式宣扬孝道文化和互助文化，以及老年人精神空虚、孤独焦虑的可怜，可能引发的后果、疾病，发动系列特色孝道活动，引导年轻子女多回家陪陪父母，在不能回家时多给父母打打电话。四是鼓励农村、丧偶/离婚、独居老年人积极参与社会活动，丰富精神文化生活。着重培养这些老年人的兴趣爱好、社会服务本领，组织他们发挥专长、相互交流，鼓励他们加入社区互助的队伍中来，发挥余热，实现自我。五是组织互助服务队伍为高龄、身体不健康、独居老年人提供精神文化服务。这部分老年人更容易产生心理疾病，进而引发身体健康状况恶

化，如果子女无暇照顾，社区应发动志愿者多陪这些老人聊天，进行心理干预和心理疏导，缓解他们的心理不适和孤独焦虑。

另一方面，根据前文的分析，伴随老年人内部差异性的增加，并非只有一般意义上的老年人中的弱势群体更容易受到权益侵害，城市、经济条件好、受教育程度高的中低龄老年人更容易遭受人身自由权利、社会经济权利、财产权、婚姻自由权、住房权等方面的权益侵犯，成为权益被侵犯的高发群体。因此，老年人权益保护也应加强针对性，一是政府尽快出台相关法律法规，明确老年人参与社会应该获得权益保护。二是社区居委会/社会组织加强对城市、经济条件好、受教育程度高的中低龄老年人的普法教育，组织这些老年人观看相关的老年人权益侵犯案例，强化这部分老年人对于人身安全、财产安全、危险防范的意识和认识。三是其他家庭成员，包括子女、孙子女、配偶、亲属等应该关心呵护老年人和加强与老年人之间的沟通交流，关注老年人日常生活中遇到的人、事、物，发现有可疑情况时及时制止或报警，不要让不法分子有可乘之机。

4. 拓宽老年人的维权渠道

个体进入老年期的性格特点本身就决定了其主动维权的能力欠缺意愿不足，如果维权渠道再不畅通，就很容易导致老年人持多一事不如少一事的态度，得过且过。因此，政府和公共领域应拓宽老年人的维权渠道，方便老年人的维权求助，使老年维权工作更加贴近老年人生活。

首先，法律服务/援助是老年人权益保障的生命线，也是最后一道牢固防线。应该致力于改善基层司法环境，将法律服务/援助纵向延展，深入基层，并横向拓展，有针对性地增加服务项目，让老年人可以方便快捷地寻求司法帮助，感受到法律保护就在自己身边。具体而言，一是可以将法律服务/援助工作延伸到基层社区、农村、养老服务机构等，针对大多数老年人年龄偏大、行动不便、不懂程序等特点开展现场法律咨询，以及提供有针对性的法律服务。二是可以充分发挥妇联、残联组织在社区居委会和村委会中的渗透作用，设立老年妇女和残疾老人专门维权分部，直接为这两类权益贫困群体提供法律咨询，接受其投诉和法律援助初审。三是除妇女、残疾老人以外，也可以为高龄、独居、丧偶老人设立专门的司法救助机构，如心理危机干预中心、法律援助中心等，为这些老人提供心理上和生活上的援助。

其次，社区调解具有社区情理/社群评价的制约作用，是老年人权益保护的温暖屏障，应该承担起老年人权益保障的协调者、整合者和监督者的职能，为城乡老年人赋能增权。针对一些子女不孝顺、家庭财产纠纷、老年人被阻止再婚等家庭纠纷以及其他简单民事纠纷，求助法律程序复杂，效率相对较低。尤其是家庭纠纷，很多老年人觉得与子女对簿公堂，感情上不舍得也丢面子。因此，一是社区居委会/村委会应意识到自身在老年人权益保障中的重要作用，以及保障好老年人的合法权益对于社区/乡村治理的重要意义，成立专门的老年人权益维护小分队，培训老年人权益保障的基本知识和主要内容，经过摸底排查，找到重点帮扶群体，经常了解这些老人的情况，同时负责应急调解和处理一些老年人侵权事件。二是基于老年人对血缘和自我服务、自我管理的老年自治组织的天然信赖心理，应充分发挥宗族/老年协会的保护调解功能，探索根据宗族/老年协会处理的老年人权益保护案件数、处理结果和老年人满意度，来给宗族/老年协会发放维权服务购买补贴，以此保证其可持续发展，并且更好地发挥作用。

最后，社会公益组织、电视网络媒体等都是老年人权益保障的监督和补充手段。这些机构/平台应发挥实际作用，而非有名无实，将老年人投诉的侵权遭遇、案件快速反映给当地村/居委会或者司法机关，并跟踪监督处理结果。政府也可以采取向这些组织/平台购买服务的方式，为其发放服务购买补贴。

5. 提高老年人的维权意识

根据本文的分析，老年人对法律法规的知晓度相对很低，约有 3/4 的老年人在权益受到侵犯时选择忍气吞声。基于此，要保障老年人的合法权益，老年人自己的主动维权也是关键环节。政府和公共领域应致力于强化老年人的维权意识，让老年人知晓自己所拥有的基本人权以及特殊权益，进而才能知道自己是否被侵权，以及选择是否去维权。一方面，对老年人进行普法教

育。政府应加强老年人法制教育，帮助老年人了解依法维权知识，加强学习、宣传《老年人权益保障法》及其他相关法规、政策规定，通过全国性的电视、纸质、网络媒体进行普及宣传，用实际案例生动讲述什么样的行为是侵犯老年人的合法权益，会受到什么样的惩罚。进而也引导广大市民树立依法保障老年人权益的法律意识。

另一方面，对老年人进行维权渠道宣传。媒体/社区都应通过各种方式和活动向老年人宣传维权渠道，让老年人知晓在权益受到侵害时应该向什么部门，通过何种方式投诉、寻求帮助，以便捷有效地维护自己的合法权益。

B.10
中国城乡老年人精神文化生活状况分析

冀　云*

摘　要：　精神文化生活包括精神生活和文化生活两个方面。现阶段，我国老年人更加注重休闲活动的健康特征与品质。老年人休闲活动场所覆盖率与使用率需进一步提高。使用"互联网"的老年人人数增速较快，上网看新闻、看影视剧是各年龄段老年人上网从事的主要休闲活动。老年人参加老年大学的热情高涨、"供不应求"。老年人旅游人数的增速较快、"潜力巨大"，低龄、文化水平高、健康状况好、具有一定经济基础的老年人成为外出旅游的主力军。独居、高龄老年人孤独感较强，需重点关注，老年人主观幸福感有了进一步提升。

关键词：　老年休闲活动　老年教育　老年旅游　孤独感　主观幸福感

　　随着我国人口老龄化的进程不断加快，老年人精神文化需求越来越丰富，参与文化活动的热情越来越高涨，老年文化建设在社会主义文化建设总体布局中的地位和作用越来越重要。加快老年文化建设，满足老年人文化需求，丰富老年人精神生活，增强老年人精神力量，是推动社会主义文化大发展大繁荣的内在要求，是构建不分年龄、人人共享老龄社会和谐文化的重要任务，对于推进经济社会科学发展，实现家庭和睦、代际和顺、社会和谐，

---

* 冀云，中国人民大学老年学博士，廊坊师范学院心理健康教育研究所所长，副教授，主要研究方向为老龄健康、老龄社会学。

具有重要意义。

物质需求和精神需求是人类的最基本需求，二者缺一不可。亚伯拉罕·马斯洛（美国心理学家）1943年在《人类激励理论》中提出，人类需求按层次从低到高分为五种，分别是：生理需求、安全需求、爱与归属需求、尊重需求和自我实现需求。前两种属于物质方面的需求，后三种属于精神需求的范畴。这五种需要像阶梯一样按层次逐级递升，但次序不是完全固定的，并不存在固定的先后顺序。物质需求和精神需求是人类的基本需求，其中，精神需求是一种更高级更复杂的需求。

《中华人民共和国老年人权益保障法》第三条规定："国家和社会应当采取措施，健全对老年人的社会保障制度，逐步改善保障老年人生活、健康以及参与社会发展的条件，实现老有所养、老有所医、老有所为、老有所学、老有所乐。"第七十一条规定，国家和社会采取措施，开展适合老年人的群众性文化、体育、娱乐活动，丰富老年人的精神文化生活。

全国老龄办颁布的《关于进一步加强老年文化建设的意见》（2012年）明确指出，目前老年文化建设与老年人日益增长的精神文化需求并不能完全适应，主要表现在：第一，老年人文化氛围不浓。第二，公共文化设施的功能，尤其是为老人服务方面的，有待进一步提高。第三，老年文化产品稀缺，老年文化服务供给不足，使老年人的精神需要得不到满足。

国家人权行动计划（2012～2015）在老年权利中指出，要丰富老年人的精神文化生活，加大力度将财政投向老年大学的建设方面，把老年大学办学规模扩大，增加老年公共文化产品供给，倡导老年人积极参加全民健身活动，并且给予老年志愿服务活动以便利。

老龄事业发展"十三五"规划（2016～2020）指出要丰富老年人的精神文化生活，发展老年教育、繁荣老年文化、加强对老年人的精神关爱。

我国社会现阶段呈现多元性、复杂性、异质性，这使得当代老年人精神文化需求具有深刻的时代性和社会性。本报告即利用第四次中国城乡老年人生活状况抽样调查数据展现中国城乡老年人的精神文化面貌。

一　中国城乡老年人休闲生活更加注重品质和时尚

（一）老年人参加休闲活动进一步丰富

1. 老年人越来越多地选择积极健康的休闲活动，城市老年人参加休闲活动比农村老年人更积极、活动更丰富，男女各有所好

随着时代的变迁，老年人的休闲方式同样在悄然改变。2015 年，89.0%的老年人经常看电视/听广播，42.8%的老年人经常散步/慢跑等，20.9%的老年人经常读书/看报，18.1%的老年人经常种花养草等，13.5%的老年人经常参加棋牌活动，5.3%的老年人经常养宠物（见图 1）。相比于 2000 年，种花养草或养宠物的老年人比例上升了 8.8 个百分点，读书/看报的老年人比例上

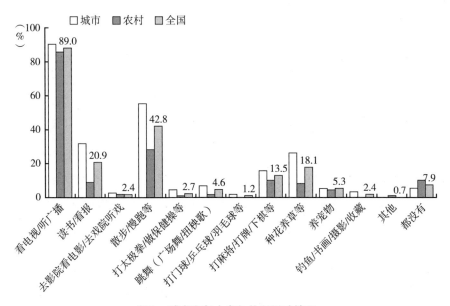

图 1　城乡老年人参加休闲活动情况

升了4.5个百分点，看电视/听广播的老年人比例上升了2.8个百分点，参加棋牌活动的老年人比例下降了3.3个百分点。说明老年人越来越多地选择积极健康的休闲活动。近日新闻报道"大爷大妈'占领'KTV下午场"，表明老年人的休闲娱乐生活方式不再拘泥于传统的做家务、照管孙子孙女，也不再仅仅靠牵狗或遛鸟、打麻将或闲聊以及跳广场舞度过时间，开始向更加多样化的方向发展。

城市老年人参加各项休闲活动的比例均大于农村老年人，其中差异大于10个百分点的活动有读书/看报（32.0%，9.0%）、散步/慢跑（56.0%，28.5%）、种花养草等（26.8%，8.6%），各项休闲活动都没有参加的老年人比例城市约是农村的一半（5.3%，10.8%）。这表明城市老年人普遍具有现代意义上的休闲意识，随着社会的发展和人们休闲意识的强化，城市老年人越来越追求休闲活动的高质量。农村老年人精神文化生活内容非常单调，空闲时间基本上是以看电视/听广播为主（86.6%），究其原因，一方面，他们不像城市老人那样有各种各样的娱乐活动可以参加，另一方面农村老年人受教育程度普遍比较低，对于层次较高的活动，他们往往缺乏兴趣或接触途径。因此，除了散步/慢跑（28.5%）、棋牌活动（10.6%）、种花养草（8.6%）、养宠物（4.7%）、读书/看报（9.0%）、跳舞（2.4%）等会有少部分人参加外，其他项目很少有农村老年人参加。

分性别来分析老年人参加休闲活动，从表1可见女性老年人与男性老年人有不同的兴趣爱好。女性老年人在跳舞（7.4%）、打太极拳/做保健操（2.8%）、种花养草等（18.1%）方面参与率高于男性老年人，而在看电视/听广播（86.8%）、读书/看报（13.5%）、去影院看电影/去戏院听戏（2.2%）、散步/慢跑等（40.8%）、打球（0.7%）、棋牌活动（9.8%）、养宠物（5.0%）、钓鱼/书画/摄影/收藏（0.7%）方面参与情况均低于男性老年人。这表明休闲活动存在明显的性别偏好，女性老年人偏好跳舞做操、种花养草等，而男性老年人偏好读书/看报、打球、棋牌、钓鱼等。

表1 老年人参加休闲活动的状况

单位：%

类型	城市			农村			全国		
	女性	男性	合计	女性	男性	合计	女性	男性	合计
看电视/听广播	89.5	92.9	91.1	83.8	89.6	86.6	86.8	91.3	89.0
读书/看报	22.8	42.4	32.0	3.0	15.3	9.0	13.5	29.1	20.9
去影院看电影/去戏院听戏	2.9	3.2	3.0	1.5	2.0	1.7	2.2	2.6	2.4
散步/慢跑等	53.5	58.9	56.0	26.5	30.6	28.5	40.8	45.0	42.8
打太极拳/做保健操等	4.9	4.7	4.8	0.3	0.5	0.4	2.8	2.6	2.7
跳舞（广场舞/扭秧歌）	10.5	2.3	6.7	3.9	0.8	2.4	7.4	1.5	4.6
打门球/乒乓球/羽毛球等	1.3	3.2	2.2	0.1	0.4	0.2	0.7	1.8	1.2
打麻将/打牌/下棋等	12.4	20.2	16.1	6.9	14.6	10.6	9.8	17.4	13.5
种花养草等	26.4	27.3	26.8	8.8	8.4	8.6	18.1	18.0	18.1
养宠物	5.3	6.3	5.8	4.6	4.9	4.7	5.0	5.6	5.3
钓鱼/书画/摄影/收藏	1.2	6.7	3.7	0.1	1.7	0.9	0.7	4.2	2.4
其他	0.7	0.9	0.8	0.6	0.6	0.6	0.7	0.7	0.7
都没有	6.5	3.8	5.3	13.3	8.1	10.8	9.7	5.9	7.9

2. 随年龄增长休闲活动参与率下降，但健身活动热情不减

分年龄分析老年人参加休闲活动的情况，从表2可见较低年龄阶段的老年人是参与各项休闲活动的主要群体，随着年龄的增长，老年人各项休闲活动的参与率都在下降，只有打太极拳/做保健操活动呈现先增后减的趋势，打太极拳/做保健操活动参与率从60~64岁的2.6%增加至70~74岁的3.2%，然后从75~79岁的2.7%逐渐下降至85岁及以上的1.2%，这表明年龄越大，老年人越关注自己的身体健康，体现了休闲活动的健身性和易参与性。较高年龄阶段的老年人参与休闲活动的比例低，范围小，以节奏慢、体力活动量较小的休闲活动为主，如看电视/听广播、读书/看报、散步/慢跑等、种花养草等。所有休闲活动都没有参加的老年人比例随着年龄的增加而增长，从60~64岁的4.4%增长至85岁及以上的24.4%。

表2　分年龄老年人参加休闲活动的状况

单位：%

类型	60～64岁	65～69岁	70～74岁	75～79岁	80～84岁	85岁及以上	合计
看电视/听广播	93.2	91.6	89.6	85.2	80.9	70.5	89.0
读书/看报	21.7	22.4	22.6	19.5	17.7	13.4	20.9
去影院看电影/去戏院听戏	2.9	2.7	2.3	2.0	1.5	1.1	2.4
散步/慢跑等	44.3	44.9	44.8	41.8	37.8	28.8	42.8
打太极拳/做保健操等	2.6	3.0	3.2	2.7	2.4	1.2	2.7
跳舞（广场舞/扭秧歌）	7.3	5.4	3.5	1.9	1.0	0.4	4.6
打门球/乒乓球/羽毛球等	1.8	1.5	1.0	0.7	0.5	0.2	1.2
打麻将/打牌/下棋等	16.4	14.7	12.7	10.7	8.7	5.7	13.5
种花养草等	19.2	19.3	19.1	17.3	14.7	9.3	18.1
养宠物	6.3	5.7	5.2	4.4	3.2	2.4	5.3
钓鱼/书画/摄影/收藏	2.9	2.7	2.3	1.8	1.4	0.9	2.4
其他	0.7	0.8	0.8	0.7	0.7	0.5	0.7
都没有	4.4	5.5	7.2	10.9	14.8	24.4	7.9

3. 不同文化程度的老年人对休闲活动具有选择性

分文化程度分析老年人参加休闲活动的情况，从表3可见各项活动随着文化程度升高，参与率上升，本科及以上的老年人各项休闲活动参与率均较高。可见，老年人对休闲活动的参与受到文化水平的限制。未上过学和小学学历的老年人主要参与的大多是看电视/听广播（80.0%，91.1%）、散步/慢跑等（28.8%，39.6%），其他活动很少涉及；在初中、高中、大学专科学历的老年人中舞蹈（7.3%，9.3%，9.2%）和棋牌活动（20.0%，20.9%，19.9%）更受青睐；大学专科和本科学历的老年人读书/看报（83.0%，85.9%）、散步/慢跑（79.2%，79.6%）、种花养草等（50.4%，52.7%）、钓鱼/书画/摄影/收藏（16.1%，17.5%）、打太极拳/做保健操等（14.5%，14.4%）均明显高于较低文化程度的老年人。这表明不同文化程度的老年人对休闲活动具有选择性，文化程度较低的老年人选择易参与的休闲活动，文化程度较高的老年人根据休闲活动质量和品位进行选择。

表3　分文化程度老年人参加休闲活动的状况

单位：%

类型	未上过学	小学	初中	高中/中专/职高	大学专科	本科及以上	合计
看电视/听广播	80.0	91.1	94.9	95.0	94.8	95.7	89.0
读书/看报	1.4	13.6	41.4	64.1	83.0	85.9	21.0
去影院看电影/去戏院听戏	1.4	2.0	3.0	4.4	8.8	9.9	2.4
散步/慢跑等	28.8	39.6	56.5	67.9	79.2	79.6	42.9
打太极拳/做保健操等	0.5	1.4	4.6	9.3	14.5	14.4	2.7
跳舞（广场舞/扭秧歌）	2.1	4.2	7.3	9.3	9.2	6.6	4.6
打门球/乒乓球/羽毛球等	0.1	0.5	2.3	4.7	8.6	8.5	1.2
打麻将/打牌/下棋等	6.3	14.0	20.0	20.9	19.9	15.4	13.5
种花养草等	9.0	14.6	26.9	38.9	50.4	52.7	18.1
养宠物	4.1	5.1	6.6	6.7	6.4	7.1	5.3
钓鱼/书画/摄影/收藏	0.3	1.3	3.9	7.2	16.1	17.5	2.4
其他	0.7	0.6	0.7	0.9	1.9	2.5	0.7
都没有	15.9	6.1	2.5	2.1	1.4	0.8	7.9

4. 健康状况较好的老年人休闲活动参与的比例较高

从自评健康情况来分析老年人休闲活动参与情况（见表4），可见自评健康较好的老年人，各项休闲活动参与的比例均较高；自评健康较差的老年人，休闲活动参与比例较低；各项休闲活动都没有参加的老年人的比例由健康非常好的2.9%上升到健康非常差的27.8%。可见，身体健康是老年人参加休闲活动的基础。当然不同休闲活动对老年人的身体健康的要求不同，一些户外的运动性的休闲活动，如太极拳、跳舞、球类活动、钓鱼等对老年人身体健康水平要求较高，健康状况非常差的老年人参与比例均不高于1%，而户外体力消耗低的运动（如散步/慢跑等）和室内静态的休闲活动（看电

视/听广播、读书/看报、种花养草等）对老年人身体健康的要求较低，健康非常差的老年人参与的比例也高于5.0%。但目前这类活动种类较少，政府、社区应提供更多积极健康的适合健康状况较差的老年人参与的休闲活动，使得老年人在积极健康的休闲活动中保持身体健康和心理健康。

表4　分健康状况老年人参加休闲活动的状况

单位：%

类型	非常好	比较好	一般	比较差	非常差	合计
看电视/听广播	93.8	93.1	90.4	83.4	69.5	89.0
读书/看报	32.6	27.6	21.2	11.2	6.7	21.0
去影院看电影/去戏院听戏	4.1	3.1	2.3	1.4	0.8	2.4
散步/慢跑等	54.0	51.1	44.1	31.5	18.3	42.9
打太极拳/做保健操等	4.7	3.8	2.8	1.0	0.5	2.7
跳舞（广场舞/扭秧歌）	7.9	6.5	4.5	2.2	1.0	4.6
打门球/乒乓球/羽毛球等	3.1	1.9	1.1	0.3	0.1	1.2
打麻将/打牌/下棋等	20.8	18.0	13.2	7.9	3.8	13.5
种花养草等	27.6	23.2	18.4	10.5	6.3	18.1
养宠物	8.4	6.2	5.0	4.1	2.7	5.3
钓鱼/书画/摄影/收藏	4.7	3.6	2.2	0.9	0.4	2.4
其他	1.3	1.0	0.6	0.5	0.4	0.7
都没有	2.9	3.7	6.5	13.1	27.8	7.9

5. 经济状况是老年人参加休闲活动的物质基础

分经济状况分析老年人参加休闲活动的情况，从表5可见随着自评经济状况等级的下降，老年人参加各项休闲活动的比例呈梯度下降，而各项休闲活动都没有参加的老年人比例从经济状况非常宽裕的1.8%上升至经济状况非常困难的23.9%。经济状况作为主要因素之一，直接影响着老年人的精神文化生活。积蓄较多的老年人只是少数，大多数老年人的积蓄均不多，特别是农村老年人，他们手中的经济资源十分有限，可供支配的就更少，因此用于学习娱乐等精神文化方面的支出相对更少。因此，确保老年人有相对稳定的经济收入是丰富精神文化生活的前提。

表5　分经济状况老年人参加休闲活动的状况

单位：%

类型	非常宽裕	比较宽裕	基本够用	比较困难	非常困难	合计
看电视/听广播	94.8	94.5	90.8	83.0	71.6	89.0
读书/看报	45.1	36.1	21.9	9.3	6.3	21.0
去影院看电影/去戏院听戏	5.1	4.0	2.4	1.4	1.1	2.4
散步/慢跑等	61.7	56.3	44.9	30.6	23.0	42.9
打太极拳/做保健操等	5.9	5.3	2.8	0.8	0.5	2.7
跳舞（广场舞/扭秧歌）	9.1	7.3	4.9	2.3	1.6	4.6
打门球/乒乓球/羽毛球等	4.2	2.5	1.3	0.3	0.2	1.2
打麻将/打牌/下棋等	23.1	19.8	14.1	8.3	4.9	13.5
种花养草等	34.6	28.7	19.0	9.4	6.8	18.1
养宠物	7.6	6.6	5.4	4.1	3.8	5.3
钓鱼/书画/摄影/收藏	7.3	4.8	2.4	0.8	0.5	2.4
其他	1.0	1.1	0.7	0.5	0.6	0.7
都没有	1.8	2.8	6.2	13.3	23.9	7.9

（二）老年人活动场所的覆盖率与使用率有较大提高

1.老年人活动场所户外与室内兼顾

从老年人活动场所的分布来看，如图2和表6所示，我国老年人明确知道"有活动场所"的各项覆盖率为：广场45.0%，公园27.3%，健身场所44.4%，老年活动中心42.4%，图书馆或文化站42.4%。其中城市老年人（知道）家附近活动场所的覆盖率较高，广场61.9%，公园47.3%，健身场所58.7%，老年活动中心/站/室55.5%，图书馆或文化站48.2%；农村的老年人家附近活动场所覆盖率较低，广场（26.4%）、健身场所（28.9%）、老年活动中心/站/室（27.9%），约为城市的一半。农村图书馆或文化站覆盖率相对较高（36.0%），公园的覆盖率最低（5.2%）。

另外，不知道家附近有没有下列活动场所的老年人比例为：广场3.2%，公园3.1%，健身场所5.1%，老年活动中心8.5%，图书馆/文化站

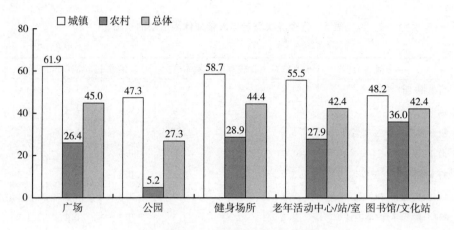

图2 城乡老年人活动场所分布情况

10.6%。这表明老年人不知道广场、公园、健身场所的比例较低,不知道老年活动中心/站/室、图书馆/文化站的比例较高。

表6 城乡老年人活动场所知晓状况

单位:%

	有场所			无场所			不知道		
	城市	农村	总体	城市	农村	总体	城市	农村	总体
广场	61.9	26.4	45.0	35.1	70.3	51.9	3.0	3.3	3.2
公园	47.3	5.2	27.3	49.9	91.5	69.7	2.9	3.3	3.1
健身场所	58.7	28.9	44.4	35.3	67.1	50.5	6.1	4.0	5.1
老年活动中心/站/室	55.5	27.9	42.4	34.4	65.3	49.2	10.1	6.7	8.5
图书馆/文化站	48.2	36.0	42.4	39.0	55.9	47.1	12.8	8.1	10.6

活动场所是影响老年人精神文化生活的关键承载体。在建设各项老年活动场所的同时,还应积极宣传各种老年活动场所,提高老年人对活动场所的知晓率。

2. 需积极促进老年人对室内活动场所的使用

从老年活动场所的使用率来看,如图3和表7所示,可见老年人对各老年活动场所的使用率(偶尔去+经常去)由高到低依次为:广场61.5%,公园50.4%,健身场所49.2%,老年活动中心/站/室40.0%,图书馆/文化站26.4%。

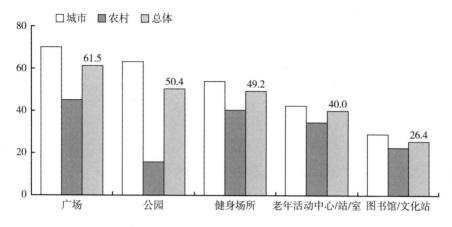

图3 城乡老年人活动场所使用情况

城市老年人对活动场所的使用率（偶尔去+经常去）由高到低依次为广场（70.1%）、公园（63.4%）、健身场所（54.1%）、老年活动中心/站/室（42.8%）、图书馆/文化站（29.0%）。农村老年人对各活动场所的使用率均低于城市老年人，广场（45.2%）、公园（16.1%）、健身场所（40.6%）、老年活动中心/站/室（35.1%）、图书馆/文化站（22.6%）。

表7 城乡老年人活动场所的使用状况

单位：%

活动场所	从不			偶尔去			经常去		
	城市	农村	合计	城市	农村	合计	城市	农村	合计
广场	29.9	54.7	38.5	37.4	32.1	35.6	32.7	13.1	26.0
公园	36.6	83.9	49.6	33.6	12.0	27.7	29.8	4.1	22.7
健身场所	45.9	59.5	50.8	33.4	31.5	32.7	20.7	9.1	16.5
老年活动中心/站/室	57.2	64.9	60.0	32.6	29.0	31.3	10.2	6.1	8.7
图书馆/文化站	70.9	77.4	73.6	24.4	21.0	23.0	4.6	1.6	3.4

总的来看，城市老年人对广场、公园和健身场所的使用率较高，均超过50%，而对老年活动中心/站/室、图书馆/文化站的使用率较低；农村老年人对各活动场所的使用率均比较低，只有对广场和健身场所的使用率高于

40%。老年人户外活动场所的使用率过半,室内活动场所的使用仍需积极开发。结果表明,活动场所的建设是老年活动开展的关键因素,而老年人文化程度、经济条件、参与意识各方面的差异影响着活动场所的使用率。政府应加强老年人休闲场地和设施的建设,同时,开展丰富多彩的活动,发挥老年人的特长,积极调动老年人参加活动的积极性,增强老年人参加活动的意识。

(三)老年人成为提高互联网普及率新的增长点

1. 老年人中使用互联网者数量少但增速快

2015年有5.0%的老年人经常上网,在城市老年人中这一比例为9.2%,农村老年人上网的比例为0.5%。女性老年人中使用互联网的占3.6%,男性老年人占6.6%。其中,城市女性老年人占6.6%,城市男性老年人占12.2%;农村女性老年人占0.2%,农村男性老年人占0.8%(见图4)。

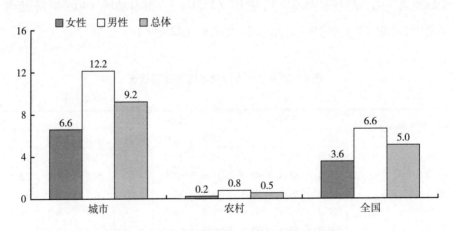

图4 分城乡分性别老年人互联网使用的状况

老年人学电脑的比例,在2000年还仅为0.3%。可见,15年来,随着我国老年人受教育程度的提高,其休闲活动的品质层次有了较大提升;同时,随着互联网的普及和智能手机的广泛使用,越来越多的老年人学会了上网，网络增添了老年人文化生活中的现代元素。

从过去对老年人吃穿温饱问题的重视，转变到使老年人逐步走近网络，把老年人引导到现代生活中去，使其追赶新科技信息发展步伐、与时俱进是社会观念的一大转变。在信息化浪潮下，通过鼓励和帮助老年人上网，能够缩小甚至消除横亘在青年与老年之间、新兴科技与老年生活之间的数字鸿沟。

进一步分析老年人上网进行的各种活动的比例，从图5可见老年人上网进行的各种活动比例由高到低依次为看新闻84.8%，看影视剧35.2%，玩游戏27.1%，聊天20.8%，炒股票13.2%，购物12.0%。

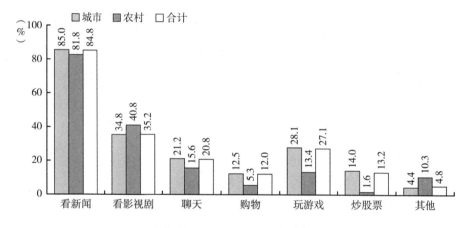

图5　老年人使用互联网从事各项活动的情况

老年人上网进行的各种活动的比例城市高于农村的有看新闻（85.0%，81.8%）、聊天（21.2%，15.6%）、购物（12.5%，5.3%）、玩游戏（28.1%，13.4%）、炒股票（14.0%，1.6%），城市低于农村的有看影视剧（34.8%，40.8%）等，表明老年人上网从事多种活动，丰富了老年人的日常生活。

从总体来看，老年人上网从事的各项活动中，女性老年人看新闻的比例低于男性老年人（77.5%，90.4%），而看影视剧（40.3%，32.5%）、聊天（29.3%，15.9%）、购物（15.2%，10.2%）、玩游戏（30.5%，25.3%）的比例女性老年人均高于男性（见表8）。

表8　城乡分性别老年人使用互联网从事各项活动的情况

单位：%

	城市			农村			总体		
	女性	男性	合计	女性	男性	合计	女性	男性	合计
看新闻	77.4	89.8	85.0	69.2	86.9	81.8	77.5	90.4	84.8
看影视剧	39.9	31.5	34.8	43.2	39.8	40.8	40.3	32.5	35.2
聊天	29.9	15.8	21.2	14.1	16.3	15.6	29.3	15.9	20.8
购物	15.8	10.4	12.5	3.0	6.2	5.3	15.2	10.2	12.0
玩游戏	31.5	26.0	28.1	9.0	15.2	13.4	30.5	25.3	27.1
炒股票	13.9	14.1	14.0	0.4	2.1	1.6	13.3	13.3	13.2
其他	4.9	4.0	4.4	17.5	7.2	10.3	5.6	4.3	4.8

进一步分城乡来看，城市女性老年人上网聊天、购物、玩游戏的比例高于城市男性老年人（29.9%，15.8%；15.8%，10.4%；31.5%，26.0%），而农村女性老年人上网聊天、购物、玩游戏的比例低于农村男性（14.1%，16.3%；3.0%，6.2%；9.0%，15.2%）。

2. 城市低龄老年人是使用互联网的"主力军"

分年龄分析老年人使用互联网的状况，从图6可见，60～64岁的老年人有7.9%的使用互联网，65～69岁的老年人有5.4%的使用互联网，70～74岁使用互联网的老年人占3.9%，75～79岁占2.5%，80～84岁占2.0%，85岁及以上的老年人占0.8%。这表明城市低龄老年人是使用互联网的"主力军"。

分年龄分析老年人使用互联网从事各项活动的状况，从表9可见，总体而言随着老年人年龄的增高，老年人上网的比例随之下降，老年人上网从事的各项活动比例也随着年龄的增高而下降。上网看新闻、看影视剧是各年龄段老年人上网从事的主要活动，其中上网看影视剧的农村各年龄段老年人比例高于城市老年人（43.5%～28.6%，38.5%～24.0%）。另外，上网聊天从60～64岁的22.9%下降至75～79岁的14.3%，再上升至80～84岁的17.9%，85岁及以上为16.2%。可见上网聊天受到各年龄段老年人的钟爱，老年人空闲时间多，社交范围窄，需要更多的家人陪伴和情感交流，

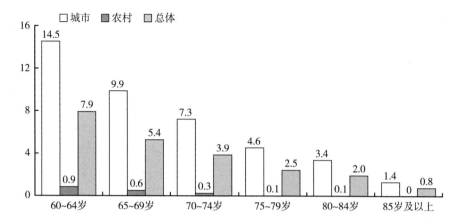

图6 分年龄老年人互联网使用的状况

表9 分年龄老年人使用互联网从事活动的状况

单位：%

		60~64 岁	65~69 岁	70~74 岁	75~79 岁	80~84 岁	85 岁+
看新闻	总体	86.1	85.3	85.9	84.6	81.4	75.2
	城市	86.2	85.2	86.2	85.4	82.5	78.1
	农村	84.9	85.5	80.2	72.3	60.0	61.9
看影视剧	总体	38.8	34.1	31.8	28.6	27.2	24.8
	城市	38.5	33.7	31.2	27.9	27.1	24.0
	农村	43.5	39.9	40.7	38.3	30.0	28.6
聊天	总体	22.9	20.9	18.8	14.3	17.9	16.2
	城市	23.3	21.2	19.1	14.7	18.0	17.7
	农村	17.3	16.4	12.8	8.5	15.0	9.5
购物	总体	13.7	12.1	10.2	7.8	6.0	2.6
	城市	14.3	12.7	10.6	7.9	6.3	3.1
	农村	6.2	5.2	3.5	6.4	0.0	0.0
玩游戏	总体	28.7	28.3	24.8	24.1	19.4	14.5
	城市	29.5	29.6	25.8	25.5	20.2	17.7
	农村	17.8	12.2	8.1	2.1	5.0	0.0
炒股票	总体	13.9	13.8	11.8	11.5	11.1	5.1
	城市	14.8	14.8	12.5	12.2	11.8	6.3
	农村	2.2	1.9	0.0	0.0	0.0	0.0
其他	总体	3.5	4.7	6.0	8.6	9.8	18.8
	城市	3.1	4.2	5.6	7.9	9.0	15.6
	农村	7.4	9.9	11.6	19.2	25.0	33.3

而现代这种快节奏的社会生活中，年轻人无法常伴父母身边，大多的老年人缺失家人的陪伴，情感交流不足，而互联网的聊天功能为老年人与家人、亲戚、朋友的交流沟通提供了方便、快捷的途径。

3. 文化程度不同的老年人上网从事活动兴趣点不同

分析不同文化程度老年人的上网情况，从图7可见，未上过学的老年人中使用互联网的比例为0.2%，小学文化程度的老年人中使用互联网的比例为1.1%，初中文化程度中的比例为8.6%，高中/中专/职高文化程度中的比例为21.1%，大学专科文化程度中的比例为44.9%，本科及以上文化程度中的比例为50.4%。随着老年人文化程度的提高，老年人上网的比例随之大幅升高。农村老年人上网比例低于城市老年人的首要原因是农村老年人的文化程度普遍偏低，受知识和习惯所限，中国大多数农村老年人还停留在传统生活方式中，也许在不久的将来，老年人会逐渐走进网络，体验网络生活提供的服务和便利。如何让互联网与老年人"互联"不受文化水平的制约？不应该让老年人"追赶"互联网，而是应该让互联网适应老年人的要求。夏学銮认为，目前网络科技产品都将目光集中在年轻人群体上，而忽视了老人的使用需求。"现代科技应当增加便利性，让产品更'简单'，服务中老年群体，而不是让这一群体逐渐被'边缘化'"。

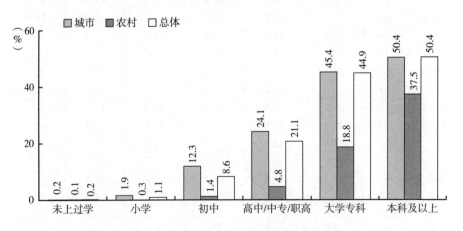

图7　分文化程度老年人互联网使用的情况

分文化程度分析老年人上网从事的各项活动，从表 10 可见，不同文化程度的老年人兴趣不同：看新闻、聊天、购物这三项活动的比例随着老年人文化程度的升高而增高；而看影视剧的比例从未上过学的老年人群体中的 34.1% 上升至小学老年人群体中的最高点 38.8%，后大致随着文化程度的升高而降低，本科老年人群体达到最低点 25.5%；玩游戏的比例在初中老年人群体中出现最高点 31.9%，后随着文化程度的升高而降低；炒股票的比例从未上过学的老年人群体为最低点 2.8%，随着文化程度的升高达到大学专科老年人群体中的最高点 16.7%，后在本科老年人群体中下降至 13.9%。以上表明：文化程度会影响老年人上网从事各项活动，相对而言，文化程度较低的老年人比文化程度较高的老年人更倾向于在网上看影视剧、玩游戏；文化程度较高的老年人更倾向于上网看新闻、聊天、购物、炒股票等。

表 10　分文化程度老年人利用互联网从事活动的状况

单位：%

	未上过学	小学	初中	高中/中专/职高	大学专科	本科及以上	合计
看新闻	66.8	72.4	83.5	87.3	92.4	92.1	85.5
看影视剧	34.1	38.8	37.4	37.7	32.4	25.5	35.5
聊天	11.4	16.6	21.5	21.5	22.1	22.7	21.0
购物	2.4	6.3	11.0	11.9	16.4	16.4	12.1
玩游戏	6.6	23.1	31.9	29.1	24.5	21.3	27.3
炒股票	2.8	5.8	14.2	13.5	16.7	13.9	13.3
其他	19.0	7.4	3.5	3.7	4.2	7.7	4.8

4. 丧偶和从未结婚的老年人互联网使用比例低

分婚姻状况分析老年人使用互联网状况，从图 8 可见，有配偶的老年人使用互联网的占 6.3%，丧偶的老年人使用互联网的占 1.6%，离婚的老年人使用互联网的占 12.2%，从未结婚的老年人使用互联网的占 1.2%。有配偶与离婚的老年人使用互联网的比例较高，丧偶和从未结婚的老年人上网比例较低。

分婚姻状况分析上网老年人从事各项活动的情况，从表 11 可见有配偶

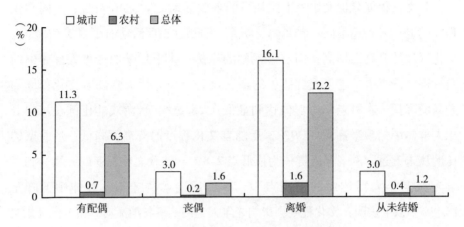

图8　分婚姻状况老年人互联网使用的情况

和离婚的老人上网看新闻（86.6%，84.0%）、购物（12.4%，16.0%）、玩游戏（27.8%，25.6%）、炒股票（13.8%，13.2%）这四项活动的比例高于其他婚姻状况的老年人；离婚与从未结婚的老年人上网看影视剧（42.5%，40.9%）的比例较高；离婚的老年人上网聊天（27.9%）的比例较高。不同婚姻状况的老年人上网从事的活动比例不同，表明处在不同婚姻状态的老年人的心理需求不同，有配偶的老年人上网主要是为丰富日常生活，以休闲娱乐为主；离婚的老年人上网除丰富生活外，更需要与他人建立联系，需要社会交流与沟通。

表11　分婚姻状况老年人使用互联网从事活动的状况

单位：%

类型	有配偶	丧偶	离婚	从未结婚	合计
看 新 闻	86.6	75.5	84.0	81.8	85.5
看影视剧	35.3	36.4	42.5	40.9	35.5
聊　　天	20.5	24.9	27.9	22.7	21.1
购　　物	12.4	8.7	16.0	11.4	12.2
玩 游 戏	27.8	24.0	25.6	15.9	27.4
炒 股 票	13.8	9.1	13.2	9.1	13.4
其　　他	4.3	8.4	6.9	11.4	4.8

5. 空巢老年人使用互联网的比例最高

分居住方式分析老年人使用互联网的情况，从图9可见，空巢老年人上网的比例最高达（6.7%），与子女共居的老年人上网比例次之（4.3%），独居老年人上网比例最低（2.3%）。城市不同居住方式老人的上网比例（4.5%~12.1%）差异较大，农村不同居住方式老年人的上网比例（0.2%~0.6%）差异较小。

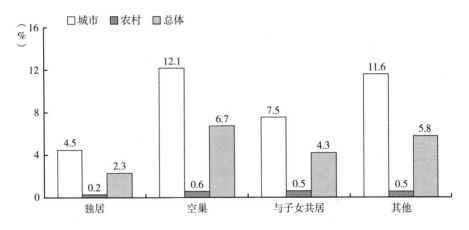

图9　分居住方式老人互联网使用的状况

分居住方式分析老年人上网从事各项活动的情况，从表12可见，在空巢老年人中从事看新闻、购物、玩游戏、炒股票四项活动的比例（86.6%，12.3%，29.3%，14.1%）高于其他两种居住类型的老人，与子女共居的老年人的比例次之（84.7%，11.5%，25.4%，12.9%），独居老年人的比例最低（80.5%，10.1%，22.2%，10.3%）；与子女共居的老年人（36.2%）看影视剧的比例高于独居（35.2%）、空巢（34.8%）老年人。值得关注的是，独居老年人上网聊天的比例最高（24.0%），其次是空巢老年人（21.1%），最低的是与子女共居的老年人（19.8%），这说明上网成为不同居住方式的老年人满足自己的各项需要的新媒介。

6. 健康状况越好的老年人使用互联网的比例越高

分健康状况分析老年人使用互联网的情况，从图10可见，随着自评健康

表 12　分居住方式老年人使用互联网从事活动的状况

单位：%

类型	独居	空巢	与子女共居	其他	合计
看新闻	80.5	86.6	84.7	86.2	85.5
看影视剧	35.2	34.8	36.2	37.2	35.5
聊天	24.0	21.1	19.8	24.7	21.0
购物	10.1	12.3	11.5	15.9	12.2
玩游戏	22.2	29.3	25.4	26.8	27.4
炒股票	10.3	14.1	12.9	11.2	13.4
其他	7.9	4.6	4.3	6.7	4.8

状况的下降，老年人上网的比例随之下降。自评健康状况非常好的老人使用互联网的比例为9.8%，自评健康状况比较好的老年人使用互联网的比例为7.6%，自评健康状况一般的老年人使用互联网的比例为4.9%，自评健康状况比较差的老年人使用互联网的比例为1.6%，自评健康状况非常差的老年人使用互联网的比例为0.8%。

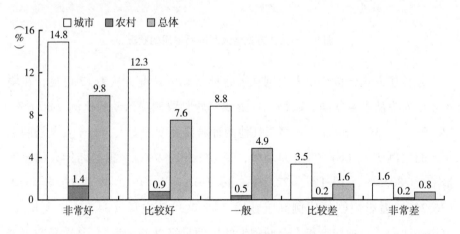

图 10　分健康状况老年人互联网使用的状况

　　分健康状况分析老年人上网从事各项活动的情况，从表13可见，老年人使用互联网看新闻、炒股票两项活动的比例随着自评健康状况的下降而降低，而自评健康比较差的老年人使用互联网看影视剧比例最高

（38.5%），自评健康状况比较好的老年人使用互联聊天、购物、玩游戏的比例（22.3%，13.1%，28.0%）高于其他健康状况的老年人。因此，健康是老年人最为重要的财富，不少老年人身体健康状态较差，减少了老年人使用互联网的机会，也降低了其使用互联网从事各项活动的比例。

表 13　分健康状况老年人使用互联网从事活动的状况

单位：%

	非常好	比较好	一般	比较差	非常差	合计
看 新 闻	87.2	86.3	85.5	79.6	75.9	85.5
看影视剧	34.0	35.2	35.8	38.5	32.1	35.5
聊 天	22.0	22.3	20.0	19.0	15.2	21.0
购 物	12.3	13.1	11.7	9.7	3.6	12.1
玩 游 戏	25.8	28.0	27.7	25.4	17.0	27.3
炒 股 票	15.3	13.4	13.2	10.8	6.3	13.3
其 他	4.1	4.6	4.7	7.8	6.3	4.8

7. 经济状况与老年人上网购物、炒股关系紧密

分经济状况分析老年人使用互联网的情况，从图 11 可见，老年人使用互联网的比例随着自评经济等级的下降而降低，自评经济非常宽裕的老年人上网的比例为 15.7%，自评经济比较宽裕的老年人上网比例为 11.3%，自评经济基本够用的老年人上网比例为 5.1%，自评经济比较困难的老年人上网比例为 0.9%，自评经济非常困难的老年人上网比例为 0.6%。

分经济状况分析老年人使用互联网从事各项活动的情况，从表 14 可见，不同自评经济状况的老年人上网从事的各项活动并没有呈现明显的规律性，其中与经济收入关系紧密的购物与炒股活动大体是随着老年人自评经济等级的下降而降低，但在这两项活动中，自评经济比较困难的老年人比例（6.6%，2.7%）低于自评经济非常困难的老年人（8.8%，5.0%），可能是因为部分老年人的自评经济状况时有低估的倾向。

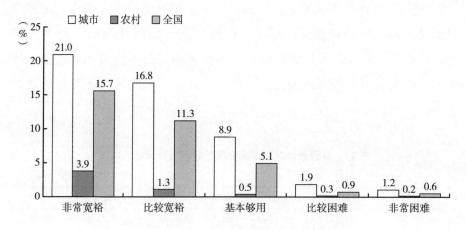

图11　分经济状况老年人互联网使用的情况

表14　分经济状况老年人使用互联网从事活动的情况

单位：%

	非常宽裕	比较宽裕	基本够用	比较困难	非常困难	合计
看新闻	84.9	86.9	84.3	78.2	72.5	84.8
看影视剧	32.3	34.1	35.7	37.8	42.5	35.2
聊天	21.1	21.8	20.3	20.3	28.8	20.9
购物	15.4	13.5	11.4	6.6	8.8	12.0
玩游戏	23.4	28.3	27.3	19.7	20.0	27.1
炒股票	19.7	16.2	12.0	2.7	5.0	13.2
其他	4.4	4.2	4.7	8.6	15.0	4.8

8. 分地域老年人互联网使用状况

对全国各省份老年人使用互联网的比例进行排序，从图12可见，前五位的省份依次为上海（26.3%）、北京（22.9%）、天津（18.4%）、福建（10.8%）、湖北（7.9%），后五位的省份依次为西藏（0.0）、海南（0.3%）、甘肃（0.6%）、云南（1.3%）、山西（1.8%）。从各省老年人互联网使用的比例来看，互联网的使用与各地域的经济发展水平有密切关系。

在"互联网+"时代下，要实现"互联网+"与老年人养老的无缝对接，需要加强对相关领域管理部门的监管指导；让科技产品所提供的便捷服

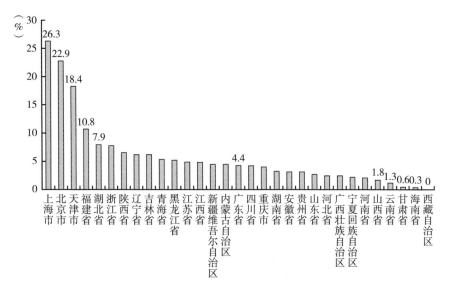

图 12 全国分地域老年人互联网使用的状况

务带动生活、医疗、养老等领域服务水平的提升，使得信息时代所带来的精神享受逐步进入老年生活的方方面面；利用"互联网+"，建造老年服务平台，形成社会养老新模式，让"智慧养老"变成现实，使老人"老有所依、老有所乐"。

（四）老年大学参与情况

2016 年 10 月 5 日，国务院颁发了《老年教育发展规划（2016~2020年)》，这意味着中国老年教育已处于新的时代方位之下。老年人参加老年大学，在一定程度上反映出老年人的精神文化需求，在影响当代中国老年人个体精神文化需求的因素中，个体因素起着极其重要的作用。

1. 城市老年人参加老年大学的比例是农村的3倍

2015 年，老年人参加老年大学的比例为 2.0%，其中城市老年人的这一比例为 2.9%，农村老年人的这一比例为 0.9%，城市老年人参加老年大学的比例高于农村老年人；1.9% 的女性老年人参加了老年大学，2.0% 的男性老年人参加了老年大学，女性老年人参加老年大学的比例略

低于男性老年人（见图 13）。可见，城市老年人参加老年大学呈现明显优势，农村老年人由于个人自身条件与教育条件的局限，参加老年大学的比例较低。

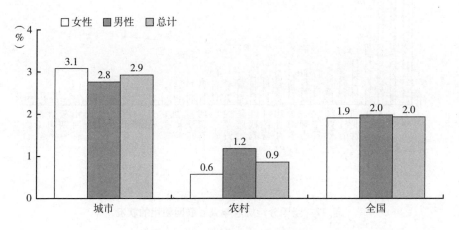

图 13　老年人参与老年大学的状况

进一步分城乡分性别分析，3.1% 的城市女性老年人参加老年大学，城市男性老人为 2.8%，表明城市女性老年人参加老年大学的比例高于男性；0.6% 的农村女性老年人参加老年大学，农村男性老年人为 1.2%，表明农村男性老年人参加老年大学的比例高于女性。

2. 老年人参加老年大学的比例随年龄增长呈先增后减

分年龄分析老年人参加老年大学的情况，从图 14 可见，随年龄的增长，老年人参加老年大学的比例先增后减，60~64 岁老年人中 1.9% 的老年人参加老年大学，65~69 岁老年人中 2.3% 的老年人参加老年大学，后随着年龄增长老年人参加老年大学的比例降低，85 岁及以上的老年人中仅有 1.0% 的老年人参加老年大学。60~64 岁是老年人适应退休生活的过渡期，老年人从忙碌的工作中来到空闲的退休生活中，老年人会寻找参加各种各样的休闲活动来填充、丰富自己的闲暇时光，参加老年大学是好的选择，处于探索期；65~69 岁是老年人参加老年大学的稳定期，之后随着年龄的增长，老年人参加老年大学进入下降期。

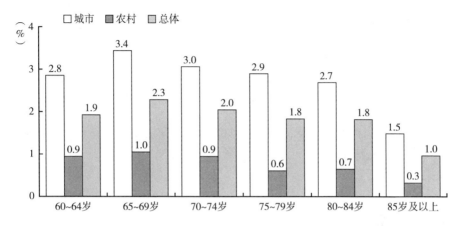

图14　分年龄老年人老年大学参与状况

3. 文化程度是老年人参加老年大学的重要影响因素

分文化程度分析老年人参加老年大学的情况，从图15可见，随着文化程度的提高，老年人参加老年大学的比例随之增加，从未上过小学的0.6%上升至本科及以上的11.0%。这一结果表明，老年大学的参与受到老年人文化程度的影响，受教育程度越高的老年人，参加老年大学的意愿和机会越大，参加老年大学的比例就越高。

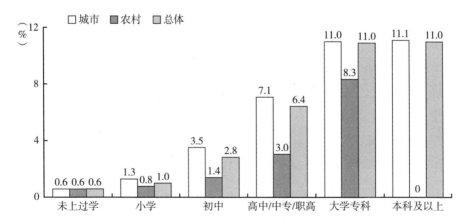

图15　分文化程度老年人老年大学参与状况

4. 离婚的老年人参加老年大学的比例最高

分婚姻状况对老年人参加老年大学的情况进行分析，从图16可见，离婚的老年人参加老年大学的比例最高，为4.0%；有配偶的老年人次之，为2.2%；丧偶的老年人参加老年大学的比例为1.3%；从未结婚的老年人参加老年大学的比例最低，为0.5%。离婚的老年人群体特点是年龄较低、身体较好，但没有配偶的日常陪伴，这个群体的老年人更多选择参加老年大学来充实自己的晚年生活。

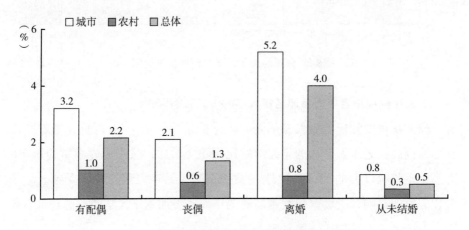

图16　分婚姻状况老年人老年大学参与状况

5. 空巢老年人参加老年大学的比例最高

分居住方式分析老年人参加老年大学的状况，从图17可见，空巢老年人参加老年大学的比例高于与子女共居和独居的老年人（2.4%，1.6%，1.6%）。说明，空巢老年人在时间、精力等方面富足，为参加老年大学提供了更多的机会。

6. 自评健康好的老年人参加老年大学的比例较高

分健康状况分析老年人参加老年大学的情况，从图18可见，随着老年人自评健康由好到差，老年人参加老年大学的比例随之下降，由自评健康非常好的老年人参与老年大学的比例3.2%，下降至自评健康非常差的老年人参与老年大学的比例0.6%。表明参加老年人大学的老年人以自评健康较好

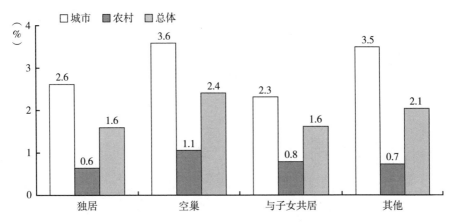

图 17　分居住方式老年人老年大学参与状况

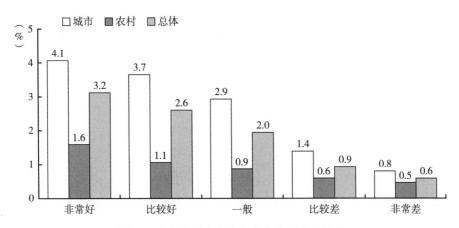

图 18　分健康状况老年人老年大学参与状况

的老年人居多。

7. 经济宽裕的老年人参与老年大学的比例较高

分经济状况分析老年人参加老年大学的情况，从图 19 可见，随着自评经济等级的下降，老年人参加老年大学的比例随之下降，自评经济从非常宽裕到非常困难 5 个等级的老年人参加老年大学的比例依次为 4.9%、3.9%、1.9%、0.8%、0.5%。

8. 分地域老年人老年大学参与的状况

按照各省份老年人参加老年大学的比例进行排序，如图 20 所示。排在

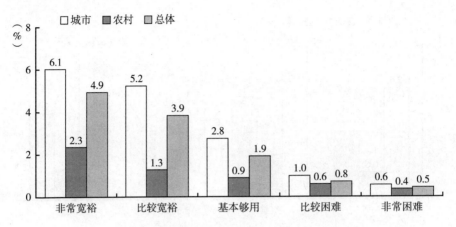

图 19　分经济状况老年人老年大学参与状况

前五位的省份依次为上海（6.2%）、福建（6.1%）、浙江（4.6%）、天津（3.9%）、北京（3.5%），排在后五位的依次为西藏（0.1%）、甘肃（0.5%）、山西（0.5%）、海南（0.6%）、广西（0.7%）。从各省老年人参加老年大学的比例来看，老年人参加老年大学并不完全取决于地域的经济发展水平，如新疆（2.2%，排名第 8 位）等，还与各省份的地域文化、政府鼓励宣传等因素有关系。

中国老年教育的供给与需求主要矛盾存在于供给侧，在全国各地纷纷出现了老年大学报名火爆、一座难求，广大老年人对老年教育的需求激增。各地域经济、政治、文化和教育等发展不平衡，资源紧缺是各地各级老年大学办学难的重大问题。

一方面，我国各地经济发展不平衡致使各地老年教育的需求不同，另一方面，各地域社会文化发展水平和质量不平衡致使各地老年教育的需求度和参与度不同：中东部老年人的精神需求还需进一步提升和引导；西部地区老年人的精神需求需要在经济进一步发展后才会提升①。

----

① 老龄事业发展"十三五"规划（2016～2020）发展老年教育中指出：促进各级各类学校开展老年教育，部门、行业企业、高校举办的老年大学要进一步提高面向社会办学开放度，支持鼓励各类社会力量举办或参与老年教育；到 2020 年，基本形成覆盖广泛、灵活多样、特色鲜明、规范有序的老年教育新格局。全国县级以上城市至少应有一所老年大学。

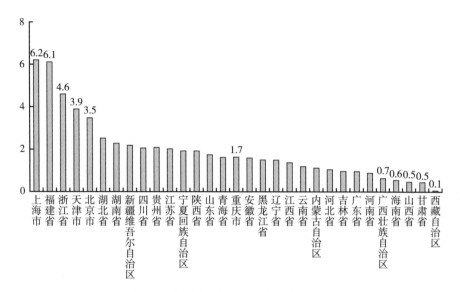

图20　分地域老年人老年大学参与情况

（五）老年人掀起旅游新热潮

1. 城市老年人有外出旅游计划的比例是农村老年人的2倍

2015 年，有 13.1% 的老年人明确表示未来一年计划外出旅游，9.1% 的老年人表示有可能在未来一年外出旅游（如图 21 所示）。其中，城市老年人未来一年有明确外出旅游计划的占 17.5%，农村老年人占 8.3%，城市老年人有出游计划的比例是农村老年人的 2 倍。2000 年，只有 2.5% 的老年人会经常出去旅游，其中城市老年人中经常旅游的比例为 7.9%，农村老年人的这一比例只有 0.9%。这说明，随着经济的发展、社会的进步，旅游成为老年人休闲方式的新选择，老年人的休闲方式变得更加丰富多彩。老年人旅游可以增多老年人与外界接触交流的机会，能使老年人更多地参与到群体活动中，与其他社会成员一起分享社会发展的成果，提高老年生活质量。"夕阳红"旅游、"银发"旅游、"候鸟式旅游养老"、"旅居养老"、老年人旅游专线等如雨后春笋，老年人旅游市场不断升温，根据不同消费水平的老

年人，商家为老年人旅游提供多样化、多层次的服务，满足老年人的
多种需求。

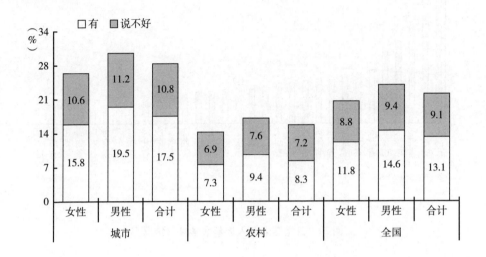

图21　城乡分性别老年人外出旅游计划状况

分性别来看，女性老年人未来一年有明确外出旅游计划的占
11.8%，男性老年人占14.6%，男性比例高于女性。进一步分城乡分
性别分析老年人外出旅游计划，结果表明，城市女性老年人未来一年有
明确外出旅游计划的占15.8%，城市男性老年人占19.5%，农村女性
老年人占7.3%，农村男性老年人占9.4%。表明外出旅游计划存在一
定的城乡差异和性别差异。

2. 低龄老年人是外出旅游的主力军

分年龄分析老年人外出旅游状况，从表15可见，未来一年有明确外出
旅游计划的比例随着老年人年龄的增高而降低，从60~64%岁的17.2%降
低到85岁及以上的2.8%，有可能在未来一年外出旅游的老年人比例从
60~64岁的11.2%下降至85岁及以上的3.5%，表明旅游休闲以低龄老年
人为"主力军"，潜在的旅游群体需要积极开发。

表 15　分年龄老年人外出旅游状况

单位：%

		60~64岁	65~69岁	70~74岁	75~79岁	80~84岁	85岁+	合计
有	城市	23.4	21.0	16.8	11.1	7.3	3.4	17.5
	农村	9.0	8.0	6.8	5.4	3.7	3.1	7.2
	总体	17.2	15.5	12.5	8.4	5.8	2.8	13.1
说不好	城市	10.6	9.8	7.8	5.3	3.7	2.2	8.3
	农村	9.0	8.0	6.8	5.4	3.7	3.1	7.2
	总体	11.2	10.1	8.8	7.2	5.5	3.5	9.1

3. 文化程度较高的老年人外出旅游的更多

分文化程度分析老年人外出旅游状况，从表 16 可见，未来一年有明确外出旅游计划的比例随着老年人文化程度的增高而升高，由从未上过学的 5.7% 上升至本科及以上的 44.40%；可能在未来一年外出旅游的老年人从未上过学的 5.4% 上升至高中的 14.2%，后下降至本科及以上的 13.5%，表明文化程度较高的老年人更多地选择旅游作为一种休闲方式。

表 16　分文化程度老年人外出旅游状况

单位：%

		未上过学	小学	初中	高中/中专/职高	大学专科	本科及以上	合计
有	城市	6.2	11.9	23.1	31.7	44.6	44.3	17.5
	农村	5.3	8.8	13.1	18.5	27.4	62.5	8.3
	总体	5.7	10.2	19.7	29.6	44.2	44.4	13.1
说不好	城市	5.9	10.5	13.4	14.5	13.3	13.5	10.8
	农村	5.0	8.0	9.8	12.2	14.3	25.0	7.2
	总体	5.4	9.2	12.2	14.2	13.3	13.5	9.1

4. 空巢老年人有外出旅游计划的比例最高

分居住方式分析老年人外出旅游状况，从表 17 可见，空巢老年人在未来一年有明确外出旅游计划的比例最高（14.9%），与子女共居次之

（12.8%），独居老人的比例最低（8.3%）。有可能在未来一年外出旅游的空巢老人比例最高（9.7%），与子女共居的老人的比例是（9.4%），独居老年人的比例是（6.7%）。总的来看，空巢老年人在经济、时间等方面存在外出旅游的优势。

表17 分居住方式老年人外出旅游状况

单位：%

		独居	空巢	与子女共居	其他	合计
有	城市	11.8	20.3	16.3	19.4	17.5
	农村	5.2	8.7	8.8	9.4	8.3
	总体	8.3	14.9	12.8	14.2	13.1
说不好	城市	8.5	11.6	10.9	10.1	10.8
	农村	5.0	7.5	7.7	7.7	7.2
	总体	6.7	9.7	9.4	8.8	9.1

5. 健康状况较好的老年人选择旅游休闲的比例更大

分健康状况分析老年人外出旅游状况，从表18可见，未来一年有明确外出旅游计划的比例随着老年人自评健康水平的降低而下降，从自评健康非常好的22.6%下降至自评健康非常差的3.6%，有可能在未来一年外出旅游的比例同样呈现出随着老年人自评健康的降低而下降的趋势，从自评健康非常好的11.7%下降至自评健康非常差的3.3%。表明外出旅游这种户外休闲活动对老年人身体健康有所要求，身体健康水平较好的老年人选择旅游休闲的比例更大。

表18 分健康状况老年人外出旅游状况

单位：%

		非常好	比较好	一般	比较差	非常差	合计
有	城市	28.0	22.8	16.6	8.1	3.8	17.5
	农村	13.6	10.6	8.1	6.5	3.6	8.3
	总体	22.6	17.8	12.6	7.1	3.6	13.1
说不好	城市	12.9	13.3	10.9	6.7	3.6	10.8
	农村	9.7	9.3	7.6	5.2	3.1	7.2
	总体	11.7	11.7	9.4	5.8	3.3	9.1

6. 经济状况是老年人外出旅游的保障性条件

分经济状况分析老年人外出旅游的状况，从表 19 可见，未来一年有明确外出旅游计划的老年人比例随着自评经济等级的下降而快速降低，从自评经济非常宽裕老年人的 38.1% 下降至自评经济非常困难的老年人的 4.0%，相距近 10 倍；未来一年有可能外出旅游的老年人比例也同样随着自评经济等级的下降而降低，从自评经济非常宽裕的老年人的 13.1% 下降至自评经济非常困难的老年人的 3.0%。旅游是一项消费性休闲活动，需要有一定的经济基础做支撑，可见，老年人是在权衡自己的经济状况的前提下做出是否外出旅游的计划的。但同时需要注意的是，大多数老年人会倾向于选择质优价廉的旅游消费，所以经济状况处于中等水平的老年人都是有能力支付这项消费的。

表 19　分经济状况老年人外出旅游状况

单位：%

		非常宽裕	比较宽裕	基本够用	比较困难	非常困难	合计
有	城市	38.1	28.6	17.1	6.6	4.0	17.6
	农村	25.2	14.4	8.4	6.2	3.9	8.3
	总体	34.1	23.7	13.1	6.3	3.9	13.1
说不好	城市	13.4	13.4	11.5	6.5	3.1	10.8
	农村	12.3	12.2	7.8	4.8	3.0	7.2
	总体	13.1	12.9	9.8	5.5	3.0	9.1

7. 分地域老年人外出旅游状况

分地域分析老年人外出旅游的情况，在未来一年有明确外出旅游计划的老年人比例按省份排列，如图 22 所示，排在前五位的是新疆（39.4%）、上海（3.9%）、青海（27.1%）、北京（26.5%）、西藏（22.3%），排在后五位的是河南（6.8%）、甘肃（7.5%）、广西（7.5%）、河北（7.7%）、山东（8.0%），呈现明显的地区差异。大多数地域有明确外出旅游计划的城市老年人比例高于农村，但也存在城市的老年人比例低于农村的省份，例如新疆（36.4%，45.1%）、青海（23.3%，32.1%）、西藏（17.7%，23.9%）。

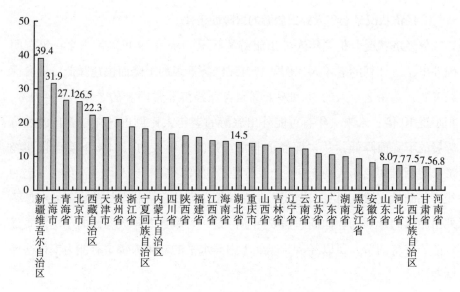

图 22　分地域老年人外出旅游状况

二　中国城乡老年人的心理健康状况及变化

（一）老年人的孤独感状况

1. 6.3% 的老年人经常感到孤独

2015 年 36.6% 的老年人感到孤独（经常 + 有时），其中 6.3% 的老年人经常感到孤独，30.3% 的老年人有时感到孤独（如图 23 所示）。29.9% 的城市老年人感到孤独，43.8% 的农村老年人感到孤独，农村的老年人感到孤独的比例高于城市老年人。39.9% 的女性老年人感到孤独，33.0% 的男性老年人感到孤独，女性老年人感到孤独的比例高于男性老年人。

进一步分城乡分性别来分析老年人的孤独感，结果表明，33.7% 的城市女性老年人感到孤独，25.6% 的城市男性老年人感到孤独，46.9% 的农村女性老年人感到孤独，40.6% 的农村男性老年人感到孤独。农村女性老年人的孤独比例最高。

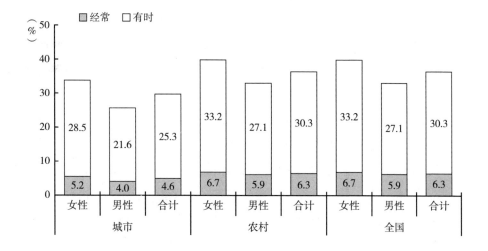

图 23　城乡分性别老年人孤独感状况

2. 高龄老年人孤独比例超过一半

分年龄分析老年人孤独感状况，从表 20 可见老年人随年龄的增长，感到孤独的比例越来越高，从 60~64 岁的 28.2% 上升至 85 岁及以上老年人的 57.7%（其中经常感到孤独的老年人比例从 60~64 岁的 4.3% 上升至 85 岁及以上的 12.2%，有时感到孤独的老年人比例从 60~64 岁的 23.9% 上升至 85 岁及以上的 45.5%），表明近三分之一的低龄老年人感到孤独，而感到孤独的高龄老年人超过一半。

表 20　分年龄老年人孤独感状况

单位：%

		60~64 岁	65~69 岁	70~74 岁	75~79 岁	80~84 岁	85 岁+	合计
经常	城市	3.0	3.8	4.8	6.0	7.1	9.6	4.6
	农村	5.6	6.7	9.0	11.0	13.0	15.3	8.2
	全国	4.3	5.2	6.8	8.3	9.7	12.2	6.3
有时	城市	19.5	22.8	26.0	30.5	34.5	40.4	25.3
	农村	28.5	33.2	38.0	42.3	48.1	51.8	35.7
	全国	23.9	27.9	31.8	36.0	40.4	45.5	30.3

3. 文化程度低的老年人孤独感比例较高

分文化程度分析老年人孤独感状况，从表21可见，随着文化程度的提高，老年人感到孤独的比例随之下降。经常感到孤独的老年人比例从未上过学的9.9%下降至本科及以上老年人的1.6%，有时感到孤独的老年人比例从未上过学的39.0%下降至本科及以上的14.1%。这可能由于文化程度较高的老年人往往拥有更高的自我保健意识，更注重生活的情趣。他们不但经常读书看报，而且积极地投入到各种集体性的老年文体活动之中，因此大量地接触到新鲜事物，更多地结交到老年朋友。最终这些老年人的情操得到陶冶，也由于体验到更多的社会支持，从而保持着良好的情绪状态。

表21　分文化程度老年人孤独感状况

单位：%

		未上过学	小学	初中	高中/中专/职高	大学专科	本科及以上	合计
经常	城市	8.1	4.7	3.2	2.5	1.7	1.6	4.6
	农村	11.1	6.9	5.1	4.5	4.7	0.0	8.2
	全国	9.9	5.9	3.9	2.8	1.7	1.6	6.3
有时	城市	35.8	27.4	19.4	16.7	14.2	14.0	25.3
	农村	41.0	34.4	26.9	24.3	21.2	28.6	35.6
	全国	39.0	31.1	21.9	17.9	14.3	14.1	30.2

4. 无配偶老年人孤独感比例较高

分婚姻状况分析老年人孤独感的状况，从表22可见，有配偶的老年人感到孤独的比例最低25.3%（经常2.7%，有时22.6%），丧偶的老年人感到孤独比例为65.4%（经常14.7%，有时50.7%），离婚老年人感到孤独比例为58.5%（经常16.7%，有时41.8%），从未结婚的老年人感到孤独的比例最高77.6%（经常35.8%，有时41.8%）。表明有配偶的老年人感到孤独的比例较低，无配偶的老年人感到孤独的比例较高，特别是丧偶老人和从未结婚的老人需要得到关注。当然，婚姻状况与孤独感之间可能并不是直接相关的，它可能是通过社会支持间接地影响了孤独感。

表 22 分婚姻状况老年人孤独感状况

单位：%

		有配偶	丧偶	离婚	从未结婚	合计
经常	城市	1.9	11.4	13.6	29.6	4.6
	农村	3.5	18.0	24.8	38.5	8.2
	全国	2.7	14.7	16.7	35.8	6.3
有时	城市	17.6	47.0	38.1	42.4	25.3
	农村	28.2	54.4	51.4	41.5	35.6
	全国	22.6	50.7	41.8	41.8	30.2

5. 独居老年人经常感到孤独的超过两成

分居住方式分析老年人孤独感状况，从表 23 可见独居老年人感到孤独的比例为 71.3%（经常 20.70%，有时 50.60%），空巢老年人感到孤独的比例为 26.2%（经常 2.70%，有时 23.5%），与子女共居的老年人感到孤独的比例为 35.30%（经常 5%，有时 30.3%）。可见，独居老年人的孤独感较高，独居老年人的孤独感与他们缺乏家庭温暖、家庭交流有关。值得注意的是，与子女共居的老人感到孤独的比例高于空巢老年人；与子女共同居住老年人超过三分之一感到孤独，说明即使与家人居住在一起，如果与家人的交流较少，缺失情感支持，那么老年人也会感到孤独。

表 23 分居住方式老年人孤独感状况

单位：%

		独居	空巢	与子女共居	其他	合计
经常	城市	16.0	2.0	3.7	5.4	4.6
	农村	25.0	3.6	6.4	8.7	8.2
	全国	20.7	2.7	5.0	7.2	6.3
有时	城市	48.3	18.2	25.4	25.4	25.3
	农村	52.6	29.5	36.1	32.3	35.7
	全国	50.6	23.5	30.3	29.0	30.3

6. 健康较好的老年人孤独感较低

分健康状况分析老年人孤独感状况，自评健康较好的老年人孤独感较低，自评健康较差的老年人孤独感较高。从表 24 可见，随着自评身体健康

水平的降低，老年人感到孤独的比例随之上升，从自评健康非常好的14.8%（经常2.4%，有时12.4%）上升至自评健康非常差的老年人63.0%（经常21.8%，有时41.2%）。

表24　分健康状况老年人孤独感状况

单位：%

		非常好	比较好	一般	比较差	非常差	合计
经常	城市	1.9	2.2	3.8	9.4	19.5	4.6
	农村	3.1	3.9	6.3	12.6	23.3	8.2
	全国	2.4	2.9	5.0	11.2	21.8	6.3
有时	城市	9.9	18.2	27.0	38.4	40.2	25.3
	农村	16.5	26.4	37.5	43.5	41.9	35.6
	全国	12.4	21.6	32.0	41.3	41.2	30.2

7. 经济状况好的老年人孤独感较低

分经济状况分析老年人孤独感状况，自评经济状况较好的老年人孤独感较低，自评经济状况较差的老年人孤独感较高。从表25可见，随着自评经济等级的降低，老年人感到孤独的比例随之上升，从自评经济非常宽裕的13.2%（经常2.7%，有时10.5%）上升至自评经济非常困难的68.0%（经常26.9%，有时41.1%）。

表25　分经济状况老年人孤独感状况

单位：%

		非常宽裕	比较宽裕	基本够用	比较困难	非常困难	合计
经常	城市	2.3	1.7	3.1	10.5	24.3	4.6
	农村	3.5	2.6	4.9	13.1	28.5	8.2
	全国	2.7	2.0	4.0	12.1	26.9	6.3
有时	城市	10.2	14.7	24.3	40.7	41.2	25.3
	农村	11.1	22.1	33.9	44.1	41.1	35.6
	全国	10.5	17.3	28.6	42.8	41.1	30.2

8. 分地域老年人孤独感状况

全国分地域老年人（经常＋偶尔）感到孤独的比例由低到高排序，从图

24 可见，排在前五位的是天津（17.7%）、北京（19.2%）、上海（22.3%）、浙江（25.5%）、福建（27.2%），排在后五位的是甘肃（48.3%）、海南（47.9%）、云南（47.7%）、宁夏（47.4%）、西藏（45.5%）。

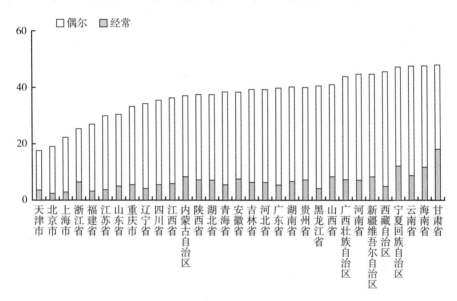

图 24　全国分地域老年人孤独感的状况

（二）老年人的主观幸福感及变化

1. 老年人主观幸福感有较大提升

在 2015 年调查中，回答"非常幸福"的老年人占 16.4%，回答"比较幸福"的老年人占 44.5%，共计 60.9% 的老年人回答感到幸福（如图 25 所示），这是党和国家长期重视并且积极应对人口老龄化问题，持续推动老龄工作，全面推进老龄事业发展的综合结果。特别是党的十八大以来，党中央、国务院高度重视老龄工作，积极应对人口老龄化被提升到国家战略高度，一系列发展老龄事业的政策举措得以发布和实施，各级党委和政府积极作为，社会各界广泛支持，老龄工作和事业得到高速发展，老年人的生活显著改善。

进一步分性别来分析老年人主观幸福感，从表 26 可见 60.2% 的女性老年人感到幸福，61.7% 的男性老年人感到幸福；6.8% 的女性老年人感到不

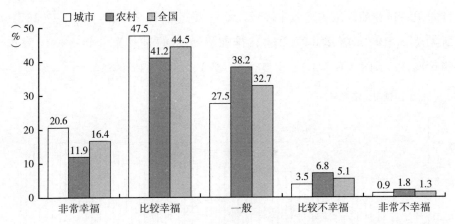

图25 城乡老年人主观幸福感状况

幸福，6.1%的男性老年人感到不幸福。进一步分城乡来分析，城市女性老年人67.2%感到幸福，城市男性老年人69.1%感到幸福，农村女性老年人52.3%感到幸福，农村男性老年人53.8%感到幸福；4.7%的城市女性老年人感到不幸福，3.9%的城市男性老年人感到不幸福，9.1%的农村女性老年人感到不幸福，8.3%的农村男性老年人感到不幸福。总的来说，女性老年人感到幸福的比例低于男性，感到不幸福的比例高于男性，城市老年人感到幸福的比例高于农村，感到不幸福的比例低于农村。

表26 城乡分性别老年人主观幸福感状况

单位：%

	城市			农村			全国		
	女性	男性	合计	女性	男性	合计	女性	男性	合计
非常幸福	20.4	20.9	20.6	11.7	12.1	11.9	16.3	16.6	16.4
比较幸福	46.8	48.3	47.5	40.6	41.7	41.2	43.9	45.1	44.5
一般	28.1	26.9	27.5	38.6	37.8	38.2	33.0	32.3	32.7
比较不幸福	3.8	3.1	3.5	7.2	6.5	6.8	5.4	4.8	5.1
非常不幸福	0.9	0.8	0.9	1.9	1.8	1.8	1.4	1.3	1.3

2. 随着年龄的增长感到幸福的老年人的比例在下降

分年龄分析老年人主观幸福感状况，从表27可见，随着年龄的增长，感到幸福的老年人的比例在下降，从 60～64 岁的 62.3% 下降至 85 岁及以上的 55.7%；感到不幸福的老年人比例在升高，从 60～64 岁的 5.8% 上升至 85 岁及以上的 7.6%。

表 27 分年龄老年人主观幸福感状况

单位：%

	60～64 岁	65～69 岁	70～74 岁	75～79 岁	80～84 岁	85 岁及以上	合计
非常幸福	17.0	16.6	16.8	15.6	15.7	14.2	16.4
比较幸福	45.3	45.1	44.0	43.7	43.3	41.5	44.5
一般	32.0	32.2	32.4	33.4	33.7	36.7	32.7
比较不幸福	4.6	4.8	5.4	5.8	5.9	5.8	5.1
非常不幸福	1.2	1.3	1.4	1.4	1.5	1.8	1.3

3. 文化程度越高感到幸福的老年人的比例越高

分文化程度分析老年人主观幸福感的状况，从表 28 可见，随着文化程度的升高，感到幸福的老年人的比例在增长，由从未上过学的 52.1% 上升至本科及以上的 84.0%；感到不幸福的老年人比例在下降，由从未上过学的 10.0% 下降至本科及以上的 1.1%。老年人的主观幸福感与老年人的受教育水平有关，受教育的年限长、文化水平高的老年人主观幸福感较高。这可能是因为文化水平高的老年人更能够客观地分析自身所处的社会状况和面对的家庭问题，并适时地进行心理调节和自我适应。

表 28 分文化程度老年人主观幸福感状况

单位：%

	未上过学	小学	初中	高中/中专/职高	大学专科	本科及以上	合计
非常幸福	12.2	14.7	20.7	26.7	31.8	28.1	16.4
比较幸福	39.9	44.5	48.1	49.8	51.2	55.9	44.5
一般	37.9	34.6	27.4	21.2	15.9	14.9	32.7
比较不幸福	7.8	5.0	3.1	1.8	0.9	1.0	5.1
非常不幸福	2.2	1.2	0.8	0.5	0.2	0.1	1.3

4. 有配偶的老年人感到幸福的比例最高，达到65.6%

分婚姻状况分析老年人主观幸福感的状况，从表 29 可见，有配偶的老

年人感到幸福的比例最高，为 65.6%；丧偶老年人感到幸福的比例为 50.8%；离婚的老年人感到幸福的比例为 44.1%；从未结婚的老年人感到幸福的比例最低，为 25.7%。离婚、丧偶和从未结婚的老年人的主观幸福感比例低于夫妻双方健在的老年人。这可能是因为中国人，尤其是这一代的老年人，多以家庭为中心，十分重视家庭，丧偶和独身的老年人缺乏与家人的沟通和情感联系，失去了感受亲情温暖的机会；而夫妻双方健在的家庭相对完整，为老年人提供了良好的情感交流平台。

表 29　分婚姻状况老年人主观幸福感状况

单位：%

	有配偶	丧偶	离婚	从未结婚	合计
非常幸福	18.7	11.4	9.6	4.4	16.5
比较幸福	46.9	39.4	34.5	21.3	44.5
一般	29.7	39.6	42.0	44.9	32.6
比较不幸福	3.8	7.8	10.0	20.3	5.1
非常不幸福	0.9	2.0	3.9	9.1	1.3

5. 空巢老年人感到幸福的比例为66.5%

分居住方式分析老年人主观幸福感状况，从表 30 可见，独居老年人感到幸福的比例为 44.0%，空巢老年人感到幸福的比例为 66.5%，与子女共居的老年人感到幸福的比例为 61.3%。独居老年人晚年生活的主观幸福感需要关注。空巢、与子女共居的老年人主观幸福感的比例高于独居老人，说明与配偶或与子女一起居住的老年人，可以从配偶或子女那里得到更好的生活照料，也能获得精神上的慰藉，所以主观幸福感的水平相对较高。

表 30　分居住方式老年人主观幸福感状况

单位：%

	独居	空巢	与子女共居	其他	合计
非常幸福	9.3	19.3	16.3	14.9	16.4
比较幸福	34.7	47.2	45.0	44.2	44.5
一般	42.6	29.0	33.0	32.4	32.7
比较不幸福	10.4	3.7	4.5	6.6	5.1
非常不幸福	3.1	0.9	1.1	1.9	1.3

6. 健康状况越好的老年人感到幸福比例越高

分健康状况分析老年人主观幸福感状况，从表31可见，随着老年人自评健康的水平降低，感到幸福的比例越来越低，从自评健康非常好的88.9%降低至自评健康非常差的33.0%；随着老年人自评健康水平的降低，感到不幸福的老年人的比例越来越高，从自评健康非常好的1.2%上升至自评健康非常差的27.3%。表明自评健康对老年人的主观幸福感有重要影响。多数老年人将拥有健康的身体作为自己最大的幸福，只有拥有健康的身体才能保证老年人有所养、有所为地安度晚年。

7. 经济状况越宽裕的老年人主观幸福感比例越高

随着老年人自评经济等级降低，感到幸福的老年人比例越来越低，从自评经济非常宽裕的96.9%降低至自评经济非常困难的21.7%；随着老年人自评经济等级降低，感到不幸福的老年人的比例越来越高，从自评经济非常宽裕的0.4%上升至自评经济非常困难的40.4%。老年人有一定的经济来源，能够确保供自己自由支配的资金，用自己的钱做自己想做的事情，而不用求助于子女或是亲人，这在一定程度上能提高老年人的自尊心和自信心，有利于积极情绪的产生，同时由于减轻了子女的负担，也有利于家庭关系的和谐发展，有利于老年人主观幸福感的提升。

表31 分健康状况老年人主观幸福感状况

单位：%

	非常好	比较好	一般	比较差	非常差	合计
非常幸福	49.9	21.1	13.3	8.3	6.9	16.5
比较幸福	39.0	58.7	43.1	34.8	26.1	44.5
一般	10.0	18.2	39.2	43.8	39.7	32.7
比较不幸福	0.9	1.7	3.7	11.0	16.9	5.1
非常不幸福	0.3	0.3	0.7	2.2	10.4	1.3

表32　分经济状况老年人主观幸福感状况

单位：%

	非常宽裕	比较宽裕	基本够用	比较困难	非常困难
非常幸福	77.0	33.2	15.5	6.1	4.2
比较幸福	19.9	57.6	49.4	28.2	17.5
一般	2.8	8.6	32.6	50.4	38.0
比较不幸福	0.4	0.6	2.2	13.3	22.8
非常不幸福	0.0	0.1	0.3	2.0	17.6

8. 分地域老年人的主观幸福感

我国各地域感到（非常＋比较）幸福的老年人的比例由高到低排列（如图26所示），排在前五位的省份是西藏（84.3%）、天津（79.7%）、北京（78.5%）、青海（71.1%）、浙江（70.7%）；排在后五位的省份是贵州（51.3%）、河南（48.4%）、广西（45.3%）、云南（40.9%）、海南（36.4%）。

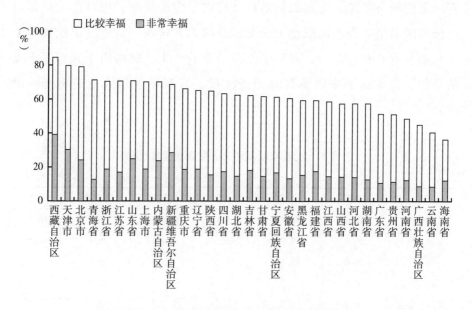

图26　全国分地域老年人的主观幸福感状况

三 研究结论及对策建议

通过对我国老年人精神文化生活各维度的分析，可以清楚地看到，中国老年人的个体特征与社会环境的交互作用，共同影响着老年人精神文化生活的现状。

（一）研究结论

本报告主要探讨了老年人休闲活动、休闲场所、互联网使用、老年大学、旅游休闲、孤独感和主观幸福感，主要得到以下结论：

1. 老年人休闲活动更加注重健康与品质

老年人参加的休闲活动进一步丰富，现在随着生活水平的提高，老年人不仅仅满足于物质生活，更多的老人会去追求高质量的精神生活。老年人越来越多地选择积极健康的休闲活动，但城乡差异巨大：城市老年人参加休闲活动比农村老年人更积极、更丰富；农村老年人受到休闲意识和经济、环境等方面的限制，休闲活动内容单一。休闲活动存在明显的性别偏好：女性老年人偏好跳舞做操、种花养草，而男性老年人偏好读书看报、打球棋牌钓鱼等。文化程度较低的老年人选择易参与的休闲活动，文化程度较高的老年人根据休闲活动质量和品位进行选择。年龄较低、健康与经济状况较好的老年人参加休闲活动的比例高、范围大，不同的休闲活动对老年人的自身条件有所要求，使得年龄较高、健康水平较差、经济状况贫困的老人处于弱势地位。

对于老年人而言，精神上的空虚与失落较物质匮乏给身心健康造成的危害更大。现阶段，随着我国社会经济的发展和物质生活水平的提高，老年人对精神的需求不断增强。老年人之所以对精神赡养有很高的需求，一方面，凸显了精神赡养在实现健康老龄化、提升老年人生活质量和生命质量、促进老年人安度晚年中的地位与作用；另一方面，也反映了我国对老年人精神赡养还不到位。

2. 老年人休闲活动场所使用不充分

活动场所是影响老年人精神文化生活的关键问题，目前，老年人活动场所的覆盖率为：广场45.0%，公园27.3%，健身场所44.4%，老年活动中心42.4%，图书馆或文化站42.4%，存在城乡差异。老年人户外活动场所的使用率过半，室内活动场所的使用需积极开发。

3. 老年人逐步融入"互联网时代"

2015年有5.0%的老年人经常上网，现阶段看来，老年人使用互联网比例不高，但增速惊人，2000年老年人学电脑的比例仅为0.3%。城市、低龄、高文化水平、健康水平较高和经济状况宽裕的老年人是使用互联网的"主力军"，文化水平低是老年人使用互联网的主要障碍。有配偶与离婚的老年人使用互联网的比例较高，丧偶和从未结婚的老年人上网比例较低。空巢老年人使用互联网的比例最高6.7%。从各省老年人互联网的使用情况来看，互联网的使用与各地域的经济发展水平有密切关系。

老年人上网进行的各种活动的比例由高到低依次为看新闻84.8%，看影视剧35.2%，玩游戏27.1%，聊天20.8%，炒股票13.2%，购物12.0%。上网看新闻、看影视剧是各年龄阶段老年人上网从事的主要休闲活动，值得注意的是，上网聊天受到各年龄阶段老年人的钟爱。文化程度较低的老年人上网从事的活动集中于看影视剧、玩游戏；文化程度较高的老年人上网从事的活动集中于看新闻、聊天、购物、炒股票等。而独居老年人上网聊天的比例最高，为24.0%。购物与炒股活动的网络参与率随着老年人自评经济等级的下降而降低。

4. 老年大学"供不应求"

老年人参加老年大学的热情高涨，"学习是最好的养老"，已经成为很多老年人的共识，老年教育发展空间巨大。2015年老年人参加老年大学的比例为2.0%，城市老年人参加老年大学的比例是农村的3倍。年龄较低、受教育水平越高、健康状况越好、经济水平越好的老年人参加老年大学的比例越高。离婚与有配偶的老年人参加老年大学的比例较高。空巢老年人参加老年大学的比例最高，达到2.4%。

5. 老年人的旅游"潜力巨大"

旅游成为老年人休闲生活的新选择，2015 年，13.1% 的老年人明确表示未来一年计划外出旅游，9.1% 的老年人表示有可能在未来一年外出旅游。城市老年人有外出旅游计划的比例是农村老年人的 2 倍。低龄、文化水平高、健康状况好、具有一定经济基础的老年人更大比例的选择旅游休闲，成为外出旅游的主力军。

6. 独居、高龄老年人孤独感需关注

老年人孤独感一直是备受关注的话题，2015 年 36.6% 的老年人感到孤独（经常＋有时），其中 6.3% 的老年人经常感到孤独，30.3% 的老年人有时感到孤独，农村女性老年人孤独比例最高 46.9%，高龄老年人孤独比例超过 50%，独居老年人感到孤独的超过七成。文化程度较高、健康状况较好、经济状况宽裕的老年人感到孤独的比例较低。

7. 老年人主观幸福感进一步提升

2015 年 60.9% 的老年人回答感到（非常＋比较）幸福，比 2000 年的 48.8% 提升了 12.0 个百分点。女性老年人感到幸福的比例低于男性，城市老年人感到幸福的比例高于农村，有配偶的老年人感到幸福的比例为 65.6%，空巢老年人感到幸福的比例为 66.5%。低龄、高文化程度、健康水平较高、经济状况越宽裕的老年人感到幸福的比例越高。

（二）对策建议

1. 明确老年人需求，拓展老年休闲活动项目

老年人的休闲娱乐项目进一步向积极、健康、丰富发展，但本调查和相关政策都在较狭窄的范围内探讨老年人的休闲娱乐，而实际上，随着新老年人的进入，"老年休闲活动"与"青年人休闲活动"没有明确的界限，老年人根据自己的需求特点可以参与各种类型的休闲活动，加大丰富老年人文化生活的力度，消除休闲活动的年龄限制。对文化程度较低，休闲活动单一，休闲意愿不强烈的老年人，以鼓励、倡导、参与体验来丰富其休闲活动；对有一定的文化修养，乐于追求老有所学、老有所为的老年人建设活动平台，

鼓励自我拓展老年休闲活动。

2.完善老年人活动场所和设施

老年人活动场所覆盖率、使用率和设施的健全程度存在显著的城乡差异，为丰富老年人的精神文化生活，应有针对性地完善老年人活动场所和设施，结合老年人的休闲活动项目，针对各地域老年人的需求特点，分类型地建设老年人活动场所和设施，提升老年人积极健康的休闲意识，鼓励老年人充分利用已有活动场所，避免闲置无用。

要加强对老年活动场所的规划、建设，将老年活动中心建设纳入城市公共设施总体规划，尤其要在新区建设、旧城区改造中，统一规划和布局老年活动中心。根据本地老年人数量的增长速度和老年文化发展需要，建立老年活动中心建设用地储备制度。要支持现有的老年人活动中心转型升级，扩大规模。充分利用网络资源，开展网络教学、网络咨询、网上阅读等。社区要加强对老年活动场所管理人员的培训，提高他们的业务素质和专业水平，改善服务质量，满足老年人的需求。

3.互联网"加上"老年人

互联网与老年人的生活越来越密切，应鼓励老年人使用微博、微信、手机客户端等新媒体，鼓励社区、老年教育机构、养老服务机构开展老年人网络培训，鼓励老年人网上学习、网上就医看病。

虽然会使用电子产品的老人不多，但老人想要使用电子产品的意愿强烈。为了不让家里的老年人们在信息技术变革的过程中被抛弃，一些家庭的晚辈会教老人们学习使用电子产品。这种老年人学习使用电子产品的途径是比较自发自然的，但其所能覆盖的老年人群体数量不是很多，同时还有许多老人的家人没有时间来教老年人。因此可以尝试以街道为单位，组织给老年人介绍移动互联网。广州市的一些社区就做出了成功的示范，通过政府购买服务的形式，开设了相关的培训课程。课程是在 2013 年 11 月开始的，课程内容简单实用，主要讲解智能手机的拍照、听歌、上网等功能。课程从第一期开始的就深受老年人的欢迎。后来的课程又慢慢加入了微信及一些其他App 的应用。通过课程学会使用智能手机的老年人还和社工一起编写了一本小册子，供其他老年人学习使用。在学习和服务的过程中，老年人不仅会收获互联网知识，还能增强自我效能感、提升自信心。

4.多种形式灵活开展老年大学教育

老年大学供不应求，鼓励办"正规"老年大学的同时，应支持"非正规"老年教育，包括社区老年教育、大众传媒中老年教育和老年人自发组织的老年教育等的开展。鼓励老年教育走进社区、走进养老机构，鼓励多种形式、不限场地的开展老年大学的课程教学。老年教育应以可及性、灵活性、参与性和低成本等特征契合中国老年人的特点，有效地适应老年人的教育需求，使每一位老年人都有受到老年大学教育的机会。

为保障老年教育服务水平的提升，增加老年人社会参与度，可以完善以下几个方面的内容：第一，不断扩大和创新教学内容。例如为完善老年人的知识结构，可以增加法律知识、理财知识、网络知识等内容，使老年人跟上社会发展节奏；为提高老年人的社会参与能力，可以在课程中增加与交往、社会服务等相关的内容。第二，不断探索和创新教学形式。如开发专门的网络学习界面，帮助老年人更好更快地学习网络；在专长或爱好相同的老年人中建立学习小组，如医疗服务学习小组等，充分调动老年人学习和自主学习的积极性，迎合老年人的学习特点和需求。第三，不断规范老年教育。构建囊括课程设计、教材编写、教学成果考核评估、师资培训等内容的老年教育教学体系。

5.鼓励老年旅游，加强政府监管

拓展老年旅游产品体系，制定老年旅游服务标准，加强政府监管，充分保障老年人的合法权益，鼓励开展社区、养老机构等助老旅游服务。各地政府迫切需要加强推进异地就医的基本医疗保险结算工作，加快发展适合老年旅游需求的商业保险产品，加速建立专业化的老年旅游服务体系。

6.加强倡导关爱老年人

鼓励支持企事业单位制定家人关爱老年人的爱心活动，支持社会力量开展关爱老年人活动，关注农村、女性、独居、高龄等劣势老年群体的精神关爱需要，营造全社会爱老敬老的社会风尚。

办好老年文化事业，需要包括老年人群体在内的全社会共同携手，一起发力。要进一步加快完善我国老年人权益保障法的配套政策法规和养老及医疗保险制度，为老年人的合法权益和身心健康提供制度保障；进一步加大发展老年教育的投入力度，以增加老年大学和俱乐部数量为外显指标，以老年人文化生活丰富程度和老年社会活动参与程度为内在指标，让更多的老年人有所教、有所学、有所为、有所乐；加强引导老年人的自强观念，让更多老年人享受到老年生活的乐趣。

参考文献

孙鹃娟：《中国老年人生活质量研究》，知识产权出版社，2007。

马斯洛著《动机与人格》，许金声等译，中国人民大学出版社，1987。

周绍斌：《老年人的精神需求及其社会政策意义》，《市场与人口分析》2005年第6期。

谢宇、张晓波、李建新、于学军、任强：《中国民生发展报告2013》，北京大学出版社，2013。

杨春：《城市老年人心理和精神文化生活状况的调查分析——以江苏省为例》，《人口学刊》2011年第3期。

Abstract

Comrade Xi Jinping pointed out in the report of 19th National Congress of the CPC that socialism with Chinese characteristics has entered into a new era. The 19th National Congress of the CPC has also delineated a grand blueprint for aging industry development and put forward a requirement for "actively responding to aging population, establish a policy system and social environment for the old-age care, filial piety and respect for the elderly, advancing the combination of medical treatment and old-age care and accelerating the development of aging industry". Under the care and instruction of the Central Party Committee, since 2000, the National Committee on Aging has decided to conduct surveys on the living conditions of the urban-rural elderly in China. To date, this survey has been successfully conducted four times. After 15 consecutive years of hard work, the investigation has now been elevated to a major national conditions investigation and conducted once every five years. Based on the fourth survey of the living conditions of the urban-rural elderly in China, this book which is divided into ten articles analyzes the basic conditions and family relationships of the urban-rural elderly, their health and medical conditions, economic and employment status, housing and livable environment, social participation, rights and interests protection and spiritual and cultural life. Among the ten articles, the general one is an overall report and analysis on the living conditions of the elderly. It will not only provide research basis and decision-making for China contributing its values, plans and roads to deal with the world aging population, but also provide readers with the most intuitive data to understand the life conditions of the Chinese elderly in a new era.

Keywords: New Era; Survey on Living Condition of Urban-rural Olderly in China; Data Analysis

Contents

I General Report

Abstract: At present, all Chinese people are forming a concept about aging society and improving their awareness of making preparations to deal with their own aged issues gradually. Specifically, younger generation is increasingly enhancing their concern about the living conditions of contemporary seniors who present younger generation's future living specimens. All above this have constituted an important precondition for great China with the largest aging population to deal with its future challenges. In 2015, the happiness index, which comprehensively reflected the living conditions of the urban-rural elderly in China, was 60. 8% , an increase of 12 percentage points over the 48. 8% in 2000, showing that contemporary seniors who were born before 1955 and have survived till now are the happiest seniors in Chinese history. This is a great achievement accomplished by our Central Party Committee since it has always been taken the people as its center and attached great importance to solve old-age issues. Especially since the 18th National Congress of the CPC, Central Party Committee has actively deployed strategies to deal with aging population, comprehensively strengthen the old-age work and vigorously developed aging industries. Moreover, these achievements are not only the well-being of the present-day elderly and a preview of the happy life of the old-age in future generations, but also a foundation for the healthy and sustainable development of the aging industry and a historical preparation for all the Chinese people to realize the dream of enjoying a happy old age life. However, contemporary seniors are still facing many problems such as the income gap, prominent chronic diseases, inadequate services, imperfect livable environment and monotonous spiritual life. So, for the purpose of solving various problems facing the elderly comprehensively, it is imperative to persist in the guideline of party committee's leadership, government-led, social participation and care for all people and insist on problem-oriented in line with the strategic plan on actively responding to the aging population put forward in the 19th National Congress of CPC. As well, in order to ensure that elders of all generations can enjoy a beautiful old age life with security, dignity, decentness and happiness, efforts should be made to implement the preparation forward strategy to guide the young population to make fully preparations for life-long old-age care.

Keywords: The Elderly; Living Conditions; Sampling Survey; National Survey

II   Specific Reports

Abstract: In the new era of socialism with Chinese characteristics, the

老龄蓝皮书

elderly has somewhat maintained what their basic situations and family relationships used to be. For example, women, people with an advanced age and the elderly in rural areas are still most likely to be the poor. Even so, the elderly are still doing everything they can to give their children best. However, some changes have also taken place. For example, the elderly at lower age who had enjoyed high level education has become the important potential human resources and consumption force, and a driver, a demonstrator and a pioneer of an active aging society. The elderly have been further reducing their family size with fewer children and building a harmonious inter-generational relation with their children on a basis of equal consultation. Through the elderly has a strong willingness to live with their adult children, the rate of low co-residence is on the increase. In general, the inter-generational relationships in Chinese families are still dominated by hourglass types. Although parents and their children may seem to be sharp-edged in this type, their elderly parents have always been making contributions to their children's families like the upper part of a hourglasses. While in pursue of independence, freedom, development and enjoyment, young children are easy to neglect their aging parents. Therefore, in this new era, the new intergenerational relationship should be built on an open society basis rather than on a closed family basis. Efforts should be devoted to reforming the outlook on the elderly, changing the concept of old-age security, establishing the concept of the elderly market, reshaping the concept of family management, and increasing the concept of mutual assistance and sharing in our country, society, enterprises and even the elderly families.

Keywords: Basic Situation of Urban-rural Elderly; Family Relationships; Hourglass Types; Transformation Period

B. 3　Analysis on the Health and Medical Conditions of
　　　Urban-rural Elderly in China

Hu Hongwei, Yuan Shuiping and Zheng Pianpian / 109

Abstract: With the social and economic development, the aging trend in our country becomes more and more prominent. Moreover, the life quality of the elderly population leaves little room for optimism. At the present stage, only about 30% of the elderly enjoy better health conditions. Among them, urban and young older men who live with their spouses and enjoy a higher level education will have better conditions in their health relatively. However, about 70% of elderly people suffer from chronic disease, about 50% have poor hearing and about 60% have poor dental conditions, suffering serious pain. Although more than half of the elderly have taken physical examinations and never smoke, drink and take any health care products, they also never do exercises and always endure poor sleep. At the same time, almost all the elderly enjoy social health insurance, but the elderly buying commercial health insurance takes a low rate. The elderly people tend to go to primary medical institutions for medical treatment, but face the problems of high charges and long queues. Based on the above analysis, in order to improve the life quality of the elderly and promote health, fairness and accessibility, this paper proposes that we should construct a comprehensive management system featured with fairness, health for the elderly based on the following three dimensions: promoting personal health management, strengthening medical cooperation and governance and achieving social health and equity.

Keywords: Health; Sickness; Health Management; Medical Cooperation and Governance; Social Health and Equity

B. 4　Analysis on the Challenged Elderly and Long-term Care Service in China　　　　　*Chen Taichang* / 138

Abstract: In the context of a declining birthrate and a small family size, it is urgent for our society to provide the families of the challenged elderly with long-term care service and resource support. Otherwise, the issue faced with the challenged elderly will evolve into a serious social problem. The fourth sample research on the living conditions of urban-rural elderly in China shows that although the number of the elderly with no self-care ability of daily living in our

老龄蓝皮书

country has been declining over time, there are still 4.2% of the elderly still can not take care of themselves in 2015. Factors, like age, gender, marital status, education, living environment and others will together affect the elderly people's abilities to take care themselves in daily living. The challenged elderly people's needs for long-term care service are prominent, while their economic conditions are in a poor status. At present, most of the challenged elderly have less willingness to stay in pension institutions and their care services are mostly provided by their families. Therefore, there is an urgent need for our society to provide long-term care service for the challenged elderly. In this regard, for the purpose of spreading the risk of the elderly losing their abilities to take care of themselves in their daily life, it is necessary to scientifically allocate health resources, make overall arrangements for the care services, improve the livable environment for challenged elderly, establish a policy system and social environment for the old-age care, filial piety and respect for the elderly and establish a long-term care system that is truly "based on the families, communities and institutions" for the challenged elderly and a prudent and long-term care insurance system.

Keywords: The Challenged Elderly; Long-term Care Service

B. 5 Analysis on the Income and Consumption of Urban-rural Elderly in China *Yang Xiaoqi, Wang Lili and Dong Pengtao* / 168

Abstract: The economic status of the elderly is not only related to the improvement of the elderly people's individual life quality, but also to the realization of building a well-off society in an all-round way. Hence, it is of great significance to have a comprehensive grasp of the income and consumption of the urban-rural elderly in China. According to the fourth sample survey on the living conditions of urban-rural elderly in 2015, both urban and rural elderly has seen steadily increase on their income and steadily narrowing urban-rural income gap. Also, they have witnessed continued increase on their consumption level, incessant improvement on their consumption structure and build-up of consumption hotspots. However, due to the imperfect social security system, the limited re-employment conditions and the lagging development of industries, the income and expenditure of the elderly have been restricted to achieve further improvements. In this regard, efforts should made to further improve the social security system, develop human resources for the elderly, speed up the development of the aging industry, optimize the consumption environment, smooth information channels and continuously improve elderly people' income and consumption level.

Keywords: The Economic Status; The Elderly; Income; Consumption

B. 6   Analysis on the Employment Status and Its Change
        Trend of Urban-rural Elderly in China   *Peng Qingyun* / 191

Abstract: Since 1990, the elderly people in employment in China have seen fast increase in its number, among which younger and healthier old people take a large proportion, but shrinking gender gap in the elderly employment market. At the same time, the employment rate of the elderly population decreases sequentially in the east, middle and west and is significantly higher in rural areas than that in urban areas. In addition, the employment rate is affected by elderly people's education level. The number of on-the-job elderly people with junior high school education reaches a summit from which the employment rate decreases gradually according to this dividing point. The employment proportion of elderly people living alone is low, while the proportion of elderly people living with their spouses only as well as urban-rural elderly people with neet children is high. More than 80% of the elderly people in employment are mainly engaged in agricultural production by providing informal supports and in a low-end proposition of the occupational structure. Certainly, the occupational structure of the elderly population tends to be reasonable constantly. Although agricultural work still occupies an absolutely dominant position in this structure, its proportion has been declining. In comparison, the proportion of those engaged in social production

and living services has been steadily rising.

Keywords: Urban-rural Elderly; Employment Situation; Employment Rate; Business Structure; Occupational Structure

B. 7　Analysis on the Housing and Livable Environment of
　　　Urban-rural Elderly in China　　　*Chen Honglei*, *Hou Xian* / 225

Abstract: With the economic and social development and improvement of people's living standards, more attentions have been giving to the livable environment construction as it is the main measure to enhance the life quality of the elderly and actively respond to aging problem. This article mainly draws the following three conclusions: First, housing for the elderly is distinguished by a large house area, but low ownership rate, low coverage of various facilities and obvious rural-urban differences; Second, the elderly people generally have a higher satisfaction for their housing conditions and communities; Third, the elderly falls down mostly outdoors, among which elderly women in rural area take a larger proportion. Moreover, the elderly people with older age and poorer heath will suffer more serious consequences after their falling down. Based on the above conclusions, this article makes policy recommendations from the following four aspects: balancing urban and rural development, attaching importance to infrastructure and recreational facilities, establishing a harmonious neighborhood and building a standard system for the livable environment construction for the elderly.

Keywords: Livable Environment; Housing Conditions; Housing Satisfaction; The Elderly People' Falling Down

B. 8   Analysis on the Social Participation of Urban-rural
Elderly in China

Hu Hongwei, Yuan Shuiping and Zheng Pianpian / 272

Abstract: Based on the survey datafrom the fourth research on the living conditions of the urban-rural elderly, this article analyzes the social participation of the urban-rural elderly from three aspects: the participation of public welfare activities, the evaluation on the elderly associations and the political participation. The results showed that nearly half of the elderly actively participated in public welfare activities among which neighborhoods and community-based activities took a large proportion and more than 10% took part in commonweal organizations mainly dominated by cultural and entertainment organizations. Most elderly people are satisfied with the activities organized by elderly associations and hope that this kind of associations would hold more activities like learning, recreation and helping old people who need help. Moreover, they have strong willingness to help the elderly and give many concerns to the publicity of community affairs and national affairs. And not only have that, about 20% of the elderly once offered advice and suggestions to their communities. However, elderly people are seldom consulted for community events, taking a low percentage. Based on the above analysis, in order to further implement active aging strategy and promote elderly people's social participation, this article proposes that efforts should be made to build a comprehensive system for promoting and safeguarding old people's social participation. Based on the three dimensions (micro, medium and macro level), this system should be co-built by state, communities, social organizations, families and other multi-subjects, forming a three-dimension network coving our nation, society and individuals.

Keywords: Active Aging Population; Participation of Public Welfare Activities; Political Participation; Social Organizations; Social Network

B. 9   Analysis on the Rights and Interest Protection of

Urban-rural Elderly in China   *Liu Nina* / 326

Abstract: Law is the guarantee of rights and interests. Managing the country according to law is an ideal state for the modernization of state governance. Old age security in China is being transformed from the rule of virtue and filial piety to a combinational rule of law, virtue and filial piety. The Chinese government has made a lot of efforts to build an age-friendly society for the purpose of increasing social benefits for the elderly and has achieved good results. However, due to the increased wealth owned by the elderly, the enhanced interests of intergenerational exchanges and more social participation of the elderly, the elderly people are likely to suffering from more infringement of rights and interests. At the same time, there is a big difference among the rights and interests protection of the elderly, the awareness of rights protection and ways of safeguarding rights. For example, rural elderly people who are widowed/ divorced have poor health or low education level, are mostly like to suffer from rights and interests infringement. However, it is equally noteworthy to the distribution characteristics of the elderly who suffer from rights and interests infringement, such as the higher proportion of urban elderly being stolen and robbed, and the higher proportion of the elderly with a higher education level being deceived. Although old people have a higher degree of satisfaction with their rights, their actual awareness of rights protection is not strong and ways of safeguarding rights is rather monogamous. Moreover, there are only a very small percentage of old people seeking judicial help.

Keywords: Urban-rural Elderly; Rights and Interest Protection; Special Social Treatment; The Awareness of Safeguarding Rights; The Ways of Safeguarding Rights

B. 10　Analysis on the Spiritual and Cultural Life of Urban-rural

Elderly in China　　　　　　　　　　　　　　　*Ji Yun* / 365

Abstract: Spiritual and cultural life includes both spiritual life and cultural life, which is reflected in the following respects: at this stage, as the elderly in our country pay more attention to health and quality during their leisure activities, leisure venues and facilities need to be further covered and utilized; old people using "Internet" grows fast in number and they mainly read news and watch movies and television shows through internet; elderly university can't meet old people's demand because of their high enthusiasm in it; old people tourism develops fast and become a great potential market, with the highly educated and wealth elderly who is at a young age and in a good health condition becoming the main force for traveling. Even though the subjective well-being of the elderly has been further enhanced, more attentions should be given to the elderly who live alone.

Keywords: Leisure Activities for Old People; Elderly Education; Elderly Tourism; Aloneness; Subjective Well-being

❖ 皮书起源 ❖

"皮书"起源于十七、十八世纪的英国,主要指官方或社会组织正式发表的重要文件或报告,多以"白皮书"命名。在中国,"皮书"这一概念被社会广泛接受,并被成功运作、发展成为一种全新的出版形态,则源于中国社会科学院社会科学文献出版社。

❖ 皮书定义 ❖

皮书是对中国与世界发展状况和热点问题进行年度监测,以专业的角度、专家的视野和实证研究方法,针对某一领域或区域现状与发展态势展开分析和预测,具备原创性、实证性、专业性、连续性、前沿性、时效性等特点的公开出版物,由一系列权威研究报告组成。

❖ 皮书作者 ❖

皮书系列的作者以中国社会科学院、著名高校、地方社会科学院的研究人员为主,多为国内一流研究机构的权威专家学者,他们的看法和观点代表了学界对中国与世界的现实和未来最高水平的解读与分析。

❖ 皮书荣誉 ❖

皮书系列已成为社会科学文献出版社的著名图书品牌和中国社会科学院的知名学术品牌。2016 年,皮书系列正式列入"十三五"国家重点出版规划项目;2013~2018 年,重点皮书列入中国社会科学院承担的国家哲学社会科学创新工程项目;2018 年,59 种院外皮书使用"中国社会科学院创新工程学术出版项目"标识。

中国皮书网

（网址：www.pishu.cn）

发布皮书研创资讯，传播皮书精彩内容
引领皮书出版潮流，打造皮书服务平台

栏目设置

关于皮书：何谓皮书、皮书分类、皮书大事记、皮书荣誉、
　　　　　皮书出版第一人、皮书编辑部

最新资讯：通知公告、新闻动态、媒体聚焦、网站专题、视频直播、下载专区

皮书研创：皮书规范、皮书选题、皮书出版、皮书研究、研创团队

皮书评奖评价：指标体系、皮书评价、皮书评奖

互动专区：皮书说、社科数托邦、皮书微博、留言板

所获荣誉

2008 年、2011 年，中国皮书网均在全
国新闻出版业网站荣誉评选中获得"最具
商业价值网站"称号；

2012 年,获得"出版业网站百强"称号。

网库合一

2014 年，中国皮书网与皮书数据库端
口合一，实现资源共享。

权威报告·一手数据·特色资源

皮书数据库
ANNUAL REPORT(YEARBOOK)
DATABASE

当代中国经济与社会发展高端智库平台

所获荣誉

- 2016年，入选"'十三五'国家重点电子出版物出版规划骨干工程"
- 2015年，荣获"搜索中国正能量 点赞2015""创新中国科技创新奖"
- 2013年，荣获"中国出版政府奖·网络出版物奖"提名奖
- 连续多年荣获中国数字出版博览会"数字出版·优秀品牌"奖

成为会员

　　通过网址www.pishu.com.cn访问皮书数据库网站或下载皮书数据库APP，进行手机号码验证或邮箱验证即可成为皮书数据库会员。

会员福利

- 使用手机号码首次注册的会员，账号自动充值100元体验金，可直接购买和查看数据库内容（仅限PC端）。
- 已注册用户购书后可免费获赠100元皮书数据库充值卡。刮开充值卡涂层获取充值密码，登录并进入"会员中心"—"在线充值"—"充值卡充值"，充值成功后即可购买和查看数据库内容（仅限PC端）。
- 会员福利最终解释权归社会科学文献出版社所有。

社会科学文献出版社 皮书系列
SOCIAL SCIENCES ACADEMIC PRESS (CHINA)

卡号：953158494622
密码：

数据库服务热线：400-008-6695
数据库服务QQ：2475522410
数据库服务邮箱：database@ssap.cn
图书销售热线：010-59367070/7028
图书服务QQ：1265056568
图书服务邮箱：duzhe@ssap.cn

S 基本子库
UB DATABASE

中国社会发展数据库（下设 12 个子库）

全面整合国内外中国社会发展研究成果，汇聚独家统计数据、深度分析报告，涉及社会、人口、政治、教育、法律等 12 个领域，为了解中国社会发展动态、跟踪社会核心热点、分析社会发展趋势提供一站式资源搜索和数据分析与挖掘服务。

中国经济发展数据库（下设 12 个子库）

基于"皮书系列"中涉及中国经济发展的研究资料构建，内容涵盖宏观经济、农业经济、工业经济、产业经济等 12 个重点经济领域，为实时掌控经济运行态势、把握经济发展规律、洞察经济形势、进行经济决策提供参考和依据。

中国行业发展数据库（下设 17 个子库）

以中国国民经济行业分类为依据，覆盖金融业、旅游、医疗卫生、交通运输、能源矿产等 100 多个行业，跟踪分析国民经济相关行业市场运行状况和政策导向，汇集行业发展前沿资讯，为投资、从业及各种经济决策提供理论基础和实践指导。

中国区域发展数据库（下设 6 个子库）

对中国特定区域内的经济、社会、文化等领域现状与发展情况进行深度分析和预测，研究层级至县及县以下行政区，涉及地区、区域经济体、城市、农村等不同维度。为地方经济社会宏观态势研究、发展经验研究、案例分析提供数据服务。

中国文化传媒数据库（下设 18 个子库）

汇聚文化传媒领域专家观点、热点资讯，梳理国内外中国文化发展相关学术研究成果、一手统计数据，涵盖文化产业、新闻传播、电影娱乐、文学艺术、群众文化等 18 个重点研究领域。为文化传媒研究提供相关数据、研究报告和综合分析服务。

世界经济与国际关系数据库（下设 6 个子库）

立足"皮书系列"世界经济、国际关系相关学术资源，整合世界经济、国际政治、世界文化与科技、全球性问题、国际组织与国际法、区域研究 6 大领域研究成果，为世界经济与国际关系研究提供全方位数据分析，为决策和形势研判提供参考。

法律声明

"皮书系列"（含蓝皮书、绿皮书、黄皮书）之品牌由社会科学文献出版社最早使用并持续至今，现已被中国图书市场所熟知。"皮书系列"的相关商标已在中华人民共和国国家工商行政管理总局商标局注册，如LOGO（ ）、皮书、Pishu、经济蓝皮书、社会蓝皮书等。"皮书系列"图书的注册商标专用权及封面设计、版式设计的著作权均为社会科学文献出版社所有。未经社会科学文献出版社书面授权许可，任何使用与"皮书系列"图书注册商标、封面设计、版式设计相同或者近似的文字、图形或其组合的行为均系侵权行为。

经作者授权，本书的专有出版权及信息网络传播权等为社会科学文献出版社享有。未经社会科学文献出版社书面授权许可，任何就本书内容的复制、发行或以数字形式进行网络传播的行为均系侵权行为。

社会科学文献出版社将通过法律途径追究上述侵权行为的法律责任，维护自身合法权益。

欢迎社会各界人士对侵犯社会科学文献出版社上述权利的侵权行为进行举报。电话：010-59367121，电子邮箱：fawubu@ssap.cn。

社会科学文献出版社